北京市住房和城乡建设委员会　编

2017 北京市房地产年鉴

BEIJING REAL ESTATE YEARBOOK

中国发展出版社
CHINA DEVELOPMENT PRESS

图书在版编目（CIP）数据

北京市房地产年鉴. 2017/北京市住房和城乡建设委员会编.
—北京：中国发展出版社，2017.8
ISBN 978-7-5177-0748-6

Ⅰ. ①北… Ⅱ. ①北… Ⅲ. ①房地产业-北京-2017-年鉴
Ⅳ. ①F299. 271-54

中国版本图书馆 CIP 数据核字（2017）第 211439 号

书　　名：北京市房地产年鉴 . 2017
主　　编：北京市住房和城乡建设委员会
出版发行：中国发展出版社
（北京市西城区百万庄大街 16 号 8 层　100037）
标准书号：ISBN 978-7-5177-0748-6
经 销 者：各地新华书店
印 刷 者：北京华睿林彩色印刷有限公司
开　　本：880×1230mm　1/16
印　　张：23
字　　数：340 千字
版　　次：2017 年 9 月第 1 版
印　　次：2017 年 9 月第 1 次印刷
定　　价：298. 00 元

联系电话：（010）68990642　68990692
购书热线：（010）68990682　68990686
网络订购：http：//zgfzcbs. tmall. com//
网购电话：（010）68990639　88333349
本社网址：http：//www. develpress. com. cn
电子邮件：fazhanreader@ 163. com

《北京市房地产年鉴 2017》编委会

《北京市房地产年鉴2017》编辑部

目　　录

第一章
特稿

北京市房地产年鉴 2017

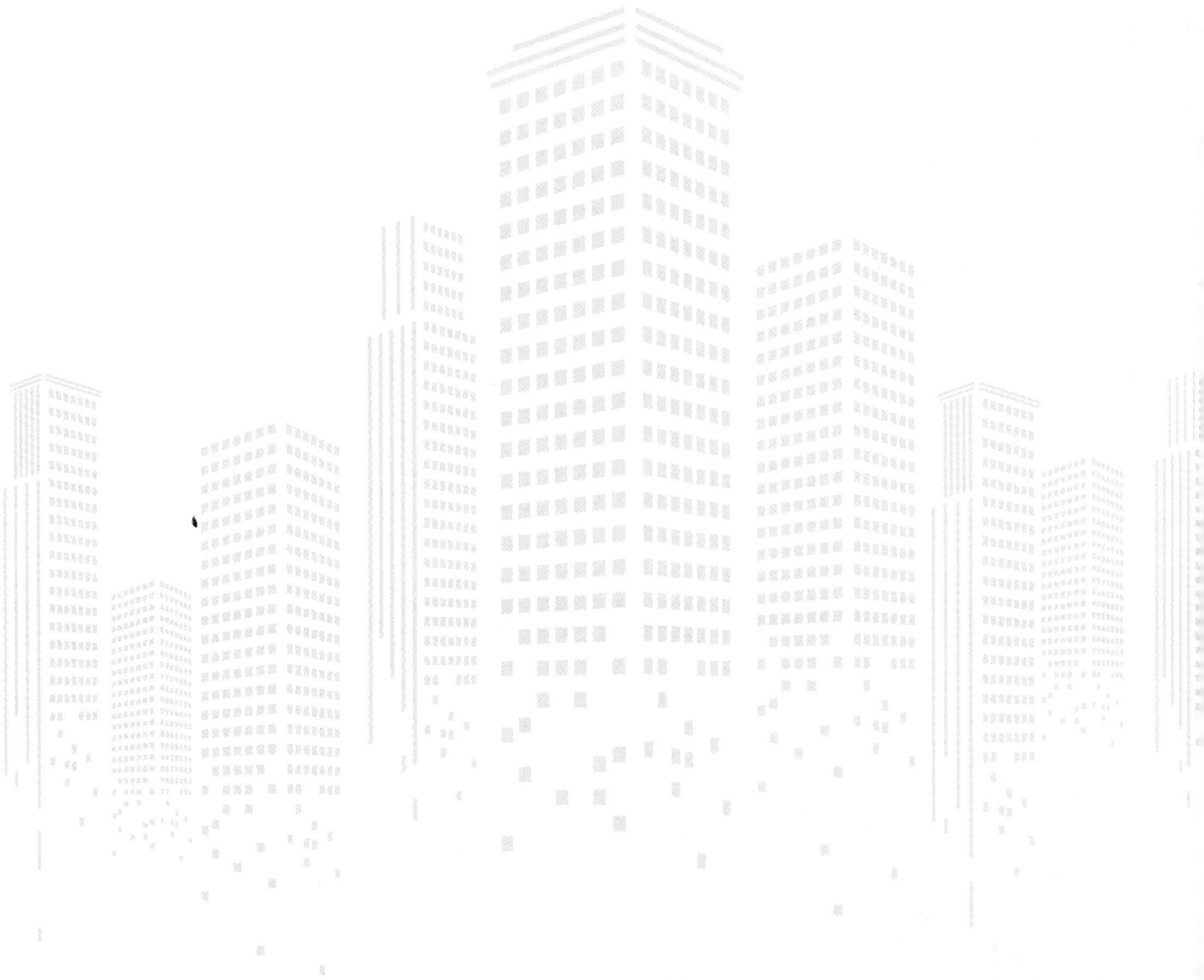

2016年工作总结和2017年主要工作

——徐贱云主任在2017年系统工作会上的讲话

同志们：

2016年是“十三五”开局之年，是统筹推进“五位一体”总体布局和协调推进“四个全面”战略布局，落实京津冀协同发展规划纲要、贯彻中央城市工作会议精神、推进供给侧结构性改革的重要一年。在市委市政府正确领导下，全市住房城乡建设系统，落实五大发展理念，扎实推进市场稳定、城乡建设、民生改善等各方面工作。全市保障房新开工5.6万套，竣工6.4万套，完成投资936亿元，均超额完成任务。新建商品房销售1675万平方米，同比增长7.7%；房地产开发投资4045亿元。全市房屋累计施工面积连续第五年超过两亿平方米；全市共办理各类工程交易3.4万项。行业保持良好发展态势，各项工作取得显著进展，开创了住房城乡建设事业改革发展新局面。

（一）落实中央调控精神，房地产市场总体平稳运行

一是及时出台政策措施。出台了《关于加强通州区商务型公寓和商业、办公项目销售管理的通知》，有效遏制了区域内的投资投机行为，服务城市副中心建设。9月30日在全国率先颁布实施《关于促进本市房地产市场平稳健康发展的若干措施》，同时，注重发挥舆论引导作用，合理引导社会预期，商品住房交易量回落、价格稳中略降，调控政策取得积极成效。

二是落实土地、金融政策。协调规划国土部门，加大自住房用地和中低价位、中小套型普通商品住房供应比例。10月份以来，积极试点“控地价、限房价”的土地交易方式，推出16宗地块，锁定未来房价，稳定市场预期。会同金融部门严格执行差别化住房信贷政策，提高购房首付比例，二套房认定恢复“认房又认贷”。

三是加大综合联动执法力度。全年市区两级检查房地产销售项目712项次，检查经纪机构和分支机构10168家次。10月以来牵头建立房地产市场监管工作联席会制度，加强调控统筹协调；集中查处开发企业9种不正当经营行为和中介机构12种违法违规行为，对全市199个在售项目和7171家中介机构门店进行拉网式全覆盖执法检查，依法严肃处理违法违规行为，市场秩序持续好转。

进一步强化政策研究和创新，完善商品房监管服务机制。全市全面实施存量房交易房源核验和资金监管，存量房交易服务平台运行平稳。加强市区两级沟通，梳理明确预售许可、现房销售备案审批标准，在预售审批环节加强价格管控，现房销售严格执行一房一价、明码标价。与市民政局联合颁布实施《北京市新住宅小区配套养老设施建设协议书（示范文本）》，推进同步建设和同步交用。

贯彻落实国务院办公厅《关于加快培育和发展住房租赁市场的若干意见》，结合首都特点推动购

租并举，使“租房住”成为解决住房问题的重要手段。培育开发企业租赁主体，研究鼓励房地产开发企业转型发展持有租赁经营业务，完善“控地价、限房价”地块企业自持住房租赁的管理办法。2016年，全市住房租赁成交约201.8万套次，同比增长4.3%。

（二）加强统筹协调，提高分配使用效率，住房保障体系不断完善

坚持“三端”思路，重点发展公租房、自住房、棚改安置房三类保障房，努力实现工作重心从抓建设为主向建设与管理并重转变、保障方式从以实物保障为主向实物与货币补贴并举转变、运营管理主体从多元化向专业化转变。

一是超前谋划、精心部署，保障房建设任务优质高效超额完成。全市保障房新开工完成5万套任务的113%；竣工完成6万套任务的107%。自住房累计入市项目69个、6.3万套，充分发挥了改善民生和调控市场双重作用。提高设计水平和建设品质，执行保障房规划设计方案专家专项审查制度；全市保障房实施绿色建筑行动、装配式100%全覆盖，纳入产业化计划项目累计规模超过2000万平方米，其中全装配式住宅项目160万平方米；实施保障性住房全装修成品交房。

二是千方百计简化审核流程，分配效率大幅提高。大力推行“互联网+政务服务”，加强安居北京住房保障信息管理系统建设，实现部门信息联网共享。简化审核及复核流程，13项申请要件简化为7项，实现“数据多走路、群众少跑腿”。创新分配模式，创新推行新职工专项配租、老年家庭与子女家庭就近选房等多种分配方式，最大程度上满足群众需求和期待。全年分配公租房9.6万套，创历史新高，累计开工建设筹集的19.35万套公租房分配率达75%；10月份启动最大规模的公租房分配，推出房源3.2万套。全年发放公租房租赁补贴1.2万户、1.25亿元，发放市场租房补贴7884户、4762万元。自住房累计分配项目59个，签约5.7万套。在朝阳、海淀、丰台等9区12个自住房项目实施属地优先试点，促进职住平衡、产城融合。

三是创新政策、加快安置，推动落实棚改计划。积极探索政府购买服务融资模式，项目实施主体以与政府签署的购买服务协议项下应收账款做质押，向金融机构申请贷款，审批通过项目11个，授信441.8亿元，发放174.3亿元。抓好安置房建设，引导核心区人口外迁，编制60个项目、4.73万套房源建设计划。

四是进一步规范保障房后期管理，“三位一体”的后期服务管理模式不断完善。坚持“物业管理市场化、管理标准规范化、社会管理属地化”发展方向，为公租房承租家庭提供良好的管理服务。修订完善公租房运营管理标准，细化各项测评指标。协调各区教委支持，共享属地教育资源，市保障房投资中心16个项目中的199名适龄子女全部实现就近入学。提高监管科技化水平，试点使用人脸识别门禁系统。启动组建保障性住房交换服务平台，进一步规范已购保障房出租行为。

（三）强化工程质量安全管理，保障重大项目建设，建筑市场和建筑业平稳健康发展

一是加快推进工程质量治理体系和治理能力现代化。围绕《北京市建设工程质量条例》的贯彻实施，抓好宣传和政策完善工作，培训近8000人；组织开展到货检验制度等配套规定研究；根据《条例》新增监理企业及人员违法违规行为记分标准149项，全市共依据《条例》实施处罚294起。

同时，编制完成了《北京市轨道交通质量验收管理办法》，组织专项质量检查；委托四家咨询机构继续全面开展轨道交通工程安全质量状况评估。加强对全市预拌混凝土生产质量驻厂监理工作监督检查，申请专项资金在全市范围内首次开展预拌混凝土质量状况评估。开展检测机构信用评价工作。圆满完成工程质量治理两年行动，根据住建部检查结果，本市工程质量安全符合率位列全国第二。

二是全面推进安全隐患排查治理与“两场联动”。制定了建筑施工领域《生产安全事故隐患排查治理管理办法》，落实责任，规范施工现场治理工作。深入开展安全生产标准化考评工作，全年共计258项建筑施工项目、2893家施工企业通过考评。充分发挥安全状况评估基础性作用，在施工安全等五个方面，对房建等六个行业开展安全状况评估，在对施工现场实现差别化管理的同时有效促进“两场联动”。全市近30余万人参与体验式安全培训教育。加大安全监督执法力度，严防群死群伤事故，安全生产形势平稳。建设系统近五年未发生防汛安全事故，施工现场消防安全管理得到国务院督查组高度评价。

三是进一步规范建筑市场秩序。继续推进信用评价体系建设，实现行政许可和行政处罚等信用信息“双公示”。完成《北京市建筑业企业违法违规行为记分标准（2016版）》修订调整，4月起将列入失信被执行人名单的企业作为限制进京的主要条件之一。出台《北京市建设工程评标专家动态监督管理办法》，印发《关于进一步加强我市建设工程招投标管理的通知》，加强招标代理机构监督管理，开展保障性安居工程招投标专项整治。落实“放、管、服”要求，圆满完成建筑企业资质换证工作，为央企践行“一带一路”国家战略做好服务；完成所有相关项目保证金清理规范工作；继续简化完善中央及外省市施工企业与监理企业来京备案手续。进一步完善矛盾隐患排查常态化机制，核实化解履约预警信息，协调处理施工合同纠纷。成功举办2016年“北京市建筑工匠技能大赛”，展现了新时代工匠精神。圆满完成工程质量治理两年行动的建筑市场专项执法任务。

四是全力保障重大项目建设。深化改革，在促进重大工程开工建设方面出台了多项对策措施。进一步完善了施工登记制度，明确了范围和市区分级审批职责分工，全市全年共办理188项。印发《中央和国家机关在京重点建设项目确定办法（试行）》，明确重点建设项目确定标准和工作程序。2016年210项重点工程建设整体顺利，同时，铁路建设扎实推进。

（四）加大科技创新，推进建筑节能，行业绿色发展迈上新台阶

按照市委、市政府全面深化改革提升规划建设管理水平的意见，将绿色发展作为推动行业转型升级、提升建筑品质、降低资源能源消耗的重要任务，在科技创新、绿色建筑和装配式建筑发展、建筑节能领域做了大量工作，取得了新的成绩。

一是科技进步取得丰硕成果。全年组织完成重点科技成果鉴定项目82项，其中17项达到国际领先水平，30项达到国际先进水平，35项达到国内领先水平。全年发布实施地方标准23项，新申报工法150项。11家智慧城市试点单位建设积极推进，开展了北京市智慧小区示范工程建设工作。

二是大力发展装配式建筑和绿色建筑。《关于加快发展装配式建筑的实施意见》获市政府常务会讨论通过；全年共落实600万平方米装配式建筑。全面启动绿色建材评价标识工作，全年完成13个项目绿色建筑运行标识评价，11个绿色建筑运行项目获得财政资金奖励。发布《北京市绿色建筑适用技术推广目录（2016）》，在相关政策文件和“十三五”规划中明确了未来新建政府投资公益性建

筑及大型公共建筑中全面执行二星级及以上标准等目标任务。截止到2016年底，通过绿色建筑标识认证的项目共226项，建筑面积达2434.3万平方米，其中二星级及以上建筑面积占比达到91%。

三是深入推动建筑节能各项工作。正式发布实施《北京市推动超低能耗建筑发展行动计划（2016-2018年）》，到2018年底本市将建设不少于30万平方米的超低能耗建筑示范项目。印发《北京市公共建筑能效提升行动计划（2016-2018）》《关于加强我市公共建筑节能管理的通知》和《关于对2015年度公共建筑电耗限额管理考核优秀建筑的通报》等文件，对151栋连续两年超过电耗限额20%的公共建筑进行公示并启动能源审计和专项执法，对342栋考核优秀建筑进行了表彰。年内还组织编制发布了北京城市副中心行政办公区工程室内装修用建筑材料有害物质控制技术导则，组织了全市范围的在施工程建筑节能、新型墙体材料、散装水泥等专项检查。绿色建材评价标识正式启动，35家预拌混凝土生产企业及10家预拌砂浆生产企业的产品通过三星级评价。完成农宅抗震节能改造7.6万户，超额完成全年任务；农村危房改造900户全部开工。

四是落实清洁空气行动计划。全年共开展扬尘治理达标考核3.3万项次，达标率96%。全市符合要求的1290个在施工地均安装了视频监控系统，充分利用远程视频监控系统开展施工扬尘非现场检查。12月空气重污染红色预警期间，市区住建委安全监督人员全部停休，检查工程4292项次，查处136项次。继续对全市162家有资质混凝土搅拌站的站点开展专项执法检查，对保留站点组织安装视频监控系统；全年共关闭16个混凝土搅拌站点，累计停产关闭82家，为全市大气污染防治做出了贡献。

（五）以人为本，改革体制机制，房屋管理工作全面推进

继续推进房改落私有关工作，做好住房分配货币化工作，市级及各区机关事业单位物业服务补贴资金基本落实到位。继续加强对经租产、标准租等相关政策的研究。抓好房屋安全工作，全市检查城镇房屋6.2亿平方米，及时发现和解除城镇房屋安全隐患，实现房屋安全度汛。狠抓普通地下室安全使用管理，全市清理散租住人普通地下室950处、疏解人口4.7万余人。全市房屋征收拆迁工作顺利推进，立足服务重点工程、完善政策体系、推进阳光征收拆迁，2016年全市共启动房屋征收拆迁项目38个。强化物业管理服务，积极化解物业矛盾纠纷，安全生产培训参训人数超过7500名。落实房产测绘属地管理，实行测绘成果市区两级审核，全市审核通过用于权属登记的实测备案业务946笔、3581.3万平方米。

加强政策研究和工作创新，推进直管公房管理体制改革和老旧小区综合整治。成立直管公房管理体制改革工作专项小组，研究制定相关政策，起草完成《关于推进北京市直管公房改革的意见》和《中心城区直管公房地区环境改善和风貌保护工作方案》，分别经市委深改领导小组和市政府专题会审议通过。对于新阶段的老旧小区综合整治，已经形成了工作方案。

（六）扎实做好各项基础业务工作，确保行政系统运转高效

2016年，全系统上下牢固树立“四个意识”，扎实开展“两学一做”学习教育，深入推进党风廉政建设“两个责任”落实，不折不扣完成巡视整改任务，全面加强了基层党组织和党员队伍建设。

认真落实“放、管、服”各项改革任务，取消多个行政审批事项，完成有关非许可审批、行政

审批中介服务、基层证明等事项清理，开展公共服务事项梳理。深化投资项目审批流程改革，简化招投标备案手续，落实“一会三函”制度。深度清理“9+x”权力责任清单，调整后由831项减为474项。适应“营改增”税制改革，做好外地进京企业相关服务保障工作。

稳步推进依法行政各项工作。积极开展《北京市房屋租赁条例》调研起草和《北京市物业管理条例》立法调研，继续推动建设工程造价管理等立法工作。全年共制定印发规范性文件20件。贯彻落实“双随机、一公开”监管要求，大力推进依法行政考核，推广行政执法信息平台使用。切实加大行政执法力度，行政执法各项指标大幅提升，与2015年相比，行政处罚案件数增加了2.1倍，已履行职权数量增加70项。

稳步推进规划编制和政策研究。发布《北京市“十三五”时期民用建筑节能发展规划》。继续做好调研工作，积极推进研究成果转化。研究启动首都住房城乡建设领域新型智库建设工作。《北京建设年鉴》获得第二届北京市年鉴编校质量评比一等奖。

按照市应急办、综治委统一决策部署，完成重大节日（活动）值守应急、空气重污染应对、突发事件核报以及防汛等各项工作任务，积极开展应急抢险演练，实现了全系统全行业安全稳定运行。信访形势好转，信访渠道结构优化。诉访分离取得新进展，2016年，信访量同比有所减少，提供咨询服务明显增加。

新闻宣传继续发挥重要作用。主动通过新媒体平台做好百姓互动，开展政策解读，做好热点回应。“安居北京”官方微博、官方微信和“今日头条”新闻客户端已成为全系统政务公开、与民交流的重要渠道和桥梁。“安居北京”官方微博粉丝已超80万人，官方微信公众号文章阅读量超过200万人次；“安居北京”品牌成为北京十大政务新媒体品牌之一。

同志们，过去一年，全系统发扬敢于担当、勇于创新、乐于奉献精神，在住房城乡建设各项工作中取得了显著成绩。在此，我代表市住建委领导班子，对全系统干部职工的辛勤付出致以崇高的敬意，对各区、各部门和各单位的大力支持表示衷心的感谢！

2016年住房城乡建设工作还存在一些问题和困难。2017年，各项工作要再接再厉，力争再上新台阶，重点抓好以下几个方面的工作：

（一）完成重大建设发展任务，稳增长、惠民生

一是大力开展“疏解整治促提升”专项行动。今年政府工作报告中，全面疏解非首都功能是2017年经济社会发展的第一项任务，将实施“疏解整治促提升”专项行动。其中直接涉及住建部门工作的有老旧小区整治、棚户区改造、直管公房及商改住清理整治，地下空间和群租房整治、拆除违法建设、遏制新增违法建设等工作，也与住建部门密切相关。

推进直管公房管理体制改革和新阶段老旧小区综合整治工作，促进非首都功能疏解。《关于深化直管公房管理体制改革的意见》和《中心城区直管公房地区环境改善和风貌保护工作方案》预计将发布实施，建立更加科学的直管公房监管体制，实现数据的信息化、管理的规范化。老旧小区综合整治在坚持抗震节能改造等内容的前提下，将增加停车位、增设电梯等自选类内容作为改造重点，并推动老旧小区物业管理服务改革。

二是完成保障房建设和棚改、农宅改造任务。确保完成建设筹集各类保障房5万套、竣工6万套

任务。配合规划国土部门落实2017年自住房供地指标。配合市重大办落实3.6万套棚户区改造年度任务，做好相应的棚改安置房建设。积极参与6万户农宅抗震节能改造和300个美丽乡村建设有关工作。

三是推进重点项目和重点区域工程建设。配合市发展改革委制定实施2017年重点工程建设计划，进一步发挥联动机制作用，协调加快项目前期手续办理，实施工程动态监管。重点做好铁路建设推进工作。积极配合各重点工程建设指挥机构和相关区政府，为城市副中心建设，为新机场、冬奥会、世园会等重大工程建设，做好服务保障。

（二）坚定不移加强房地产调控，确保实现稳定市场目标

坚持“房子是用来住的、不是用来炒的”的定位，严格落实调控新政，确保完成房价环比不增长的目标和稳定房地产开发投资的任务，促进房地产市场平稳健康发展。

一是确保房价环比不增长。重点落实以下几项措施：完善精准调控机制，继续以一房一价为抓手，严格商品住房预售、现售的价格管控，各区落实好稳定房价的属地责任；会同规划国土部门进一步调整用地供应结构，提高住宅用地比例，加大自住房用地供应规模和中小套型住房用地供应比例；会同市规划国土委，加强“学区房”特别是国有土地上住宅平房的交易和登记管理；会同税务、金融等部门，根据市场形势，做好调控政策的研究储备工作；会同市规划国土部门，研究制定清理存量商改住的政策，并指导各区严格遏制新增商改住。

二是规范市场秩序。进一步完善房屋交易管理服务机制，推动实现网上业务办理，简化销售机构和人员备案等业务办理手续。同时加强审批后监管，发挥各区属地管理优势，加大在售项目的监督检查力度。进一步健全存量房交易监管服务机制。强化房地产中介行业执法检查，依托市公共信用信息服务平台，搭建北京市房地产经纪信用管理平台，提高行业服务水平。

三是培育和发展住房租赁市场。研究鼓励扶持企业化、规模化、规范化的住房租赁主体。鼓励租赁经营企业开发丰富多样的租赁住房产品。规范房地产经纪机构的住房租赁居间业务，发挥其专业、资源优势，稳定租赁关系，促进住房租赁市场健康有序发展。

四是稳定房地产开发投资。坚持市场供求定期分析制度，及时了解掌控房地产潜在供应区域分布和量价，做好项目动态监管和协调服务，努力提高项目潜在供应向实际供应的转化效率。密切与相关部门的联动协调，进一步优化审批流程，开展拿地未开工项目调度，提高服务效率。

同时进一步推进房屋管理各项工作。继续抓好城镇房屋安全排查、房屋修缮和商品住宅专项维修资金使用审核。会同有关部门指导推进城六区既有多层住宅加装电梯试点项目。各区要落实属地责任，全面推行国有土地上房屋征收信息系统，提升房屋征收精细化、信息化管理水平，推进“阳光征收拆迁”；加大重点工程房屋征收拆迁工作力度，落实房屋征收拆迁现场群众接待工作制度；进一步加大在征在拆及拆迁逾期安置项目清理，推动历史遗留问题解决。建立物业管理基础信息平台和业主共同决策APP，会同有关部门研究推动准物业管理以及老旧小区物业管理。完成500个移动充电设备进社区的目标。

（三）抓住三个重点，深入推进住房保障工作

一是抓好“三房并举”。大力发展公租房，研究调整公租房和市场租房补贴准入标准，扩大保障

范围，着力解决新市民住房问题。加大自住房供应力度，落实供地任务，推进分配剩余限价房等保障房转化自住房工作。抓好棚改安置房建设，会同相关部门、各区政府，共同做好4万套集中建设棚改安置房的规划设计和开工建设。

二是提升精细化管理水平。严把“开竣工”关，强化项目竣工督导，狠抓市政配套基础设施建设，加快项目竣工验收备案，确保完成年度建设任务。把好“产业化”关，加快研究出台保障房装配式建筑配套规范性文件，发布《公共租赁住房建设与评价标准》。善把“新技术”关，完善安居北京住房保障综合信息管理服务系统，积极探索GIS、BIM、人脸识别、移动客户端APP等新技术在保障房中的应用。

三是健全分配使用机制。进一步完善部门联动核查机制，实现民政、税务、社保、城乡建设等部门信息互享互通。继续提高分配效率，基本解决竣工验收备案一年以上未分配的公租房问题。同时要加强已备案保障房家庭资格和入住后人房动态情况的管理。

（四）创新行业监管服务方式，推进建筑行业改革发展

一是加大改革力度。继续优化施工许可审批流程，完善施工登记制度。研究推进京津冀计价体系一体化工作。在全市范围内实现招投标全程电子化，招投标事项实现网上办理。持续简政放权，扩大招标人自主权，进一步激发市场活力。以开展“诚信建设年”活动为重点，加快完善建筑市场诚信评价体系，大力推行银行保函等制度，逐步探索和构建市场监管、行政执法、信用约束、企业自律和社会监督相结合的综合监管体系。提高建设工程企业资质电子化管理水平，完善资质核查规章制度和监管系统。积极研究推进建设工程竣工联合验收工作，在前期调研的基础上，出台相关管理办法，通过试点在全市推进工程竣工联合验收。

二是全面推进绿色建筑和建筑节能工作。加大绿色建筑推进力度，着力推动高星级绿色建筑发展，政府投资的公益性建筑和大型公共建筑全面执行二星级及以上绿色建筑标准，重点做好城市副中心行政办公区、新机场、科技园区等重大项目绿色建筑的建设；组织开展既有公共建筑绿色化改造，推行绿色建筑工程验收规范，进一步加大对绿色建筑标识项目的资金奖励；推动绿色农宅和美丽乡村建设。全面组织实施《北京市“十三五”时期民用建筑节能发展规划》，建立规划目标任务督促和过程管理机制，考核各区、各部门落实情况。加快制定公共建筑节能绿色化改造相关管理办法，修订搅拌站绿色生产规程、建材使用监督管理等规定。优化“北京市建筑节能与建材管理服务平台”，提高全市墙材管理信息化水平。做好对副中心等重点区域、重点项目的建筑节能与建材管理服务，积极促进超低能耗项目落地。继续会同各区、各部门做好施工扬尘防治等各项工作。

三是加快发展装配式建筑。市委、市政府制定了2020年实现装配式建筑占新建建筑的比例达到30%以上的实施目标。2017年开始，在保障性住房和政府投资的新建建筑中全面采用装配式建筑，进一步扩大商品房开发项目中装配式建筑的比例。为此，要做好项目落实，以土地供应为抓手，强化各建设环节的管理；进一步完善标准规范，推进集成化设计、装配化施工、一体化装修；创新管理模式，推行工程总承包模式和BIM技术的应用；大力发展钢结构建筑；加大政策支持力度，实施面积计算、面积奖励、房屋预售等支持政策。

（五）高度重视工程质量安全管理，确保全市工程建设顺利推进

积极履行安全质量监督执法职责，结合质量条例的贯彻落实，全面深化全方位“三位一体”监督执法模式，将工程质量终身责任制落实情况作为监督执法重点，加大检查、追责力度。对于未按要求落实建设工程质量终身责任制的工程，加大行政处罚力度，以追责加强制度落实力度。重点加强城市副中心工程项目和冬奥会、世园会、CBD核心区、新机场等重点工程监管，加强重要节点质量监督管理。要以制定《北京市轨道交通建设工程安全质量管理办法》为契机，全面强化轨道交通工程安全质量监管力度。今年还要进一步加大监督执法相关公共服务购买力度。

要坚决落实城市工作要把安全放在第一位的要求。市住建委已经印发《2017年建筑施工安全生产和绿色施工管理工作要点》，提出严格落实“党政同责、一岗双责，齐抓共管、失职追责”安全生产责任体系，深化全方位“三位一体”绿色安全施工管理体系，全面实施《北京市房屋建筑和市政基础设施工程生产安全事故隐患排查治理管理办法》，打好《北京市2013-2017年清洁空气行动计划》收官之战，促进全市建筑施工行业安全生产及绿色施工管理水平进一步提升。

新的一年，将坚决落实市委市政府决策部署，进一步统一思想、改进作风，强化担当、积极作为，努力推动住房城乡建设领域改革发展，确保完成稳定房地产市场和保障工程建设各项任务，迎接党的十九大胜利召开，为建设国际一流的和谐宜居之都作出更大贡献。

第二章
北京社会经济发展概况

北京市房地产年鉴 2017

2016年，全市人民在党中央、国务院和市委、市政府的坚强领导下，牢固树立创新、协调、绿色、开放、共享的发展理念，围绕首都城市战略定位，大力推动功能疏解、京津冀协同发展，加快建设国际一流的和谐宜居之都，扎实推进供给侧结构性改革，经济社会保持平稳健康发展，实现了“十三五”良好开局。

一、人口

年末全市常住人口2172.9万人，比上年末增加2.4万人。其中，常住外来人口807.5万人，占常住人口的比重为37.2%。常住人口中，城镇人口1879.6万人，占常住人口的比重为86.5%。常住人口出生率9.32‰，死亡率5.20‰，自然增长率4.12‰。常住人口密度为每平方公里1324人，比上年末增加1人。年末全市户籍人口1362.9万人，比上年末增加17.7万人。

表2-1 2016年末常住人口及构成

指　　标	人数（万人）	比重（%）
常住人口	2172.9	100
按城乡分：城镇	1879.6	86.5
乡村	293.3	13.5
按性别分：男性	1112.7	51.2
女性	1060.2	48.8
按年龄组分：0-14岁	223.8	10.3
15-59岁	1600.7	73.7
60岁及以上	348.4	16.0
其中：65岁及以上	230.4	10.6
按区域分：首都功能核心区	213.7	9.8
城市功能拓展区	1033.8	47.6
城市发展新区	730.3	33.6
生态涵养发展区	195.1	9.0

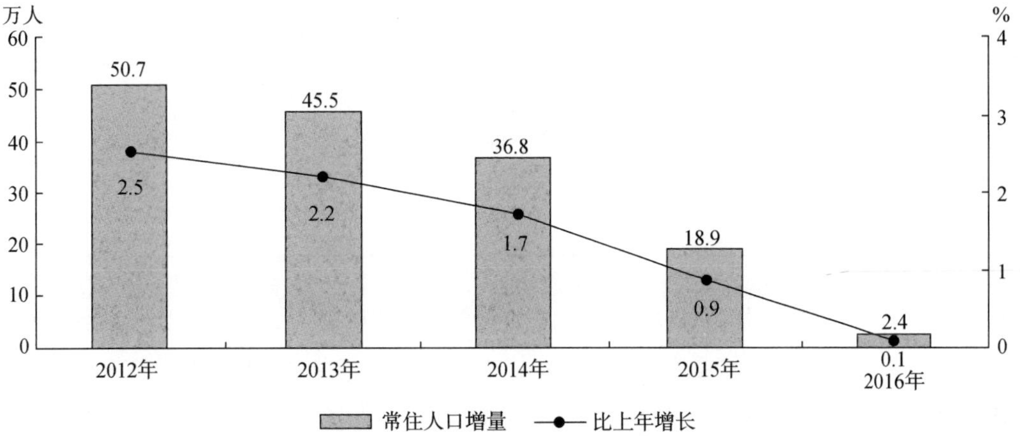

图2-1 2012-2016年常住人口增量及增长速度

二、综合

经济增长：初步核算，全年实现地区生产总值24899.3亿元，比上年增长6.7%。其中，第一产业增加值129.6亿元，下降8.8%；第二产业增加值4774.4亿元，增长5.6%；第三产业增加值19995.3亿元，增长7.1%。三次产业构成由上年的0.6：19.7：79.7，调整为0.5：19.2：80.3。按常住人口计算，全市人均地区生产总值达到11.5万元。

表2-2　2016年北京地区生产总值

指　　标	绝对数（亿元）	比上年增长（%）	比重（%）
地区生产总值	24899.3	6.7	100
按产业分			
第一产业	129.6	-8.8	0.5
第二产业	4774.4	5.6	19.2
第三产业	19995.3	7.1	80.3
按行业分			
农、林、牧、渔业	132.0	-8.7	0.5
工业	3884.9	5.0	15.6
建筑业	1023.5	7.7	4.1
批发和零售业	2352.9	2.0	9.4
交通运输、仓储和邮政业	1060.7	6.6	4.3
住宿和餐饮业	411.8	0.9	1.7
信息传输、软件和信息技术服务业	2697.9	11.3	10.8
金融业	4266.8	9.3	17.1
房地产业	1672.7	5.5	6.7
租赁和商务服务业	1835.2	1.6	7.4
科学研究和技术服务业	2077.9	10.2	8.4
水利、环境和公共设施管理业	202.5	8.7	0.8
居民服务、修理和其他服务业	159.7	9.1	0.6
教育	1089.0	9.1	4.4
卫生和社会工作	635.6	7.1	2.6
文化、体育和娱乐业	583.5	7.8	2.3
公共管理、社会保障和社会组织	812.7	7.2	3.3

全年文化创意产业实现增加值3570.5亿元，比上年增长12.3%；占地区生产总值的比重为14.3%，比上年提高0.5个百分点。高技术产业实现增加值5646.7亿元，增长9.1%；占地区生产总值的比重为22.7%，比上年提高0.2个百分点。信息产业实现增加值3797.6亿元，增长10.1%；占地区生产总值的比重为15.3%，比上年提高0.3个百分点。

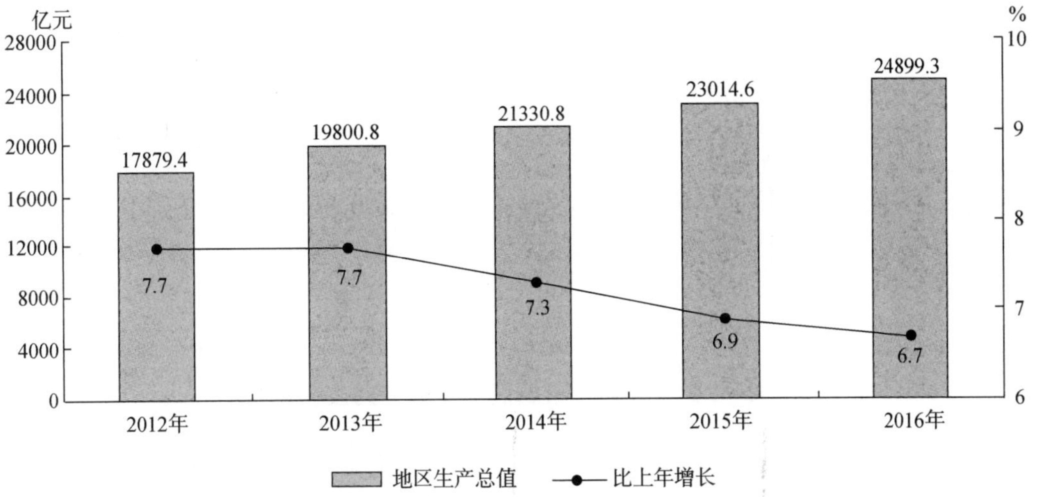

图 2-2　2012-2016 年北京地区生产总值及增长速度

财政：全市完成一般公共预算收入 5081.3 亿元，比上年增长 7.5%。其中，增值税 1214.3 亿元，增长 69.6%；营业税 584.4 亿元，下降 50.7%；企业所得税和个人所得税分别为 1095.2 亿元和 571.3 亿元，分别增长 6.9% 和 19.5%。一般公共预算支出 6406.7 亿元，增长 11.7%。其中，用于住房保障、节能环保、交通运输、城乡社区的支出分别增长 2 倍、19.8%、19.6% 和 12.5%。

价格：全年居民消费价格总水平比上年上涨 1.4%。其中，食品价格上涨 3.3%，非食品价格上涨 1.0%；消费品价格上涨 0.5%，服务项目价格上涨 2.7%。

表 2-3　2016 年北京市居民消费价格涨跌幅度

单位:%

指　　标	2016 年
居民消费价格	1.4
食品烟酒	3.0
其中：粮食	-0.9
鲜菜	10.3
畜肉类	6.5
鲜果	-2.1
衣着	0.2
居住	3.7
生活用品及服务	-0.8
交通和通信	-3.4
教育文化和娱乐	-1.7
医疗保健	2.6
其他用品和服务	4.3

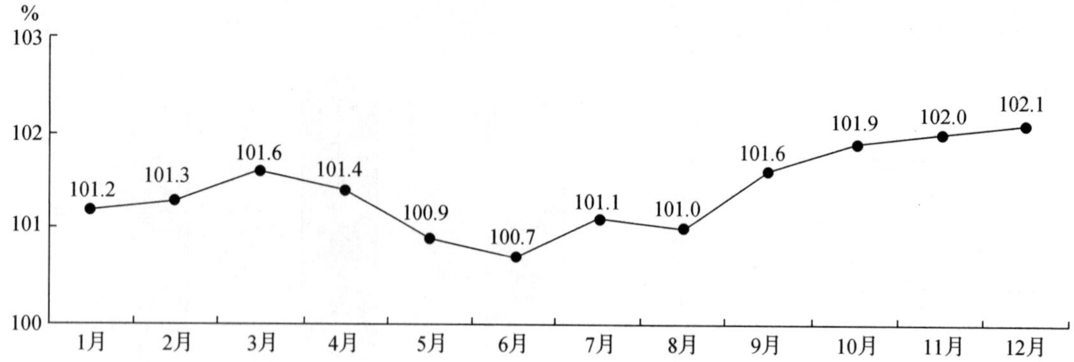

图 2-3　2016 年北京市居民消费价格月度同比指数

全年农产品生产者价格比上年下降 0.4%。工业生产者出厂价格下降 1.9%，工业生产者购进价格下降 1.5%。固定资产投资价格下降 0.3%。

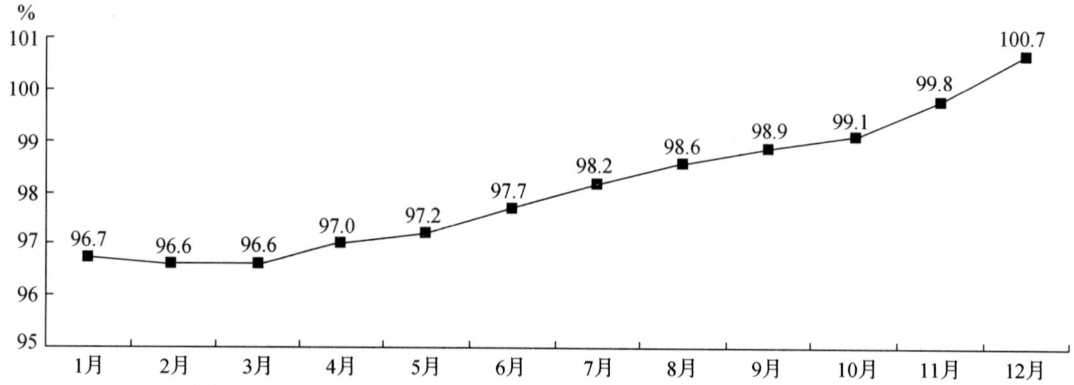

图 2-4　2016 年北京市工业生产者出厂价格月度同比指数

全市住宅销售价格自 10 月份开始逐步趋稳，涨幅持续回落。12 月份，新建商品住宅价格环比下降 0.1%，二手住宅价格环比上涨 0.2%。

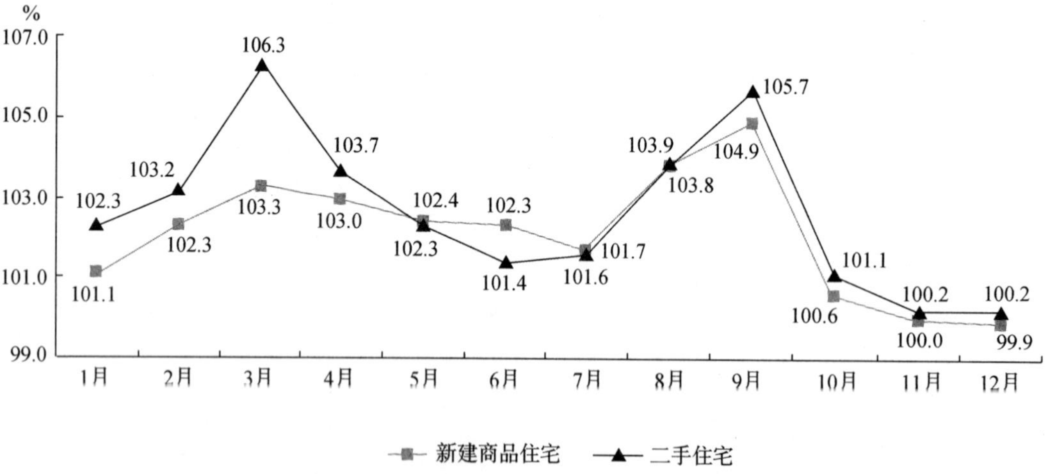

图 2-5　2016 年北京市新建商品住宅和二手住宅销售价格环比指数

三、农业

全市农业观光园1258个，比上年减少70个；观光园总收入28亿元，增长6.3%。设施农业实现收入54.4亿元，下降2.0%。民俗旅游实际经营户9026户，比上年增加85户；民俗旅游总收入14.4亿元，增长11.7%。种业收入14亿元，增长10.4%。全年实现农林牧渔业总产值338.1亿元，比上年下降8.2%，扣除价格因素实际下降9.9%。

四、工业和建筑业

工业：全年实现工业增加值3884.9亿元，比上年增长5.0%。其中，规模以上工业增加值增长5.1%。在规模以上工业中，国有控股企业增加值增长6.7%；股份合作企业、外商及港澳台企业增加值分别增长9.3%和8.5%；高技术制造业、现代制造业、战略性新兴产业增加值分别增长3.4%、11.9%和3.8%。规模以上工业实现销售产值17447.3亿元，增长2.7%。其中，内销产值16500.4亿元，增长3.7%；出口交货值946.9亿元，下降11.9%。

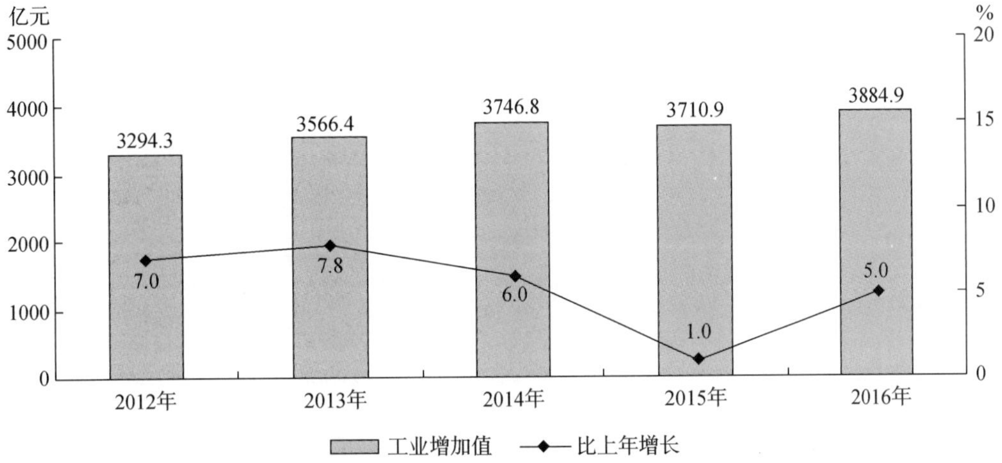

图2-6　2012-2016年北京市工业增加值及增长速度

表2-4　2016年北京市规模以上工业重点监测行业增加值增长速度

单位：%

指　　标	比上年增长	比重
规模以上工业增加值	5.1	100
其中：石油加工、炼焦和核燃料加工业	-11.0	2.3
化学原料和化学制品制造业	2.7	2.2
医药制造业	8.5	8.8
非金属矿物制品业	14.9	2.2
通用设备制造业	1.0	3.7
专用设备制造业	-8.8	3.7
汽车制造业	25.6	23.6
铁路、船舶、航空航天和其他运输设备制造业	-7.0	1.5
电气机械和器材制造业	-1.8	4.1

（续表 2-4）

指　　标	比上年增长	比重
计算机、通信和其他电子设备制造业	1.0	8.0
仪器仪表制造业	-2.3	2.2
电力、热力生产和供应业	1.0	17.9

表 2-5　2016 年北京市规模以上工业企业主要产品产量

产　品　名　称	单　位	产量	比上年增长（%）
发电量	亿千瓦时	433.7	3.2
原油加工量	万吨	844.8	-15.5
乙烯	万吨	69.6	-11.5
金属切削机床	台	13166	-5.2
其中：数控金属切削机床	台	12420	-0.2
汽车	万辆	260.4	17.4
其中：基本型乘用车（轿车）	万辆	120.7	1.5
运动型多用途乘用车（SUV）	万辆	72.8	73.0
其中：新能源汽车	辆	58784	146.5
移动通信手持机（手机）	万台	6923.9	-27.5
微型计算机设备	万台	684.1	-22.2
智能电视	万台	192.7	18.8
显示器	万台	503.5	-3.0
集成电路	亿块	80.5	28.3
饮料酒	万千升	167.5	0.9
其中：啤酒	万千升	135.3	-2.1
乳制品	万吨	62.2	-0.5

全年规模以上工业企业经济效益综合指数为 323.3，比上年提高 11.5 个点。规模以上工业企业实现利润 1549.3 亿元，比上年下降 0.7%。重点行业中，电力、热力生产和供应业实现利润 490.1 亿元，下降 7.7%；汽车制造业实现利润 367.8 亿元，增长 5.4%；医药制造业实现利润 150.7 亿元，增长 15.3%；计算机、通信和其他电子设备制造业实现利润 81.8 亿元，增长 36.8%；专用设备制造业实现利润 73.9 亿元，增长 70.3%。

建筑业：全市具有资质等级的总承包和专业承包建筑业企业完成建筑业总产值 8841.2 亿元，比上年增长 4.8%。其中，在本市完成 2838.7 亿元，增长 5.2%；在外埠完成 6002.5 亿元，增长 4.6%。本年新签合同额 13595.5 亿元，增长 26.0%。

五、交通运输和邮电

交通运输：全年完成货运量 24098.1 万吨，比上年增长 3.7%；货物周转量 671.2 亿吨公里，增长 7.6%。客运量 69287.6 万人，下降 1.1%；旅客周转量 1888.4 亿人公里，增长 8.1%。

表 2-6　2016 年北京市各种运输方式完成货运量

指　　标	单　位	绝对数	比上年增长（%）
货运量	万　吨	24098.1	3.7
铁　路	万　吨	724.9	-27.8
公　路	万　吨	19972.0	4.9
民　航	万　吨	162.5	2.7
管　道	万　吨	3238.7	6.9
货物周转量	亿吨公里	671.2	7.6
铁　路	亿吨公里	229.0	1.9
公　路	亿吨公里	161.3	3.2
民　航	亿吨公里	67.0	5.1
管　道	亿吨公里	213.8	19.5

表 2-7　2016 年北京市各种运输方式完成客运量

指　　标	单　位	绝对数	比上年增长（%）
客运量	万　人	69287.6	-1.1
铁　路	万　人	13379.5	4.4
公　路	万　人	48038.9	-3.8
民　航	万　人	7869.2	8.1
旅客周转量	亿人公里	1888.4	8.1
铁　路	亿人公里	150.8	1.0
公　路	亿人公里	117.8	-9.4
民　航	亿人公里	1619.8	10.3

年末全市机动车保有量 571.8 万辆，比上年末增加 9.9 万辆。民用汽车 548.4 万辆，增加 13.4 万辆。其中，私人汽车 452.8 万辆，增加 12.5 万辆；私人汽车中轿车 316.2 万辆，减少 0.3 万辆。

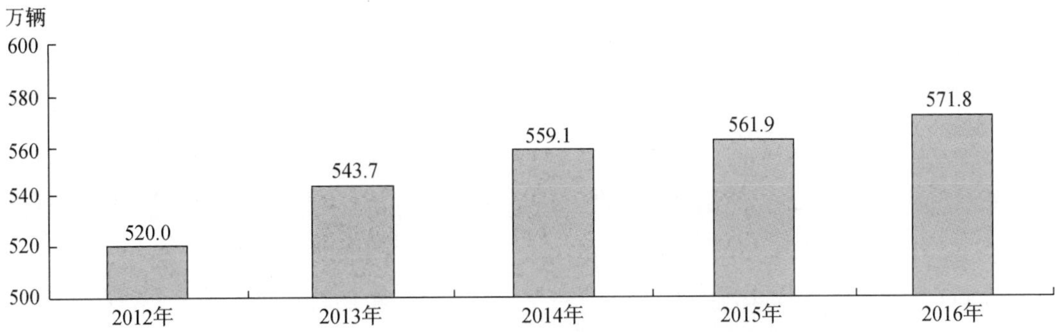

图 2-7　2012-2016 年北京市机动车保有量

邮电：全年实现邮电业务总量1782.4亿元，比上年增长50.7%。其中，邮政业务总量386亿元，增长49.3%；电信业务总量1396.4亿元，增长51.1%。全年发送邮政函件3.9亿件，下降35.8%；特快专递19.6亿件，增长38.6%。年末固定电话用户达到694.9万户，固定电话主线普及率达到32线/百人。年末移动电话用户达到3869万户，移动电话普及率达到178.1户/百人。年末固定互联网宽带接入用户数达到499.4万户。

六、金融

存贷款：年末全市金融机构（含外资）本外币存款余额138408.9亿元，比年初增加9833.6亿元，增加额比上年少5415.1亿元。年末全市金融机构（含外资）本外币贷款余额63739.4亿元，比年初增加5180亿元，增加额比上年多358亿元。

表2-8 2016年末北京市金融机构（含外资）本外币存贷款余额

单位：亿元

指　标	年末数	比年初增加额	增加额比上年增减
各项存款余额	138408.9	9833.6	-5415.1
其中：人民币	132791.9	9022.2	-6306.0
其中：住户存款	28012.0	1271.5	-163.0
非金融企业存款	50998.3	7145.5	1672.6
各项贷款余额	63739.4	5180.0	358.0
其中：人民币	56618.9	6059.4	1038.1
其中：短期贷款	17758.8	1363.0	61.8
中长期贷款	35340.0	4397.2	1766.3
票据融资	2061.2	-317.7	-842.2
其中：住户消费贷款	11796.2	2880.9	1166.0

证券：全年证券市场各类证券成交额421962.9亿元，比上年下降29.3%。其中，股票成交额135890.9亿元，下降55.5%；债券成交额240689.6亿元，增长31.9%。年末证券资金账户数883.4万户，比上年末增加124.6万户。

保险：全年实现原保险保费收入1839亿元，比上年增长31.0%。其中，财产险保费收入369.2亿元，人身险保费收入1469.7亿元。全年各类保险赔付支出596.6亿元，增长17.8%。其中，财产险赔付229.3亿元，人身险赔付367.3亿元。

七、固定资产投资和房地产开发

固定资产投资：全年完成全社会固定资产投资8461.7亿元，比上年增长5.9%。其中，完成基础设施投资2399.5亿元，增长10.3%。从基础设施投资投向上看，交通运输投资973亿元，所占比重为40.6%；公共服务业投资643.8亿元，所占比重为26.8%。完成民间投资2766亿元，下降5.6%。

分产业看，第一产业投资99.8亿元，比上年下降10.1%；第二产业投资722.9亿元，增长6.8%；第三产业投资7639亿元，增长6.1%。

表 2-9 2016 年北京市分行业固定资产投资

行业名称	投资额（亿元）	比上年增长（%）
总　　计	8461.7	5.9
农、林、牧、渔业	104.8	-5.6
采矿业	2.9	14.2
制造业	384.8	4.4
电力、热力、燃气及水生产和供应业	332.0	10.5
建筑业	6.6	16.3
批发和零售业	30.0	-50.7
交通运输、仓储和邮政业	995.6	17.2
住宿和餐饮业	45.9	12.1
信息传输、软件和信息技术服务业	198.9	-18.1
金融业	50.6	-30.9
房地产业	4856.8	2.1
租赁和商务服务业	129.2	99.9
科学研究和技术服务业	81.0	-18.1
水利、环境和公共设施管理业	774.4	32.1
居民服务、修理和其他服务业	16.3	-24.8
教育	139.9	-1.6
卫生和社会工作	58.2	-12.2
文化、体育和娱乐业	214.4	55.2
公共管理、社会保障和社会组织	39.3	-33.6

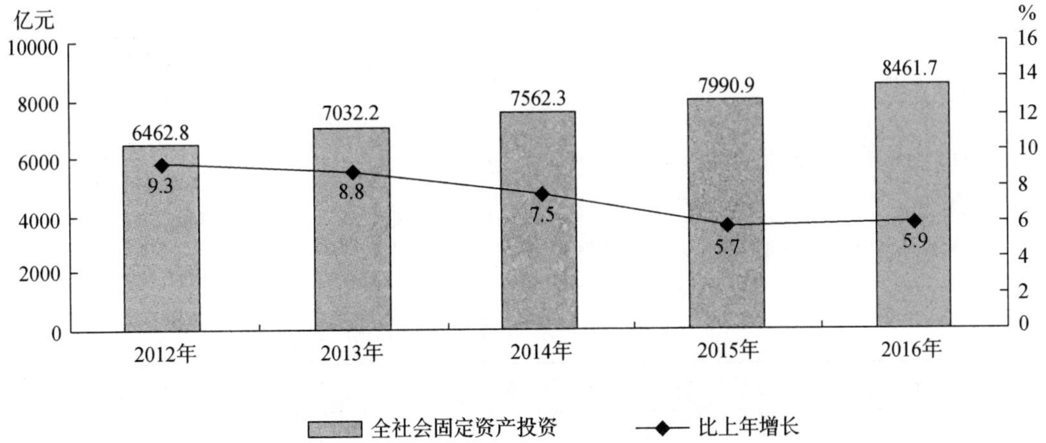

图 2-8 2012-2016 年北京市全社会固定资产投资及增长速度

房地产开发：全年完成房地产开发投资 4045.4 亿元，比上年下降 4.3%。其中，住宅投资1950.9亿元，下降0.6%；办公楼投资699.1亿元，下降22.9%；商业、非公益用房及其他投资1395.5亿元，增长2.8%。

表2-10　2016年北京市房地产开发和销售主要指标

指　　标	单位	绝对数	比上年增长（%）
房地产开发投资	亿元	4045.4	-4.3
其中：住宅	亿元	1950.9	-0.6
本年实际到位资金	亿元	8059.6	10.7
其中：国内贷款	亿元	2148.5	9
自筹资金	亿元	1978.9	-13.1
定金及预收款	亿元	2515.6	42.5
商品房施工面积	万平方米	13089.8	持平
其中：住宅	万平方米	5927.6	-6.1
其中：本年新开工面积	万平方米	2813.7	0.8
其中：住宅	万平方米	1209.3	0.8
商品房竣工面积	万平方米	2383.1	-9.4
其中：住宅	万平方米	1275.2	-7.5
商品房销售面积	万平方米	1675.1	7.7
其中：住宅	万平方米	993.5	-11.9
商品房待售面积	万平方米	2160.8	-0.3
其中：住宅	万平方米	845.8	-2.5

保障性住房建设：全年新开工、筹集各类保障性住房5.6万套，竣工6.4万套，公开配租配售9.7万户。

八、市场消费

全年实现市场总消费19926.2亿元，比上年增长8.1%。其中，实现服务性消费8921.1亿元，增长10.1%；实现社会消费品零售总额11005.1亿元，增长6.5%。限额以上批发和零售企业中，汽车类实现零售额1934亿元，增长6.9%；通讯器材类实现零售额1208亿元，增长8.8%；文化办公用品类实现零售额559.6亿元，增长4.7%；家用电器和音像器材类实现零售额488.6亿元，增长19.4%；体育、娱乐用品类实现零售额110.2亿元，增长21.1%。

表2-11　2016年北京市社会消费品零售总额

指　　标	零售额（亿元）	比上年增长（%）
社会消费品零售总额	11005.1	6.5
按商品用途分		
吃类商品	2296.7	5.4

（续表 2-11）

指　　标	零售额（亿元）	比上年增长（%）
穿类商品	781.5	2.1
用类商品	7424.1	7.4
烧类商品	502.8	4.4
按消费形态分		
餐饮收入	918.2	4
商品零售	10086.9	6.7

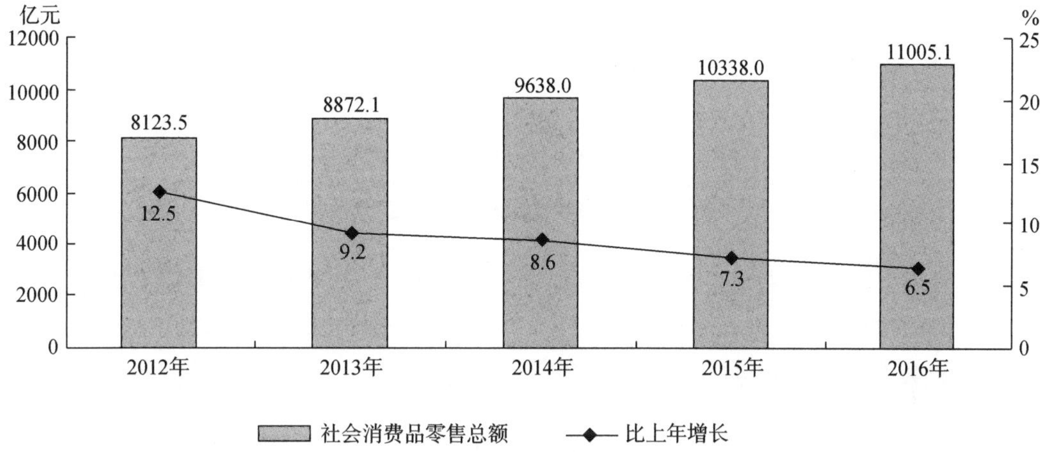

图 2-9　2012-2016 年北京市社会消费品零售总额及增长速度

全年批发和零售业实现商品购销额 118087.1 亿元，比上年增长 0.6%。其中，实现购进额 56349.7 亿元，下降 0.5%；销售额 61737.4 亿元，增长 1.7%。

九、新经济

全年新经济实现增加值 8132.4 亿元，比上年增长 10.1%，占全市地区生产总值的比重为 32.7%，比上年提高 0.6 个百分点。

新产业：高技术产业增加值占新经济的比重为 69.4%；战略性新兴产业实现增加值 3824.3 亿元，比上年增长 10.7%，占新经济的比重为 47%（高技术产业与战略性新兴产业有交叉）。

新业态：全年限额以上批发和零售企业实现网上零售额 2049 亿元，增长 20.0%，占社会消费品零售总额的 18.6%，比上年提高 2.1 个百分点。互联网金融中的金融信息服务业、非金融机构支付服务业营业收入分别为 43 亿元和 132.5 亿元，分别增长 63.6%和 30.6%。

新产品：全年生产新能源汽车、运动型多用途乘用车（SUV）5.9 万辆和 72.8 万辆，比上年分别增长 1.5 倍和 73.0%。生产卫星导航定位接收机、液晶显示屏 4 万部和 6264.6 万片，分别增长 86.5%和 65.2%。

大众创业、万众创新：全市新设企业 22.2 万家，比上年增长 9.4%。其中，新设科技型企业 8 万家，增长 23.2%，占全市新设企业的 36.2%。全年中关村国家自主创新示范区实现总收入 45721.6 亿元，比上年增长 12.0%。其中，实现技术收入 7115.3 亿元，增长 7.4%。

十、对外经济和旅游

对外经济：全年北京地区进出口总值18625.2亿元，比上年下降6.1%。其中，出口3418.1亿元，增长0.7%；进口15207.1亿元，下降7.5%。

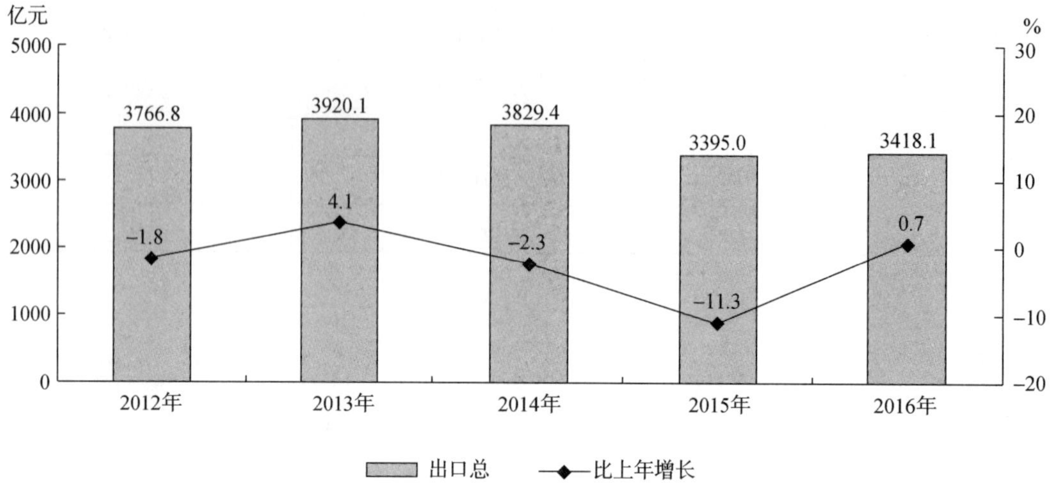

图2-10　2012-2016年北京市出口总值及增长速度

全年合同外资220.7亿美元，比上年下降31.8%。实际利用外资130.3亿美元，增长0.3%。其中，批发和零售业占44.9%，科学研究、技术服务和地质勘查业占12.1%，租赁和商务服务业占9.2%，信息传输、计算机服务和软件业占8.7%。

表2-12　2016年北京市分行业实际利用外商投资情况

行业名称	实际利用外资（万美元）	比上年增长（%）
总　　计	1302858	0.3
农、林、牧、渔业	2303	-69.8
制造业	63806	7.4
建筑业	113	-13.7
交通运输、仓储和邮政业	89048	3793.7
信息传输、计算机服务和软件业	113490	133.5
批发和零售业	584292	141.3
住宿和餐饮业	3010	448.3
金融业	90406	-87.7
房地产业	66160	140.2
租赁和商务服务业	120407	69.1
科学研究、技术服务和地质勘查业	157508	59.3
水利、环境和公共设施管理业	1754	-62.8
居民服务和其他服务业	16	-80.7
文化、体育和娱乐业	6198	98.9

全年境外投资中方实际投资额 155.1 亿美元，比上年增长 62.3%。对外承包工程完成营业额 25 亿美元，下降 29.7%。对外劳务合作人员实际收入 1.1 亿美元，下降 34.2%。

旅游：全年接待国内旅游者 2.8 亿人次，比上年增长 4.7%。国内旅游总收入 4683 亿元，增长 8.4%。接待入境旅游者 416.5 万人次，下降 0.8%。其中，外国人 354.8 万人次，下降 0.8%；港、澳、台同胞 61.8 万人次，下降 1.0%。旅游外汇收入 50.7 亿美元，增长 10.1%。国内外旅游总收入为 5021 亿元，增长 9.0%。全年经旅行社组织的出境游人数 571.3 万人次，增长 7.2%。

十一、城市建设和安全生产

道路建设：年末全市公路里程 22026 公里，比上年末增加 141 公里。其中，高速公路里程 1013 公里，比上年末增加 31 公里。年末城市道路里程 6374 公里，比上年末减少 50 公里。

公共交通：年末公共电汽车运营线路 876 条，与上年持平；运营线路长度 19818 公里，比上年末减少 368 公里；运营车辆 22688 辆，比上年末减少 599 辆；全年客运总量 36.9 亿人次，比上年下降 9.1%。

年末轨道交通运营线路 19 条，比上年末增加 1 条；运营线路长度 574 公里，比上年末增加 20 公里；运营车辆 5204 辆，比上年末增加 180 辆；全年客运总量 36.6 亿人次，比上年增长 10.2%。

公用事业：全年自来水销售量 11.4 亿立方米，比上年增长 9.5%。其中，工业和建筑业用水 1.4 亿立方米，增长 9.4%；服务业用水 4 亿立方米，增长 8.6%；居民家庭用水 5.9 亿立方米，增长 14.9%。

全年北京地区用电量达到 1020.3 亿千瓦时，比上年增长 7.1%。其中，生产用电 824.8 亿千瓦时，增长 6.0%；城乡居民生活用电 195.4 亿千瓦时，增长 11.8%。

全年液化石油气供应总量 47.5 万吨，比上年下降 17.5%；天然气供应总量 166 亿立方米，增长 17.1%。年末共有燃气家庭用户 907 万户，增长 2.4%，其中天然气家庭用户 600 万户，增长 2.0%。年末燃气管线长度达到 22370 公里，比上年末增长 2.5%。

全市 10 万平方米以上的集中供热面积 6 亿平方米，比上年增长 2.7%。

安全生产：全年共发生工矿商贸生产安全事故、生产经营性道路交通事故、生产经营性火灾事故、铁路交通事故、农业机械事故 544 起，死亡 591 人。亿元地区生产总值安全生产事故死亡人数为 0.0237 人；道路交通每万车死亡人数为 2.38 人；工矿商贸企业从业人员每 10 万人生产安全事故死亡人数为 1.03 人；煤矿每百万吨死亡人数为 0.63 人。

十二、人民生活、就业和社会保障

人民生活：全年全市居民人均可支配收入达到 52530 元，比上年增长 8.4%；扣除价格因素后，实际增长 6.9%。按常住地分，城镇居民人均可支配收入 57275 元，增长 8.4%；农村居民人均可支配收入 22310 元，增长 8.5%。扣除价格因素后，城乡居民收入实际增速分别为 6.9%和 7.0%。

全年全市居民人均消费支出达到 35416 元，比上年增长 4.8%。按常住地分，城镇居民人均消费支出达到 38256 元，增长 4.4%；农村居民人均消费支出达到 17329 元，增长 9.6%。

就业：全年城镇新增就业 42.8 万人，比上年增加 0.2 万人。年末城镇登记失业率为 1.41%，比上年末提高 0.02 个百分点。

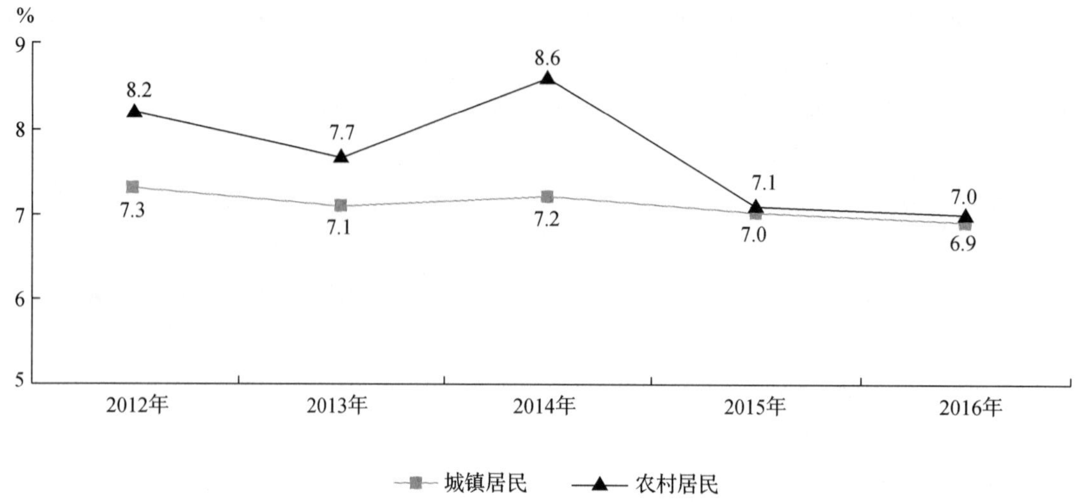

图 2-11　2012-2016 年北京市城乡居民人均可支配收入实际增速

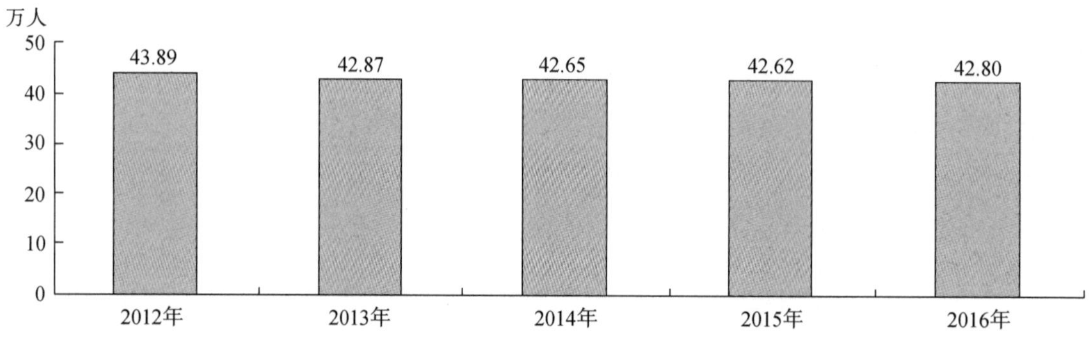

图 2-12　2012-2016 年北京市城镇新增就业人数

社会保障：年末参加城镇职工基本养老、基本医疗、失业、工伤和生育保险人数分别为 1459.1 万人、1517.6 万人、1117.5 万人、1060.2 万人和 981 万人，分别比上年末增加 34.8 万人、41.9 万人、35.2 万人、40.1 万人和 39.4 万人。

年末参加城乡居民养老保障人数为 215.7 万人，参加城镇居民基本医疗保险人数为 191.2 万人，参加新型农村合作医疗的人数为 211.9 万人。

全市享受城市居民最低生活保障的人数为 8.2 万人，享受农村居民最低生活保障的人数为 4.7 万人。

表 2-13　2015-2016 年北京市社会保障相关待遇标准

单位：元/月

指　　标	2016 年	2015 年
失业保险金最低标准	1212	1122
城市居民最低生活保障标准	800	710
职工最低工资标准	1890	1720

年末各类收养性单位641家，床位14万张，收养各类人员8万人。建立各种社区服务机构11907个，其中社区服务中心198个。

十三、教育、科技、文化、卫生、体育

教育：全市共有58所普通高校和81个科研机构培养研究生，全年研究生教育招生9.7万人，在学研究生29.2万人，毕业生8.3万人。全市91所普通高等学校全年招收本专科学生15.5万人，在校生58.8万人，毕业生15.3万人。全市成人本专科招生6.1万人，在校生17.2万人，毕业生8.2万人。

全市普通高中招生5.4万人，在校生16.3万人，毕业生5.3万人；普通初中招生9.2万人，在校生26.8万人，毕业生8.6万人；普通小学招生14.5万人，在校生86.8万人，毕业生11.1万人；幼儿园入园幼儿15.3万人，在园幼儿41.7万人。各类中等职业教育（含技工学校）招生3.5万人，在校生12.1万人，毕业生4.3万人。特殊教育招生916人，在校生6927人，毕业生1588人。

全市共有民办高校16所，在校学生6.3万人；民办中等教育116所，在校学生3.4万人；民办小学61所，在校学生6万人；民办幼儿园635所，在园幼儿15.1万人。

科技：全年研究与试验发展（R&D）经费支出1479.8亿元，比上年增长6.9%，相当于地区生产总值的比例为5.94%。全市研究与试验发展（R&D）活动人员36.2万人，比上年增长3.0%。专利申请量与授权量分别为189129件和100578件，分别增长21.0%和7.0%，其中发明专利申请量与授权量分别为104643件和40602件，分别增长17.7%和15.0%。全年共签订各类技术合同74965项，增长3.7%；技术合同成交总额3940.8亿元，增长14.1%。

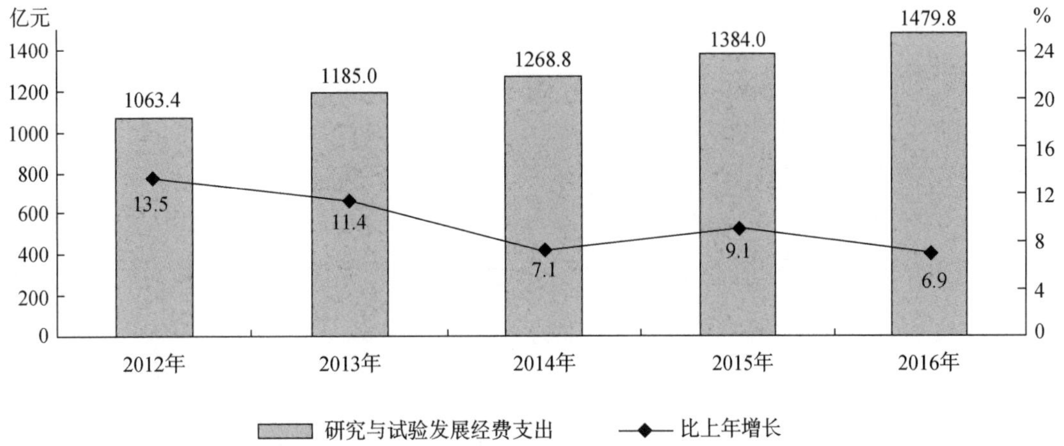

图2-13 2012-2016年北京市研究与试验发展经费支出及增长速度

文化：年末共有公共图书馆25个，总藏量6264.7万册；档案馆18个，馆藏案卷771.9万卷件；博物馆177个，其中免费开放80个；群众艺术馆、文化馆20个。年末有线电视注册用户达到579.9万户，其中高清交互数字电视用户482万户。北京地区25条院线207家影院，共放映电影228万场，观众6873.4万人次，票房收入30.3亿元。全年制作电视剧64部2665集，电视动画片30部9844分钟，电影318部。

卫生：年末共有卫生机构10637个，比上年末增加212个；其中医院713个。医疗机构共有床位11.8万张，比上年末增加0.6万张；其中

医院11.1万张。卫生技术人员达到26.5万人，比上年末增加0.8万人；其中执业（助理）医师10.1万人，注册护士11.8万人。医疗机构总诊疗24939万人次。全年报告甲乙类传染病发病率138.0/10万，死亡率0.8/10万。婴儿死亡率2.21‰，孕产妇死亡率10.83/10万。

体育：全市运动员共获得国际性比赛奖牌20枚，其中金牌12枚，银牌4枚；获得全国性比赛奖牌63枚，其中金牌18枚，银牌19枚。

十四、资源和环境

土地供应：全年国有建设用地供应总量2072.2公顷。其中，住宅用地469公顷（其中保障性安居工程用地366公顷），工矿仓储用地120.9公顷，商服用地316.8公顷，基础设施等其他用地1165.5公顷。

水资源：全年水资源总量35.1亿立方米，比上年增长31.0%。年末大中型水库蓄水总量24.3亿立方米，比上年末多蓄水8.1亿立方米。全市年末平原区地下水埋深为25.2米，比上年末回升0.5米。全年总用水量38.8亿立方米，比上年增长1.6%。其中，生活用水14.4亿立方米，下降0.3%；生态环境用水11.1亿立方米，增长9.7%；工业用水3.7亿立方米，下降2.6%；农业用水6亿立方米，下降6.4%。全市万元地区生产总值水耗为15.6立方米/万元，比上年下降4.8%。

环境：全市城镇污水处理率为90%，其中城六区污水处理率达到98%，分别比上年提高2.1个和0.5个百分点。全市生活垃圾无害化处理率（根据垃圾清运量计算）为99.84%，比上年提高0.04个百分点。全市细颗粒物（PM2.5）和可吸入颗粒物（PM10）年均浓度值分别为73微克/立方米和92微克/立方米，分别比上年下降9.9%和9.8%。二氧化氮和二氧化硫年均浓度值分别为48微克/立方米和10微克/立方米，分别比上年下降4.0%和28.6%。

全年完成人工造林面积12667公顷，比上年增长55.7%。全市林木绿化率达到59.3%，比上年提高0.3个百分点。森林覆盖率达到42.3%，提高0.7个百分点。城市绿化覆盖率达到48.1%，下降0.3个百分点。

公报注释：

1. 本公报中2016年数据均为初步统计数。与上年相比的增速为2016年初步统计数与2015年最终数据比较的结果。

2. 本公报中地区生产总值、规模以上工业增加值、全社会固定资产投资行业划分标准依照《国民经济行业分类》（GB/T4754-2011），三次产业划分标准根据《三次产业划分规定》（国统字［2012］108号）；外商直接投资行业划分标准仍沿用《国民经济行业分类》（GB/T4754-2002）。

3. 地区生产总值及其中各行业增加值绝对数按现价计算，增长速度按2015年不变价计算。文化创意产业、高技术产业、信息产业、新经济、战略性新兴产业增加值绝对数和增长速度均按现价计算。

4. 农、林、牧、渔业增加值含农、林、牧、渔服务业增加值。

5. 规模以上工业企业是指年主营业务收入2000万元及以上的全部法人工业企业；限额以上批发零售企业是指年主营业务收入2000万元及以上的批发企业和年主营业务收入500万元及以上的零售企业。

6. 邮电业务总量按2010年不变价计算。

7. 天然气供应总量不包含对燕山石化的供应量。

8. 卫生机构和卫生技术人员等相关数据均含驻京部队、武警医院数据，床位数不含。

9. 平原地区地下水埋深是指平原地区地下

水水面至地面的距离。

10. 万元地区生产总值水耗按现价计算，下降率按2015年不变价计算。若按2015年不变价计算，2016年万元地区生产总值水耗为15.8立方米/万元。

11. 自2016年开始，民间投资统计口径调整为不含农户等投资。

12. 一般公共预算收支数据为决算口径。

13. 公报中部分数据合计数或相对数由于计量单位取舍不同而产生的计算误差，均未作机械调整。

资料来源：

本公报中户籍人口数据来自北京市公安局；财政数据来自北京市财政局；机动车数据来自北京市公安局公安交通管理局；存贷款数据来自中国人民银行营业管理部；保险数据来自中国保险监督管理委员会北京监管局；保障性住房数据来自北京市住房和城乡建设委员会；进出口数据来自北京海关；批准合同外资、实际利用外资、境外投资、对外承包工程、对外劳务合作数据来自北京市商务委员会；旅游外汇收入、国内旅游数据来自北京市旅游发展委员会；道路建设、公共交通数据来自北京市交通委员会；自来水销售、水资源、城市污水处理数据来自北京市水务局；用电量数据来自北京市电力公司；液化石油气及天然气供应量、燃气家庭用户、燃气管线、集中供热面积、垃圾处理数据来自北京市城市管理委员会；安全生产数据来自北京市安全生产监督管理局；就业、社会保障、新农合数据来自北京市人力资源和社会保障局；卫生数据来自北京市卫生和计划生育委员会；低保、收养性单位、社区服务机构数据来自北京市民政局；教育数据来自北京市教育委员会；专利数据来自北京市知识产权局；技术市场数据来自北京市技术市场管理办公室；公共图书馆、文化馆数据来自北京市文化局；档案馆数据来自北京市档案局；博物馆数据来自北京市文物局；电影、电视数据来自北京市新闻出版广电局；体育数据来自北京市体育局；国有建设用地供应数据来自北京市规划和国土资源管理委员会；空气质量数据来自北京市环保局；造林、绿化数据来自北京市园林绿化局；新设企业数据来自北京市工商行政管理局；其他数据来自北京市统计局、国家统计局北京调查总队。

第三章
城市规划与建设

北京市房地产年鉴 2017

第一节 2016年北京市城乡规划工作综述

2016年，首都城乡规划工作认真贯彻落实习近平总书记系列重要讲话精神，深入落实首都城市战略定位，深入实施以疏解非首都功能为重点的京津冀协同发展战略，全面落实“五大发展理念”，圆满完成各项工作任务。

一、深入落实首都城市战略定位，发挥城乡规划统筹引领作用

一是高质量开展城市总体规划修改编制工作。补充深化完善总体规划成果，开展十个方面的重点专题研究，编制《各区功能定位和规划实施要点》，完成上报住建部和中央的准备工作；二是促进京津冀产业、交通、生态等领域协同发展。加强统一规划和共管共治。重点推进新机场、冬奥会等区域合作的重点地区和重大项目；三是高水平规划建设北京城市副中心。完成副中心城市设计国际方案征集和综合工作；开展通州区总体规划和通州与河北廊坊北三县区域整合规划编制工作，启动详细规划编制工作；抓紧推动行政办公区规划建设工作；四是继续加强历史文化名城保护。

二、推进非首都功能疏解，着力治理大城市病

一是加快推动非首都功能疏解。促进城乡建设用地减量发展，严控五环内、尤其是核心区的建设增量，严格审批，并适时降低规模。二是加大棚户区改造、环境整治以及违法行为查处的力度。充分发挥违法建设挂账督办机制的作用，强化宣传报道，营造高压态势；三是落实大气治理等生态环境治理与建设工作。完善城市水系统、绿地等专项规划，配合开展清河、凉水河等河道治理工作。加强海绵体项目建设审批审查和监督管理。全面推进绿色建筑建设、绿色生态示范区评选；四是全力做好民生保障工作。完成全市各类保障房建设的土地供应、规划审批等相关工作，完善保障性住房公共服务、绿色空间等设施，提高建筑设计质量。全面加强城市设计工作，塑造首都特色风貌。五是全面推进基础设施规划建设。加快推进核心区道路微循环工程，打造以人为核心的交通出行系统。持续加大轨道交通规划建设力度，进一步加强铁路规划建设工作。启动各区停车专项规划及“十三五”期间社会公共停车场年度建设规划的编制工作。组织编制综合管廊布局规划和相关技术规范。

三、深化改革，推动规划国土部门的职能整合

一是有序推进规划和国土资源机构合并、职能整合。2016年7月29日，市规划国土委正式对外挂牌成立，领导班子成员全部到位。按照“整合、创新、高效、服务”的方针，确定了“三定”方案，突出职能整合，优化程序，提高效率；二是以规划国土、合并为契机，深化“放管服”改革工作。创新整合规划、国土审批工作流程，将同一阶段的审批事项合并办理，压缩审批时限、提高效率。推动行政审批进一步下移，加强事中和事后监管；三是探索

新时期统筹协调的管理机制。以轨道交通与土地利用一体化工作为抓手，形成规划、设计、工程三位一体的管理模式。以“规划实施单元”为抓手，建立控规分层管控体系，加强对规划调整的监管，推进街区层面控规公开工作。探索建立协作规划平台，推进居住公共服务设施建设；四是加强规划立法与执法检查。五是基础性工作得到了全面加强。做好第二次全国地名普查、地理国情普查与监测、地下管线普查工作。加强信息化工作，逐步构建北京市三维立体空间数据库和信息工作平台。继续推动全市无障碍工作。

四、深入开展“两学一做”学习教育，全面加强基层党建和干部队伍建设

一是以“两学一做”为契机，大力加强机关党的建设。围绕规划、国土职能开展教育实践，开展“作风建设年”活动，推动全面从严治党向基层延伸；二是思想理论武装进一步加强。坚持以学习习近平总书记系列重要讲话精神为主线，以贯彻党的十八届六中全会精神为重点，发挥委党组理论学习的示范带动作用；三是党风廉政建设得到深化。四是坚持正确用人导向，扎实推进干部人才队伍建设。

第二节　规划研究和规划编制

一、北京城市副中心规划

年内，市规划院编制完成《北京城市副中心规划》。该规划在规划建设管理方面谋求全面的改革创新，将副中心建成改革创新的示范区；统筹协调好副中心与中心城区的关系、与郊区城区的关系、与河北省“北三县”的关系，以及通州全区的城乡关系，形成协调发展的新格局；副中心的建设以自然为美，构建完整的生态网络和生态安全格局，以国际一流的绿色标准，规划建设城市交通、能源、供排水、供热、污水和垃圾处理等基础设施；副中心将以国际标准、多元文化、运河文明为要素，以大运河为“金名片”，塑造其鲜明的城市特色和城市精神；副中心将提供高标准的公共服务和高品质的公共空间，将副中心规划建设成为国际一流和谐宜居之都的示范区。

二、基于“两规合一”的城乡建设用地管理办法及减量实施意见

年内，市规划院编制完成《基于“两规合一”的城乡建设用地管理办法及减量实施意见》。该课题基于北京市城乡建设用地的管理目标与减量化任务，针对全市城乡建设用地的规模、结构、分布等现状特征，深入分析了减量化实施的政策需求与实施路径，初步搭建了基于“两规合一”的城乡建设用地规划管理框架和减量实施体系，完善规划编制办法，创新规划实施政策。

三、城市通风廊道规划控制导则及实施意见

年内，市规划委编制完成《城市通风廊道规划控制导则及实施意见》。该课题以北京市中心城控制性详细规划为基础，以通风潜力数据分析和 CFD 数值模拟为手段，提出一级通风廊

道的规划控制范围和策略，形成通风廊道内建设用地控制意见。

四、亦庄综合服务配套区与开发区空间协同发展战略研究

年内，市规划院编制完成《亦庄综合服务配套区与开发区空间协同发展战略研究》。该课题从宏观发展要求出发，结合开发区发展的需求，立足综合配套区自身的条件与基础，开展了整体定位、发展战略、实施策略三部分的研究工作，工作聚焦在创新集体产业用地的利用、优化存量用地的品质和提升设施配套水平三个方面，探索综合配套区与开发区在产业、交通、生态环境等方面的一体化发展体制与机制。

五、亦庄转型升级示范区起步区规划研究

年内，市规划院编制完成《亦庄转型升级示范区起步区规划研究》。该课题结合国内不同地区的政策案例与建设实践，探讨了亦庄转型升级示范区起步区在转型升级中的用地管理、空间构建和政策支持等内容，将空间、政策、管理作为一个关联的整体进行研究，为系统化构建工业用地转型升级的规划方法做了积极探索。

六、“两规合一”规划研究

年内，市规划院完成《北京市“两规合一”规划研究》。该课题结合国内相关城市实践经验，在空间规划体系、用地标准、基础数据、空间规划、实施保障等方面开展研究，并在中心城、平原区、山区选取了朝阳、通州、大兴、门头沟四个区作为试点，对接“两规”规划理念和规划方法，初步构建了北京市“两规合一”空间规划框架，明确了“两规合一”规划编制内容和编制流程，提出了“分级、分区、分类”的技术路线及差异处理规则，编制了适合北京特点的《“两规合一”一张图技术规范》，形成了市级层面“两图合一”基础底图。

七、火车站周边用地规划模式和方法研究

年内，市规划院编制完成《北京市火车站周边用地规划模式与方法研究》。该课题系统梳理和剖析了火车站和周边地区在规划建设中面临的严峻挑战，坚持问题、目标双导向的思考方法，坚持“人本共享、站城共荣、多元共赢”的规划原则，坚持定量管控的技术手段和实施路径，总结提炼了枢纽地区未来规划设计应遵循的原则、方法和模式；系统优化了市域范围内的各类各级枢纽布局，初步建立了适用于北京的“枢纽地区规划设计指引”，为北京首次针对这一特定地区开展的跨专业、综合性研究工作。

八、大兴区集体建设用地试点规划研究

年内，市规划院开展的《大兴区集体建设用地试点规划研究》获市政府批复。该课题解读政策，明确目的与要求；分析试点面临的多项挑战；结合北京城乡治理理念与管理方式转型，确定了适宜北京市及大兴区特点的试点工作原则——“规划先行、统筹兼顾”；提出了多项对策和建议。

九、城乡建设用地规划实施评估与规划策略

年内，市规划院编制完成《北京城乡建设用地规划实施评估与规划策略》。该课题第一部分基于国内外规划实施评估经验研究，从工作组织框架、评估技术方法、成果反馈路径三个层面，提出北京市规划城乡建设用地实施动态评估的方法机制，重点关注评估成果的应用与反馈。第二部分基于目前可采集的基础数据，

对前述方法机制进行实证运行，提出针对次年度的规划实施建议。

十、东南部地区历史文化资源梳理报告

年内，市规划院编制完成《北京东南部地区历史文化资源梳理报告》。该课题从人文地理角度入手，以自然地理、河流水系、交通廊道、城镇变迁等为主要影响因素，探讨区域文化形成的历史地理背景特征，继而从区域文化变迁的时空线索，提炼出对区域历史文化影响最为显著的七条文化脉络：交通、漕运仓储和水利工程、军事防御、皇家苑囿、宗教庙宇、红色革命、工业生产；总结出四大核心历史文化价值：大运河文化的核心体现地、南承江淮且北接辽东的交通要地、传统苑囿及中轴内涵延伸的拓展地、近现代工业及对外交往文明的聚集地。同时按照文化价值集中体现、文化资源集中分布的原则，划定了“两线一片”三个文化精华地区。提出了七条策略：及时开展保护、创新保护模式、发挥线性遗产作用、塑造文化品牌、构建工作平台、拓展保护资源范围、促进区域协同。

十一、棚户区改造和环境整治工作统筹实施政策建议

年内，市规划院编制完成《棚户区改造和环境整治工作统筹实施政策建议》。该课题梳理了2013-2016年棚户区改造项目任务台账共432个，通过典型案例分析，归纳总结出项目规划调整占比偏高、多方博弈影响审批周期等基本特征，指出棚改项目规划调整有规划红线危及旧城历史文化保护、蚕食绿隔地区绿地、冲击远郊镇村地域特色风貌等风险。针对“绿色通道”“资金平衡”“规模化拆迁”等优惠政策下带来的棚改搭车、规划调整、民意反弹等问题，从棚户区概念的界定、设立准入退出条件、拓宽资金渠道、推行先供先摊、加强公共参与等多方面提出了对策建议。

十二、西城区白塔寺地区规划实施研究

年内，市规划院编制完成《北京市西城区白塔寺地区规划实施研究》。该课题基于有机更新理念，试图寻找街区保护与民生改善的平衡点，以“最小影响下实现最大提升”为原则，明确街区内各类保护要素，确定用于安排交通、市政设施的胡同非建设空间控制线，同时梳理近期可利用用地资源，指导实施主体开展近期实施项目。进而提出用地优化、交通微循环、市政设施改善规划方案，并给出民生改善、功能引导、实施机制等方面的策略建议。

十三、“十三五”期间保障房供应及布局研究

年内，市规划院编制完成《“十三五”期间北京市保障房供应及布局研究》。该课题从供应、布局、实施三个层面对“十三五”期间的住房保障工作进行系统分析与谋划。研究了北京市住房保障的需求特征与变化趋势，对“十三五”时期住房保障的需求规模、财政供应能力分析预测，作为保障房规划布局的前置条件；针对“十二五”时期保障房规划布局出现的问题，提出保障房规划布局遵循的四大原则，并结合定量空间适宜性评价，构建了保障房规划布局预评估模型，协调保障房布局方案与土地供应、城乡统筹发展、棚户区改造的关系，增强规划的可实施性。

十四、城市就业中心演变及职住关系研究

年内，市规划院编制完成《北京城市就业中心演变及职住关系研究》。该课题将传统的普

查数据、交通出行调查数据、公交卡数据、手机信令数据和持续多年的大样本居民问卷调查等多源数据进行融合和交叉分析，识别出北京城市就业中心的空间格局和演变特征，揭示了就业中心与典型居住组团、通勤交通之间的协调关系；借鉴国外大城市职住空间结构模式及组织经验，提出促进北京城市就业-居住-交通协调发展的宏观认识和具体措施；提出以人为本的促进职住协调发展的规划导则，并对CBD、金融街、中关村、上地、亦庄、望京、通州和回龙观等典型就业中心和大型居住组团的职住组织提出具体的优化建议。

十五、“两线三区”全域空间管控及规划实施研究

年内，市规划院编制完成的《北京“两线三区”全域空间管控及规划实施研究》通过专家评审。该课题以规划、国土两部门的平台数据为基础，结合生态资源底图梳理，提出划定边界的技术标准和实施管理办法；系统总结北京市建设用地空间增长的时空演变规律，剖析问题形成的制度根源，提出具体的管理措施和政策体系；分析限建区限制性和发展性因素，初步提出限建区总体控制性规划方案。

十六、城市规划建设历史文化信息收集整理

年内，市规划委组织编制的《北京城市规划建设历史文化信息收集整理》通过专家评审。该课题由北京联合大学应用文理学院承担，通过结合规划展览馆改造项目，系统梳理不同历史阶段北京城市规划建设发展演变过程及特点，整理出城市规划历史文化资源。

十七、第二道绿化隔离地区规划优化调整及实施要点

年内，市规划院编制完成《第二道绿化隔离地区规划优化调整及实施要点》。该规划紧扣“减量、提质、增绿”的主要任务，以集体产业用地、宅基地、低效国有单位为主要对象，分区分类制定政策，推动各类建设用地集约节约发展；利用减量腾退用地造林、复垦，塑造楔形绿色空间结构，建立城乡一体的公共服务、市政、交通基础设施，推动户籍农业人口就地城镇化，实现发展“提质”。

十八、首钢老工业区北区详细规划

年内，市规划院编制完成《首钢老工业区转型发展规划实践——北区详细规划》。该规划在多个专项规划的基础上，以功能布局、地下空间、保留现状场地要素、建筑风貌、绿色开放空间、绿色生态、市政基础设施、交通系统、城市安全系统9个维度统筹整合多项规划空间要素，实现详细规划层面的“多规合一”。针对9个空间单元，制作控规图则、建筑风貌附则、绿色生态附则、场地设计附则和地下空间附则，以“一图则四附则”加强规划对设计的指导。

十九、小城镇发展规划及实施指导意见

年内，市规划院编制完成的《小城镇发展规划及实施指导意见》通过专家评审。该课题通过对典型小城镇的实地调研、系统分析，摸清目前北京小城镇的基本情况和存在的问题，围绕落实总体规划，明确小城镇规划思路，完善规划实施路径，提出了促进规划实施的五条发展策略，并形成了小城镇发展规划及实施指导意见的框架。

二十、城市整体景观格局规划

年内，市规划院编制完成《北京城市整体景观格局规划》。该规划从京津冀区域视角出发，系统梳理了影响城市整体景观格局的要素与内容，提出五大核心要素：山水、文化、功

能、交通和生态，并将多种要素在城市空间上叠加整合，强调以自然山水为根、以历史文化为魂、以人本活动为势，建立了清晰明确的整体景观格局。同时，根据景观特征的差异，将市域空间细分为八大各具特色的景观风貌区，基于不同的景观类型，初步划定北京首批三大类十六小类景观格局特别控制地区，严控对城市整体景观格局极具影响的重要地区，关注规划管控薄弱地区，引导城市建设和生态保护的管控实施。

二十一、中心城规划优化调整及实施要点

年内，市规划院编制完成《中心城规划优化调整及实施要点》。该规划采取整体研究与案例剖析相结合的工作方式，提出推动中心城总体规划管理目标实施的管理规则框架，主要内容包括：从长远的控规管理，提出控规调整管理规则；从近期的行动重点，提出疏解提升空间重点；从实施的政策匹配，探索规划统筹实施路径。

二十二、轨道交通与沿线土地衔接规划（二期）

年内，市规划院编制完成《北京轨道交通与沿线土地衔接规划（二期）》。该规划从理论研究和技术服务两个角度深入探索，定位于服务首都发展需求的理念创新、服务建设任务的技术支撑、服务规划管理的政策机制研究；提出以“轨道+”理念引领一体化工作，为轨道工程建设赋予更多的城市内涵；搭建轨道交通一体化综合信息平台，初步掌握了既有线路和规划新线的一体化信息；从规划管理的角度，分析一体化项目面临的共性问题并提出解决思路，对一体化规划管控方法提出了改进建议。

二十三、西城区地下空间开发利用总体规划（2016–2030）

年内，市规划院编制完成《西城区地下空间开发利用总体规划（2016–2030）》。该规划立足西城区城市发展特点，收集分析了海量地下空间普查数据和钻孔数据，创新和优化了地下空间资源量化评价方法，形成了对全区近3200个地块的资源潜力量化评价，并分别就地下空间利用与历史文化名城保护、海绵城市与地下功能控制、轨道站点周边一体化、综合防灾体系建构、地下公共服务设施建设等核心问题形成规划专章。课题与《北京地下空间规划设计指南》的编制工作同步开展，在地下空间规划原则、内容、指标制定和成果要求等方面相互印证，实现了从规划编制到标准制定的有效转换。

二十四、房山区南窖乡南窖村保护发展规划

年内，市规划院编制完成《北京市房山区南窖乡南窖村保护发展规划》。该规划提出传统村落应将“保护规划”与“常规村庄规划”两规合一，在保护传统文化的基础上保障村民利益，兼顾村庄经济发展。工作中采取“自上而下”与“自下而上”相结合的协作式规划思路，坚持以村民为主体，组织乡政府、村集体、科研机构和相关政府部门等全过程多方共同参与。

二十五、东城区历史文化街区保护与发展行动计划（2016–2020年）

年内，市规划院编制完成的《东城区历史文化街区保护与发展行动计划（2016–2020年）》通过东城区委常委会审核。该规划系统梳理全区历史街区现状、历史文化街区保护工作的成绩与主要问题，提出坚持在保护中发展、在发展中保护、以治理思维解决保护面临复杂

问题的工作思路，全力塑造6片展现首都文化传承的精华地区，量化主要指标，形成“一轴、六片、三网、多点”的保护格局，系统推进街区保护与发展；着力构建推动历史街区保护发展长效机制，以改革创新机制与保障措施为突破口，统筹多部门工作计划，研究成果直指实施任务，落实到各街道、部门、实施主体等责任单位，形成指向性强、操作性强的行动纲领。

二十六、工业遗产专项规划及保护利用管理办法

年内，市规划院编制完成《北京市工业遗产专项规划及保护利用管理办法》。该规划揭示了工业发展与城市性质演变的关系，总结提炼了北京近现代工业在全国的地位与价值；明确登录标准后，提出了由68处遗产构成的推荐名录和由21处遗产构成的第一批遗产名录；为进入第一批保护名录的工业遗产逐一制定保护图则，明确强制保留建构筑物及设施设备，提出保护要求；总结当前保护、利用和管理方面存在的问题，针对性地提出管理办法。

二十七、“十三五”公共空间设计发展规划纲要

年内，市规划委完成《北京“十三五”城市公共空间设计发展规划纲要》。该课题系统分析城市公共空间工作的形势背景、发展现状和主要问题，提出“十三五”时期城市公共空间工作的指导思想、规划原则和总体目标的建设性意见；深入研究公共空间总体风貌、总体格局、结构体系，围绕公共空间主要任务、重点项目、建设要点、实施步骤和保障措施提出了综合建议。

二十八、非建设空间融合规划与实施意见

年内，市规划院编制完成《北京市非建设空间融合规划与实施意见》。该规划对北京市非建设空间的规模布局、要素分类、空间结构及格局特征等进行系统研究，从学科融合、要素耦合、法规整合三个方面，确定非建设空间管控的融合思路与方法，并创新性地将生态格局构建、生态资源保护、生态用地管控和生态空间引导，纳入同一框架内进行综合考量，提出北京市非建设空间融合规划的具体方案和实施意见。

二十九、地方标准《公共汽电车站台规范》实施评估与修订

年内，市规划院完成北京地方标准《公共汽电车站台规范》实施评估与修订工作。新规范在评估阶段引入分类量化打分的方法，形成了一套定性与定量相结合的规范化实施评估体系；规范修订突出“为人民设计”的思想，将满足乘客需求作为修订目标；根据北京不同道路条件，提出不同的设施配置方案。

三十、综合交通体系规划

年内，市规划院编制完成的《北京市综合交通体系规划》通过评审。该规划围绕京津冀协同发展和新时期北京城市发展战略定位要求，明确2030年北京综合交通体系的基本框架，提出北京综合交通体系规划的指导思想、战略目标、规划方案、实施路径和政策保障措施。主要内容包括：发展基础与形势要求、规划目标与发展战略、交通体系与城市协调发展、交通体系与分区功能组织、交通网络和设施优化布局、交通治理与品质提升、规划实施与政策保障、近期建设行动等。

三十一、新航城综合交通规划

年内，市规划院编制完成《北京新航城综合交通规划》。该规划落实《京津冀协同发展规划纲要》中新机场的战略定位，围绕“港城融

合、港城一体”的交通与用地发展新模式，构建了以“区域协同、枢纽锚固、方便快捷、绿色低碳、品质智慧”为总体目标的综合交通体系；突出新机场与新航城地区的无缝衔接关系，创造性提出了绿色航城和站城一体的规划理念及规划方法；系统分析国内外同规模机场临空区域出行特征，对新航城的交通需求进行预测、提出发展策略，并开展绿色交通指标体系与站城一体化研究，提出了新航城的对外交通系统、公共交通系统、道路网系统、静态交通系统、货运交通系统、步行与自行车交通系统和交通设施布局与交通管理的规划方案。

三十二、中心城区（城六区）城市道路规划

年内，市规划院编制完成《北京市中心城区（城六区）城市道路规划》。该规划结合当前中心城区建设发展需求，按照“继续加强放射线快速廊道建设、优化重点发展地区的路网结构、完善和加密次支路系统”的规划思路，完善并形成了中心城区新一版道路网系统规划调整方案；针对2004版总规规划道路网和新版中心城区规划道路调整方案进行了规划实施评估和问题总结，分别从规划编制、规划审批、用地供给、建设资金和实施主体等方面进行症结分析；针对现状道路建设与规划之间的差距及存在问题，研究提出规划道路建设实施的目标、路径和政策保障，并制定分区分年度的道路建设实施项目库。

三十三、自行车和步行交通规划

年内，市交通委、市规划委组织编制完成《北京市自行车和步行交通规划》。该规划为北京首次开展的全市范围内自行车和步行交通系统专项规划，围绕北京城市发展目标和方向，结合存在问题和现实需求，对自行车和步行交通发展愿景与蓝图、路网系统、规划设计指引、规划实施保障、年度实施计划等核心内容开展专题研究，首次针对旧城发展的特殊需求制定旧城自行车和步行交通规划设计指引，引导具有北京特色的自行车和步行环境的建设。

三十四、市域干线铁路系统通道控制规划

年内，市规划院编制完成《北京市域干线铁路系统通道控制规划》。该规划依据区域和城市发展需求，分析铁路枢纽发展趋势，系统梳理干线铁路通道规划，从干线铁路用地控制现状问题分析入手，在铁路枢纽总图规划的基础上，结合相关法律法规、用地控制要素、区域空间划分，研究用地控制原则与方法，提出相应的用地控制标准、要求、方案，并给出政策建议。规划面向市域铁路干线，采用分区、分规划阶段控制原则，根据铁路沿线不同功能需求差异化控制指标与要求，兼顾规划控制的弹性、可实施性与可持续性。

三十五、水生态环境用水配置规划

年内，市规划院编制完成《北京市水生态环境用水配置规划》。该规划分析了北京市河湖生态环境的历史变化、现状和存在问题，在对国内外河湖生态需水计算方法调研的基础上，以清河为例，综合采用理论研究、现场监测、物理模型、数学模型相结合的方法，深入研究再生水补给对河道藻类生长与水质、水力要素的相关关系，创新提出北京市再生水补给河道适宜水深、流速、停留时间等配置条件。结合北方缺水城市河道的特点，提出河湖水系分级分季供水和河道生态断面优化的策略，以现状和规划再生水厂的布局和可供水量为基础，打造中心城清水系统和“一环、三中心”的再生水供水格局，实现由南部水资源相对富余的通

惠河和凉水河水系向北部缺水的清河和坝河水系供水。

三十六、河湖、蓄滞洪区蓝线规划及实施意见

年内，市规划院编制完成《北京市河湖、蓄滞洪区蓝线规划及实施意见》。该规划是对已开展的《北京市河湖及蓄滞洪区蓝线规划》（一期、二期、三期）工作的汇总和补充。在前三期工作中，规划对国内外相关法律法规开展调研、制定北京市河湖蓝线划定技术标准，划定中心城、市域五大水系干流和部分新城的河湖蓝线。本次规划划定了其余新城的河湖蓝线，涉及 92 条河道，定线长度约 425 公里，形成北京市中心城和新城等重要建设用地范围内的河湖蓝线规划成果，并提出蓝线规划的实施意见。

三十七、公共移动通信基站专项规划（2016-2020）

年内，市规划院编制完成《北京市公共移动通信基站专项规划（2016-2020）》。该规划是北京市首部移动通信基站专项规划，结合移动通信技术特点和城市建设、城市空间特点，提出与基站建设相适应的“四大分区、八大场景”空间划分和“资源共享、景观化设置”的建设思想，为北京市公共移动通信基站建设、管理提供了技术支撑。

三十八、轨道交通网综合管廊布局规划

年内，市规划院编制完成《北京市轨道交通网综合管廊布局规划》。该规划研究随轨道交通网同步建设综合管廊的必要性和可行性，分析了中心城电力、热力、供水、再生水、燃气等主要市政管线沿北京市轨道线路的建设需求，疏理出轨道交通沿线综合管廊的建设需求量，提出北京市综合管廊整体布局的优化方案，建立了随轨道交通建设综合管廊的近期项目储备库。

三十九、南锣鼓巷街区风貌保护管控导则

年内，市规划委组织编制并发布《南锣鼓巷历史文化街区风貌保护管控导则》。该导则包括文字导则和图则示意，对街道空间、建筑类型、格局、形式、体量、高度、色彩、材质等提出规范要求。

第三节　规划管理与城市景观

一、2016 年行政许可概况

2016 年，共受理各类建设项目 8578 件，核发各类建设项目 8537 件。核发城镇建设规划用地许可总规模 3585.18 公顷（其中，建设用地 2786.79 公顷），规划建设许可规模 4040.76 万平方米，市政道路、管线规模 143.10 万延米。核发乡村建设规划许可规模 131.05 万平方米。

2016 年受理勘察设计等行业资质审批事项 670 件，各类注册师注册事项 3862 件；受理勘察设计测绘企业出京承接任务证明 1675 件；受理外埠勘察设计企业备案 198 件；受理勘察设计及城乡规划资质证书变更 845 件。完成涉密测绘成果审批 112 项，测绘作业证审批 297 件，地图

审核25件。

二、统筹组织查违治违

年内，市规划委继续查处违法用地、违法建设，全年立案查处土地违法行为1204宗，829公顷；拆除违法建设1.5万处，面积3012万平方米。

三、中心城街区控规信息公开取得重大进展

年内，市规划委组织开展了中心城控制性详细规划（街区层面）公开工作。按照逐步公开的原则，第一批公开了《中心城控制性详细规划（街区层面）》08片区。其余片区将于2017年底前全部公开。

四、制订中心城控规管理的指导意见

年内，市规划委制订《中心城控规管理的指导意见》。该意见进一步完善控规报批和调整的办理原则和程序，明确控规报批的四大环节，规范各环节的办理时限，并要求对控规调整项目依法开展必要性论证。

五、审定世园会场馆建筑设计方案

年内，市规划委审定2019年世界园艺博览会中国馆、国际馆和生活体验馆三个主要场馆的建筑设计方案，并研究同意植物馆和世园酒店的建筑设计方案。

六、城市副中心项目规划

年内，市规划委组织开展北京城市副中心职工周转房、安贞医院、人大附中通州校区、东小营车辆段上盖职工周转房等项目的选址规划及方案设计工作，其中，可提供周转房1.68万套及工勤人员宿舍300套。

七、冬奥会国家速滑馆方案国际竞赛

年内，市规划委组织北京2022年冬奥会国家速滑馆的建筑概念方案国际竞赛工作。历时4个半月，经过报名、资格预审、技术初审和专家评审等环节，选出了3个优胜方案作为实施方案的候选，综合评审专家的推荐意见，确定了博普乐思设计有限公司的“冰丝带”作为国家速滑馆的实施方案。国家速滑馆是北京赛区唯一一座新建竞赛场馆，是北京2022年冬奥会和冬残奥会的标志性建筑。

八、西打磨厂街公共空间环境品质提升工程完成

年内，市规划委完成东城区西打磨厂街公共空间环境品质提升工程。该项目为旧城内历史文化街区整治的试点之一，邀请到多家国际国内一流设计单位开展集群设计，要求总体风貌维持沿街界面建筑物的原真性，恢复老街的历史感、文化感、记忆感。通过对沿街界面、路面铺装、绿化景观系统、家具小品、路政设施、公共艺术品的设计建设，西打磨厂街的环境品质大幅度提升，恢复了老街的历史序列和场所精神。

九、望坛棚户区改造项目启动

年内，市规划委批复望坛棚户区改造项目用地及设计方案。该项目是东城区最大的棚户区改造项目，位于永外地区，总用地面积约47公顷，棚改涉及约5600户居民和100余家单位。

十、大栅栏C地块文保区域保护修缮完成

年内，包括劝业场、宝恒祥金店、宝立新兴的大栅栏C_1地块文保区域保护修缮工作基本完成并正式开街。该地块作为中轴线的组成部分，规划设计以“传承历史文化，复兴北京商魂”为原则，将“点睛”黄金中轴线。

十一、东四、鼓楼等地铁站点织补工作启动

年内，旧城内多个地铁织补项目启动，包括地铁4号线西四站、地铁6号线东四站、地铁8号线鼓楼站等。市规划委相继履行征求历史文化名城专家意见、请示市政府和入市供地等程序，项目实施将修复旧城内由于地铁建设拆迁造成的历史风貌影响。

十二、华都饭店南侧沿亮马河景观提升改造工程完成

年内，市规划委完成华都饭店南侧沿亮马河景观提升改造工程。该工程为全市公共空间设计建设专项项目，实施完成了沿河城市家具、滨水步道、植被绿化、微地形、景观广场等要素的改造提升和铺设工作，并实现架空线入地，沿河整体景观环境大幅度提升。

十三、完成阜内大街南北景观提升项目方案设计

年内，市规划委完成阜成门内大街南北景观提升项目总体方案设计，以及绿化种植和标识标牌专项设计。该项目西起西二环阜成门桥，东至赵登禹路，全长670米，结合城市重点地区街道景观提升与改造工程，深入研究挖掘地区文化与历史背景，重塑阜成门原有街道的空间尺度和机理，恢复老街区交往、怡情、休憩的城市功能。

十四、完成颐和园北宫门周边及中央党校外围公共空间设计

年内，市规划委完成颐和园北宫门周边及中央党校外围公共空间环境品质提升设计工作。该方案通过连续、小尺度、无缝衔接、精雕细刻的手法，创造安全、怡人、完整的公共空间序列，适度恢复颐和园北宫门园内与园外历史文化空间序列和世界遗产的内外延展，注重文物、自然与现代人需求的和谐统一，打造满足人精神需求并与颐和园历史文化气质相和谐的场所精神。

十五、完成首钢冬奥广场公共空间设计

年内，市规划委完成首钢冬奥广场公共空间及外围工业遗产保护与再利用设计策划工作。该设计旨在保留保护好原有工业原貌，突出首钢工业遗址，在工业遗址记忆背景下，满足冬奥会办公和国际交往需求，满足工业遗址再利用，满足工业遗址时代文化的传承、发扬与继承。

十六、建立公共空间标识标牌牌匾专项设计联审机制

年内，市规划委会同相关委办局建立全市公共空间标识标牌牌匾专项设计联审机制。该机制改变行政管理模式，以西城区阜内大街环境品质提升项目为契机，搭建综合服务平台，建立联审制度，将公共空间管理涉及部门统合于一个平台上，共同商议，联合审查，统一规划、统一设计、统一布局。

十七、地铁公共艺术参展

年内，市规划委从北京轨道交通已建成公共艺术品中，选送《自然之境》《金台夕照》《城市名片》《和谐共荣》《皇家狩猎图》《广渠印象》等11件玻璃工艺与马赛克工艺艺术品（作品局部），参加第十一届中国北京国际文化创意产业博览会。据统计，至2015年底，北京轨道交通车站已建成各类公共艺术品152件套。

十八、劳模墙规划设计建设完成

年内，市规划委完成北京市劳模墙规划设计建设工作。劳模墙位于明城墙遗址公园，北京市建国以来1197名全国劳模的姓名全部镌刻

于石。

十九、复审城市雕塑工程建设质量技术规范

年内，对市规划委、市质监局联合发布，2010 年 4 月 1 日实施的全市地方标准《城市雕塑工程建设质量技术规范》进行复审，同意继续使用。

二十、世园会会徽和吉祥物征集发布

年内，市规划委协助市世园局完成 2019 年中国北京世界园艺博览会会徽和吉祥物征集工作。该会徽取名“长城之花”，设计风格端庄大气，六片不同颜色的花瓣围绕长城翩翩起舞，生动呈现“长城脚下世园会”的特色。吉祥物“小萌芽、小萌花”，是一对代表着生命与希望，勤劳与美好，活泼可爱的园艺小兄妹，造型创意来自东方文化中百子图的“吉祥娃娃”，被赋予普及园艺知识、传播绿色理念的特殊使命。

二十一、完成中轴线“桥”文化历史浮雕壁画建设

年内，市规划委组织完成中轴线“桥”文化历史浮雕壁画建设。该项目位于天桥地下通道，通道两边墙壁布满高温陶瓷壁画，展现了中轴线上的七组 17 座古桥，以图文并茂的形式，揭示了桥的建造年代、形制、用途和变迁，以及平面、立面、剖面图析、各构造名称、饰物细节等，深入挖掘桥的历史、科学、技术和艺术价值，成为中轴线桥文化的展示窗口。

第四节　工程设计与标准

一、综合管廊规划设计指南

年内，市规划院编制完成的《北京市综合管廊规划设计指南》通过专家评审。课题结合北京市政基础设施规划编制及管理特点，通过梳理现有直埋管线的规划管理流程，分析典型工程案例，研究提出综合管廊规划编制及规划管理工作流程；全面总结和提炼布局规划、工程规划、规划设计条件三个阶段的综合管廊规划编制技术要点；制定了相应的规划制图标准。

二、旧城历史街区胡同风貌评价及设计控制原则

年内，市规划委编制完成《北京旧城历史街区胡同风貌评价及设计控制原则》。该课题借鉴国内外发达地区的做法，通过对胡同的空间形态、走向、宽度等进行分类，在沿胡同连续界面、建筑高度、体量、材质、色彩以及胡同内城市家具等要素分析归纳，提出相关评价标准，并提出实际可行的设计控制原则。

三、国道 107（南六环-市界）道路改扩建工程

年内，市规划委批复国道 107（南六环-市界）道路改扩建工程设计方案。该道路按照一级公路设计，全长约 18 公里，设计车速 80 公里/小时，采用双向四车道的横断面，是北京西南方向京港澳高速和京昆高速公路的重要辅助对外通道，具备集散功能的国道主干线。

四、现代有轨电车 T2 线工程

年内，市规划委批复顺义区现代有轨电车 T2 线工程规划方案。该工程北起友谊医院东侧天北路，终点至机场 T3 航站楼，线路长约 19.7

公里，设站21座，平均站间距975米，设换乘车站与地铁15号线进行换乘。为服务机场西经济区，另设支线2.7公里，车站2座。T2线工程是顺义区对外轨道交通骨干线路的接驳线，服务顺义空港区与机场组团的地面大容量快速公交走廊，并作为首都机场与顺义新城的重要联系通道。

五、2022年冬奥会和冬残奥会延庆赛区外部交通系统规划

年内，《北京2022年冬奥会和冬残奥会延庆赛区外部交通系统规划》获市政府批复。该项规划“坚持以人为本、坚持可持续发展”的规划原则，从航空系统规划、铁路系统规划、公路系统规划、延庆赛区周边交通系统规划等几大方面，全面系统规划建设，保障冬奥会延庆赛区便捷、完善的交通基础设施需求。

六、新机场高速公路（南五环—北京新机场）工程

年内，市政总院完成北京新机场高速公路（南五环—北京新机场）段工程初步设计。该工程北起南五环，南至北京新机场，全长约27公里，设计等级为高速公路，设计速度为100公里/小时-120公里/小时。新机场高速公路是北京市南部地区高速公路网“四横五纵”中的重要组成部分，定位为新机场与中心城之间的专用高速公路。

七、延崇高速公路（北京段）工程

年内，市政总院完成延崇高速公路（北京段）工程设计方案。该高速公路位于北京市西北部，道路全长约114.4公里，其中北京段全长约33.2公里。市政总院负责的延崇高速公路平原段路线全长15.228公里，路基宽度28.5/26米，设互通式立交4座，分离式立交1座，连续高架桥2座，下穿妫水河隧道1座。设管理养护区1处，服务区1处、隧道所2处。延崇高速公路是2019年世园会区道路和2022年冬奥会赛场联络通道。

八、兴延高速公路工程

年内，市政总院完成兴延高速公路工程施工图设计。该工程起点位于现六环路双横立交西南约950米处，路线全长42.159公里，途经昌平、延庆两个区。道路全线共设置互通立交4座，分离式立交4座、服务区1处、停车区1处、停车区联络线桥1座、管理分中心1处、隧道管理站1处、隧道管理所联络线立交1座，养护工区1处，其中管理中心、养护工区与服务区合并设置，其中特大桥3座，大桥5座，中桥1座，通道桥14座，隧道5组10座。

九、延庆新城圣百街（西玉路—汇川路）道路工程

年内，市政总院完成2019北京世园会交通市政配套工程延庆新城圣百街（西玉路—汇川路）道路工程设计方案。该工程西起西玉路（延崇高速），东至汇川街，道路全长约3.6公里，规划为城市次干路，红线宽40米，设计速度50公里/小时，上跨规划下屯河处，需新建桥梁一座。该工程是保障世园会外部交通的一条重要的交通通道。

十、延庆新城阜康路道路工程

年内，市政总院完成2019北京世园会交通市政配套工程延庆新城阜康路道路工程设计方案。阜康路呈南北走向，南起妫川路，北至康河路，长约8.8公里，分为南段（妫川路—延康路）、中段（延康路—延农路）、北段（延农路—康河路）三部分，本次设计范围为南段和北段，总长约7.1公里。阜康路全线按城市主干路标准设计，红线宽40米，设计速度50公里/小时。道路标准横断面采用三幅路型。

十一、宋梁路（北运河—通燕高速）道路改建工程

年内，市政总院完成宋梁路（北运河—通燕高速）道路改建工程初步设计。该工程南起北运河北侧，北至与通燕高速相交菱形立交路口，道路设计全长约4.0公里，道路规划等级为城市主干路，规划红线全宽60米，设计车速为60公里/小时，是服务于行政办公区区域交通集散及串联周边重要交通节点的南北向交通干道。

十二、上庄路（黑龙潭路—上庄镇南一街）市政工程

年内，市政总院完成海淀区上庄路（黑龙潭路—上庄镇南一街）市政工程项目建议书（代可行性研究报告）。该工程南起黑龙潭路，北至上庄镇南一街，长度约9826米。本项目上庄路南延段—京密引水渠北侧路段规划为城市快速路，京密引水渠北侧路—上庄镇南一街段规划为城市主干路。该道路是海淀中心城区同北部山后地区间一条重要交通走廊，承担着服务北京西部城近郊区的区域交通的重要功能。

十三、三环主路（三元桥西—丽泽桥北）大修工程

年内，市政总院完成2016年三环主路（三元桥西—丽泽桥北）大修工程施工图设计。该工程起点为丽泽桥北，向北经西三环、北三环，终点与三元桥相接，全长23.13公里，约占整个三环的一半。工程范围包含14座主线桥、5座跨河桥、18座匝道桥、30座人行天桥、8座人行通道，道路面积55.7万平方米，桥梁面积21.6万平方米。

十四、广渠路（东五环—通州区怡乐西路）市政工程

年内，市政总院完成广渠路（东五环—通州区怡乐西路）市政工程施工图设计，并已通车。本工程起点为东五环路，终点至通州区怡乐西路，道路全长6.8公里。规划为城市快速路，设计速度80公里/小时，规划红线65-70米。该工程承担中心城区联系通州新城、朝阳区东南部地区以及定福庄边缘集团的城市客运交通。

十五、新机场工作区工程

年内，市政总院完成北京新机场工作区（交通市政设施工程）初步设计。该工程是新机场市政配套工程的核心内容，范围为新机场陆侧约8平方公里，包括了工作区、货运区、航站区和机务维修区的道路桥梁及市政管网工程。其中，新建道路总长约55公里，新建桥梁约20余万平米，新建停车设施约22万平方米，新建综合管廊7.6公里，还包括新机场污水处理厂、北区供水站、生活垃圾转运站、10KV开闭站等市政站场设施。

十六、丽泽金融商务区地下交通环廊工程

年内，市政总院完成北京丽泽金融商务区地下交通环廊工程的施工图设计。该工程位于丽泽商务核心区中部，主隧道呈“目”字型构型，共设置4对出入口与地面道路相接，设置20处建筑接口与地下车库相连。环廊隧道结构全长4.3公里，主要涉及道路、隧道、排水、电气、监控、消防、通风等专业。环廊作为地下空间的一部分，可为商务核心区内车辆的快速集中进出提供通道，净化核心区的地面机动车交通环境，并缓解核心区南北向道路的交通压力，与区域内的轨道交通、商业一体化相结合，共同实现了城市多元化功能。

十七、北苑北综合交通枢纽及外部配套道路工程

年内，市政总院完成北苑北综合交通枢纽及外部配套道路工程初步设计。该工程位于城市中心区的北部，主要包括枢纽建设用地内总平面、枢纽主楼及附属建筑设计，周边配套道路及市政设计。本工程总用地65945.423平方米，总建筑面积90798.32平方米，枢纽主楼总建筑面积88262.96平方米，其中地上建筑面积50272.05平方米，地下建筑面积37990.91平方米。

十八、地铁12号线工程

年内，市政总院完成北京市地铁12号线工程可行性研究报告。地铁12号线西起西四环四季青桥南，东至东坝管庄路西口，正线全长29.6公里，全部为地下线，共设21座车站，在西四环外设田村停车场，在五环外东坝北区设置车辆段一座。横贯海淀区、西城区、东城区、朝阳区，采用8辆编组A型车，全自动驾驶技术。

十九、地铁7号线二期（东延）工程

年内，市政总院完成北京市地铁7号线二期（东延）工程可行性研究报告。地铁7号线东延线自既有7号线终点焦化厂站（不含），从焦化厂站站后折返线至终点全长16.6公里，均为地下线，全线共设车站8座，平均站间距2.13公里。线路敷设于朝阳、通州两个城区，是横穿北京南城的东西向重要骨干线路。

二十、地铁22号线（徐辛庄—平谷段）工程

年内，市政总院完成北京地铁22号线规划方案。22号线（徐辛庄—平谷段）工程西起徐辛庄站，沿京秦高速至河北燕郊、三河，转至北京平谷马坊、马昌营至平谷城区，终至平谷城区洵河湾站，本段线路全长52.9公里，共设车站9座，其中高架站8座，地面车站一座，除2.9公里地下线，其余均为高架线，在河北燕郊设置车辆综合基地一座。该线是北京市域快线网络中首条跨越省级行政区的线路，设计时速160公里/小时，8辆编组，采用CRH系列新型市域车。

二十一、地铁16号线二期工程（北安河-西苑段）

年内，市政总院设计的北京地铁16号线二期工程（北安河-西苑段）正式通车试运营。该工程线路起自六环外北安河，沿北清路自西向东，之后转入永丰路，经圆明园西路至西苑，包含10座车站和1座车辆段，线路全长约19.7公里，均为地下车站，是北京市2016年开通的唯一一条地铁线路。该工程是北京地区首条采用8A编组A型车的线路，也是国内首条展现地铁自身结构及管线本体之美的轨道交通线路。

二十二、城际铁路联络线工程

年内，市政总院完成城际铁路联络线工程规划方案。该工程是京津冀城际铁路路网中城市内部重要联络线，衔接了京唐城际（京滨城际）、京津城际、京霸城际、京石城际及廊涿城际共5条城际线路，实现城际路网之间的联通和京津冀地区机场整体资源的共享。联络线主线线路全长111.8公里，共设车站11座，其中地下站6座，地上站5座，设计速度200公里/小时。

二十三、槐房再生水厂工程

年内，市政总院设计的槐房再生水厂正式通水运行。该工程设计规模为60万立方米/天，污水处理采用MBR工艺全地下布置，配套设计有污泥处理、臭气处理、园林景观等设施。槐

房再生水厂主要处理构筑物位于地下，地面设计为湿地保护区，生态景观与污水处理构筑物融为一体，污泥处理采用热水解+厌氧消化+脱水工艺。

二十四、小红门再生水厂工程

年内，市政总院设计的小红门再生水厂建成并调试运行。该工程规模60万立方米/天，选用“两级生物滤池+膜过滤+臭氧脱色”的工艺深度处理技术方案，是国内大型再生水处理厂之一，其设计出水水质指标优于目前国标再生水质要求。

二十五、门头沟区焦家坡垃圾综合处理厂工程

年内，市政总院完成焦家坡综合处理厂工程初步设计。该工程位于门头沟区永定乡王村东南与丰台区交界线北侧的谷地中，现门头沟垃圾无害化处理中心院内，占地5.97公顷。工程规模为处理生活垃圾1000吨/天，处理垃圾渗沥液300吨/天，负责门头沟新城地区与石景山全区的全部生活垃圾的无害化处理任务。生活垃圾处理主体采用破碎+筛分+压缩转运处理工艺，垃圾渗沥液处理采用厌氧（UASB）+膜生物反应器（MBR）+纳滤（NF）+反渗透（RO）处理工艺，设计出水水质符合国家现行标准。

二十六、门头沟区门城水厂工程

年内，市政总院完成门头沟区门城水厂工程初步设计。该工程位于门头沟区体北路东南侧，西苑路东侧，六环路和高压走廊西侧，工程规模为10万立方米/天，占地5.849公顷。采用预处理+强化常规处理+臭氧活性炭砂滤池+压力超滤膜+安全消毒工艺，设计出水水质符合国家现行的《生活饮用水卫生标准》，满足《城市供水行业2010年技术进步发展规划及2020年远景目标》中的一级城市的标准。

二十七、编制公共空间示范工程设计建设成果集

年内，市规划委编制完成《北京市各区公共空间示范工程设计建设成果集》。该课题对各区公共空间示范工程设计建设成果从现状调研、设计配合、建设成果、空间要素等多方面总结归纳，形成各区开展公共空间设计建设标准指导图集和工作依据。

二十八、长安街及其延长线公共空间设计标准

年内，首规委办、首环委办联合印发了《长安街及其延长线公共空间景观提升设计导则》和《长安街及其延长线设施图集》。该导则通过对风格、色彩、材质、文化表达等要素提出设计的指导性意见，总体控制长安街及其延长线不同区域公共空间的设计效果。该图集提取了如意、祥云、莲花等中国传统文化元素符号，结合各项设施功能要求，并将其运用到方案设计中，实现长安街“物物皆景观，处处是精品”，打造“庄严、沉稳、厚重、大气”的神州第一街。

二十九、城乡规划和建设工程勘测设计标准体系

年内，市规划委发布《北京市城乡规划和建设工程勘测设计标准体系（2016修订版）》。新修编的标准体系涵盖了现行、待编、在编的国家、行业和北京市地方标准总计1926项。在保持原有城乡规划标准分体系、勘察行业标准分体系、市政行业标准分体系、建筑设计行业标准分体系、测绘行业标准分体系五大分体系的基础上，对内部各体系结构、内容进行调整。

三十、城市轨道交通工程通用标准设计体系

年内，市规划委发布《北京市城市轨道交通工程通用标准设计体系》。该体系是全国首个地方性轨道交通领域标准设计体系框架，填补了全市轨道交通标准设计体系框架的空白。

三十一、城市轨道交通无障碍设施设计规程

年内，市规划委发布《城市轨道交通无障碍设施设计规程》（修订）。新规程充分考虑全市老龄化程度、二孩政策的实施和百姓对无障碍设施的需求，以及面临冬奥会、冬残奥会、世园会和城市副中心建设等新情况和新要求，提出了全面无障碍的新理念。

三十二、建筑抗震加固技术规程

年内，市规划委发布《建筑抗震加固技术规程》（修订）。新规程针对全市老旧小区中大量存在的红砖砌体结构的老式住宅，提出增加抗震墙、灌浆加固、外加柱加固等加固措施要求，提高抗震等级；针对全市校舍等重点公共建筑的结构形式，研究提出消能减震技术要求，通过将消能器设置在建筑主要承重构件位置，有效提高房屋的刚度和结构整体抗震能力；针对全市传统历史文保建筑众多的特点，量身定制隔震加固技术，提出“隔震加固技术”和“双面板墙加固技术”等适应不同结构类型建筑的加固措施要求，通过这些新技术新工艺的采用和推广，在尽量减少对原结构损伤的前提下，实现新旧结构构件的有效连接，不破坏建筑的外墙立面，达到修旧如旧的效果。

三十三、住宅区及住宅管线综合设计标准

年内，市规划委发布《住宅区及住宅管线综合设计标准》，自8月1日起实施。该标准对住宅区及住宅内管线综合内容进行了划分，规定了住宅及住宅区的给水、中水、排水、燃气、热力、电力、电信、消防、通风等系统的管线综合设计要求。

三十四、地名规划编制标准

年内，市规划委发布《地名规划编制标准》，自2017年2月1日起实施。该标准在《北京市地名规划编制导则》和全市地名普查工作的基础上，总结梳理导则发布以来的实施效果，进一步界定标准的定位、适用范围和地名文化遗产保护等方面内容；提出地名应方便公众的识别和使用，坚持“尊重历史、照顾习惯、体现规划、好找记忆、规范有序”的原则，实现地名命名与城市规划建设同步；细化地名采词用字和重名处理标准，进一步修正完善地名体系建设，并尽量保持原有区域的地名稳定性。

三十五、工程测量技术规程发布

年内，市规划委发布《工程测量技术规程》，自2017年2月1日起实施。该规程结合全市工程测量的发展现状和实践经验，对原北京市地方标准《北京市工程测量技术规程》（DB11/T339-2006）进行了修订。修订后的规程细化并充实了规划核验测量等相关内容，技术方法正确，指标科学，内容全面，结构合理。

三十六、城镇雨水系统规划设计暴雨径流计算标准

年内，市规划委发布《城镇雨水系统规划设计暴雨径流计算标准》，自2017年2月1日起实施。此次修编主要包括，增补近年来降雨观测资料，特别是“7·21”的相关降雨数据，细化研究降雨空间分布规律，调整暴雨强度公式；适当提高雨水管渠的设计重现期，规定特别重要地区10年一遇，地下通道和下沉广场等地区

30-50年一遇，地铁、重要地下设施出入口等重要基础设施必须单独设防；补充规定立体交叉道路地面径流量计算的要求，提高下凹式立体交叉道路雨水管渠及泵站设计重现期；推求精细化设计雨型，针对每个分区内暴雨的时空分布特征细化相关计算方法和适用范围。

三十七、地下空间规划设计技术指南

年内，市规划委发布《北京市地下空间规划设计技术指南》。该指南细化地下空间设施之间、地下空间与地上设施之间的科学、合理功能分工与空间协调，进一步加强城市地下空间规划编制与管理的科学化、规范化、法制化。

三十八、传统村落保护发展规划设计指南

年内，市规划委发布《北京市传统村落保护发展规划设计指南》。该指南统筹协调保护与发展的关系，在延续传统村落历史文化价值的同时，有效改善村民的生产生活环境，塑造特色风貌。

三十九、修订建筑地基基础勘察设计规范

年内，市规划委发布《北京地区建筑地基基础勘察设计规范（局部修订）》。修订的主要内容是使部分条款的表达更加严谨，与新发布的现行相关标准相协调。

四十、城市公共空间设计建设指导性图集

年内，首规委办、首环委办联合发布《城市公共空间设计建设指导性图集》。该《图集》重点针对全市新建和改扩建的城市公共空间，在步行空间、沿街界面、绿化系统、公共服务、市政设施、公共艺术等方面，从技术标准上解决了公共空间存在的有功能无品质、欠缺秩序、设施标准混杂、缺乏人文关怀等问题。

四十一、新型农村社区建设指导性图集

年内，市规划委、市农委、市住建委联合发布《北京市新型农村社区建设指导性图集》。该图集旨在从规划设计入手，将统筹规划、全面协调、安全高效和节能环保的设计理念，纳入全市平原地区原址拆建的新型农村社区建设的全过程。不仅对村庄原始文化风貌的保持提出指导性意见，而且对新型农村社区应该配套的公共服务基础设施提出了规划建设的详细要求。

四十二、轨道交通工程规划设计图纸统一规定及示图等

年内，市规划委发布《轨道交通工程规划设计图纸统一规定及示图》和《轨道交通车站总平面设计深度示图》。《轨道交通工程规划设计图纸统一规定及示图》对于申报选址意见书、临时建设用地规划许可证、建设用地规划许可证、建设工程规划许可证所附的规划设计图纸提出应达到的深度、技术要求，并给出图纸的统一格式及示图，供规划设计人员参照使用。《轨道交通车站总平面设计深度示图》给出可研及总体设计阶段、初步设计阶段、施工设计阶段的主要设计内容汇总表、图例、总平面示图及部分总图的细部放大示图，规范和统一轨道交通车站总平面图设计内容、深度及表达形式。

四十三、发布多项通用图集

年内，市规划委发布《楼梯、平台栏杆及扶手》(16BJ7-1)《隔声楼面、轻质隔声墙》(16BJ1-2) 2册建筑通用图集，图集做法优中选优。

四十四、发布多项标准配套图集

年内，市规划委发布《雨水控制与利用工

程设计规范配套图集（市政工程）》（PT-685）《社区养老服务设施设计标准配套图集》（PT-1309）《居住区无障碍设计规程配套图集》（PT-1222）《公共建筑节能设计标准配套图集》（PT-687）4 册配套图集。

四十五、复审城乡规划地方标准和标准图集

年内，市规划委组织开展了实施时间满五年的城乡规划地方标准及实施时间满三年的节能地方标准复审工作，复审包括《再生混凝土结构设计规程》（DB11/T803-2011）《市政工程通用混凝土模块砌体构筑物结构设计规程》（DB11/T691-2009）《历史文化街区工程管线综合规划规范》（DB11/T692-2009）等 14 项标准、48 项标准图集，并做出继续使用、修编和停止使用的决定。

四十六、国家优质工程声像档案进馆

年内，市城建档案馆征集 2015 年度国家优质工程北京地区获奖工程声像档案进馆，包含了 2015 年度国家优质工程、2015 年度中国建设工程鲁班奖、第十三届中国土木工程詹天佑奖北京地区获奖工程共计 30 个项目，其中照片 351 张、视频 112 分钟。该部分声像档案内容涉及北京国际会都 APEC 项目、银河 SOHO 中心、北京地铁 9 号线工程、北京天然气利用系统工程、长安街改造工程等。

四十七、名人故居档案展览研究获奖

年内，市城建档案馆承担的《北京市名人故居档案展览研究》课题荣获 2016 年度北京市档案局科技优秀成果二等奖，具体成果包括：北京市名人故居档案实物展览方案设计、北京市名人故居档案网上展厅设计、《北京历史文化地理信息系统》名人故居档案应用、典型名人故居卡片、名人故居档案图录设计。

四十八、竣工轨道交通线路档案进馆

年内，市城建档案馆完成地铁 16 号线二期（北安河-西苑段）工程的 10 个车站和北安河车辆段的 800 余卷竣工档案接收进馆。

四十九、通州潞城镇棚改村落拍摄

年内，市城建档案馆开展影像档案资料收集，记录通州潞城镇第二批棚户区改造的拆迁村貌、建筑、风俗文化等变迁，完成拍摄村貌照片 230 张，视频 56 分钟。

五十、完成地下管线基础信息普查

年内，市城建档案馆配合有关单位，完成北京市地下管线基础信息普查（城六区外业普查）工作，共接收 12 家外业中标单位和 2 家监理单位的管线资料进馆，档案约 400 册，数据光盘和资料光盘 30 余张。

五十一、开展工程档案服务

年内，市城建档案馆接收纸质工程档案 48382 卷；归档数码照片档案 11489 张，38.75 GB；数字录音、录像 53 小时，692GB；完成工程档案数字化影像扫描 108.7 万幅，形成影像文件 16GB；全年接待来馆查阅档案人员 6442 人次，提供利用档案 29497 卷次。

第五节 勘察·设计·测绘

一、勘察设计质量审核

2016年，市规划委组织第三方机构开展勘察设计质量审核，完成勘察项目施工图审查804项，查出并纠正违反强制性条文情形52条，一般性规范情形3280条；完成房屋建筑施工图审查1227项，合计3798万平方米，发现并纠正违反工程建设强制性条文情形1498条，违反一般规范条文情形4万条；完成市政基础设施工程项目施工图审查408项，查出并纠正违反强制性条文情形104条，一般性规范条文情形1607条；完成轨道交通设计文件施工图审查涉及15条线，1320册设计文件，查出并纠正违反强制性条文情形30条，一般性规范条文情形660条。委托第三方机构完成绿色建筑一星级和二星级设计标识评审项目31个，公共建筑25项，住宅建筑6项。完成绿色建筑设计标识评审项目三星级备案10项。

二、2功能区获绿色生态示范区称号

年内，市规划委组织开展北京市绿色生态示范区评选，中关村科技园区丰台园东区、奥体文化商务园2个功能区获得“北京市绿色生态示范区”称号。

三、7项目获省部级科技进步奖

年内，市测绘院完成的“国产倾斜航空摄影测量装备和系统关键技术研究与应用”获中国测绘地理信息学会测绘科技进步奖一等奖；“国产倾斜航空摄影测量装备和系统关键技术研究与应用”获中国地理信息产业协会2016年度中国地理信息科技进步一等奖；“北京市城乡规划实施评估支撑系统研究”“北京市地理国情普查核心技术体系研究”“BISM StreetMap街景平台建设关键技术研究及应用”“面向住房管理的空间信息服务关键技术与应用”获中国地理信息产业协会2016年度中国地理信息科技进步二等奖；“数字丰台地理空间框架研究”获中国地理信息产业协会2016年度中国地理信息科技进步三等奖。

四、9项工程获省部级优秀工程奖

年内，市测绘院完成的“昌平区制止和查处违法用地违法建设信息平台”“北京市大兴区综合管线普查系列图集”获中国测绘地理信息学会2016年度中国地理信息产业优秀工程白金奖；“北京市第一次地理国情普查”“北京历史文化地理信息系统（一期）”获中国地理信息产业协会2016年度中国地理信息产业优秀工程金奖；“北京市西城区房屋普查与综合管理平台建设”“海淀区公共租赁住房实时配租系统建设”获中国地理信息产业协会2016年度中国地理信息产业优秀工程银奖；“朝阳区行政区划地域信息管理系统”获中国地理信息产业协会2016年度中国地理信息产业优秀工程铜奖；“北京市平谷区基础地形图测绘工程”获中国卫星导航定位协会2016年度卫星导航定位科学技术奖-卫星导航定位优秀工程和产品一等奖；“北京市轨道交通七号线东延测绘工程”获中国卫星导航定位协会2016年度卫星导航定位科学技术奖-卫星导航定位优秀工程和产品二等奖。

五、第一次全国地理国情普查

年内，市测绘院配合市地理国情普查办完

成的工作包括，国情普查和市情普查收尾工作，建立北京市普查成果数据库，开发成果管理、发布、应用系统，开展北京市普查成果统计分析、编制专题报告，制作成果图集、图册、挂图（图件890幅，数据集1套，报告1套）；完成首都经济圈地理国情监测、地理国情成果审核与发布招投标工作；编制完成《北京市地理国情内容与指标》《北京市地理国情信息内业采集与编辑整理技术规程》《北京市地理国情信息外业调查与核查技术规程》等标准。

六、数字（智慧）城市建设

年内，市测绘院完成数字亦庄、数字平谷建设，开展数字石景山、丰台、中关村二期建设。运用最新移动GIS、物联网、三维仿真等技术，在辅助城市规划、应急管理、产业转型、智慧交通等领域开发应用系统，逐步向智慧城市升级。

七、“天地图·北京”建设

年内，市测绘院与国家基础地理信息中心签订“天地图·北京”数据融合协议，开展数据融合更新工作（涵盖矢量、影像、POI三部分），将国家基础地理信息中心数据与市测绘院基础测绘数据实现优势互补，形成北京市公众版矢量数据约3G、POI数据45万余条、影像数据约50G的数据融合成果。新增3个基于“天地图·北京”的应用服务，分别为地名普查、历史文化系统、朝阳区展览馆提供了电子地图服务。

八、新型基础测绘研究

年内，市测绘院开展新型基础测绘研究，提出北京市新型基础测绘建设的方向、目标和重点任务，形成《发展研究报告》《需求分析报告》《专题研究报告》《生产试验报告》。

九、城市体检试点

年内，经国务院第一次全国地理国情普查办批复，市测绘院开展北京“城市体检”试点工作，基于地理国情普查等大数据，就北京“大城市病”分析诊断，形成城市体检业务体系、成果交流和发布机制，分北京层面、各区镇街开展评估内容和指标体系等研究，编制完成《北京城市体检评估报告》。

十、第二次全国地名普查

年内，市测绘院完成北京市东、西城全部地名普查工作，以及朝阳区60%以上工作量，进度完成了年度计划的120%。对全市11个区12家作业单位进行九轮次现场监理，撰写监理报告108册，配合市地普办开展全市普查技术培训800人次。

十一、地下管线基础信息普查

年内，市测绘院完成184平方公里范围6000余公里地下管线外业普查，完成4万公里地下管线数据整合、权属调查和全市1300余公里长输管线普查；制作并提供城六区工作底图3.6万张，完成7家单位的监理和检验。

十二、多项重大测绘地理信息项目

年内，市测绘院完成多项重大专业测绘项目。开展北京新机场控制及用地测绘、新机场高速公路、轨道交通新机场线等测绘；开展冬奥会选址测图工程，为冬奥组委测绘1∶500、1∶2000、1∶5000地形图；开展平谷线轨道交通测绘工作；开展北京城市副中心用地及规划测量工程，测绘环球影城主题公园，对副中心核心区六平方公里进行定线拨地测量，更新副中心1/2000地形图；对北京市焦化厂进行三维激光扫描；完成国家卫星气象中心风云四号科研卫星国内测距站精密坐标测量项目；完成京霸客专和3号线、7号线、12号线、14号线、16号线、房山线北延等地铁线路相关测绘工作。

十三、基础测绘工作

年内，市测绘院完成沉降区一、二等水准复测1050千米以及中心城区600点网络RTK平面复测、1020千米高程复测。完成四环范围1：500地形图更新8450幅（二次），六环范围1：2000地形图航测更新3376幅，六环外平原地区1：2000地形图要素更新5540幅，平原地区1：10000地形图更新457幅。

十四、数据库建设

年内，市测绘院采用一体化技术，与地形图同步更新完成北京市1：500、六环范围1：2000地形图数据入库。完成平原地区1：10000地形图数据加工入库457幅。完成拨地入库203件（1502块），规划路733条。为数据航母服务库更新4版DOM、9版数字地形图，每周同步一次规划路拨地库，每月同步一次1：500一体化库，完成年度控制点成果更新，处理各类控制点损毁21批次。

十五、测绘资料信息服务

年内，市测绘院为社会各界用户提供1：500、1：2000、1：10000等基本比例尺地形图6851幅，地形图数据3223幅，提供各类测绘资料2704人次。

十六、测绘资料异地备份

年内，市测绘院与陕西测绘地理信息局基础地理信息中心签署了异地备份协议，并完成第一批数据备份。

十七、编制出版多种地图

年内，市测绘院编制完成《北京历史地图集》《北京市交通基础设施图集》《北京市行政区域界线系列基础地理底图》《北京市水务十三五规划图集》《华北电网图集》等多种地图。与中图社合作共同编制出版《中国人文地理》。编制出版《北京人文地理·朝阳卷》。

十八、编制多项标准

年内，市测绘院主编的国家标准《工程测绘基本技术要求》、北京市地方标准《北京市工程测绘技术规程》通过专家审查。组织编写的住建部行业标准《卫星定位城市测量技术标准》，北京市地方标准《地理国情信息外业调查与核查技术规程（制定）》《地理国情信息内容与指标（制定）》《地理国情信息内业采集与编辑整理技术规程（制定）》《基础测绘技术规程（修订）》《基础地理信息系统技术规程（修订）》等通过立项审批。

十九、9项软件获计算机软件著作权

年内，市测绘院研发的“基于协同审批系统的地理国情信息发布与服务软件”“首都核心功能区地理国情动态监测系统”“地理国情普查统计软件”“地理国情数据管理软件”“地理国情普查业务管理系统”“城乡规划用地演变与分析数据工具软件”“基于天地图的地理国情信息发布与服务软件”“地理国情综合评估分析软件”“地理国情辅助规划决策管理系统”获得国家版权局颁发的计算机软件著作权证书。

二十、4项创新成果获奖

年内，市测绘院三个项目被市总工会和市科委认定为2015年度首都职工自主创新成果，“城市体检评估分析研究——以丰台区试点为例”获得一等奖，“智慧园区时空信息服务平台建设”“北京历史文化地理信息系统建设工程（一期）”获得三等奖，“城市体检评估分析研究”还被认定为职工创新助推项目；在第十届北京发明大赛创新大赛的评比中，“特大城市地理信息数据管理与服务体系建设关键技术及应用”获得铜奖。

二十一、城市副中心行政办公区地基检测完成

年内，市勘察院完成北京城市副中心行政办公区地基基础工程检测，包括试验桩检测、工程桩检测和基坑支护结构锚索验收试验，获得28280个监测数据。

二十二、城市副中心行政办公区综合管廊勘察完成

年内，市勘察院完成北京城市副中心行政办公区综合管廊勘察，包括岩土工程勘察、地基与基础协同计算分析、地下管线探测、区域沉降对结构影响分析、土壤氡浓度检测和水文地质勘察工作。管廊共涉及9条规划道路，总长度约9.8千米，包括电力、电信、燃气、给水、再生水、热力，雨水、污水等各类管线。

二十三、新机场供油工程勘察完成

年内，市勘察院完成北京新机场配套供油工程勘察。对机场油库、两个航空加油站、航油生产指挥调度中心进行了现场钻探、取土试样、原位测试和室内试验等。

二十四、延崇高速北京段勘察完成

年内，市勘察院完成延崇高速公路（北京段）第1标段勘察任务。延崇高速（北京段）起点位于京藏高速公路延庆区营城子互通立交，接兴延高速公路，终点位于张山营镇京冀界，全线长约33.7千米。勘察重点是穿越官厅水库段，设计下穿隧道，采用明挖法施工。

二十五、亚投行总部永久办公场所勘察完成

年内，市勘察院完成亚洲基础设施投资银行总部永久办公场所项目勘察，包括岩土工程勘察、专项水文地质勘察、管线探测、协同沉降分析及复合地基设计、沉降观测、土壤氡气浓度检测等。亚投行总部位于朝阳区奥林匹克公园B27-2地块，总建筑面积约34.78万平方米，地上建筑面积约25万平方米。

二十六、环球主题公园勘察完成

年内，市勘察院在北京环球主题公园第一阶段Z1-Z8区完成钻探作业、抽水试验、旁压、地脉动、载荷、静探、电阻率、波速等现场测试，并提交中英文勘察报告。该公园位于通州区文化旅游区，梨园、张家湾、台湖三镇交会处，规划面积4平方千米。

二十七、污染场地原位修复示范工程完成

年内，市勘察院设计、市政路桥集团施工的槐房路4号地污染场地修复治理工程完成。该工程是国内首例大规模、工程化的“水土共治”技术实践项目，即污染土壤原位气相抽提修复（SVE）与地下水原地异位抽出-处理-回灌技术联合应用，由传统的异位修复向原位修复转变的示范工程。

二十八、模式口综合管廊工程勘察完成

年内，市勘察院完成石景山区模式口大街综合管廊岩土工程勘察。该项目全长约3.5千米，断面尺寸2.4×2.2米，主线起点与石门路直埋管线相接，终点与金顶北街直埋管线相接，是石景山区第一条综合管廊工程。

二十九、延庆小王家堡村既有建筑节能改造工程完成

年内，市勘察院完成了京郊首个既有建筑节能改造设计项目——延庆区康庄镇小王家堡

村地源热泵工程。建筑面积1.9万平方米，地埋孔354个，埋孔深度130米。设计人员采用太阳能对土壤进行全年补热的地源热泵+太阳能补热复合式能源系统，解决了该项目的土壤热失衡问题，规避了地源热泵系统长期运行造成“冷堆积”乃至最终系统瘫痪的风险。

三十、大规模空气源热泵系统设计施工完成

年内，市勘察院完成中石化河北分公司空气源热泵采购（含安装）项目工程。该工程涉及石家庄、廊坊、唐山、秦皇岛四城市129个加油站，建筑面积2.5万余平方米。

三十一、肯尼亚内罗毕孔子学院勘察完成

年内，市勘察院完成肯尼亚内罗毕大学孔子学院项目现场钻探、室内试验和原位测试等详细勘察工作，包括教学楼、办公楼、宿舍、中国文化中心及其配套用房。

三十二、博茨瓦纳莫帕尼小学勘测完成

年内，市勘察院完成博茨瓦纳莫帕尼小学现场勘测工作，包括综合办公楼、教学楼、图书馆、教师宿舍、餐厅及附属配套建筑。

三十三、地下病害探测技术规范通过审查

年内，市勘察院主编的北京市地方标准《城市道路与管线地下病害探测及评价技术规范》通过审查。该标准规定地下病害探测的方法、区域、范围和探测时机，提出判别、验证和风险评价体系，对探测数据与成果形式提出明确要求。

三十四、污染场地勘察规范颁布

年内，市勘察院主编的北京市地方标准《污染场地勘察规范》颁布实施。依据规范，北京地区勘察单位实现了从传统勘察领域向环境岩土工程领域的转型与发展。

三十五、勘察企业质量管理规范通过评审

年内，市勘察院主编的《工程建设勘察企业质量管理规范》（送审稿）通过了住建部评审。该规范结合全国工程勘察行业管理法规调整和行业发展导向，明确了工程建设勘察企业质量管理的总体要求。

三十六、轨道交通工程质量管理办法通过验收

年内，市勘察院牵头完成的《北京市城市轨道交通工程质量安全管理办法》通过验收。该办法完善了城市轨道交通工程周边环境保护、初步设计阶段风险评估、工期造价论证、关键节点施工前条件验收、第三方监测、质量验收等制度，建立质量安全隐患排查治理、设计巡查、第三方测量、工程限定保护区、大型设备管理等制度。

三十七、城铁S6线可行性报告通过评审

年内，市勘察院完成的北京城际铁路联络线S6线可行性研究报告（地质篇）通过京冀两地发改委评审。S6线涉及北京市和河北省廊坊市，串联首都机场和北京新机场，北京市域内约121千米，河北省域内约18千米，设17座车站，连接5条城际铁路、4座飞机场及11条地铁线。

三十八、疏导地下水工程阻隔结构获国家专利

年内，市勘察院研制的“一种疏导地下水工程对地下水阻隔作用的结构”获国家知识产

权局实用新型专利。该结构可对各种明挖或暗挖的地下工程阻水特性进行调整，保护地下水渗流环境。

三十九、套筒式沉降监测点装置获国家专利

年内，市勘察院研制的“套筒式沉降监测点装置”获国家知识产权局实用新型专利。该装置广泛应用于基坑、轨道交通、隧道等工程地表、道路沉降的监测，避免受到季节性冻融性因素及其他非施工因素的影响，如实反映浅层原状土的变形规律。

四十、2 软件系统获国家著作权

年内，市勘察院研制的《土工试验成果汇总系统 V3.0》《AMIS 测量仪器设备管理系统》（V1.0）获国家版权局计算机软件著作权登记证书。

四十一、92 项检测能力获资质证书

年内，市勘察院 92 项工程检测能力获得市质监局《检验检测机构资质认定证书》，具备国家法律、行政法规规定的基本条件和能力，可以向社会出具具有证明作用的数据和结果。

四十二、2 项工程获国家优质奖

年内，市勘察院完成的“北京市政务服务中心工程”和“北京财富中心写字楼工程”获 2016-2017 年度国家优质工程奖。

四十三、6 项工程获全国勘察设计行业奖

年内，市勘察院 6 项工程获全国优秀工程勘察设计行业奖。一等奖 2 项：“2013 年城市地下管线综合检测项目—东四环（东风北桥至四惠桥）、湖光中街”“第三使馆区外交公寓（B 南区）岩土工程勘察、抗浮水位分析、协同作用分析、地震安全性评价及与地铁相互影响分析”；二等奖 3 项：“浦项中心基坑及地下水控制设计”“望京 SOHO 中心岩土工程勘察、水文地质勘察、协同作用分析及地震安全性评价”“北京地铁 7 号线工程测量”；三等奖 1 项：“全国妇联办公楼改扩建项目基坑设计”。

四十四、2 项专利获创新成果奖

年内，市勘察院完成的国家知识产权局实用新型专利“深层垂直位移监测点装置”和“基坑桩（墙）体水平位移监测固定架”获北京市重大项目建设指挥部颁发的 2016 年度轨道交通建设科技创新“五小”成果奖。

四十五、多个工程项目获奖

年内，市勘察院完成的“浅层采空区综合探测及灾害风险评价关键技术示范研究”和“北京地铁 17 号线（R2）工程建设用地地质灾害危险性评估报告”分获北京市优秀工程咨询成果二等奖和三等奖，“北京地铁 8 号线三期及三期南延工程地面控制网测量”和“北京市轨道交通昌平线与地铁 8 号线联络线工程第三方监测”分获北京市优秀测绘地理信息工程奖一等奖和二等奖。

四十六、1 项创新成果获奖

年内，市勘察院研制的“探地雷达天线装置车”获市总工会和市科委联合评定的首都职工自主创新成果一等奖。

四十七、市勘察院获行业殊荣

年内，市勘察院获评全国“工程勘察设计行业‘十二五’期间实施信息化建设先进单位”。

四十八、多人获全国工程勘察设计大师殊荣

年内，住建部发出《关于公布第八批全国

工程勘察设计大师的公告》，市勘察院周宏磊、市测绘院杨伯钢等23位北京地区的相关专业科技领军人物被授予全国工程勘察设计大师称号。

第六节 地名变更

一、概况

年内，全市地名命名共计166个。按地名类别划分，道路和居住区名称133个，纪念地1个，轨道交通车站名称9个，桥梁名称23个。

道路和居住区命名、调整（133个）

东城区命名、调整（2个）：

香河园小街、香河园西小街

西城区命名、调整（3个）：

小红庙一巷、小红庙三巷、小红庙二巷

朝阳区命名、调整（17个）：

容慧路、康营西路、康营东路、兴苇北街、兴苇南街、香苇路、康营外环路、康清路、康瑞路、西甸路、孙河西路、北甸路、驼房营北路、汇星路、小郊亭路、双园路、郭家场路

海淀区命名、调整（12个）：

馨悦路、馨悦中街、宏丰渠东路、皇后店南路（延长）、馨悦北街、茉莉园北路、茉莉园南路、永泽南路（南延）、永嘉南路（南延）、永捷南路（南延）、连村三街、大牛坊路

丰台区命名、调整（4个）：

通仪路、槐房南路、西局后街、凤凰嘴街

石景山区命名、调整（20个）：

阳光西街、铸造村小街、铸造村北路、铸造村中路、苹果园西小街、人民渠北路、西黄村南路、古融路、城通街、古汇路、金府北路、申王府街、金王府街、雍王府街、金府路、礼王小街、礼王街、西小府街、金府南路、秀府西街

昌平区命名、调整（19个）：

安居路、七辛中街、乐业路、七辛南街、七辛北街、七燕路、七里渠南街、七里渠北街、半壁店东路、平西府东路、平西府西路、平西府中路、临府街、平西府南街、平西府北街、高教园北一街、高教园北二街、高教园北四街、白浮泉北街

大兴区命名、调整（13个）：

京开丰兴西路、京开兴魏东路、京开魏赵东路、京开赵永东路、京开赵永西路、京开魏赵西路、京开兴魏西路、京开丰兴东路、龙魏大街、龙善大街、佟家场西巷、佟家场巷、佟家场东巷

房山区命名、调整（8个）：

良南路、兴安路、政通南路、民丰东街、玉粟大街、福宁街、乐水北街、阎顺路

开发区命名、调整（1个）：

科创十三街

怀柔区命名、调整（3个）：

雁来园北一街、汇缘东街、雁来园北二街

门头沟区命名、调整（1个）：

曹各庄路

顺义区命名、调整（12个）：

信中街、富元大街、经纬北路、经纬南路、北斗路、经纬中路、松香湖大街、正元大街、复兴一街、大营三街、复兴三街、大营一街

通州区命名、调整（17个）：

环宇东四路、环宇东一路、南凤西一路、兴贸一区、融商三路、仪府路、荣海大街、海

盛二街、海盛四街、海盛三街、海盛一街、东石东三路、东石东二路、东石东四路、东石东五路、东石东一路、东石路

跨区道路（1个）：

广渠快速路（朝阳、通州）

纪念地（1个）：

北京奥林匹克塔

轨道交通车站名称（9个）：

北安河站、温阳路站、稻香湖路站、屯佃站、永丰站、永丰南站、西北旺站、马连洼站、农大南路站

桥梁名称（23个）：

朝阳半壁店桥、小郊亭桥、东柳巷桥、郭家场桥、京福路桥、西毓顺东桥、黄亦路桥、兴亦路桥、北野场桥、大张本庄桥、小张本庄桥、伊庄北桥、伊庄桥、青魏路桥、京台大龙河桥、洪士庄桥、东芦各庄桥、京台小龙河桥、前辛房北桥、前辛房桥、前辛房南桥、大渠桥、佃子桥

二、发布北京奥林匹克塔标准地名

年内，市规划委发布“北京奥林匹克塔”标准地名命名通知。位于奥林匹克公园中心区东北部区域内的北京奥林匹克塔由1主4辅共5个塔身组成，是奥林匹克公园总体规划中确定建设的重要景观设施，该塔确定为永久悬挂奥运五环标识的人文景观设施。至此，北京市成为继加拿大蒙特利尔后全球第二个获准永久悬挂奥运五环标识的城市。

第四章
土地供应与市场

北京市房地产年鉴 2017

第一节 2016年北京市土地管理综述

2016年是市规划国土委组建的第一年，在市委、市政府和住建部、国土部的坚强领导下，委党组和委领导班子统筹推进全年各项工作。一年来，全委坚决贯彻落实习近平总书记系列重要讲话精神，按照市委十一届十次全会关于全面深化改革提升城市规划建设管理水平的要求，深入落实首都城市战略定位，深入实施以疏解非首都功能为重点的京津冀协同发展战略，深入开展“两学一做”学习教育，切实增强“四个意识”，全面落实“五大发展理念”，全委一盘棋，凝心聚力，认真履职，改革创新，依法行政，圆满完成各项工作任务，实现了“十三五”良好开局。

一、深入落实首都城市战略定位，积极推进非首都功能疏解

有序推进土地利用总体规划调整完善。制定耕地保有量和基本农田保护面积指标核减方案并经国务院批准同意，完成市级土地利用总体规划调整完善方案和区级指标分解方案，严格开展城市周边永久基本农田划定核实举证，全面推进永久基本农田划定工作。开展“两线三区”分区细化和配套管理办法的研究制定工作，形成各区“两线三区”初步成果以及《北京市城市开发边界及生态红线管理办法》。完成土地利用总体规划（2015年度）实施评价，编制完成“十三五”时期土地资源整合利用规划，第三轮矿产资源规划形成初步成果。

促进城乡建设用地减量发展。拟定《北京市实施经营性建设用地供应减量挂钩工作指导意见（试行）》，探索建立经营性建设用地供应与减量腾退用地挂钩机制，按照减量化的拆建比科学编制土地供应计划，允许集中建设区与周边地区跨区域统筹实施，通过拆多供少、以拆定供、先供先拆等措施，引导城乡用地结构调整和空间布局优化。完成市属国有企业存量用地摸底，推进城市存量建设用地更新改造和减量提质。

严肃查处国土资源违法行为。全系统共发现各类土地违法违规行为3296宗、1533.19公顷。其中：立案查处1204宗、829公顷，拆除违法建（构）筑物38.32万平方米，没收违法建筑物和其他设施96.38万平方米，收缴罚款4740.31万元；立案处罚矿产资源违法案件45件，结案26件，收缴罚款99.44万元。扎实做好土地矿产卫片执法检查工作，全市计入问责耕地面积625.5亩，问责比例4.5%，比上年度分别下降35%和1.4%，各区问责比例均低于15%。深入开展高尔夫球场清理整治、落实第73次市政府常务会议督查整改，积极推进视频监控系统建设运行，逐步尝试执法信息上图上网公示公开，进一步做好违法线索受理反馈，着力完善对违法用地违法建设重点区实施政府土地收益暂缓拨付的办法，积极开展重大典型国土资源违法案件的公开通报、挂牌督办、查处，继续加强执法监督制度和国土所管理标准化建设，不断健全国土资源执法履职惩防体系。

二、重点抓好统筹协调，国土资源领域各项改革持续深化

有序推进规划和国土资源机构合并、职能整合。落实市委十一届十次全会精神，以机构

合并推动“两规合一”。2016年7月29日，市规划国土委正式对外挂牌成立，领导班子成员全部到位。按照“整合、创新、高效、服务”的方针，确定了“三定”方案，突出职能整合，优化程序，提高效率；突出补足短板，提升城市规划建设管理水平；突出规划编制和监督，深入推进“放管服”。初步完成了市级层面城市总体规划与土地利用总体规划的“两图合一”。促进城市规划转型与土地利用方式转变相互融合，使空间规划与土地利用规划协调一致。

大兴区农村集体经营性建设用地入市试点工作取得阶段性成果。研究制定《北京市农村集体经营性建设用地入市试点办法》等15项配套政策。编制区镇两级规划，完成《大兴区集体建设用地试点规划实施意见》。顺利完成首宗集体经营性建设用地（西红门镇2号地B地块）入市交易，继续做好入市备选地块筛选，加快拆除腾退进度。探索集体经营性用地多途径入市，西红门镇鸿坤金融基地、星光影视园、旧宫镇中科电商谷等三个历史项目，采取协议租赁等方式入市。统筹协调推进集体经营性建设用地入市与土地征收制度改革试点，组织编制实施方案，开展改革试点任务中期评估，总结试点经验和做法，提出有关法律法规修改建议。

探索研究统筹利用集体建设用地新问题。开展统筹利用集体建设用地试点，研究拟定《关于统筹利用集体建设用地政策的有关意见》，提出了乡镇统筹利用集体产业用地、土地使用权入股、自征自用、利用集体土地建设租赁住房、城乡建设用地增减挂钩及集体经济组织内部宅基地有偿转让、出租等六项用地政策措施，经市政府专题会审议通过。探索海淀北部集体产业园（一镇一园）项目，朝阳区小红门乡、将台乡绿隔产业用地项目等集体产业用地项目建设用地主体、京昌路楔形绿地棚户区改造项目集体产业用地模式创新。

不动产统一登记全面开展。全年共完成登簿130万件，发放不动产证书证明99.5万本，其中《不动产权证书》63.3万本、《不动产登记证明》36.2万份。针对“倒号卖号、通宵排队”等问题，积极采取措施，通过实名验证、微信预约、现场服务疏导、增加登记人员等方式，满足群众登记需求。制定《北京市不动产登记工作规范（试行）》和《北京市继承（受遗赠）不动产登记工作程序（试行）》，建立月度信息报送、登记疑难问题协商联席会制度，进一步提升登记工作规范化水平。不动产登记系统不断完善，不动产历史数据整合工作稳步推进。林权纳入统一登记进入实施阶段，涉房衔接机制建设取得实质性进展。全面完成市级村庄地籍调查试点的各项工作，共调查含宅基地在内的集体土地7054宗，面积315公顷。

以规土合并为契机，深化“放管服”改革工作。创新整合规划、国土审批工作流程，将同一阶段的审批事项合并办理，压缩审批时限、提高效率。推动行政审批进一步下移，加强事中和事后监管，进一步梳理行政职权事项，网站公布行政权力运行责任事项和流程图。制定《北京市公共服务类建设项目投资审批改革试点实施办法》，优化审批流程。全面推行“双随机、一公开”。

三、加强土地资源供给侧结构性改革，国土资源利用质量和效率不断提高

坚决保障土地市场健康持续发展。积极落实中央和我市房地产调控政策，试点采取“限房价、竞地价”的交易方式，鼓励房地产开发企业自持部分住宅作为租赁房源，有效控制房地产价格快速上涨。全年土地市场共成交土地34宗，土地面积约413公顷，成交额约922亿元，其中政府土地收益约467亿元，可提供自住型商品住房建筑规模约32万平方米。全市土地

出让总收入上缴财政专户 1322 亿元，其中政府收益 880 亿元。积极探索土地储备开发新模式，初步拟定储备开发项目成本“先供先摊”管理办法。全市完成土地储备开发 461 公顷，实现投资约 438 亿元，新增土地储备专项债券 410 亿元，归还债务 788 亿元。

优化土地供应规模、结构、布局。适度降低土地供应总量，减少工业用地供应，保持商服用地供应平稳，确保保障性安居工程和棚户区改造用地“应保尽保”，保障养老设施、“高精尖”产业、生态环境等用地供应，积极支持城市副中心、首都新机场、冬奥会、世园会等重点项目建设。全年供应国有建设用地 2072 公顷。审批征地及农转用项目 126 个，批准建设用地总面积 1652 公顷。批复建设用地预审项目 720 件，用地面积 8734 公顷。办理划拨用地审批 231 宗，用地面积 429 公顷；出让用地审批 159 宗，用地面积 727 公顷。

严格保护耕地和落实耕地占补平衡。全年批准占用耕地建设项目 83 个，总用地面积约 1313 公顷，占用耕地约 390 公顷，全部落实耕地占补平衡。采取国家统筹政策支持、强化全市统筹、开展后备资源调查、增减挂钩试点、下达新增耕地任务、推进在施项目等多种措施破解耕地占补平衡难题。全市验收土地整治项目 31 个，验收总建设规模 21.8 万亩，其中新增耕地面积 1.28 万亩。

加快转变资源利用方式。开展开发区土地集约利用和效益评价，逐步推进产业用地精细化管理。继续开展国土资源节约集约模范县市创建活动，朝阳区、海淀区获得第三届“国土资源节约集约模范县（市）”荣誉称号。加强土地利用系统建设，形成审批、监管、基础、服务四大体系。开展出让土地利用动态巡查，将闲置土地处置纳入日常工作。

第二节　征地管理

一、征地管理工作

统筹编报三年滚动土地利用计划。为落实京津冀一体化发展战略，疏解非首都核心功能，严格控制新增建设用地，积极盘活存量土地，坚持最严格的耕地保护制度，编制上报 2016-2018 年三年滚动土地利用计划，重点向保障性住房、生态环境整治等民生领域倾斜，优先保障交通、水利、能源等基础设施用地，合理安排新农村建设用地计划。

全力保障重点工程项目落地。对北京新机场、北京城市副中心、怀柔科学城、冬奥会、世园会及相关配套工程实行全程跟踪服务。完成北京城市副中心、通州文化旅游区、中国人民大学东校区（通州校区）整建制转非安置、预留产业用地的报批工作。积极推进已经国土资源部批准先行用地的兴延高速公路征地手续申报工作，并对京沈客运专线、京张城际铁路主动进行协调，切实加快组织先行用地及正式用地申报前期工作，为我市依法依规使用土地创造了条件。

深入推进征地多元化补偿安置调研。以深化土地征收制度改革为契机，进一步推进征地多元化补偿安置试点工作，加快制定征地多元化补偿安置指导性文件，规范征地多元化补偿安置机制，在对各区征地多元化补偿安置方式实际应用情况调研的基础上，借鉴外省市已有经验，形成了征地多元化补偿安置的初步意见。

征地信息公开平台正式对外运行。北京市征地信息公开平台于2016年1月正式运行，通过市规划国土委网站“集体土地征收及农用地转用”栏目，对社会主动公开2008年以来已批准征地及农用地转用项目涉及的政府批准文件、一书四方案、征地补偿安置协议、征地补偿安置公示、征地公告、征地结案共6项信息，最大限度地方便群众快速查找，实现了市、区征地信息高度融合共享和统一管理，进一步增强了政府在征地工作中的公信力和执行力。

二、征地及农用地转用审批情况

2016年，国务院及北京市政府共审批征地及农用地转用总用地面积约1652公顷，涉及新增建设用地约902公顷，其中农用地约843公顷，耕地约440公顷。

第三节 国有土地使用权出让

一、2016年北京市国有土地使用权出让概况

2016年北京市共出让土地159宗，出让土地总面积约727.4704公顷，合同地价款总额约为805.8964亿元（见表4-1）。其中出让新建项目用地105宗，出让土地面积约为688.4757公顷，占出让总土地面积的94.64%，合同地价款总额约为799.2906亿元，占出让地价款总额的99.18%；现状补办出让项目用地54宗，出让土地面积约38.9947公顷，占出让总土地面积的5.36%，合同地价款总额约为6.6058亿元，占全市出让地价款总额的0.82%。

二、2001-2016年北京市国有土地使用权出让情况

2001-2016年北京市国土资源局共审批出让国有土地使用权9546宗，涉及土地面积约27178公顷，规划建筑面积约48524万平方米。

三、2016年土地利用管理重点工作

（一）坚决贯彻落实京津冀协同发展战略，积极研究疏解非首都功能用地配套政策

研究制定非首都功能疏解腾退空间管理和使用相关配套政策。研究起草《非首都功能疏解项目若干土地利用政策（试行）》，相关建议已纳入市发改委牵头起草的《非首都功能疏解腾退空间管理和使用实施意见》，对疏解非首都功能，开展存量用地优化升级提供了政策支持。

积极开展存量工业用地盘活政策研究，为中心城人口疏解提供用地空间。一是完成了市属国有企业存量用地摸底。二是结合《通州区总体规划》，提出了以老城区为重点，建成区更新改造、功能提升的发展思路和以存量工业园区、工业用地为重点，现状低效工业用地更新改造的思路及相关实施机制。三是积极配合化解钢铁煤炭行业过剩产能。结合落实国土资源部办公厅《关于化解钢铁煤炭行业过剩产能推进脱困升级的意见》和全市化解钢铁煤炭行业过剩产能工作推进情况，会同相关部门共同印发了《北京市化解煤炭过剩产能实施方案》，积极推进京能集团煤炭退出工作。四是推进新首钢高端产业综合服务区发展建设。配合市发改委、市财政局拟订了《关于首钢老工业区首钢权属用地土地收益征收使用管理的有关规定》。

（二）积极保障符合首都城市战略定位用地需求，为首都经济发展提供有力的供地保障

完善基准地价更新成果应用。积极推进棚户区改造工作。加强交通、养老等领域用地政策研究。配合市交通委研究起草《关于推进本市公共停车场建设的意见》和《关于加强本市P+R停车场建设管理的意见》；配合市老龄办、市民政局，研究草拟《关于开展社区养老服务驿站建设的意见（征求意见稿）》《关于促进养老产业发展的实施意见（征求意见稿）》《关于推进医疗卫生与养老服务相结合的实施意见（征求意见稿）》，并接受了市人大执法检查组对落实《北京市居家养老服务条例实施意见》的检查。配合市交通委草拟《关于加快推进本市停车设施建设管理的实施意见》和《关于加强本市驻车换乘停车场建设管理的意见》，内容涉及停车场建设、运营、合理利用等一系列系统问题，也包括土地取得方式等相关用地政策。

（三）稳步推进土地利用管理机制及政策改革创新，为完善土地利用管理体制、深化土地利用制度改革提供政策和理论支撑

进一步提升土地利用管理水平。为进一步加强全市土地利用管理，规范国有建设用地供应、批后监管、地价管理等土地利用管理工作，研究出台了《北京市国土资源局关于进一步加强土地利用管理工作的通知》（京国土用〔2016〕115号），进一步明确了土地利用管理工作目标和内容，界定了土地利用管理职责分工，并且从进一步做好土地利用审批管理、加强批后管理和供后监管工作、加强土地利用的基础性工作以及加强机构建设和人员管理等方面提出了明确的要求。

深化行政审批制度改革。一是指导市国土局通州分局按照《关于印发北京市国有建设用地使用权出让地价评审暂行规定的通知》（京国土用〔2015〕87号）规定建立地价评审制度，按照《关于加强本市国有建设用地使用权出让地价评审管理的通知》（京国土用〔2015〕88号）规定开展出让地价评审工作。二是制定了《简化划拨用地报批的实施办法》，进一步明确在征地“一书四方案”和区政府用地申请函中提出划拨供地方式，经规划国土委审核并报北京市人民政府批准后，在征地批复中明确划拨供地方式，并据此核发《国有建设用地划拨决定书》。

（四）全面落实依法行政，为土地利用管理工作提供有力保障

严格批后监管及闲置土地处置。结合落实京津冀一体化协同发展规划纲要，实现非首都功能疏解，对闲置土地进行分类处理，依法处置，促进闲置土地盘活利用。推进土地利用动态巡查常态化。

表4-1　2016年北京市按区域划分国有土地使用权出让情况

区	宗数	宗地面积（公顷）	合同地价款（万元）
东城	10	0.6112	7965.53
西城	10	0.5137	18891.38
朝阳	21	47.4787	1104737.12
丰台	9	11.1346	92402.41
石景山	6	34.8913	320085.25
海淀	28	62.7224	1104298.80

（续表 4-1）

区	宗数	宗地面积（公顷）	合同地价款（万元）
门头沟	3	12.1970	407387.64
房山	9	27.1480	416494.83
通州	4	217.5033	979735.35
顺义	8	127.0352	573760.98
昌平	14	35.3721	683799.98
大兴	14	50.5352	1936738.23
怀柔	0	0	0
平谷	6	21.0657	11514.76
开发区	12	61.0937	290659.04
密云	2	0.1539	134.46
延庆	3	18.0144	110358.17
合计	159	727.4704	8058963.93

第四节　划拨城镇建设用地

2016 年北京市共办理划拨城镇建设用地 231 宗，428.66 公顷。与上年相比减少 266.05 公顷。从用地项目来看，公共管理和公共服务类用地面积达 193.18 公顷，占全年划拨用地总面积的 54.45%；公共管理和公共服务宗数最多，共 121 宗，占全年划拨用地宗数的 52.38%（见表 4-2）。审批项目涉及除亦庄开发区的所有区县，从用地位置来看，大兴区、海淀区、门头沟区供地面积最大，三区占全年划拨供地总面积的 51.22%，海淀区、丰台区、门头沟、房山区及大兴区区审批宗数位列全市前三名，其中门头沟、房山区及大兴区审批宗地数并列全市第三，分别达 77、20、19 宗（见表 4-3）。

表 4-2　2016 年北京市按划拨土地用途分类统计表

项目类型	宗数（宗）	比例	面积（公顷）	比例
经济适用住房用地	31	13.42%	163.82	38.21%
廉租住房用地	10	4.33%	13.88	3.24%
公共管理和公共服务用地	121	52.38%	193.18	45.07%
特殊用地	1	0.43%	0.10	0.02%
交通运输用地	68	29.44%	57.68	13.46%
水域及水利设施用地	0	0%	0	0%
总计	231	100%	428.66	100%

表 4-3　2016 年北京市按各项目用地位置分类统计

区	宗数（宗）	比例	用地面积（公顷）	比例
东城	2	0.87%	1.0841	0.25%
西城	3	1.30%	1.1930	0.28%
朝阳	13	5.63%	49.9079	11.64%
丰台	20	8.66%	26.9566	6.29%
石景山	5	2.16%	2.7950	0.65%
海淀	77	33.33%	70.3262	16.41%
门头沟	19	8.23%	65.2153	15.21%
房山	19	8.23%	32.8561	7.66%
通州	8	3.46%	31.5935	7.37%
顺义	12	5.19%	15.6264	3.65%
昌平	14	6.06%	14.4681	3.38%
大兴	19	8.23%	83.9865	19.59%
怀柔	1	0.43%	0.4184	0.10%
平谷	11	4.76%	17.8777	4.17%
开发区	0	0%	0	0%
密云	5	2.16%	9.2243	2.15%
延庆	3	1.30%	5.1276	1.20%
总计	231	100.00%	428.6567	100%

表 4-4　1992-2016 年度北京市划拨城镇建设用地分年度统计

年度	宗数（宗）	比例	面积（公顷）	比例
1992	25	0.92%	204.64	1.59%
1993	36	1.33%	241.02	1.87%
1994	39	1.44%	404.8	3.15%
1995	36	1.33%	215.33	1.67%
1996	24	0.89%	55.16	0.43%
1997	33	1.22%	122.24	0.95%
1998	38	1.41%	157.76	1.23%
1999	33	1.22%	187.1	1.45%
2000	35	1.29%	67.4	0.52%
2001	72	2.66%	412.95	3.21%
2002	65	2.40%	311.21	2.42%
2003	79	2.92%	501.66	3.90%

（续表 4-4）

年度	宗数（宗）	比例	面积（公顷）	比例
2004	73	2. 70%	447. 67	3. 48%
2005	123	4. 55%	611. 16	4. 75%
2006	183	6. 77%	2086. 16	16. 21%
2007	294	10. 87%	1400. 08	10. 88%
2008	181	6. 69%	1409. 29	10. 95%
2009	133	4. 92%	721. 62	5. 61%
2010	93	3. 44%	264	2. 05%
2011	121	4. 47%	585. 88	4. 55%
2012	189	6. 99%	449. 84	3. 49%
2013	142	5. 25%	350. 42	2. 72%
2014	249	9. 21%	540. 3	4. 20%
2015	177	6. 55%	694. 7124	5. 40%
2016	231	8. 54%	428. 6567	3. 33%
总计	2704	100. 00%	12871. 0591	100. 00%

表 4-5　1992-2016 年度北京市划拨城镇建设用地分项目统计

项目名称	宗数（宗）	比例	用地面积（公顷）	比例
公共管理和公共服务	1405	51. 96%	4145. 97	32. 21%
经济适用住房	341	12. 61%	2131. 32	16. 56%
其他住房	413	15. 27%	2870. 84	22. 30%
交通运输用地	416	15. 38%	2810. 33	21. 83%
特殊用地	126	4. 66%	830. 51	6. 45%
水域及水利设施用地	3	0. 11%	82. 09	0. 64%
总　　计	2704	100%	12871. 06	100%

第五节　土地储备和一级开发

一、土地一级开发情况

2016 年，市规划国土委核批土地一级开发授权批复 28 个（含延期），土地总面积 1571 公顷。全市新增土地储备开发面积 158 公顷，完成土地储备开发面积 460. 81 公顷，实现土地储备开发投资 437. 69 亿元。

二、政府土地储备情况

2016年新增收购储备项目3个，土地面积约35.35公顷。

三、经营性土地入市交易情况

2001年至2016年，全市共有2033宗17839.23万平方米土地入市成交，成交价款为12697.84亿元，其中政府土地收益6189.29亿元（见表4—6）。其中，2016年，市土地交易市场和10个远郊区、北京经济技术开发区土地交易分市场共成交土地47宗，土地面积约477.29万平方米，规划建筑面积669.59万平方米，成交价款929.99亿元，其中，政府土地收益468.62亿元（见表4-7）。

表4-6　2001-2016年北京市国有建设用地使用权入市交易成交统计

年度	成交宗数	交易类型			土地面积（万平方米）		规划建筑面积（万平方米）	成交价款（亿元）	
		招标	拍卖	挂牌	合计	其中建设用地		合计	其中政府收益
2001	1	1	0	0	13.97	13.97	14.14	3.17	0.59
2002	8	2	1	5	250.48	174.79	331.26	61.35	14.93
2003	48	3	1	44	201.7	158.7	277.87	49.14	19.05
2004	89	4	0	85	537.92	403.53	609.51	115.31	32.85
2005	50	2	0	48	357.39	242.12	451.97	117.51	39.31
2006	87	29	1	57	856.2	594.96	935.05	257.67	92.11
2007	85	41	0	44	897.92	600.63	1233.01	438.1	204.34
2008	184	26	0	158	1573.43	1110.19	1810.43	500.12	170.82
2009	250	20	1	229	1965.16	1385.27	2391.19	966.28	556.76
2010	280	81	0	199	3012.04	2070.15	3350.46	1677.27	948.05
2011	257	52	0	205	2044.54	1447.75	2481.32	1113.29	463.17
2012	169	27	0	142	1340.4	995.17	1722.22	670.61	238.09
2013	223	53	0	170	2118.64	1342.34	2448.74	1853.15	846.81
2014	141	16	0	125	1295.26	937.67	1663.01	1916.90	964.77
2015	114	10	0	104	896.89	714.57	1532.03	2027.98	1129.02
2016	47	7	0	40	477.29	448.23	669.59	929.99	468.62
合计	2033	374	4	1655	17839.23	12640.04	21921.8	12697.84	6189.29

表4-7　2016年北京市国有建设用地使用权入市交易成交统计

交易地点	成交宗数	土地总面积（万平方米）		规划建筑面积（万平方米）	成交价款（亿元）
		合计	其中建设用地		
市土地交易市场	34	412.78	388.81	589.21	921.59
远郊区县土地交易市场	13	64.51	59.42	80.38	8.40
合计	47	477.29	448.23	669.59	929.99

第六节　地价监测

一、城市地价动态监测

城市地价动态监测是土地参与宏观调控的一项重要基础性工作。通过确定地价监测范围、设立标准宗地、组织土地估价师及时跟踪采集标准宗地地价信息，定期收集、汇总、整理、分析形成季度和年度监测成果，实现对地价变动情况的实时监测，及时准确把握土地市场运行态势和价格走势，为国土资源管理部门加强市场监管和参与宏观调控提供决策依据，同时为社会公众提供地价信息参考。

二、北京市地价监测

自2001年以来，我国逐步建立了城市地价动态监测体系，北京市作为国家首批地价监测城市之一，监测工作已开展了16年。2008年，根据国土资源部《关于进一步加强城市地价动态监测工作的通知》（国土资发［2008］51号）要求，进一步夯实基础性工作，重新划定监测范围和地价区段，布设标准宗地，按照“政府主导、市区联动、协会监督、专业实施”四位一体的组织管理模式开展工作。2014年，为更准确反映土地市场情况，北京市对国家级监测范围、地价区段、标准宗地、地价内涵等进行了调整，在市国土资源管理局调控与监测处领导下，委托协会专业实施和管理，聘请估价机构和估价师采集地价信息，建立了监测成果专家会商制度（协会指北京房地产估价师和土地估价师与不动产登记代理人协会）。

北京市地价动态监测分国家级监测范围及市级监测范围，国家级监测范围为城市中心区居住、商业及工业集聚区内的工业三种用途，市级监测范围为十一个规划新城为主的区县城区内居住、商业以及全市范围内办公用途。

三、2016年北京市地价监测工作

截至2016年4季度，北京市总计监测标准宗地465宗，其中，国家级监测范围内标准宗地共276宗（居住97宗、商业94宗、工业85宗），市级监测范围内标准宗地共189宗（居住39宗、商业31宗、办公119宗）。

2016年北京市共63家评估机构230名注册土地估价师、20名专家参与了地价监测工作，召开了4次“地价形势分析和工作布置大会”、5次“地价监测专家会商会”。每宗地由两名估价师背对背独立工作。估价师完成标准宗地的地价信息和相关信息的采集，累计完成3720份宗地评估报告；协会地价监测办完成市场信息数据的采集分析和报告，标准宗地信息的审核、汇总、整理、分析，形成季度和年度地价水平值、增长率和指数及市场分析报告；地价监测专家结合用途和市场趋势会商，形成向市局汇报的结果，经市局调控与监测处确认后发布使用。其中，国家级监测结果报送中国土地勘测规划院发布，累计形成近4000个成果数据、40份表单和16项报告。

2016年加密规划新城等郊区监测标准宗地布设，增加了138宗标准宗地，重点布设在近年发展较快的区，突出通州区等地价监测意义。增加标准宗地数量后，监测成果将更准确地体现首都功能疏解后北京各区的地价动态变动，监测成果更精细化。

“北京市地价监测信息采集与管理系统”上线。系统面向估价专业人员、技术实施单位和主管部门提供地价监测信息统一采集、上传、测算和统计分析环境，构建北京市地价监测信息采集与管理系统，从而建立与国土部实施数据对接的地价监测体系，全面提升北京市地价监测工作的信息化水平，为北京市基准地价成果动态更新提供全面的数据支撑和技术支撑，增加了地价信息的公开和透明度。

中国土地勘测规划院授予北京在2015年度105个国家级地价动态监测城市年度工作综合评比中成绩优秀奖，表彰北京市在近年来地价监测工作方面的成绩。

四、2016年北京市地价监测的主要成果

根据《城市地价动态监测技术规范》（TD/T1009—2007）2016年北京市国家级监测范围内地价监测结果见表4-8、4-9。

表4-8　2016年北京市国家级监测范围各用途增长率（季度）

土地用途	一季度	二季度	三季度	四季度
居住	4.54%	4.48%	4.79%	5.32%
商业	2.93%	1.95%	2%	2.15%
工业	1.48%	1.41%	1.97%	1.57%
平均	4.09%	3.85%	4.12%	4.56%

表4-9　2015-2016年北京市城市地价动态监测指数（年度）

年度	2015年	2016年
全市平均水平	333	392
一、住宅用地	459	553
二、工业仓储用地	249	266
三、商业、旅游、娱乐用地	277	302

第五章
房地产税收与金融

第一节　房地产税收

一、税源及税收整体情况

（一）税源户数增长较快

截至 2016 年 12 月，房地产行业税务登记户数共计 30595 户。其中，正常状态纳税人 30005 户，非正常状态纳税人 589 户，停业状态纳税人 1 户。与 2015 年同期相比，行业登记总户数增加 2830 户，增长 10.2%；正常状态纳税人增加 2840 户，增长 10.5%；非正常状态纳税人减少 10 户，降低 1.7%；停业状态纳税人户数不变。

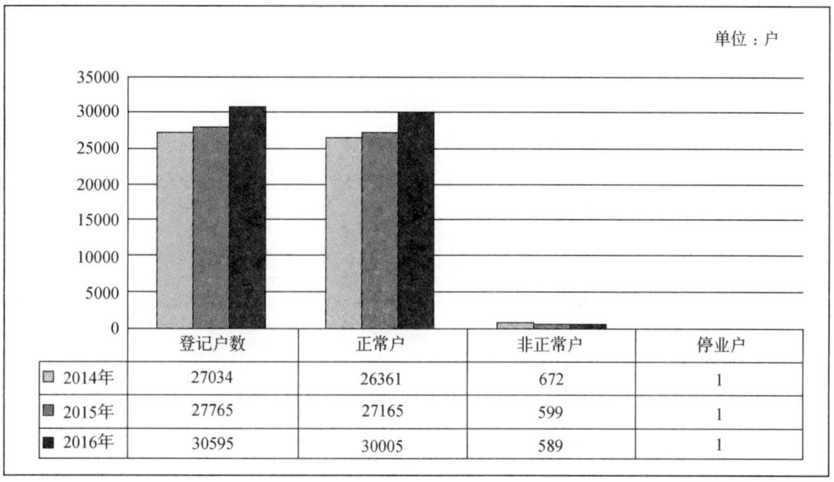

	登记户数	正常户	非正常户	停业户
2014年	27034	26361	672	1
2015年	27765	27165	599	1
2016年	30595	30005	589	1

图 5-1　2014-2016 年北京市房地产行业税务登记情况

（二）行业税费收入实现反弹

2016 年，房地产行业各项税费收入共计 9549123 万元（含营改增 1434927 万元），同比增收 1022651 万元，增长 12%，在 2015 年房地产行业税费收入整体下降的情况下实现了较大反弹。

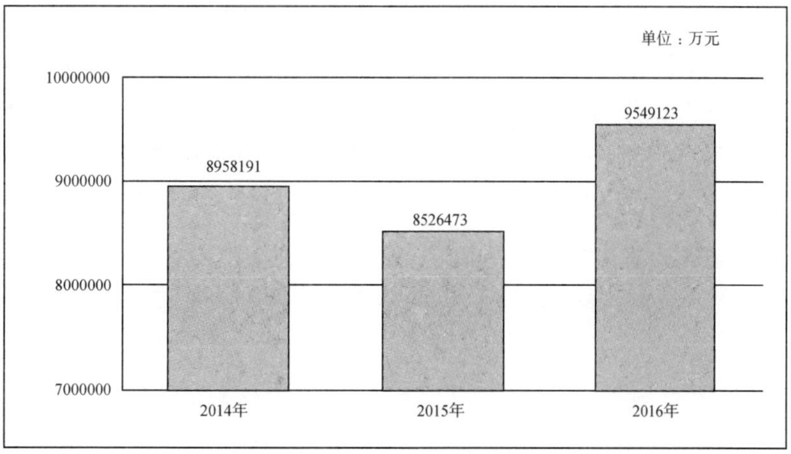

图 5-2　2014-2016 年北京市房地产行业各项税费收入情况

二、主要税种收入情况

（一）契税收入情况

从总体上看，存量房交易上涨是契税增收的主要因素。2016年，全市契税入库税款254.29亿元，同比增收44.06亿元，增幅20.96%。契税增收明显的主要原因是受房地产宏观调控、营改增等政策刺激，存量房交易量及交易价格仍保持增长态势。

一方面存量房交易受理量大幅提升。在“去库存”政策影响下，年初房地产市场集中出台了降息降准、降低首付比例及“2.22契税新政”等刺激措施，存量房交易量大幅提升。2016年全市网签交易总量31.18万份、同比增加9.37万份，增幅43%。

另一方面，房价持续上涨。通过国家统计局发布的全国70个大中城市住宅销售变动情况表可以看出，1-12月，北京市新建商品住宅价格和二手住宅转让价格同比平均增幅均超过20%。

表5-1　2016年1-12月北京市契税分项目统计

序号	项　目	契税收入（万元）			套数（套）		
		本期	同期	增减	本期	同期	增减
1	一、土地情况	528411	581438	-53027	1616	1506	110
2	二、房屋情况	1911960	1517495	394465	458416	360737	97679
3	1. 增量房	732046	736279	-4233	146620	162666	-16046
4	2. 存量房	1179914	781217	398697	311796	218072	93724
5	三、无申报入库	8793	15936	-7143	0	0	0
6	四、契税退税	-26265	-29227	2962	0	0	0
7	五、账务调整及更正	120007	16676	103331	0	0	0
8	合计	2542906	2102319	440587	459123	362270	96853

从区域分布上看，城区收入占比仍然较大，但远郊区收入增长较快。2016年，契税收入超过20亿的区有三个，分别是东城区、朝阳区和海淀区，占全市契税收入总额的57.9%；收入在10亿至20亿的区有5个，分别是丰台区、昌平区、大兴区、西城区、通州区，占全市契税收入总额的28.3%；收入在10亿元以下的区有10个（含燕山、开发区），占全市契税收入总额的13.8%。另一方面，全市契税收入增长最快的是燕山，同比增长206.3%；增长速度在100%至200%之间区是平谷区和怀柔区；增长速度在50%至100%之间的区有6个，分别是密云区、房山区、石景山区、门头沟区、大兴区和丰台区；其他区增长幅度均在50%以下（东城区、延庆区收入下降）。

表 5-2 2016 年 1-12 月北京市契税分区域统计

序号	区	本期（万元）	增减额（万元）	增减%	比重%
1	东城	634449	-7092	-1.1	24.9
2	朝阳	565645	61152	12.1	22.2
3	海淀	271915	72858	36.6	10.7
4	丰台	162167	56066	52.8	6.4
5	昌平	159698	46598	41.2	6.3
6	大兴	150508	53287	54.8	5.9
7	西城	127096	18090	16.6	5.0
8	通州	119131	26330	28.4	4.7
9	顺义	97078	13062	15.6	3.8
10	房山	78102	32144	69.9	3.1
11	开发区	60571	17478	40.6	2.4
12	石景山	47850	18664	64.0	1.9
13	密云	18693	8240	78.8	0.7
14	怀柔	17749	10711	152.2	0.7
15	平谷	13633	8323	156.7	0.5
16	门头沟	13029	5001	62.3	0.5
17	延庆	3957	-1426	-26.5	0.2
18	燕山	1637	1103	206.3	0.1
19	合计	2542906	440587	21.0	100.0

（二）土地增值税收入情况

从总体上看，土地增值税收入增长缓慢。2016 年，全市土地增值税入库税款 177.35 亿元，同比增收 2.48 亿元，增幅 1.42%。土地增值税收入增长缓慢的原因一方面是清算项目数量较同期降幅明显，同比减少 30%。另一方面，由于新房市场远郊化趋势明显，增值幅度有所降低。本期清算项目中仅有 7 个项目清算税款过亿元，而同期有 19 个项目入库税款过亿元。

表 5-3 2016 年 1-12 月北京市土地增值税分项目统计

项目	本期（万元）	同期（万元）	增减额（万元）
一、房地产开发小计	1525809	1523566	2243
1. 预缴	1129812	874779	255033
2. 清算	327098	585291	-258193
其中：清算退税	14377	-21947	36324
3. 清算后继续销售	68898	63497	5401

（续表 5-3）

项目	本期（万元）	同期（万元）	增减额（万元）
二、转让存量房小计	206651	141899	64752
1. 单位转让	183937	127979	55958
2. 个人转让	22714	13920	8794
三、补税小计	39739	58355	-18616
1. 检查补税	24708	6927	17781
2. 评估补税	15032	51428	-36396
四、其它情况	1254	24786	-23532
合计	1773451	1748606	24845

从区域分布上看，仍然是城区收入占比较大，但远郊区收入增长较快。2016 年，朝阳区土地增值税收入超过 20 亿，占全市土地增值税收入总额的 26.3%；收入在 10 亿至 20 亿的区有 4 个，分别是通州区、顺义区、大兴区和海淀区，占全市土地增值税收入总额的 32%；收入在 10 亿元以下的区有 13 个，占全市土地增值税收入总额的 41.7%。另一方面，全市土地增值税收入除燕山实现增长的有 11 个区，其中，延庆区和门头沟区增加速度都超过了 100%；收入下降的区有 6 个，下降幅度最大的是西城区。

表 5-4　2016 年 1-12 月北京市土地增值税分区域统计

序号	区	本期（万元）	增减额（万元）	增减%	比重%
1	朝阳	465868	17674	3.9	26.3
2	通州	170896	40738	31.3	9.6
3	顺义	148986	51869	53.4	8.4
4	大兴	134019	29207	27.9	7.6
5	海淀	114315	-13315	-10.4	6.4
6	丰台	95420	31619	49.6	5.4
7	西城	90755	-163986	-64.4	5.1
8	昌平	84831	-20542	-19.5	4.8
9	怀柔	73245	-12331	-14.4	4.1
10	房山	69520	1643	2.4	3.9
11	平谷	68175	-2989	-4.2	3.8
12	门头沟	64619	36824	132.5	3.6
13	石景山	59747	11656	24.2	3.4
14	开发区	51557	3549	7.4	2.9
15	东城	43207	-471	-1.1	2.4
16	密云	36016	8617	31.5	2.0
17	延庆	2276	1258	181.1	0.1

（续表 5-4）

序号	区	本期（万元）	增减额（万元）	增减%	比重%
18	燕山	0	0	0	0.0
19	合计	1773451	24845	1.4	100.0

（三）耕地占用税收入情况

2016 年，全市耕地占用税入库税款 3.34 亿元，比上年同期减收 1.19 亿元，减幅 26.3%。主要减收原因是耕地供地面积减少，全年申报应税面积为 1050.1 万平方米，同比减少 172.9 万平方米，减幅 14.1%。

从区域分布上看，耕地占用税主要集中在郊区。2016 年，有耕地占用税收入的区有 14 个，其中同比增收的有 9 个，同比减收的有 5 个。增收最多的区是怀柔区，减收最多的区是大兴区。

表 5-5　2016 年 1-12 月北京市耕地占用税分区域统计

序号	区	本期（万元）	增减额（万元）	增减%	比重%
1	怀柔	5342	3954	284.8	16.0
2	通州	4876	2501	105.3	14.6
3	海淀	4074	1827	81.3	12.2
4	大兴	3984	-21192	-84.2	11.9
5	顺义	3235	-248	-7.1	9.7
6	朝阳	3211	-2515	-43.9	9.6
7	房山	2977	904	43.6	8.8
8	延庆	1617	1232	320.4	4.8
9	昌平	1468	756	106.1	4.4
10	平谷	1056	885	519.7	3.2
11	丰台	834	654	362.5	2.5
12	密云	458	458		1.4
13	石景山	169	169		0.5
14	门头沟	137	-1295	-90.5	0.4
15	西城	0	0	0.0	0.0
16	开发区	0	0	0.0	0.0
17	东城	0	0	0.0	0.0
18	燕山	0	0	0.0	0.0
19	合计	33438	-11910	-26.3	100.0

（四）企业所得税收入情况

2016 年，受房地产市场整体环境影响，房地产行业的赢利水平得到很大提升。截至 2016 年 12 月，房地产行业企业所得税入库税款 309.9 亿元，同比增收 67.1 亿元，增幅 27.6%，实现了税收反弹。

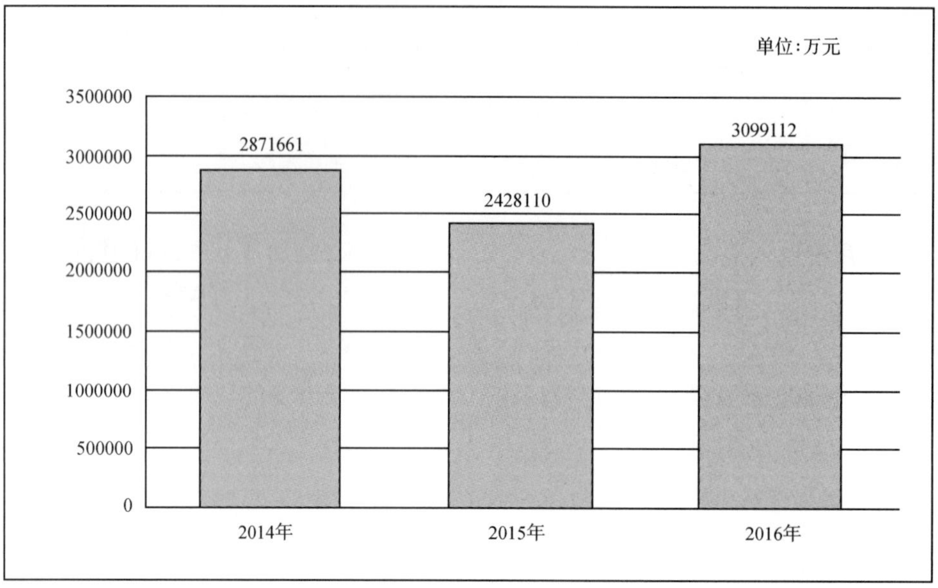

图 5-3　2014-2016 年北京市房地产行业企业所得税收入情况

(五) 个人所得税收入情况

2016 年，受房产交易大幅提升的影响，房地产行业的个人所得税增收近一倍。截至 2016 年 12 月，房地产行业个人所得税入库税款 81 亿元，同比增收 39.3 亿元，增幅 94.1%。

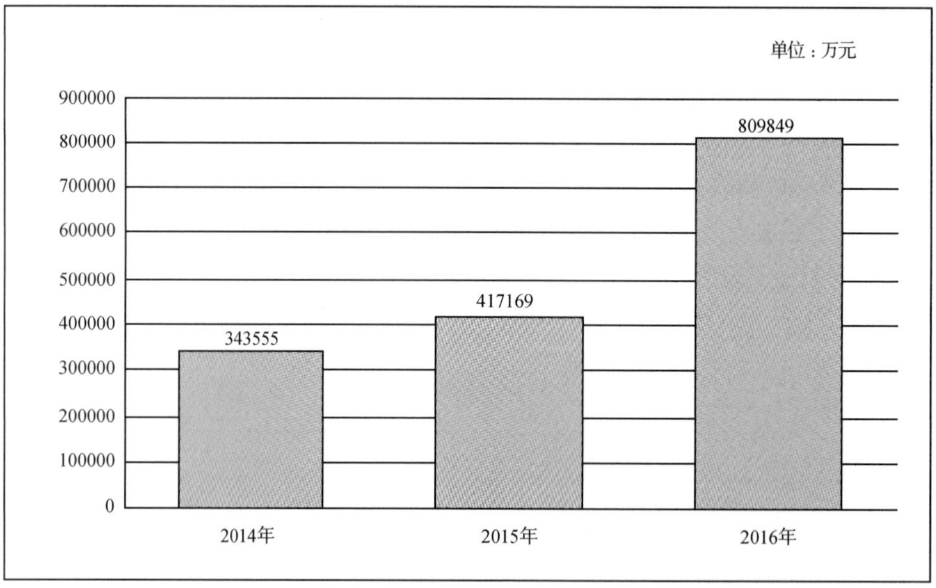

图 5-4　2014-2016 年北京市房地产行业个人所得税收入情况

三、主要税收政策调整情况

2016 年，财政部、国家税务总局和北京市政府围绕与房地产相关的契税、土地增值税、印花税、营业税、增值税和所得税等税种进行了一系列政策调整。主要涉及以下政策：

1. 北京市财政局、北京市国家税务局、北京市地方税务局转发《财政部 国家税务总局关于公共租赁住房税收优惠政策的通知》（京财税〔2016〕321 号），继续对公共租赁住房建设和运营给予税收优惠，执行期限为 2016 年 1 月 1 日至 2018 年 12 月 31 日。

2. 北京市财政局、北京市地方税务局、北京市住房和城乡建设委员会、北京市国土资源局转发《财政部 国家税务总局 住房城乡建设部关于调整房地产交易环节契税营业税优惠政策的通知》（京财税〔2016〕367 号），明确北京自 2016 年 2 月 22 日起执行对个人购买家庭唯一住房（家庭成员范围包括购房人、配偶以及未成年子女），面积为 90 平方米及以下的，减按 1%的税率征收契税；面积为 90 平方米以上的，减按 1.5%的税率征收契税。

3. 北京市财政局、北京市国家税务局、北京市地方税务局转发《财政部 国家税务总局关于营改增后契税 房产税 土地增值税个人所得税计税依据问题的通知》（京财税〔2016〕866 号），明确计征契税的成交价格不含增值税，房产出租的计征房产税的租金收入不含增值税，土地增值税纳税人转让房地产取得的收入为不含增值税收入等内容，自 2016 年 5 月 1 日起执行。

4. 为进一步规范和加强征收管理，提高耕地占用税管理水平，国家税务总局制发《关于发布〈耕地占用税管理规程（试行）〉的公告》（国家税务总局公告 2016 年第 2 号），自 2016 年 1 月 15 日起施行。

5. 为进一步做好营改增后土地增值税征收管理工作，国家税务总局制发《关于营改增后土地增值税若干征管规定的公告》（国家税务总局公告 2016 年第 70 号），自 2016 年 11 月 10 日起施行。

四、房地产税收管理措施

1. 加强存量房交易税收征管工作

2016 年 1 月 1 日起正式部署使用个人存量房交易税收征管系统。加强了风险防控，杜绝了原有的虚假抵扣凭证，全面实行 POS 机现场刷卡模式，方便纳税人缴税。将存量房评估工具嵌入到系统内，保证了税款计算的准确性和便捷性。实现了与市住建委和国土资源局等部门的数据时时共享，保证了房屋交易数据的及时、准确。

2. 加强契税征收入管理

一是与市规划国土委共享契税纳税、免税信息。北京市已于 2016 年 8 月实现了与权属登记部门的契税纳税、免税信息共享，有效落实“先税后证”“协税把关”的征管举措。同时，不断优化系统功能，向权属登记部门提供完整的房源及纳免税信息，进一步提升协税工作质效。二是强化数据利用，开展核查比对。为堵塞房屋交易税收征管漏洞，从市规划国土委获取了 2013 年至 2015 年间的权属登记数据近 128 万条，与契税征管系统数据进行了比对核查，筛查出无契税入库信息、契税计税价格小于权属登记部门成交价格、房屋权属转移类型不匹配、房屋类型不匹配共四类 3410 条疑点数据。通过核对，发现问题 243 户，问题率 7.13%，追缴税款和滞纳金 1230 万元。

3. 加强土地增值税清算管理

一是细化项目管理、清算程序、审核制度和审核内容，加强内部衔接和后续管理。为提高清算质效提供制度保障，制定下发了一系列配套制度。组织开展全系统土地增值税业务培训，确保将新制度、新政策贯彻落实到位。二是针对土地增值税清算难点，引入中介服务和稽查力量。强化存量房土地增值税税收征管。三是科学规划评估内容，明确前期开发成本发生时间有效加强单位存量房转让环节的土地增值税管理。

4. 推进“网络预审”限时办理征管新模式

2016 年 1 月，个人存量房征管系统上线应用后，已经实现了个人存量房交易业务初审、复审分岗操作，系统权限分别设置的业务办理模式。纳税人可通过外网提交涉税信息及图片资料，税务机关随机分配审核，由纳税人自主选择办理地点，有效落实“让纳税人多走网路、少走马路”的便民春风行动精神，缓解大厅排队现象。针对实施“网络预审”模式后给税务机关征管流程带来的变化，对原有个人存量房交易税收征管业务规范进行调整，对业务范围、征管流程、岗位职责进行重新梳理。进一步明确岗位职责和管理权限，通过岗位间的协作配合与相互制约，优化纳税服务与严格内部管理。

第二节 住房公积金与政策性住房金融

一、2016 年度住房公积金归集情况

(一) 住房公积金覆盖范围

截至 2016 年底，北京地区建立住房公积金单位 16.5 万个，职工 914.4 万人。当年新增开户人数 90.5 万人。

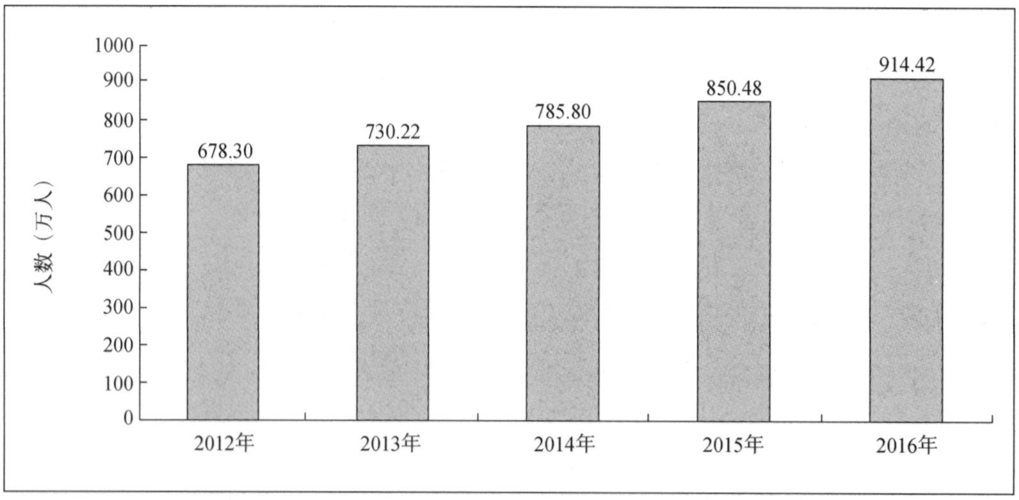

图 5-5 2012-2016 年北京住房公积金建立人数统计

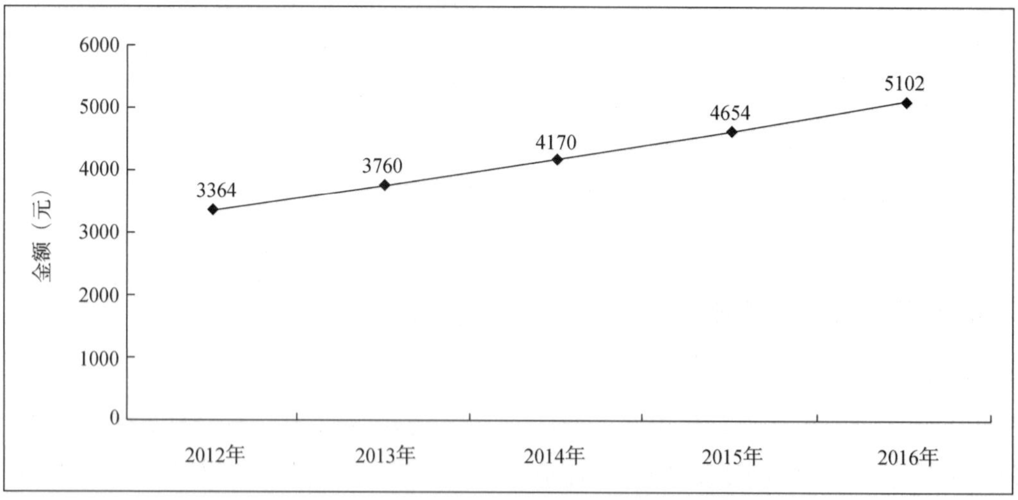

图 5-6 2012-2016 年北京住房公积金月缴存额上限

（二）住房公积金归集、提取情况

截至 2016 年底，当年归集住房公积金 1502.2 亿元，提取 1132.2 亿元，净增 369.9 亿元。累计归集住房公积金 9404.7 亿元，提取 6135.0 亿元，余额 3269.7 亿元。

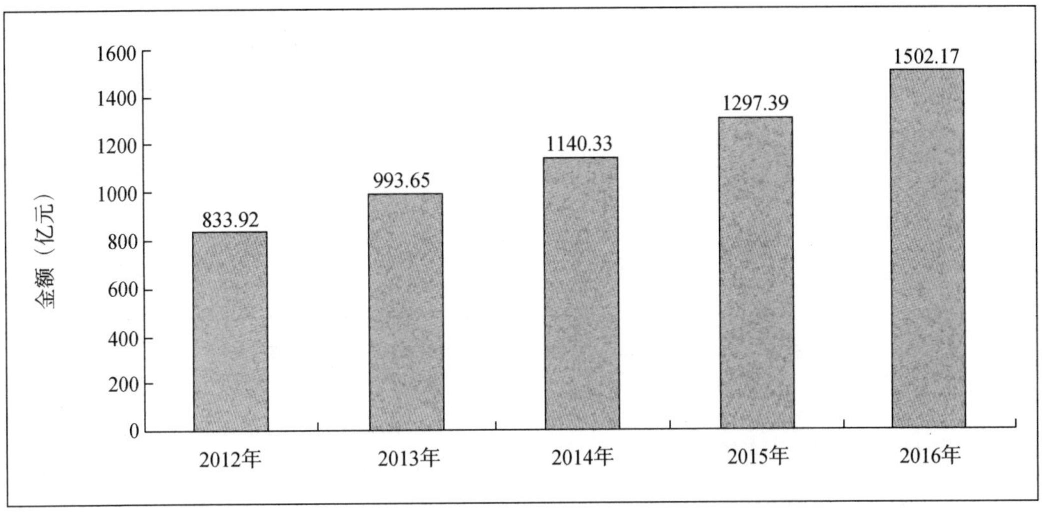

图 5-7　2012-2016 年北京住房公积金归集情况统计

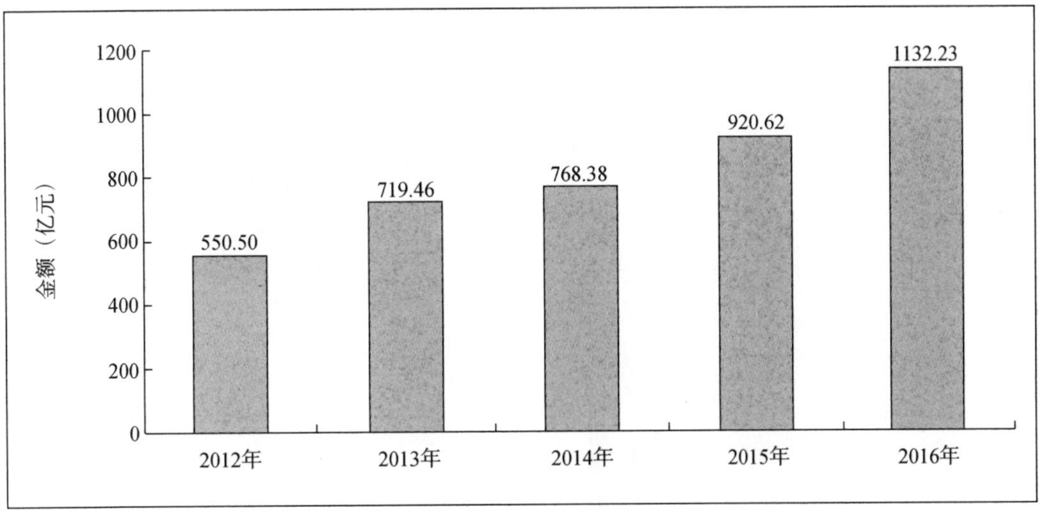

图 5-8　2012-2016 年北京住房公积金提取情况统计

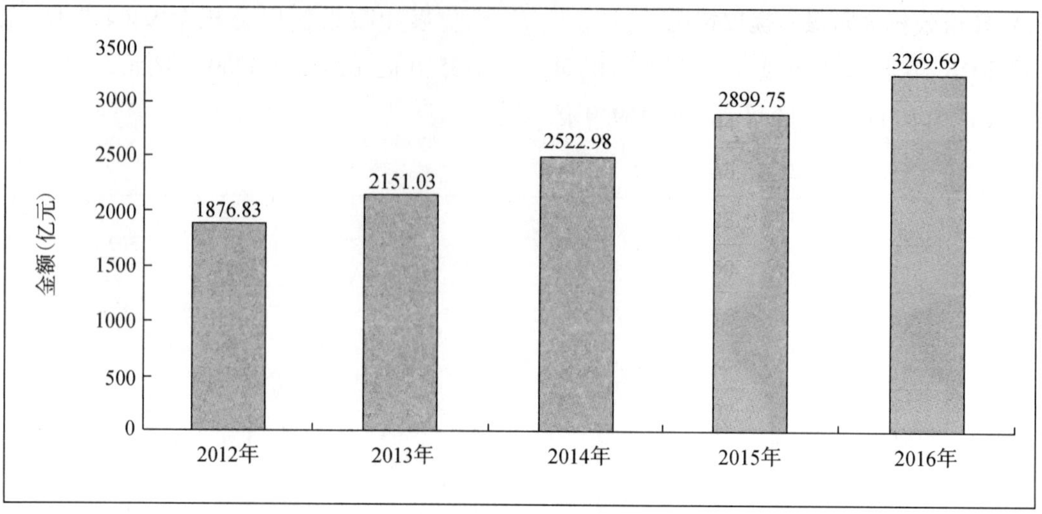

图 5-9　2012-2016 年北京住房公积金余额统计

二、2016 年度政策性住房金融

(一) 住房公积金贷款情况

截至 2016 年底，当年发放住房公积金贷款 114363 笔，金额 1073.4 亿元，回收金额 331.7 亿元，净增 741.7 亿元。累计发放住房公积金贷款 969874 笔，金额 4991.5 亿元。累计回收金额 1758.1 亿元，余额 3233.4 亿元。累计发放政策性贴息 13431 笔，贴息额度 48.5 亿元。

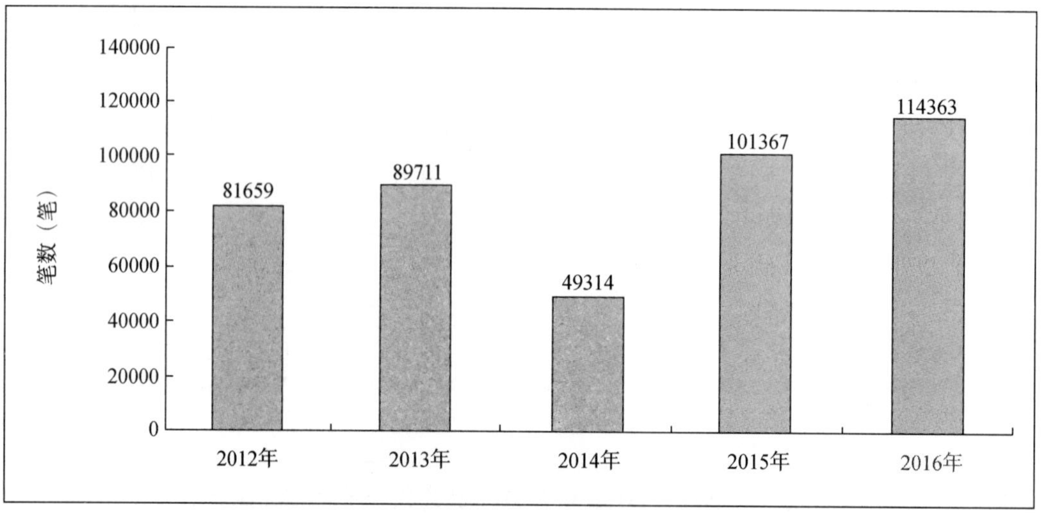

图 5-10　2012-2016 年北京住房公积金贷款发放笔数统计

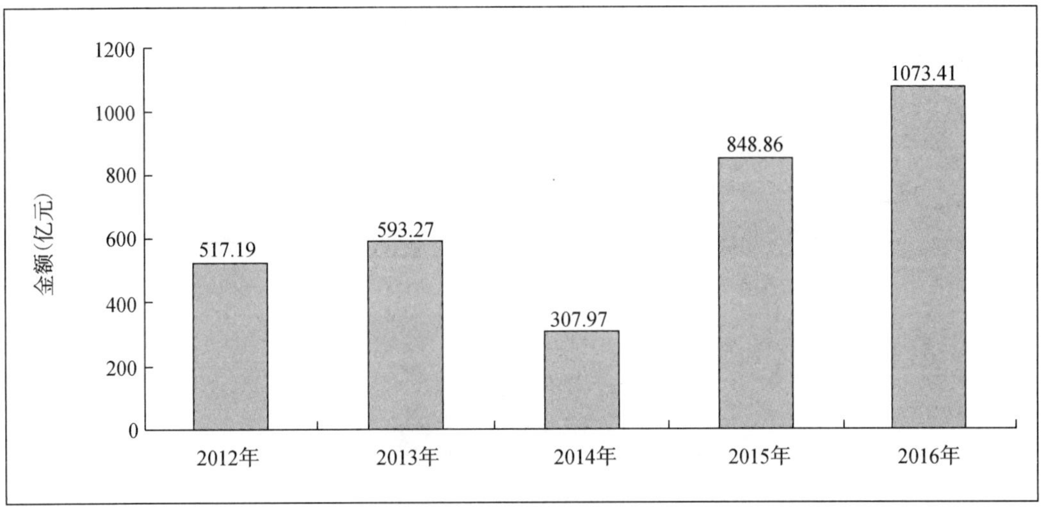

图 5-11　2012-2016 年北京住房公积金贷款发放金额统计

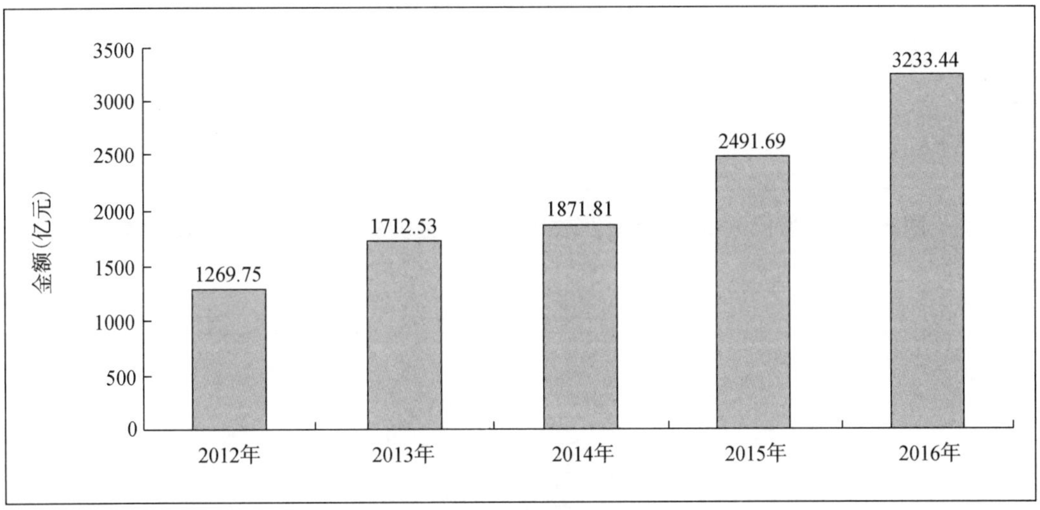

图 5-12　2012-2016 年北京住房公积金贷款发放余额统计

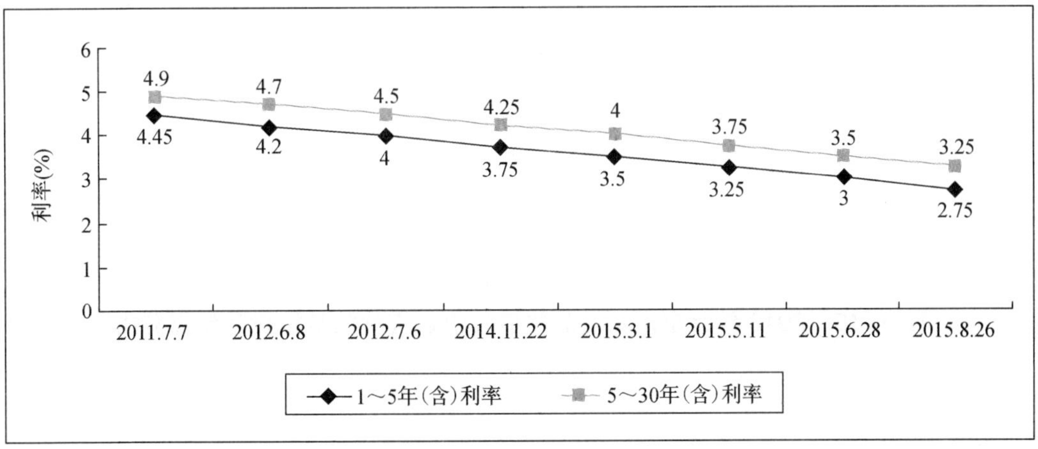

图 5-13　2012-2016 年北京住房公积金贷款利率调整

截至2016年底，北京地区住房公积金贷款支持保障性住房建设试点及扩大试点项目总计41个，贷款额度308.8亿元。共向36个项目发放贷款283.3亿元，实际用款193.1亿元。支持保障性住房建设9.1万套，总建筑面积942.7万平方米。

（二）2016年发放的住房公积金贷款结构（具体见下图）

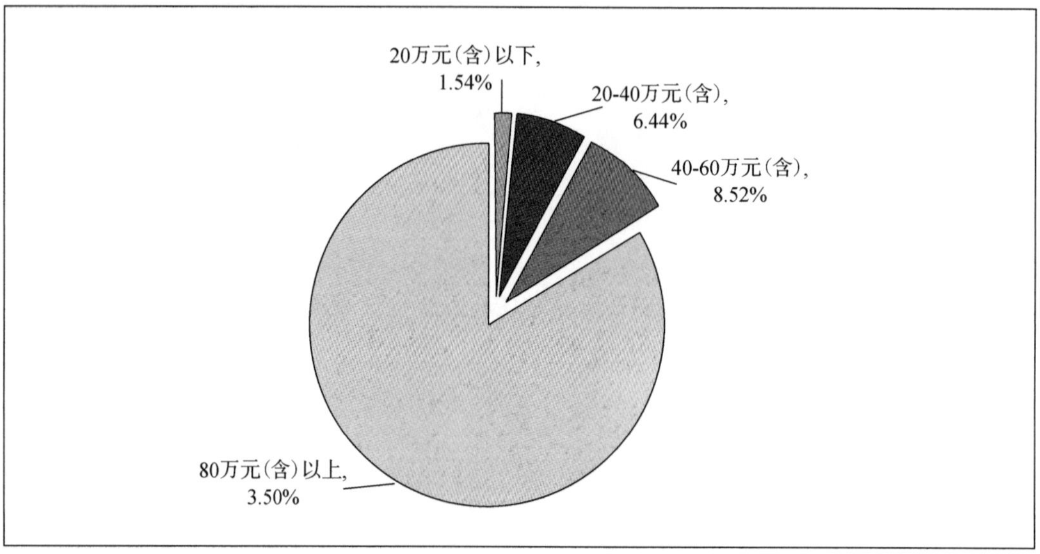

图5-14 2016年北京市新发放住房公积金贷款笔数按贷款额度分类

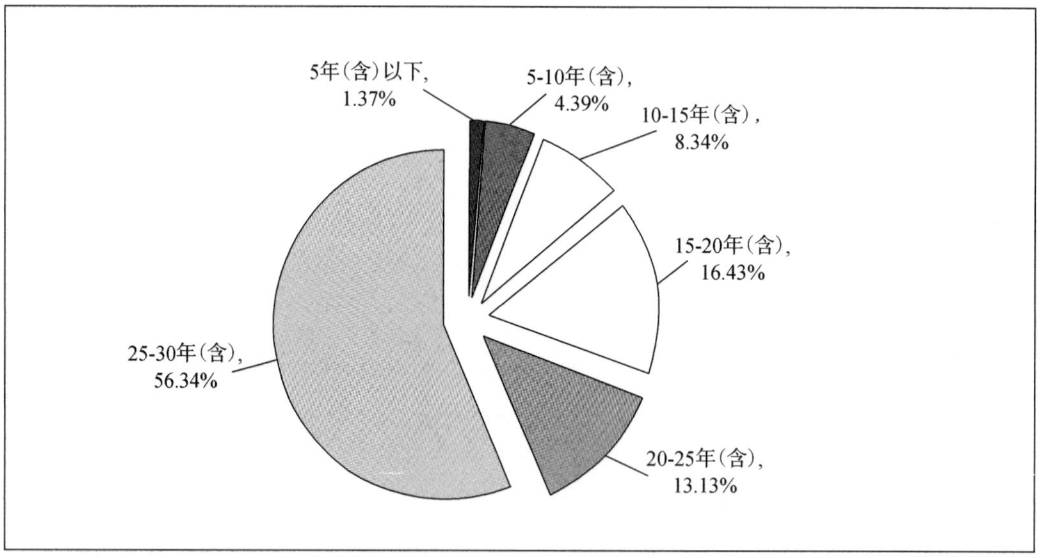

图5-15 2016年北京市新发放住房公积金贷款笔数按贷款年限分类

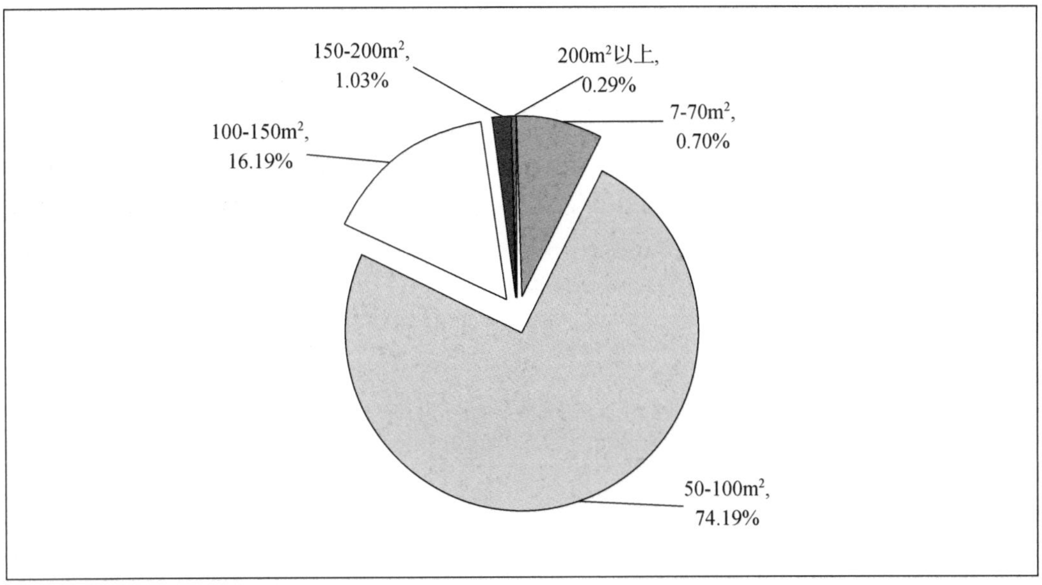

图 5-16　2016 年北京市新发放住房公积金贷款笔数按房屋建筑面积分类

三、住房公积金和政策性住房金融管理措施

（一）落实国家政策，深化归集扩面，加强住房公积金归集规范化管理

调整单位缴存比例，配合结构性改革，减轻企业负担。根据住建部等三部委的文件要求，将企业缴存比例由固定的 12%调整为 5%-12%，其他单位缴存比例为 12%。2016 年审核批准 556 家企业缴存比例从 12%向下进行了调整，批准同意 6 家企业缓缴住房公积金。

调整住房公积金结息利率。根据住建部等三部委的文件要求，2016 年 2 月 21 日起，将职工住房公积金账户存款利率，由现行按照归集时间执行活期和三个月存款基准利率，分别为 0.35%、1.10%，调整为统一按一年期定期存款基准利率 1.50%执行，大幅提高了缴存人住房公积金账户利息收入。

持续开展私营企业建制工作。分析住房公积金缴存企业与工商登记企业数量存有差距的原因，与工商、地税、人力社保、统计等部门加强合作，推进住房公积金人群全覆盖和服务均等化。当年新增单位数 2.9 万家，新增人数 90.5 万人。

打击违法骗提，提取秩序实现根本性好转。组织开展了打击骗提住房公积金行为的专项行动，所有管理部审核岗位实行一岗双审，取消中介代办。协调公安部门打击造假团伙，停止了 74 个骗提中介公司代办业务，并向社会公布了造假企业名单，协调城管查封了 12 个代提公积金的手机号码。对三个管理部 6 名违纪人员进行立案查处。目前，提取秩序已根本好转，小广告和代提电话已基本消失。

强化住房公积金执法，维护缴存职工合法权益。修改相关执法文书，规范执法行为，调整执法方式，强化属地执法，进一步提高执法效率。帮助 1200 多名职工维护缴存权益，追缴住房公积金 3100 多万元。对 6 个不为职工建立住房公积金账户的单位进行了行政处罚，对 476 个不为职工缴存住房公积金或少缴的单位申请人民法院实施了强执，维护了职工的合法权益。

（二）积极发挥住房公积金保障作用，改进住房公积金个人贷款管理

为减轻个人住房贷款负担，根据住建部的

文件要求，2016年10月1日（含）起，全面取消了向借款人收取担保费，改变二手房贷款评估由一家公司承担的状况，通过公开招标选用了六家一级资质公司承担，最高收费标准由单件1500元下降到600元以内，降低了贷款人负担。国管分中心推行告知承诺制度，加强与人民银行、北京市住房城乡建设委等部门的信息互联互通，实现业务材料“大瘦身”，贷款材料由15项精简到8项，提取材料精简80%。

创新性解决住房公积金个人贷款资金不足问题。重启贴息贷款业务，方便缴存人的同时分流个贷发放压力。经市政府批准，调剂住房补贴等资金发放个人贷款，解决了流动性不足问题。2016年底，北京地区个贷率上升到全国前列，全年贷款发放量首次突破1000亿元，创历史新高。

与长沙住房公积金管理中心共同开展异地贷款业务，进一步扩大异地贷款业务合作城市范围，方便职工异地购房。双方在尽快建立住房公积金数据交互平台、职工异地购房提取、职工异地购房贷款以及两地配合加强对逾期异地贷款的职工管理等方面达成一致。铁路分中心为满足铁路职工异地贷款的需求，加强与北京市住房贷款担保中心合作，加快业务处理速度、缩短审批批复时间。

（三）全面停止新增项目贷款发放，强化历史遗留项目贷款的催收工作

按照住建部要求，全面停止了新增项目贷款的发放。管理中心对累计发放的保障性住房建设项目贷款进行全面梳理，建立项目库，对放贷工作进行了系统总结，提出了完善项目贷款的意见。

管理中心自2010年开展住房公积金贷款支持保障性住房建设试点，截至2015年底，4个贷款项目逾期，2016年加大协调力度，与住建部、市财政、市审计局及项目所属区政府共同努力，已于2016年10月份全部解决了项目贷款逾期还款问题，目前，所有逾期和到期项目贷款全部收回。

（四）拓宽银行合作服务渠道，转变服务方式，满足缴存单位和职工多样化服务需求

全面推进银行延伸柜台业务，满足服务需求。截至2016年底，中心共计开设银行归集试点网点69个、柜台209个，试点银行包括工行、农行、建行、交行和招行。委托银行开办个贷网点8个、柜台97个，包括工行、农行、中行、建行、交行、北京银行和招商银行。利用银行网点优势，解决了排队等候时间长的问题。

加强客户服务管理，优化业务办理体验。整合热线电话，将全系统群众咨询电话统一为12329，方便群众咨询。实施来电回拨制度，针对未接来电进行主动回拨，客服热线接通率由84%提升到89%，达到了住建部要求的不低于85%的水平。2016-2017住房公积金年度的结息对账单将由个人通过微信、APP、网站等渠道自主查询获取，取代中心通过短信和邮寄渠道集中发送。完善中心电子网站，全面优化中心网站页面，改版后网站已于2016年7月1日正式上线，网站服务更加便民、高效。中直分中心坚持开展“送贷上门”服务，根据需求上门宣讲贷款政策、答疑、办理贷款申请手续。国管分中心积极打造网上服务大厅、完善微信服务，推广免费短信，职工可随时掌上预约办理业务、查询信息并获得资金到账和还款提醒。

管理中心领导干部进一步加强与缴存职工和单位的直接沟通。2016年12月1日，由管理中心一把手带队，参加首都之窗“北京政风行风热线走进直播间”节目，为群众介绍了2016年北京住房公积金和住房资金的整体形势和管理工作的开展情况，并与网友现场互动，详细解答了网民朋友关注和迫切了解的热点难点问题。2016年11月23日举办领导现场接听

“12329 住房公积金热线”活动，中心有关领导、各分中心、各处室及部分管理部主要负责人及相关人员参加，近距离倾听缴存人对住房公积金的相关诉求，当天共接听电话 668 个，现场解决 659 个，跟踪解决 9 个。

（五）加大住房公积金管理透明度，主动接受社会监督

主动向媒体发布管理中心的情况和政策。2016 年 3 月 3 日在首都之窗网站和管理中心官网向社会公开管理中心 2016 年度预算，8 月 25 日公开 2015 年度部门决算。3 月 31 日在管理中心网站和《中国建设报》向社会公开发布《北京住房公积金 2015 年年度报告》。主动发布管理中心打击“两违”工作成果、缴存比例调整、减免评估担保服务费、领导接听日活动、便民服务等工作。在北京广播电视台新闻广播（频率 FM100.6）“财富新动力”节目中开设“12329 住房公积金热线”栏目，通过广播回答广大群众热切关注的住房公积金问题，传递住房公积金政策动向。

（六）初步建立京津冀住房公积金一体化协同机制

与天津、石家庄、唐山、廊坊、保定、沧州等住房公积金管理中心共商协作，初步建立了京津冀三地住房公积金协作机制，一是建立京津冀三地住房公积金联席会议机制，二是建立处置套取骗贷行为的协作机制，三是三地联合完善异地缴存等相关政策。

第三节　商业性房地产金融

2016 年北京住房成交量增长明显，受“9·30”新政影响，第四季度住房成交量价止升回稳，市场逐步回归理性。个人住房贷款仍保持较快增长，差别化住房信贷政策效果逐步显现。

一、受土地购置价款同比增速下降较多影响，房地产开发投资同比负增长

2016 年，北京市完成房地产开发投资 4045.4 亿元，同比减少 4.3%，2015 年为增长 8.1%；其中，住宅完成投资 1950.9 亿元，同比减少 0.6%。房地产开发投资同比下降，主要是由于土地购置价款同比减少 8.7%，2015 年为同比增长 37.0%。房地产投资占全社会固定资产投资的比重为 47.8%，比 2015 年下降 5.1 个百分点。

二、购房贷款拉动房地产贷款快速增长

2016 年末，辖区内金融机构本外币房地产贷款余额 14426.3 亿元，比年初增加 2790.8 亿元，比 2015 年多增 1015.9 亿元；同比增长 24.0%，增速比 2015 年提高 6.0 个百分点。从结构来看，购房贷款比年初增加 2660.0 亿元，较 2015 年多增 1287.5 亿元；房地产开发贷款比年初减少 9.3 亿元，2015 年为增长 390.1 亿元。2016 年，购房贷款增加较多带动房地产贷款余额同比较快增长，其中 12 月末房地产贷款余额同比增速为 2011 年以来的最高水平。

三、个人住房贷款保持较快增长

2016 年末，个人住房贷款余额 8328.2 亿元，比年初增加 2436.0 亿元，比 2015 年多增 1064.6 亿元；同比增速自 2014 年 11 月以来呈逐月增长态势，2016 年 11 月末个人住房贷款余额同比增长 42.6%，比上年同期提高 12.9 个百分点，12 月同比增速回落至 41.3%。个人商业

用房贷款余额 716.8 亿元，比年初增加 143.7 亿元，同比多增 101.8 亿元；同比增长 25.1%，比 2015 年提高 17.2 个百分点。

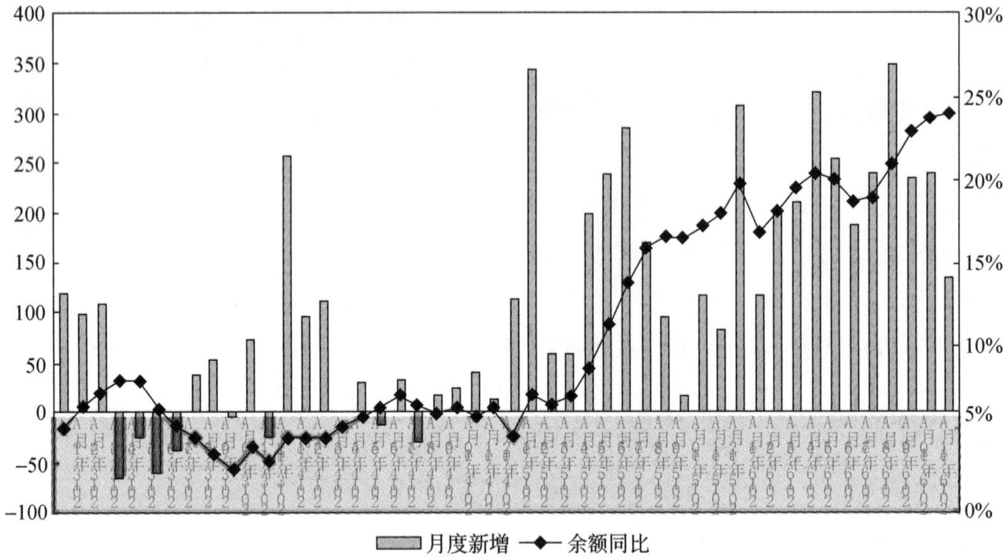

图 5-17　2016 年北京市房地产贷款余额月度新增及同比增速情况

四、二手房贷款新增额创历史新高

2016 年末，辖内金融机构二手住房贷款余额 4497.5 亿元，同比增长 71.2%，比 2015 年提高 17.3 个百分点；比年初增加 1870.2 亿元，比 2015 年多增 950.5 亿元。个人新建住房贷款余额 3830.7 亿元，同比增长 17.3%，比 2015 年提高 1.3 个百分点；比年初增加 565.8 亿元，比 2015 年多增 114.1 亿元。在二手房成交量大幅增长的带动下，银行二手房按揭贷款业务增速明显高于新建商品住房贷款。新建商品住房贷款、二手房贷款月度新增额分别在 2016 年 6 月（89.1 亿元）、11 月（194.5 亿元）创 2010 年以来的最高记录。

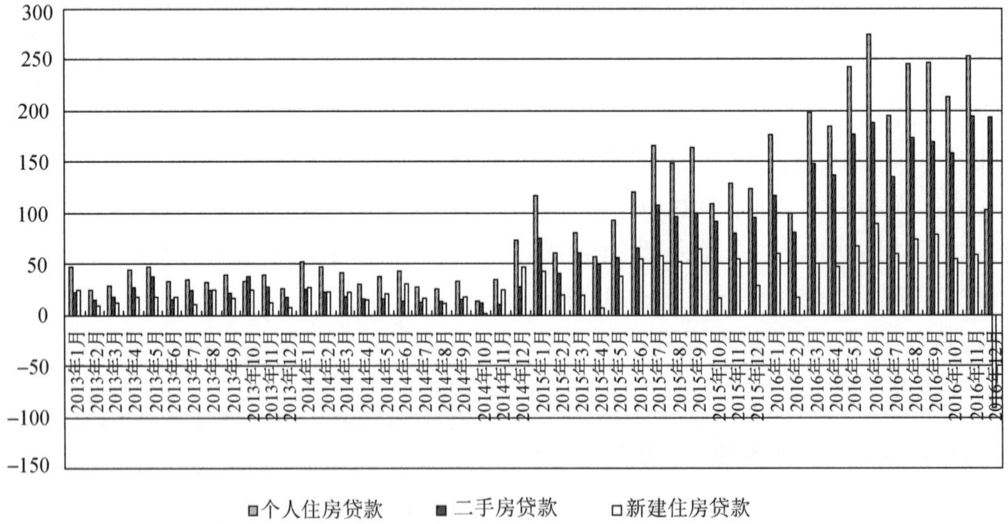

图 5-18　2016 年北京市个人住房贷款月度新增情况

五、房地产开发贷款余额同比增速由正转负

2016 年末，辖内金融机构房地产开发贷款余额 4754.8 亿元，较年初减少 9.3 亿元，同比减少 0.2%，2015 年为增长 8.9%。其中，政府土地储备机构贷款余额 538.8 亿元，比年初减少 426.3 亿元，同比减少 44.2%，政府土地储备机构贷款逐步被地方政府债券置换；住房开发贷款余额 1471.1 亿元，比年初减少 279.4 亿元，同比减少 16.0%；商业用房开发贷款余额 1034.1 亿元，比年初增加 40.1 亿元，同比增长 4.0%。

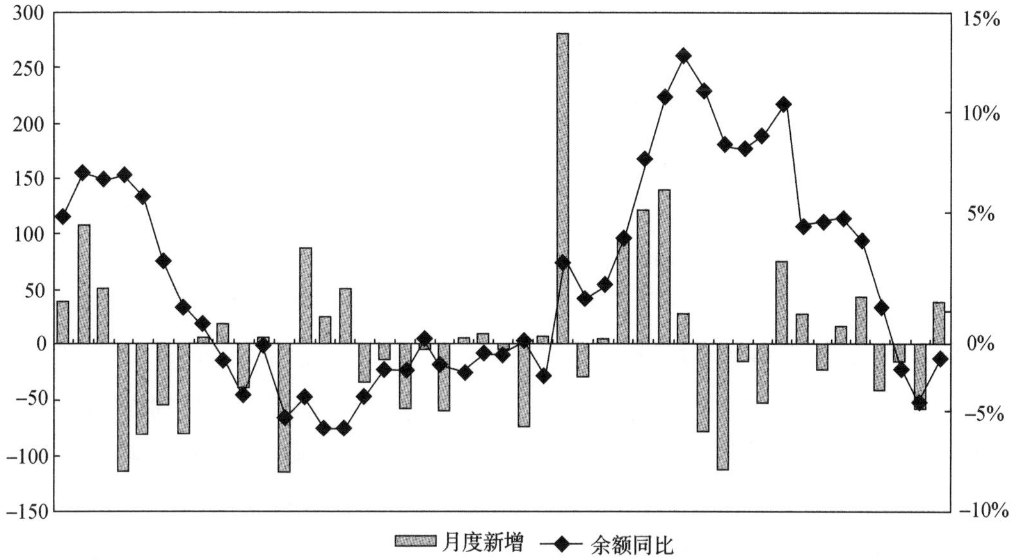

图 5-19　2016 年北京市房地产开发贷款余额月度新增及同比增速情况

六、首套住房贷款利率水平、平均首付比例均略有回升

根据营业管理部差别化住房信贷政策执行情况监测数据，自 2014 年第四季度起，辖区内银行首套（含改善型）个人住房贷款平均利率水平整体呈现回落态势，从 2014 年 9 月基准利率的 1 倍下降到 2016 年 6 月的 0.85 倍，为 2012 年 8 月以来的最低水平。8 月，住房贷款利率自律约定利率为不低于 0.85 倍；2017 年元旦后，自律利率提升为不低于 0.9 倍。同时，首套个人住房贷款平均首付比例也从 2014 年 11 月的 40.1%下降到 2016 年 6 月的 34.6%，随后略有回升，12 月首套房贷平均首付比为 35.7%。11 月新发放首套房贷笔数占比达 97.6%，12 月回落至 95.2%。

第四节　房地产金融政策调整

一、近年来房地产金融政策调整

2003年以前，房地产金融政策的主要目的在于支持住房体制改革，促进房地产金融产品的推出与发展。2003年6月，针对局部房地产市场过热，中国人民银行出台《关于进一步加强房地产信贷业务管理的通知》（银发〔2003〕121号），加强房地产开发贷款管理、引导规范贷款投向，严格控制土地储备贷款的发放，加强个人住房贷款管理。

2004年至2007年中国人民银行先后9次上调存贷款基准利率，并取消个人住房贷款利率优惠。加息周期有效抑制了非理性住房消费需求，居民购房更侧重于自住和改善住房条件。

2007年《关于加强商业性房地产信贷管理的通知》（银发〔2007〕359号）及其《补充通知》（银发〔2007〕452号）明确了二套房的执行标准，规定二套（含）房贷款首付款比例不得低于40%，贷款利率不得低于基准利率的1.1倍，有效约束了二套房贷杠杆比例，对降低信贷风险、打击房地产投机、保障自住性需求、平抑房价过快上涨发挥了积极作用。此外，银发〔2007〕359号文还进一步严格规范了房地产贷款管理、风险监测及防范工作，要求贷款使用与开发项目配套专款专用，有效避免滚动开发模式下企业挪用贷款资金的行为，防范金融风险。

金融危机以来，随着适度宽松货币政策的实施，自2008年9月起，中国人民银行先后5次下调存贷款基准利率，先后4次下调存款准备金率，并印发了《中国人民银行关于扩大商业性个人住房贷款利率下浮等有关问题的通知》（银发〔2008〕302号）等文件，将商业性个人住房贷款利率的下限扩大为贷款基准利率的0.7倍，最低首付比例调整为20%，要求商业银行充分考虑各种因素按照风险原则合理确定利率水平。房贷利率下限降低使得金融机构房贷利率浮动权限进一步扩大，金融机构具有了更大的自主决策空间。同时也更好地支持了居民购买普通住房，有力促进了内需扩大和民生改善。

2010年2月，中国人民银行、中国银行业监督管理委员会联合出台《关于贯彻落实〈国务院办公厅关于促进房地产市场平稳健康发展的通知〉的通知》（银发〔2010〕58号），加强对房地产贷款业务的窗口指导，加大差别化信贷政策执行力度，严格抑制投资投机性购房需求。9月，又出台了《中国人民银行　中国银行业监督管理委员会关于完善差别化住房信贷政策有关问题的通知》（银发〔2010〕275号），明确提出“暂停发放居民家庭购买第三套及以上住房的贷款”；对贷款购买商品住房的，“首付款比例调整至30%及以上”，“对贷款购买第二套住房的家庭，严格执行首付款比例比低于50%、贷款利率不低于基准利率1.1倍的规定”。

2011年1月，根据《国务院办公厅关于进一步做好房地产市场调控工作有关问题的通知》（国办发〔2011〕1号）要求，贷款购买第二套住房的家庭，首付款比例不低于60%，贷款利率不低于基准利率的1.1倍。《中国人民银行关于做好差别化住房信贷政策实施工作的通知》（银发〔2011〕66号）明确各地实施差别化住房信贷政策的基本条件、程序和管理要求。

为发挥好金融对公共租赁住房等保障性安居工程建设的支持作用，人民银行会同银监会联合印发《关于认真做好公共租赁住房等保障性安居工程金融服务工作的通知》(银发〔2011〕193号)，进一步完善公共租赁住房等保障性安居工程建设的信贷支持政策体系，明确贷款期限最长不超过15年。

2012年9月，住房城乡建设部、财政部、中国人民银行联合印发《关于做好扩大利用住房公积金贷款支持保障性住房建设试点范围工作的通知》(建金〔2012〕130号)，确定石家庄等64个城市为新增试点城市，北京等18个城市为新增贷款额度城市，290个建设项目为新增利用住房公积金贷款支持保障性住房建设试点项目。

2012年11月，国土资源部、人民银行与银监会出台了《关于加强土地储备与融资管理的通知》（国土资发〔2012〕162号)，明确土地储备机构将实行“名录制”管理，各银行机构只能对经过资质认定的名录范围内的土地储备机构发放土地储备贷款；土地储备贷款的期限最长可延至五年。

2012年3月，北京市金融工作局、中国人民银行营业管理部、北京市住房和城乡建设委员会等五部门联合出台了《关于印发北京市金融支持保障性住房建设意见的通知》(京金融〔2012〕107号)，完善保障性住房相关融资管理制度，吸引各类金融机构及社会资金参与北京市保障性住房建设工作。

2013年2月，根据《国务院办公厅关于继续做好房地产市场调控工作的通知》(国办发〔2013〕17号）要求，继续严格实施差别化住房信贷政策。银行业金融机构要进一步落实好首套房贷款的首付款比例和贷款利率政策，严格执行第二套（及以上）住房信贷政策。

2013年4月，为贯彻落实各项房地产调控政策要求，按照北京市新建商品住房价格控制目标和政策要求，人行营业管理部出台了《中国人民银行营业管理部关于调整北京市差别化住房信贷政策的通知》(银管发〔2013〕116号)，对贷款购买第二套住房的家庭，首付款比例不低于70%；同时明确，对在北京市住房和城乡建设委员会房屋登记信息系统中显示无房、在中国人民银行个人信用信息基础数据库中有一笔住房贷款记录、第二次申请贷款购买住房的家庭，仍执行首付款比例不低于60%的政策。北京是2013年国内率先对差别化住房信贷政策进行调整的城市。

2014年9月30日，为进一步改进对保障性安居工程建设的金融服务，继续支持居民家庭合理的住房消费，促进房地产市场持续健康发展，人民银行和银监会联合转发了《关于进一步做好住房金融服务工作的通知》(银发〔2014〕287号)，规定对拥有一套住房并已结清相应购房贷款的家庭，为改善居住条件再次申请贷款购买普通商品住房的，银行业金融机构可执行首套房贷款政策。继续支持房地产开发企业的合理融资需求。

为进一步完善个人住房贷款信贷政策，支持居民自住和改善性住房需求，2015年4月20日，人行营业管理部联合市住建委和北京银监局转发了《中国人民银行　住房城乡建设部会关于个人住房贷款政策有关问题的通知》（银管发〔2015〕122号)，规定对拥有1套住房且相应购房贷款未结清、再次申请商业性个人住房贷款购买普通住房的居民家庭，最低首付比例和利率水平由北京地区市场利率定价自律机制协商确定。

2015年10月14日，人行营业管理部联合北京银监局转发了《中国人民银行　中国银行业监督管理委员会关于进一步完善差别化住房信贷政策有关问题的通知》(银发〔2015〕305

号)，要求人民银行、银监会各派出机构应按照"分类指导，因地施策"的原则，加强与地方政府的沟通，根据辖内不同城市情况，在国家统一信贷政策的基础上，指导各省级市场利率定价自律机制结合当地实际情况自主确定辖内商业性个人住房贷款的最低首付款比例。

二、2016 年房地产信贷政策调整情况

2016 年 2 月 2 日，人民银行和银监会联合印发了《中国人民银行　中国银行业监督管理委员会关于调整个人住房贷款政策有关问题的通知》(银发〔2016〕26 号)，在不实施"限购"措施的城市，进一步降低最低首付款比例。

2016 年 9 月 30 日，人行营业管理部与相关部门联合印发《北京市人民政府办公厅转发市住房城乡建设委等部门〈关于促进本市房地产市场平稳健康发展的若干措施〉的通知》(京政办发〔2016〕46 号)，将首套房贷的最低首付比例从 30%提高至普通住房 35%、非普通住房 40%。同时，根据借款人申请住房贷款时拥有的房屋套数认定贷款套次，原来已经拥有一套住房并结清相应住房贷款的家庭，再次申请住房贷款的从原来执行首付房贷政策调整为执行二套房贷政策。

针对住房贷款的阶段担保风险等问题，人行营业管理部经过与北京银监局沟通，于 2016 年 10 月 24 日联合印发《关于进一步加强住房信贷风险管理的通知》(银管发〔2016〕282 号)，要求银行规范与房企、中介合作，落实开发商的阶段性担保责任，加强住房信贷风险敞口管理。

第五节　房地产金融政策相关文件

000214

北京市人民政府办公厅文件

京政办发〔2016〕46 号

北京市人民政府办公厅转发市住房城乡建设委等部门《关于促进本市房地产市场平稳健康发展的若干措施》的通知

各区人民政府，市政府各委、办、局，各市属机构：

现将市住房城乡建设委、市规划和国土资源管理委员会、市工商局、市金融局、人民银行营业管理部、北京银监局制定的《关于促进本市房地产市场平稳健康发展的若干

措施》予以转发，自印发之日起实施，请你们认真贯彻执行。

北京市人民政府办公厅

2016年9月30日

关于促进本市房地产市场平稳健康发展的若干措施

市住房城乡建设委　市规划和国土资源管理委员会

市工商局　市金融局　人民银行营业管理部　北京银监局

为增加房地产市场有效供应，优化供应结构，强化交易管理，促进房地产市场平稳健康发展，现提出如下措施：

一、加大住宅用地供应力度，合理调整土地供应结构

积极推进土地供给侧结构性改革，进一步加大住宅用地供应力度，并结合年度土地供应计划，加大中低价位、中小套型普通商品住房的供应比例，保证套型建筑面积90平方米以下住房面积所占比重不低于70%，在满足刚性住房需求的同时，兼顾满足改善性住房需求。

二、加快自住型商品住房用地供应

为有效稳定房地产市场，各区要进一步加大自住型商品住房用地供应，除东城区、西城区、石景山区外，其他区要于2016年内尽快安排一批自住型商品住房用地入市交易。

三、强化“控地价、限房价”的交易方式

在严控地价的同时，对项目未来房价进行预测，试点采取限定销售价格并将其作为土地招拍挂条件的措施，有效控制房地产价格快速上涨。鼓励房地产开发企业自持部分住宅作为租赁房源，满足城市居民租房需求。

四、进一步完善差别化住房信贷政策

购买首套普通自住房的首付款比例不低于35%，购买首套非普通自住房的首付款比例不低于40%（自住型商品住房、两限房等政策性住房除外）。对拥有1套住房的居民家庭，为改善居住条件再次申请商业性个人住房贷款购买普通自住房的，无论有无贷款记录，首付款比例均不低于50%；购买非普通自住房的，首付款比例不低于70%。

五、加强对房地产开发企业及其销售行为的管理

对报价明显高于周边在售项目价格和本项目前期成交价格且不接受指导的商品住房项目，属于期房预售的暂不核发预售许可证书、属于现房销售的暂不办理现房销售备案。对取得预售许可或办理现房销售备案的房地产开发项目，要在规定时间内一次性公开全部销售房源。商品住房项目在销售中，要继续严格执行明码标价、一房一价规定，实际销售价格不得高于申报价格。开发企业应在交易场所醒目位置明确标示所有可售房源及其价格等信息，不得把明码标价变成口头告知，不得采取拖延开盘时间或控制房源等手段捂盘惜售，故意制造房源紧张气氛；不得标示虚假信息或使用欺骗性、模糊性的语言误导消费者，侵害消费者知情权、选择权和公平交易权。

六、加强对房地产经纪机构及其经纪活动的管理

在全市全面实施存量房交易资金监管。房地产经纪机构及房地产经纪人员应依法从事房地产经纪活动，受客户委托对外发布真实的房源和价格信息，不得违规独占房源信息、哄抬房价。房地产经纪服务实行明码标价，不得利用虚假或容易使人误解的标价

内容和方式等进行价格欺诈。严禁从事首付贷及自我融资、自我担保、设立资金池等场外配资金融业务。

七、严肃查处房地产市场违法违规行为

由市住房城乡建设委、市规划和国土资源管理委员会会同市发展改革委、市工商局等部门联合开展专项治理，加大市场监管执法力度，依法严肃查处、严厉打击开发企业捂盘惜售、囤积房源、闲置土地、炒地，以及房地产经纪机构参与炒房、哄抬房价、发布虚假房源及价格信息等违法违规行为。同时，对开发企业及房地产经纪机构的违法违规行为予以公开曝光，并纳入企业信用档案，由相关部门实施联合惩戒。

八、切实加强组织领导

建立本市加强房地产市场监管工作联席会议制度，由市住房城乡建设委牵头，市发展改革委、市规划和国土资源管理委员会、市地税局、市工商局、市金融局、市政府新闻办、市网信办、人民银行营业管理部、北京银监局等单位参加，负责指导、协调推进全市房地产市场监管工作，加强对房地产市场的跟踪、分析和研判，及时完善相关监管措施。联席会议办公室设在市住房城乡建设委。

抄送：市委各部门，北京卫戍区。

市人大常委会办公厅，市政协办公厅，市高级人民法院，市人民检察院。

各民主党派北京市委和北京市工商联。

北京市人民政府办公厅　　2016年9月30日印发

中国人民银行营业管理部 中国银行业监督管理委员会北京监管局 文件

银管发〔2016〕270号

中国人民银行营业管理部　北京银监局关于进一步做好辖内住房信贷管理工作的通知

辖内各银行：

为贯彻《关于促进本市房地产市场平稳健康发展的若干措施》（京政办发〔2016〕46号）文件精神，切实落实“分类指导，因地施策”政策要求，现就进一步做好辖内住房信贷管理工作提出如下要求：

一是严格执行差别化住房信贷政策。各银行应严格执行京政办发〔2016〕46号文件关于差别化住房信贷政策的要求，进一步加强住房信贷管理，严格审核个人住房贷款首付款资金来源，确保住房信贷政策有效落实。

二是贯彻落实房地产中介管理政策。各银行应严格按照《关于加强房地产中介管理促进行业健康发展的意见》（建房〔2016〕168号）要求，在与房地产中介机构合作时，加强自我约束和自我管理，共同维护房地产市场秩序。

三是进一步加强住房信贷自律管理。各银行应严格执行个人住房贷款相关政策要求和自律机制约定，合理确定个人住房利率水平。

自2016年10月1日起在北京市住房和城乡建设委员会房地产交易系统进行网上签约的住房，其贷款业务按照本通知规定执行。

附件：北京市人民政府办公厅转发市住房城乡建设委等部门《关于促进本市房地产市场平稳健康发展的若干措施》的通知

中国人民银行营业管理部　　　中国银行业监督管理委员会北京监管局

2016年9月30日

附件

北京市人民政府办公厅转发市住房城乡建设委等部门《关于促进本市房地产市场平稳健康发展的若干措施》的通知

京政办发〔2016〕46号

各区人民政府，市政府各委、办、局，各市属机构：

现将市住房城乡建设委、市规划和国土资源管理委员会、市工商局、市金融局、人民银行营业管理部、北京银监局制定的《关于促进本市房地产市场平稳健康发展的若干措施》予以转发，自印发之日起实施，请你们认真贯彻执行。

北京市人民政府办公厅
2016年9月30日

关于促进本市房地产市场平稳健康发展的若干措施

市住房城乡建设委市规划和国土资源管理委员会
市工商局　市金融局　人民银行营业管理部　北京银监局

为增加房地产市场有效供应，优化供应结构，强化交易管理，促进房地产市场平稳健康发展，现提出如下措施：

一、加大住宅用地供应力度，合理调整土地供应结构积极推进土地供给侧结构性改革，进一步加大住宅用地供应

力度，并结合年度土地供应计划，加大中低价位、中小套型普通商品住房的供应比例，保证套型建筑面积90平方米以下住房面积所占比重不低于70%，在满足刚性住房需求的同时，兼顾满足改善性住房需求。

二、加快自住型商品住房用地供应

为有效稳定房地产市场，各区要进一步加大自住型商品住房用地供应，除东城区、西城区、石景山区外，其他区要于2016年内尽快安排一批自住型商品住房用地入市交易。

三、强化“控地价、限房价”的交易方式

在严控地价的同时，对项目未来房价进行预测，试点采取限定销售价格并将其作为土地招拍挂条件的措施，有效控制房地产价格快速上涨。鼓励房地产开发企业自持部分住宅作为租赁房源，满足城市居民租房需求。

四、进一步完善差别化住房信贷政策

购买首套普通自住房的首付款比例不低于35%，购买首套非普通自住房的首付款比例不低于40%（自住型商品住房、两限房等政策性住房除外）。对拥有1套住房的居民家庭，为改善居住条件再次申请商业性个人住房贷款购买普通自住房的，无论有无贷款记录，首付款比例均不低于50%；购买非普通自住房的，首付款比例不低于70%。

五、加强对房地产开发企业及其销售行为的管理

对报价明显高于周边在售项目价格和本项目前期成交价格且不接受指导的商品住房项目，属于期房预售的暂不核发预售许可证书、属于现房销售的暂不办理现房销售备案。对取得预售许可或办理现房销售备案的房地产开发项目，要在规定时间内一次性公开全部销售房源。商品住房项目在销售中，要继续严格执行明码标价、一房一价规定，实际销售价格不得高于申报价格。开发企业应在交易场所醒目位置明确标示所有可售房源及其价格等信息，不得把明码标价变成口头告知，不得采取拖延开盘时间或控制房源等手段捂盘惜售，故意制造房源紧张气氛；不得标示虚假信息或使用欺骗性、模糊性的语言误导消费者，侵害消费者知情权、选择权和公平交易权。

六、加强对房地产经纪机构及其经纪活动的管理

在全市全面实施存量房交易资金监管。房地产经纪机构及房地产经纪人员应依法从事房地产经纪活动，受客户委托对外发布真实的房源和价格信息，不得违规独占房源信息、哄抬房价。房地产经纪服务实行明码标价，不得利用虚假或容易使人误解的标价内容和方式等进行价格欺诈。严禁从事首付贷及自我融资、自我担保、设立资金池等场外配资金融业务。

七、严肃查处房地产市场违法违规行为

由市住房城乡建设委、市规划和国土资源管理委员会会同市发展改革委、市工商局等部门联合开展专项治理，加大市场监管执法力度，依法严肃查处、严厉打击开发企业捂盘惜售、囤积房源、闲置土地、炒地，以及房地产经纪机构参与炒房、哄抬房价、发布虚假房源及价格信息等违法违规行为。同时，对开发企业及房地产经纪机构的违法违规行为予以公开曝光，并纳入企业信用档案，由相关部门实施联合惩戒。

八、切实加强组织领导

建立本市加强房地产市场监管工作联席会议制度，由市住房城乡建设委牵头，市发展改革委、市规划和国土资源管理委员会、市地税局、市工商局、市金融局、市政府新闻办、市网信办、人民银行营业管理部、北京银监局等单位参加，负责指导、协调推进全市房地产市场监管工作，加强对房地产市场的跟踪、分析和研判，及时完善相关监管措施。联席会议办公室设在市住房城乡建设委。

抄　　送：中国人民银行办公厅、中国银监会办公厅、北京市人民政府办公厅，北京市住建委。

内部发送：分管行领导，办公室、货币信贷管理处。

联系人：魏海滨　　　　联系电话：68559118　　　　（共印10份）

中国人民银行营业管理部办公室　　　　2016年9月30日印发

特急

中国人民银行 中国银行业监督管理委员会 文件

银发〔2016〕26号

中国人民银行　中国银行业监督管理委员会 关于调整个人住房贷款政策有关问题的通知

中国人民银行上海总部，各分行、营业管理部、省会（首府）城市中心支行、副省级城市中心支行；各省（自治区、直辖市）银监局；各国有商业银行、股份制商业银行，中国邮政储蓄银行：

为进一步支持合理住房消费，促进房地产市场平稳健康发展，按照国务院有关部署，现就个人住房贷款政策有关事项通知如下：

一、在不实施“限购”措施的城市，居民家庭首次购买普通住房的商业性个人住房贷款，原则上最低首付款比例为25%，各地可向下浮动5个百分点；对拥有1套住房且相应购房贷款未结清的居民家庭，为改善居住条件再次申请商业性个人住房贷款购买普通住房，最低首付款比例调整为不低于30%。

对于实施“限购”措施的城市，个人住房贷款政策按原规定执行。

二、在此基础上，人民银行、银监会各派出机构应按照“分类指导，因地施策”的原则，加强与地方政府的沟通，指导各省级市场利率定价自律机制结合当地不同城市实际情况自主确定辖区内商业性个人住房贷款的最低首付款比例。

三、银行业金融机构应结合各省级市场利率定价自律机制确定的最低首付款比例要求以及本机构商业性个人住房贷款投放政策、风险防控等因素，并根据借款人的信用状况、还款能力等合理确定具体首付款比例和利率水平。

四、加强住房金融宏观审慎管理。人民银行、银监会各派出机构应强化对房地产贷款资产质量、区域集中度、机构稳健性的监测、分析和评估；督促各省级市场利率定价自律机制根据房地产形势变化及地方政府调控要求，及时对辖区内商业性个人住房贷款最低首付款比例进行自律调整，促进银行业金融机构住房金融业务稳健运行和当地房地产市场平稳健康发展。

请人民银行上海总部、各分行、营业管理部、省会（首府）城市中心支行、副省级城市中心支行，各省（自治区、直辖市）银监局将本通知联合转发至辖区内城市商业银行、农村商业银行、农村合作银行、城乡信用社、外资银行、村镇银行。

中国人民银行

中国银行业监督管理委员会

2016年2月1日

抄　　送：住房城乡建设部。

内部发送：办公厅，市场司，条法司，货政司。

中国人民银行办公厅　　　　2016年2月2日印发

第六章

房地产开发投资与建设

2016 年，北京房地产市场总体保持平稳发展趋势。供给规模保持平稳，保障性住房建设加快；新建商品房和二手房交易量均持续较快增长，价格涨幅高位回落。但同时，项目储备减少，房地产开发投资后劲不足，房价快速降温给市场健康发展也带来挑战，整个市场走势仍需密切关注。

注：根据国家统计局提高投资统计起点的相关规定，2010 年数据为调整后数据。

第一节　2016 年北京市房地产开发投资综述

2016 年，全市完成房地产开发投资 4045. 4 亿元，比上年下降 4. 3%，受供地减少，储备项目不足等因素影响，全市房地产开发投资持续下降。其中，全年土地购置费用为 1953. 6 亿元，占开发投资比重为 48. 3%，下降 2. 3 个百分点（见图 6-1）。

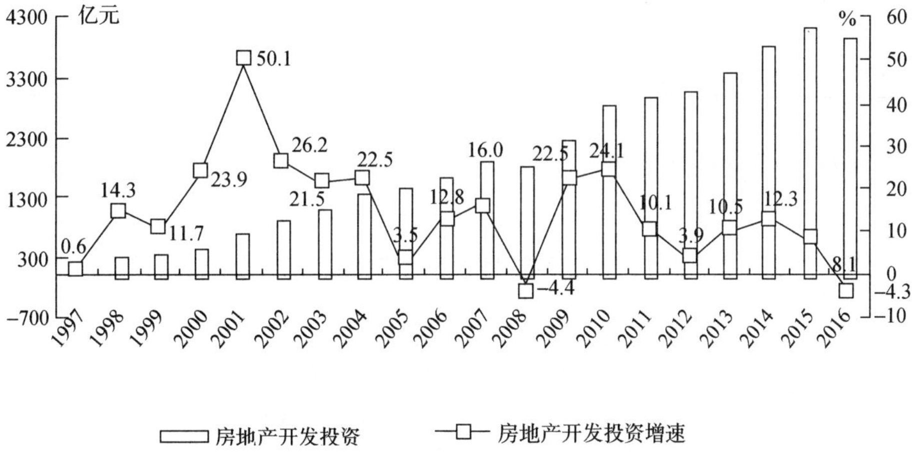

图 6-1　1997 年以来北京市房地产开发投资增速图

房地产开发投资中，住宅投资完成 1950. 9 亿元，下降 0. 6%；写字楼投资完成 699. 1 亿元，下降 22. 9%；商业、非公益用房及其他投资完成 1395. 5 亿元，增长 2. 8%。

从地区投资结构看，2016 年核心区、拓展区、发展新区和生态涵养区房地产开发投资占全市房地产开发投资的比重分别为 2. 8%、42. 7%、43. 7%和 10. 8%。拓展区和生态涵养区分别比上年提高 2. 8 个和 2. 6 个百分点，核心区和发展新区分别下降 2. 1 个和 3. 3 个百分点（见图 6-2）。

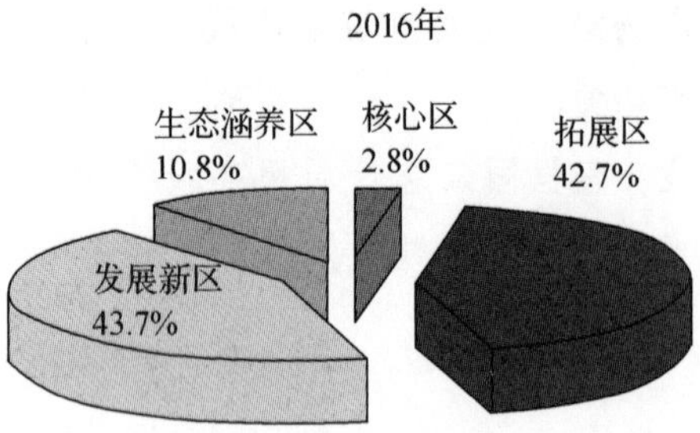

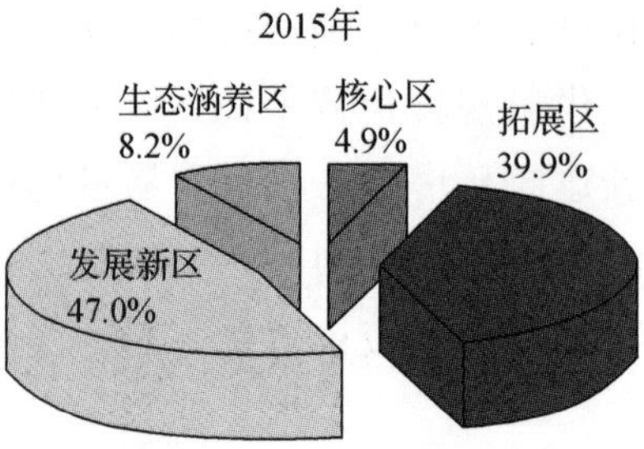

图 6-2　2015-2016 年北京市四大功能区房地产开发投资占全市比重

2016 年，全市房地产开发投资为 4045.4 亿元，比上年下降 4.3%，占全社会固定资产投资比重为 47.8%，比上年降低 5.1 个百分点。

表 6-1　2016 年北京市房地产开发投资情况统计

单位：亿元,%

	房地产开发投资	全社会固定资产投资	所占比重
2015 年	4226.3	7990.9	52.9
2016 年	4045.4	8461.7	47.8

2016 年，全市保障性住房自年初累计完成投资 936.2 亿元，比上年增长 13.6%（见表 6-2）。

表 6-2　2016 年北京市保障性住房投资额完成情况统计

单位：亿元,%

	2016 年	2015 年	同比增长
自年初累计完成投资	936.2	824.0	13.6
其中：经济适用房	22.6	24.5	-7.9
限价房	277.8	303.4	-8.4
公租（廉租）房	213.0	73.6	189.5
定向安置房	422.8	422.5	0.1

一、2016 年房地产开发投资及投资完成情况（分区）

从完成房地产开发投资的区域分布看，朝阳区仍是投资的大户，其次是丰台区；比重分别为 16.5%和 16%（见表 6-3）。

表 6-3　2016 年北京市按区域划分房地产开发投资完成情况统计

单位：亿元

区域	区	完成投资合计
功能核心区	东城	53.0
	西城	58.9
功能拓展区	朝阳	666.4
	丰台	648.2
	石景山	140.8
	海淀	271.7
发展新区	房山	259.6
	通州	349.0
	顺义	268.8
	昌平	382.4
	大兴	510.1
生态涵养保护区	门头沟	227.4
	怀柔	45.2
	平谷	93.4
	密云	47.1
	延庆	23.5

二、历年房地产开发投资完成情况（分用途）

2016 年全市房地产开发投资中，用于住宅完成投资 1950.9 亿元，下降 0.6%；写字楼投资完成 699.1 亿元，下降 22.9%；商业、非公益用房及其他投资完成 1395.5 亿元，增长 2.8%（见图 6-3）。

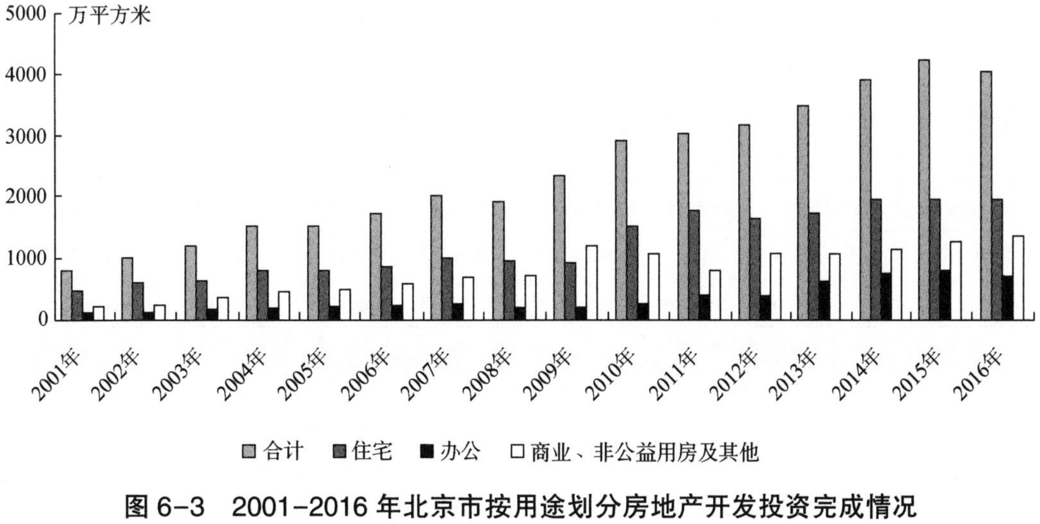

图 6-3　2001-2016 年北京市按用途划分房地产开发投资完成情况

三、房地产开发投资构成及变动情况

在2016年全市房地产开发投资中，用于建筑工程投资为1308.4亿元，同比增长3.9%；用于安装工程的投资为33.3亿元，同比下降32%；用于设备、工器具购置的投资为20.8亿元，同比下降9.4%；用于其他费用的投资为2683亿元，同比下降7.3%（见表6-4）。

表6-4 2016年北京市房地产开发投资构成及变动情况统计

单位：亿元,%

指标	2016年	2015年	同比增长
建筑工程	1308.4	1258.8	3.9
安装工程	33.3	48.9	-32.0
设备、工器具购置	20.8	23.0	-9.4
其他费用	2683.0	2895.7	-7.3

四、房地产开发资金来源情况

2016年，全市房地产开发项目本年到位资金小计8059.6亿元，比上年增长10.7%。其中，金融贷款为2148.5亿元，增长9%；自筹资金为1978.9亿元，下降13.1%；定金及预收款为2515.6亿元，增长42.5%（见表6-5）。

表6-5 2008-2016年北京市房地产开发资金来源情况统计

单位：亿元

	2009	2010	2011	2012	2013	2014	2015	2016
自年初累计资金来源	7065.8	7334.4	7238.0	8399.5	9687.6	9538.7	10483.8	11702.5
#上年末结余资金	936.0	1543.8	1879.9	2287.1	2387.4	2808.3	3201.6	3643.0
本年资金来源小计	6129.8	5790.6	5358.1	6112.4	7300.2	6730.4	7282.1	8059.6
#金融贷款	2367.8	1439.1	1168.0	1498.4	1836.9	2183.7	1971.0	2148.5
利用外资	29.8	13.9	2.6	4.2	11.6	7.8	5.7	1.1
#外商直接投资	25.0	13.4	2.6	4.2	11.6	7.8	5.7	1.1
自筹资金	1026.8	1763.0	1746.2	1626.1	2138.2	1898.1	2277.2	1978.9
#自有资金	558.7	939.9	983.0	483.6	624.0	434.5	515.7	488.8
其他资金来源	2705.4	2574.6	2441.4	2983.7	3313.4	2640.8	3028.2	3931.1
#定金及预付款	1663.6	1611.0	1518.1	2086.8	2257.5	1751.6	1764.9	2515.6

第二节 房屋建设

一、房屋建设总体情况

截至 2016 年 12 月末，全市商品房施工面积为 13089.8 万平方米，与上年持平。商品房新开工面积为 2813.7 万平方米，比上年增长 0.8%。（见图 6-4）。

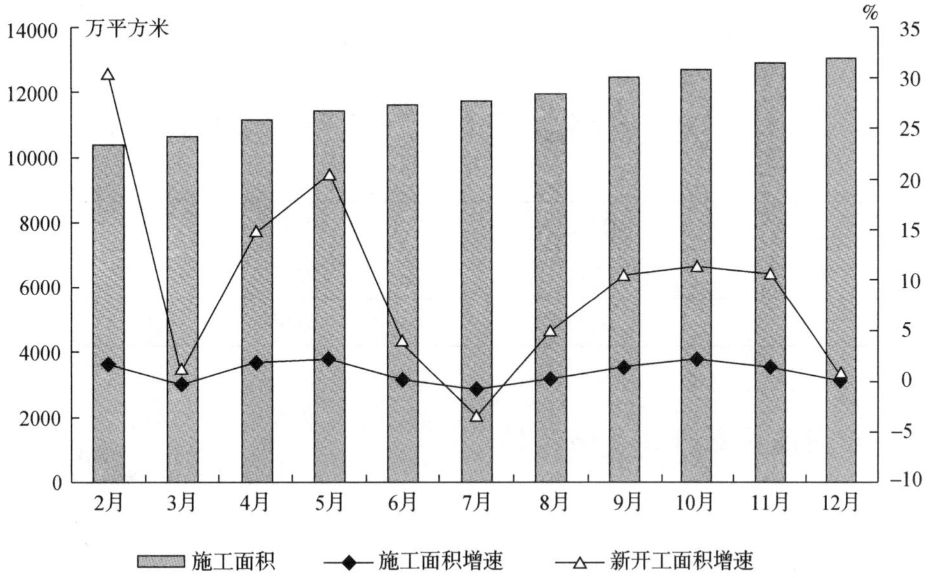

图 6-4 2016 年北京市商品房施工面积及增速走势图

截至 2016 年 12 月底，住宅施工面积为 5927.6 万平方米，下降 6.1%；其中，住宅新开工面积为 1209.3 万平方米，增长 0.8%。

2016 年，全市完成保障性住房投资 936.2 亿元，同比增长 13.6%。年末保障性住房施工面积 3952.4 万平方米，增长 2.1%。全年保障性住房竣工面积 663.9 万平方米，下降 24.7%（见表 6-6）。

表 6-6 2016 年北京市保障性住房建设情况统计

单位：亿元，万平方米，%

	2016 年	2015 年	同比增长
完成投资	936.2	824.0	13.6
其中：住宅	695.2	667.0	4.2
房屋施工面积	3952.4	3870.5	2.1
其中：住宅	2923.2	2975.3	-1.8
房屋新开工面积	1051.9	636.6	65.2

（续表 6-6）

	2016 年	2015 年	同比增长
其中：住宅	737.9	492.8	49.7
房屋竣工面积	663.9	881.8	-24.7
其中：住宅	514.5	676.4	-23.9

二、商品房新开工及施工情况概述

截至 2016 年 12 月末，全市商品房施工面积为 13089.8 万平方米，与上年持平。商品房新开工面积为 2813.7 万平方米，增长 0.8%。（见表 6-7）。

表 6-7　2016 年北京市商品房施工面积及新开工情况统计

单位：万平方米，%

	2016 年	2015 年	同比增长
施工面积	13089.8	13095.0	0.0
新开工面积	2813.7	2790.2	0.8

三、2016 年商品房新开工、施工情况（按区域分）

从区域上看，施工面积朝阳区最大，为 2034.4 万平方米，大兴区位于第二，为 1705.6 万平方米，分别占全市商品房施工面积 15.5% 和 13%（见表 6-8）。

表 6-8　2016 年北京市按区域分商品房施工面积统计

单位：万平方米

区	施工面积	区域	施工面积
东城	137.9	通州区	1563.1
西城	81.0	顺义区	1220.9
朝阳	2034.4	昌平区	1332.3
丰台	1470.2	大兴区	1705.6
石景山	353.5	怀柔区	157.8
海淀	1062.1	平谷区	277.6
门头沟	470.0	密云区	262.2
房山	880.2	延庆区	81.2

四、历年商品房新开工、施工情况（按用途分）

2016 年，全市全年商品房新开工面积为 2813.7 万平方米，比上年增长 0.8%。其中，住宅新开工面积为 1209.3 万平方米，增长 0.8%；写字楼为 464.4 万平方米，下降 23%；商业、非公益用房及其他用房为 1140 万平方米，增长 15.4%（见图 6-5）。

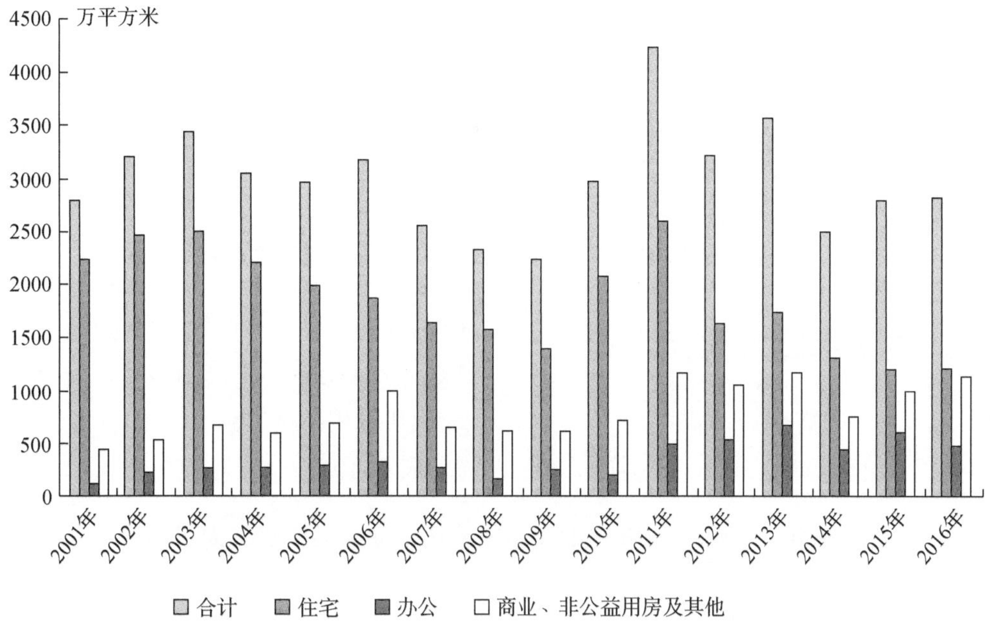

图 6-5　2001-2016 年北京市商品房新开工面积情况

五、商品房竣工情况概述

2016 年，全市全年商品房竣工面积为 2383.1 万平方米，比上年下降 9.4%。其中，住宅竣工面积为 1275.2 万平方米，下降 7.5%（见表 6-9）。

表 6-9　2016 年北京市商品房竣工面积统计

单位：万平方米，%

	2016 年	2015 年	同比增长
竣工面积	2383.1	2631.5	-9.4
其中：住宅	1275.2	1378.2	-7.5

六、2016 年商品房竣工情况（按区域分）

从区域上看，全市商品房竣工面积为 2383.1 万平方米，昌平区最大，大兴区（含经济技术开发区）位于第二，分别占 15.4% 和 14.6%（见图 6-6）。

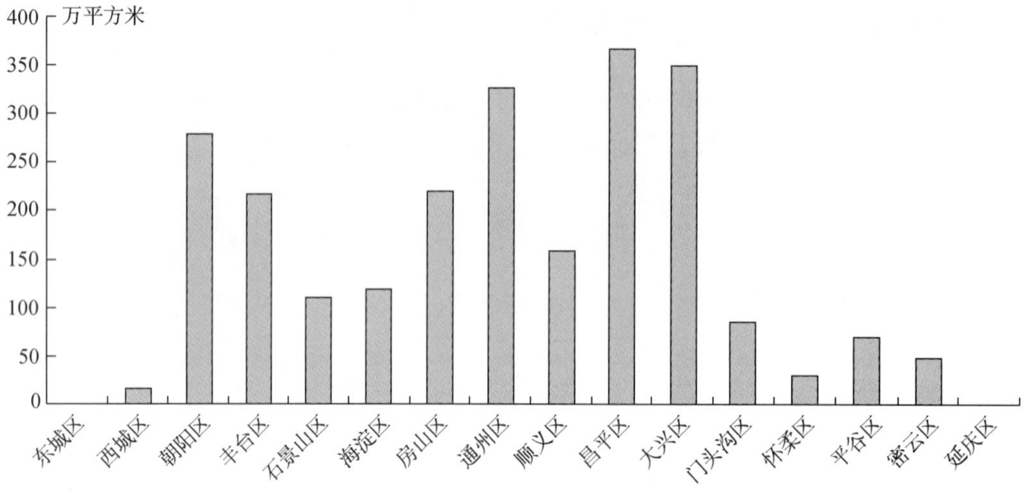

图 6-6　2016 年北京市按区域划分商品房竣工面积统计

七、历年商品房竣工情况(按用途分)

2016 年，全市商品房竣工面积为 2383.1 万平方米，比上年下降 9.4%。其中，住宅竣工面积为 1275.2 万平方米，下降 7.5%；写字楼为 343.7 万平方米，下降 10.8%；商业、非公益用房及其他用房为 764.2 万平方米，下降 11.9%（见表 6-10）。

表 6-10　2001-2016 年北京市按用途划分商品房竣工面积统计

单位：万平方米

年份	合计	住宅	办公楼	商业、非公益用房及其他
2001	1707.4	1393.4	97.9	216.0
2002	2384.4	1926.2	97.5	360.9
2003	2593.7	2080.8	93.6	419.3
2004	3067.0	2344.0	153.9	569.2
2005	3770.9	2841.4	287.8	641.7
2006	3193.9	2193.3	304.4	696.2
2007	2891.7	1854.0	314.8	722.9
2008	2558.0	1399.3	364.6	794.1
2009	2678.6	1613.2	316.6	748.7
2010	2386.7	1498.5	198.4	689.8
2011	2245.2	1316.1	245.2	683.9
2012	2390.9	1522.7	226.8	641.4
2013	2666.4	1692.0	273.1	701.3
2014	3054.1	1804.3	387.5	862.3
2015	2631.5	1378.2	385.4	867.8
2016	2383.1	1275.2	343.7	764.2

第三节　房屋保有总量

截至 2016 年底，全市国有土地上房屋共 9.67 亿平米、731 万套（单元），其中，住宅 5.19 亿平米、579 万套（间），非住宅 4.48 亿平米，具体看：

（一）近八成住宅集中在城市功能拓展区和发展新区。

城市核心区、功能拓展区、发展新区、生态涵养区的住宅套数分别占全市的 13.3%、50.4%、29.41%和 6.89%。其中，朝阳区 130 万套，门头沟区、怀柔区、平谷区、延庆区、开发区均低于 10 万套。

（二）本市住房近十年增长迅速，以中小套型为主。

从建成年代来看，2001 年以后建成的住宅套数占 54.52%，1991-2000 年及 1990 年之前建成的住宅分别占 20.33%、25.15%。从户型来看，建筑面积 90 平方米以下的住宅套数占 63.77%；90-140 平方米、140 平方米以上的住宅分别占 22.92%、13.31%。

（三）住房资源主要由本市居民分散持有。

全市城镇住房共 731 万套（间）。其中，成套住房 547 万套。成套住房中，家庭持有 542 万套，占比为 99%，其他为机构持有。本市、非本市户籍家庭持有住房比重分别为 78%、22%；家庭持有 2 套及以下住房的占 95.8%，其中持有 1 套、2 套家庭占比分别为 78.4%、17.4%。

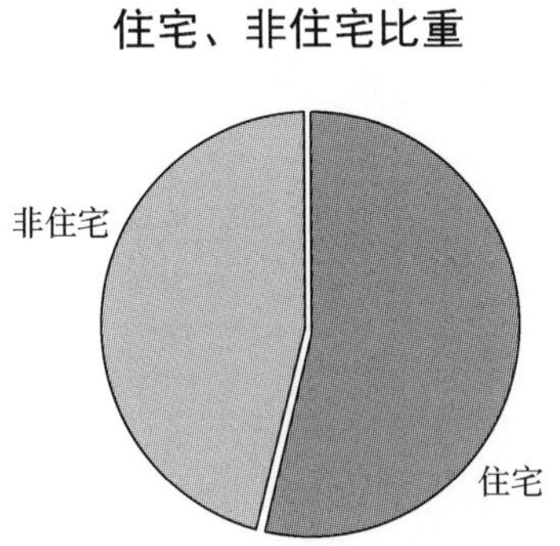

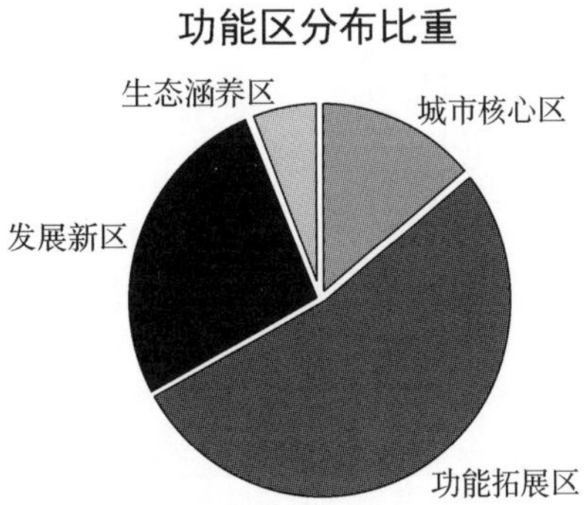

图 6-7　2016 年北京市城镇住房占比情况

第四节　商品房待售

截至2016年12月底，全市商品房待售面积为2160.8万平方米，比2015年末减少7.3万平方米。其中，住宅待售面积为845.8万平方米，比2015年末减少21.9万平方米（见表6-11）。

表6-11　2016年北京市商品房待售情况统计

单位：万平方米，%

	2016年	2015年	同比增长
待售面积	2160.8	2168.1	-0.3
其中：住宅	845.8	867.7	-2.5

一、2016年商品房待售情况（分区域分用途）

2016年末，全市商品房待售面积从区域分布看，朝阳区待售面积最大，达611.2万平方米，占28.3%；其次是昌平区，286.1万平方米，占13.2%，第三是大兴区，239.1万平方米，占11.1%（见图6-8）。

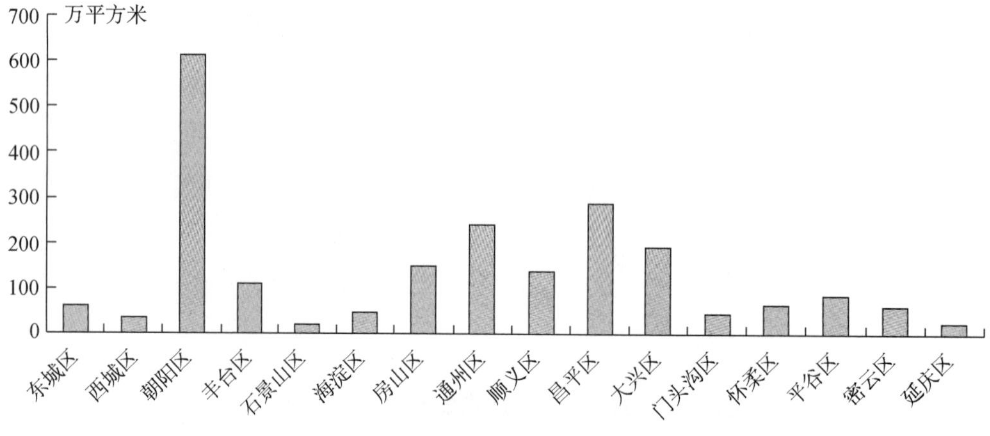

图6-8　2016年北京市按区域划分商品房待售面积情况统计

2016年末，全市商品房待售面积按时间划分，待售1年以内的面积为1197.1万平方米，1年至3年的面积为470.8万平方米；3年以上的面积为492.9万平方米（见表6-12）。

表 6-12　2001-2016 年北京市按用途分待售一年以上商品房面积

单位：万平方米

年份	合计	住宅	办公	商业、非公益用房及其他
2001	336.0	281.4	25.5	29.1
2002	406.3	323.0	45.2	38.1
2003	377.9	310.7	37.5	29.6
2004	298.8	226.7	35.4	36.8
2005	380.1	252.6	37.5	90.0
2006	411.4	210.0	46.5	154.9
2007	439.0	177.0	40.5	221.6
2008	493.2	187.4	59.4	246.5
2009	583.4	159.8	92.3	331.3
2010	672.3	209.6	109.8	352.9
2011	771.1	252.2	115.4	403.5
2012	953.1	326.9	103.7	522.5
2013	939.1	430.1	96.0	413.0
2014	944.3	406.5	127.3	410.5
2015	1016.4	434.5	138.5	443.5
2016	963.7	449.5	90.0	424.2

二、历年商品房待售情况（分用途）

2016 年商品房待售面积为 2160.8 万平方米，比上年末减少 7.3 万平方米。从用途上看，住宅待售面积为 845.8 万平方米，下降 2.5%；写字楼（办公楼）待售面积为 320.7 万平方米，下降 3.5%；商业、非公益用房及其他待售面积为 994.3 万平方米，增长 2.7%（见表 6-13）。

表 6-13　2001-2016 年北京市商品房待售情况统计

单位：万平方米

年份	合计	住宅	办公	商业、非公益用房及其他
2001	774.1	634.1	73.5	66.5
2002	919.0	763.2	73.0	82.4
2003	1123.4	896.9	94.2	132.3
2004	1044.1	723.9	110.1	210.2
2005	1374.2	799.7	198.9	375.6
2006	1039.7	494.1	175.8	369.8
2007	1136.2	411.8	198.1	526.3

（续表 6-13）

年份	合计	住宅	办公	商业、非公益用房及其他
2008	1438.3	522.7	244.6	671.0
2009	1351.4	426.8	246.5	678.1
2010	1482.7	511.9	223.9	746.9
2011	1792.6	699.8	250.2	842.6
2012	1911.8	789.5	198.2	924.1
2013	1861.4	829.3	180.1	852.0
2014	2065.7	964.8	307.2	893.7
2015	2168.1	867.7	332.5	968.0
2016	2160.8	845.8	320.7	994.3

第五节　房屋征收拆迁

一、房屋征收拆迁情况综述

2016年，是“十三五”规划开局之年，也是贯彻落实市委、市政府《关于全面深化改革提升城市规划建设管理水平的意见》、加快推动我市棚户区改造等重点工程进展的一年。年内，我市立足服务重点工程，坚持问题导向，调整完善房屋征收拆迁政策，理顺工作机制，加大重点工作统筹协调，深化服务行业监管，全市房屋征收拆迁工作平稳有序推进，为疏解非首都功能、优化提升核心功能、棚户区改造及铁路等重点工程建设提供了坚实保障。

二、房屋征收拆迁情况统计

1. 房屋征收拆迁项目启动情况

2016年，全市共启动房屋征收拆迁项目38个（其中核发房屋征收决定项目15个，核发房屋拆迁许可证项目23个），征收拆迁住宅户数19352户（其中征收涉及15392户，拆迁涉及3960户），涉及住宅建筑面积约210万平方米，住宅户数同比增加134%。

2. 房屋征收拆迁项目签约情况

2016年，全市房屋征收拆迁共签约住宅户数15910户（其中征收签约12803户，拆迁签约3107户），涉及住宅建筑面积约98万平方米（其中征收涉及约41万平方米，拆迁涉及57万平方米）。全市共清理完成在征在拆项目35个，其中征收项目3个，拆迁项目32个。

自2011年《国有土地上房屋征收与补偿条例》实施以来，截至2016年底，全市共启动84个房屋征收项目，涉及住宅约5.3万户，征收项目整体签约率达到91%。

三、征收拆迁管理工作情况

1. 攻坚克难，城市副中心建设等重点工程顺利推进

2016年，全市确定重点工程210项，棚改任务3.5万户。各区主动作为，迎难而上，攻坚克难，加强征收拆迁前期工作协调，规范征收拆迁流程，加大信息公开，以实现“改善有选

择，困难有保障”为目标，取得被征收拆迁群众的支持及认可。征收拆迁顺利先行，为城市副中心建设、棚户区改造等重点工程尽早开工建设提供了重要保证。

一是服务城市副中心建设。通州区潞城镇棚户区改造项目（B、C、D片区）住宅拆迁工作在20天奖励期内实现100%签约，为城市副中心建设顺利开工提供用地保障。二是服务棚户区改造工作。核心区旧城区改建房屋征收工作取得“开门红”。东城区天坛周边57栋简易楼腾退项目、西忠实里环境整治项目，西城区光源里、菜园街及枣林南里旧城区改建房屋征收项目签约率均达95%以上。其他城区棚改征收工作快速推进。本市最大棚改项目石景山区北辛安棚改房屋征收项目，涉及6000余户，奖励期内签约率达到97%以上，朝阳区永安里旧城区改建项目，预签协议比例已超过85%协议生效比例。远郊区棚改征收工作取得突破性进展。平谷区、延庆区分别启动了本区首个房屋征收项目，核发房屋征收决定；延庆区南菜园1-5巷棚户区改造项目，截止12月底，签约率超过98%；密云区启动水源路北侧长安新村和南菜园新村地块旧城区改建房屋征收项目，预签期内达到90%协议生效比例，顺利核发房屋征收决定。三是服务铁路、公路、轨道交通等重点工程建设。京霸铁路、京张铁路（北京段）、京台高速（北京段）、地铁8号线三期、地铁14号线、轨道交通燕房线等征收拆迁工作进展顺利，为重点工程全面开工建设奠定基础。

2. 调整完善征收拆迁评估标准，统一房屋征收拆迁补偿政策

2016年5月，市住建委印发《关于调整本市房屋重置成新价评估技术标准发布机制有关工作的通知》（京建法［2016］10号），建立了本市房屋征收拆迁中房屋重置成新价评估市场调节机制，房屋重置成新价评估技术标准由市房地产估价行业协会发布并动态调整，有力推进了集体土地房屋拆迁工作。同年12月，市住建委印发《北京市国有土地上房屋征收评估暂行办法》（京建法［2016］19号），创新提出了成片房屋市场化评估路径，建立了成片房屋标准价调整机制，进一步统一了本市国有土地上住宅、非住宅房屋征收评估标准，稳定群众预期。

3. 理顺工作机制，加强房屋征收拆迁重点工作统筹

一是加强中心城区房屋征收成片房屋标准价统筹。建立中心城区房屋征收标准价沟通协调、专家提前论证及备案管理机制，促进同区域同时段启动的房屋征收项目标准价总体平衡，相邻区域房屋征收项目标准价有效衔接，打消群众攀比心理，强化政府征收公信力，推动房屋征收工作有序开展。二是加强棚改项目中村民自治腾退和拆迁许可两种不同搬迁途径统筹，实现有效衔接，破解了“前期手续慢”等难题。三是强化各区依法统筹本区域集体土地房屋补偿政策，推动各区依法做好各乡镇宅基地房屋认定、安置房标准、补助奖励标准等统一。目前，通州、大兴、昌平、房山等区已出台具体文件，实现区域内政策标准规范统一。

4. 强化信息公开，推进“阳光征收”

全面推行征收拆迁信息公开，做好征收决定“九步骤五公开”，实行入户调查结果、分户补偿情况等全面公开；加大网上公开及征收现场公开，切实维护群众知情权、参与权及监督权。市住建委印发《北京市房屋征收服务机构服务行为动态评价暂行办法》（京建法［2016］18号），建立不良服务行为动态评价记分、负面清单公示等制度，进一步加强房屋征收评估及劳务服务机构事中事后监管，优化行业竞争秩序，推进“阳光征收”，为征收当事人择优选择服务机构提供参考。

5. 加大一线指导与服务，加大典型经验宣传，推动重点工程落地实施

2016年，市住建委立足服务重点工程，靠前指导，通过领导带队、重点指导，派员一线驻遣、全程跟踪项目，召开系统工作会培训指导、典型经验交流，编印《北京市棚户区改造征收拆迁流程及范例推介》等方式，积极协助各区破解征收拆迁工作难题，推动了棚改等重点工程顺利实施。征收拆迁管理处共派遣五名同志驻相关区指导、服务重点项目房屋征收拆迁工作，及时回应各区工作难题。

6. 加强与法院系统、司法局等沟通交流，研究破解房屋征收拆迁涉法难题

一是研讨房屋拆迁许可证续期相关法律问题。会同建设部法规司、市高院行政庭、四中院行政庭负责同志共同研讨集体土地房屋拆迁许可证续期中所涉法律问题，研究形成统一思路，规范指导区房屋拆迁管理工作。二是研讨依法化解房屋拆迁类民事纠纷。会同市住保办危改处与一中院及所辖区法院民事审判员共同就本市房屋征收拆迁政策和棚户区改造工作开展讲座交流，并就如何加强司法、行政机关沟通和工作衔接，有效化解房屋拆迁类民事纠纷进行了深入沟通。三是研讨旧城区改建被征收人不履行补偿协议等行政执法难题。由西城区人民政府牵头，会同市政府法制办、市高院、市二中院、市四中院、西城区法院集体研究解决旧城区改建房屋征收项目中面临的难题，包括被征收人签约后不履行搬迁义务的司法救济路径、原公房承租人死亡且未变更承租人情况下的征收补偿决定程序及司法执行等问题，对房屋征收一线工作给予政策支持。四是加强与市司法局等工作衔接，积极会商，研究探讨对参与阻滞征收拆迁工作的部分律所相关行为约束机制。

7. 加强房屋征收信息系统建设，促进征收工作信息化、精细化管理

加大房屋征收信息系统建设力度，推动以电子化签约为支撑，实现征收补偿工作全程信息化和精细化管理。同时，依托信息系统进行服务行为动态评价记分，加强对房屋征收劳务服务、评估服务机构事中事后管理，实现征收业务和服务行业管理“双促进”。为进一步明确市、区两级在征收信息系统管理中的职责权限，上线运行中的实操程序及相关要求，12月，市住建委印发《关于北京市国有土地上房屋征收信息系统上线运行的通知》（京建发［2016］445号）。

第七章
房地产交易市场运行

北京市房地产年鉴 2017

第一节　2016年北京市房地产交易市场综述

2016年，北京市继续认真贯彻落实国家房地产市场调控政策，全面贯彻落实中央调控精神，及时出台政策，强力调控市场。严格按照国家因城施策、稳定房价要求，立足首都功能定位和京津冀协同发展大局，从优化供应、抑制需求、因区施策方面稳定市场。优化供应：新出让住宅用地90平方米以下套型住房面积占比不低于70%，增加中低价位中小套型普通商品住房供应；加大自住房用地供应力度，将任务分解到各区；创新推出“控地价、限房价”土地出让方式，并竞企业自持租赁住房面积增加租赁供应。抑制需求：调整首套房贷认定标准为“认房又认贷”；根据首套与非首套、普宅与非普宅差别化提高首付比例，抑制投机投资性需求。因区施策：通州区在升级住宅限购政策基础上，又将商务型公寓纳入住宅限购范围，并规定商业办公项目仅限企事业单位购买，严格控制“商改住”。全年新建房屋①共计上市1885.4万平方米、成交1980.6万平方米，其中新建商品住房②上市659.1万平方米（4.6万套），成交814.3万平方米（5.8万套）；存量房③成交2683.2万平方米，其中商品住房2384.9万平方米（26.0万套）。

一、新建房屋市场成交情况

1. 新建房屋成交情况

2016年，北京市新建房屋成交面积1980.6万平方米，同比增加14.7%；成交金额5565.6亿元，同比增加38.4%。其中预售成交面积1153.7万平方米，同比增加4.2%；成交金额3601.8亿元，同比增加32.0%；现房成交面积826.8万平方米，同比增加33.6%；成交金额1963.8亿元，同比增加51.7%。

2. 新建住房④成交情况

2016年，北京市新建住房成交面积984.5万平方米，同比减少15.7%；成交金额3048.5亿元，同比增加6.6%。其中新建预售商品住房成交面积507.0万平方米（4.0万套），同比减少29.6%，成交金额1828.1亿元，同比减少3.6%；新建预售经济适用住房和限价房成交面积132.4万平方米（2.0万套）；新建现售商品住房成交面积307.3万平方米（1.9万套），同比增加12.8%，成交金额1050.0亿元，同比增加31.7%；新建现售经济适用住房和限价房销售面积37.7万平方米（5815套）。

二、存量房成交情况

2016年，北京市存量房成交面积2683.2万平方米，同比增加40.3%，成交金额6731.7亿元，同比增加59.0%。其中存量住房成交面积2384.9万平方米，同比增加39.5%，成交金额6224.4亿元，同比增加59.4%。从成交比重来看，存量住房成交26.0万套，占86.9%；存量

① 新建房屋包括新建（含预售及现售）的经济适用房、限价房等政策性住房以及自住房、商品住房、商业、办公、工业、车库、其他等所有规划用途房屋。

② 新建商品住房包括新建（含预售及现售）的自住房和商品住房，不包含经济适用房、限价房等政策性住房。

③ 存量房包括二手的商品住房、商业、办公、工业、车库、其他等所有规划用途房屋。

④ 新建住房包括新建（含预售及现售）的经济适用房、限价房等政策性住房，及自住房、商品住房。

办公用房成交 2.0 万套，占 6.6%；存量商业营业用房成交 0.8 万套，占 2.7%；其他类型存量房屋成交 1.1 万套，占 3.7%。

第二节　新建房屋批准预售

一、新建房屋批准预售总体情况

2016 年，北京市共批准预售许可证 296 个，面积 1121.7 万平方米，同比减少 14.3%；其中批准住房类房屋 5.3 万套，面积 559.5 万平方米，面积比 2015 年减少 30.7%，批准办公用房、商业用房面积分别为 365.3 万平方米、102.4 万平方米，比 2015 年分别增加 13.8%、35.2%。

表 7-1　2010-2016 年北京市新建房屋批准预售面积

单位：万平方米

年份	合计	住房	商业	办公	其他
2010	1620.8	1197.6	92.5	222.4	108.3
2011	1554.7	1079.3	95.1	302.5	77.8
2012	1379.2	1036.1	53.9	232.4	56.8
2013	1174.1	781.8	76.7	251.3	64.3
2014	1565.3	1150.9	74.1	246.3	94.0
2015	1308.3	807.1	75.7	321.0	104.5
2016	1121.7	559.5	102.4	365.3	94.5

从区域分布看，房山、大兴、昌平、顺义、朝阳、门头沟 6 区新建住房批准预售面积均超过 100 万平方米，合计达 771.0 万平方米，占全市批准预售总量的 68.7%，其余 11 个区批准预售面积为 350.7 万平方米，所占比重为 31.3%。

表 7-2　2016 年北京市新建房屋各区批准预售情况

区	上市套数（套/或单元）	上市面积（万平方米）
房山	19212	174.9
大兴	18146	139.0
昌平	13882	125.7
顺义	16445	122.8
朝阳	12352	106.2
门头沟	11922	102.4

（续表 7-2）

区	上市套数（套/或单元）	上市面积（万平方米）
通州	10328	79.5
丰台	7925	76.7
海淀	5977	64.4
平谷	7527	60.7
石景山	3412	21.7
开发	583	19.5
东城	1092	13.2
密云	1700	12.1
延庆	318	2.1
西城	114	0.5
怀柔	60	0.3
合计	130995	1121.7

注：2010 年北京市行政区划调整，撤销北京市东城区、崇文区，设立新的北京市东城区，以原东城区、崇文区的行政区域为东城区的行政区域；撤销北京市西城区、宣武区，设立新的北京市西城区，以原西城区、宣武区的行政区域为西城区的行政区域。2015 年北京撤销密云、延庆两个县，升级为密云区、延庆区。

二、不同用途房屋批准预售情况

1. 住房

2016 年，北京市住房批准预售面积为 559.5 万平方米，比 2015 年减少了 247.6 万平方米，降幅为 30.7%。从用途看，商品住房批准预售面积为 407.8 万平方米，同比减少 36.1%；经济适用住房批准预售面积为 39.5 万平方米，同比增加 5.6%，限价房批准预售面积为 112.2 万平方米，同比减少 14.4%。

表 7-3　2010-2016 年北京市住房分类型批准预售面积

单位：万平方米

年份	住房	其中		
		商品住房	经济适用住房	限价房
2010	1197.6	981.3	40.7	175.6
2011	1079.3	812.7	22.3	244.3
2012	1036.1	831.9	32.4	171.8
2013	781.8	602.9	64.0	114.9
2014	1150.9	995.4	21.1	134.4
2015	807.1	638.6	37.5	131.0
2016	559.5	407.8	39.5	112.2

从区域分布看，北京市预售商品住房供应集中在房山、昌平、朝阳、门头沟、顺义、海淀、丰台7区，2016年这7个区住房批准预售面积为340.0万平方米，占全市住房批准预售面积总量的83.4%（其中，房山区批准预售面积为77.5万平方米，居各区之首）。东城、西城、石景山、怀柔、延庆5区住房批准预售面积均为0。其余5个区住房批准预售面积为67.8万平方米，占全市总量的16.6%。

表7-4 2010-2016年北京市各区批准预售商品住房面积

单位：万平方米

区	2010年	2011年	2012年	2013年	2014年	2015年	2016年
东城	15.9	0.0	4.2	0.0	0.0	9.4	0.0
西城	11.7	13.6	14.1	6.0	3.1	0.0	0.0
朝阳	191.2	146.8	125.7	65.1	124.5	98.7	48.1
海淀	54.9	36.7	46.5	10.0	54.3	25.8	33.8
丰台	27.3	49.8	51.2	26.4	37.7	47.5	29.9
石景山	26.3	4.4	1.2	6.6	0.0	23.9	0.0
通州	123.9	66.5	91.5	118.8	129.5	50.7	17.7
房山	93.9	99.4	100.5	79.3	111.7	60.8	77.5
顺义	113.9	45.1	61.5	56.6	95.5	37.9	43.6
门头沟	0.0	14.1	52.0	16.2	38.8	66.4	45.7
大兴	169.1	123.8	101.6	107.3	138.7	55.3	15.0
怀柔	17.9	25.0	20.2	1.8	2.8	9.2	0.0
密云	51.1	56.9	40.1	28.8	45.1	33.8	11.0
昌平	64.0	118.1	95.8	43.4	139.3	63.8	61.5
延庆	5.5	9.1	14.5	0.0	0.0	2.2	0.0
平谷	10.2	0.0	11.3	22.9	59.5	28.7	18.3
开发区	4.5	3.4	0.0	13.7	14.9	24.5	5.8
合　计	981.3	812.7	831.9	602.9	995.4	638.6	407.8

2. **办公用房**

2016年，北京市办公用房批准预售面积365.3万平方米，比2015年增加了44.3万平方米，增幅为13.8%。办公用房供应以大兴、房山、顺义为主，三个区的办公用房批准预售面积占全市供应总量的45.1%，其中大兴的供应量最大，为76.4万平方米，占全市的比重为20.9%。西城、怀柔、密云批准预售面积均为0。

表 7-5　2010-2016 年北京市办公用房分区批准预售面积

单位：万平方米

区	2010 年	2011 年	2012 年	2013 年	2014 年	2015 年	2016 年
东城	16.3	4.2	0.0	2.1	0.8	0.0	6.4
西城	12.2	8.9	2.0	0.0	20.4	11.2	0.0
朝阳	52.9	52.8	28.3	59.7	36.0	14.7	8.3
海淀	15.9	9.2	7.8	4.2	9.1	7.1	21.2
丰台	22.1	37.8	9.6	13.1	5.1	41.9	18.8
石景山	17.0	6.9	1.9	10.0	6.4	48.5	10.3
通州	0.0	35.2	18.3	66.4	42.1	32.0	35.6
房山	0.4	17.8	0.0	31.8	20.6	33.4	48.0
顺义	11.5	18.6	71.1	16.3	20.0	36.2	40.4
门头沟	1.8	0.0	0.0	2.9	13.4	16.0	32.9
大兴	11.6	12.1	67.0	25.2	15.6	63.3	76.4
怀柔	1.2	0.5	14.3	0.0	8.8	2.8	0.0
密云	0.0	0.0	0.0	0.0	2.3	0.0	0.0
昌平	25.7	30.7	7.9	5.6	20.0	9.5	20.0
延庆	0.0	0.0	0.0	0.0	0.0	0.0	1.8
平谷	0.0	0.0	0.0	7.5	3.4	4.4	33.3
开发区	33.8	67.8	4.2	6.5	22.3	0.0	11.8
合　计	222.4	302.5	232.4	251.3	246.3	321.0	365.3

3. 商业用房

2016 年，北京市商业用房批准预售面积 102.4 万平方米，比 2015 增加了 26.7 万平方米，增幅为 35.2%。商业用房的供应主要分布在通州、丰台、房山、大兴、门头沟，供应量占全市供应总量的 68.1%。

表 7-6　2010-2016 年北京市商业营业用房批准预售面积

单位：万平方米

区	2010 年	2011 年	2012 年	2013 年	2014 年	2015 年	2016 年
东城	9.2	1.2	0.2	0.08	0.01	1.2	4.8
西城	1.0	1.0	1.3	0.0	0.27	0.5	0.5
朝阳	37.5	26.1	16.6	11.4	9.5	10.9	1.2
海淀	7.0	0.7	2.0	4.4	5.2	0.0	3.6
丰台	4.4	12.4	2.6	2.6	4.4	8.4	15.7
石景山	0.9	9.3	3.4	7.7	1.5	10.8	5.4
通州	21.4	2.7	3.2	16.0	9.5	7.3	16.0

（续表 7-6）

区	2010 年	2011 年	2012 年	2013 年	2014 年	2015 年	2016 年
房山	1.4	0.5	0.8	4.9	15.5	8.8	13.2
顺义	1.0	1.8	6.1	10.1	6.4	13.1	6.6
门头沟	0.0	0.5	0.0	0.03	3.0	0.5	12.2
大兴	0.9	6.4	8.6	15.6	12.3	11.9	12.6
怀柔	1.0	0.9	0.4	0.71	0.0	0.1	0.0
密云	0.4	0.3	0.0	0.0	0.0	0.0	0.0
昌平	5.3	7.9	2.4	2.9	3.2	1.1	1.1
延庆	0.3	5.0	0.0	0.0	0.83	0.0	0.0
平谷	0.0	0.0	5.0	0.24	0.0	0.8	8.9
开发区	0.8	18.4	1.3	0.0	2.5	0.3	0.6
合　计	92.5	95.1	53.9	76.7	74.1	75.7	102.4

三、可售期房情况

截止到 2016 年底，北京市期房可售面积 781.6 万平方米；其中可售住房 2.8 万套，面积 343.3 万平方米；可售商业 7920 套或单元，面积 102.4 万平方米；可售办公 2.5 万套或单元，面积 237.4 万平方米。

表 7-7　2016 年底北京市可售期房按用途分类情况

用途	可售套数（套）	可售面积（万平米）
住房	27638	343.3
商业	7920	102.4
办公	25402	237.4
其他	21165	98.5
合　计	82125	781.6

第三节　新建房屋成交

一、新建房屋成交情况

1. 期房成交情况

2016 年，北京市新建预售房屋成交 13.7 万套，成交面积 1153.7 万平方米，比 2015 年分别增加 15.4%和 4.2%。其中住房成交 6.0 万套，成交面积 639.4 万平方米，比 2015 年分别减少 31.7%和 25.4%，办公、商业成交面积分别为 390.0 万平方米、78.1 万平方米，比 2015 年分别增加 119.3%、159.1%。

表 7-8　2016 年北京市新建预售房屋成交情况（按用途分类）

用途	成交套数（套或单元）	成交面积（万平米）
住宅	60003	639.4
商业	8739	78.1
办公	56560	390.0
其他	11404	46.2
合　计	136706	1153.7

从区域分布看，新建预售房屋成交主要集中在顺义、大兴、房山、通州、朝阳区，成交面积均高于 100 万平方米。五区成交面积为 635.7 万平方米，占全市新建预售房屋成交总量的 55.1%（其中顺义区成交 142.5 万平方米，居各区之首）。怀柔、西城、东城、延庆等四区成交面积均低于 20 万平方米。

表 7-9　2010-2016 年北京市新建预售房屋分区成交情况

单位：万平方米

区	2010 年	2011 年	2012 年	2013 年	2014 年	2015 年	2016 年
东城	47.1	9.1	6.0	3.8	0.6	2.8	4.7
西城	38.8	44.0	17.2	11.2	26.7	11.0	8.3
朝阳	330.6	254.1	278.4	214.9	138.8	119.1	104.2
海淀	117.5	70.1	78.4	32.8	29.0	53.0	37.9
丰台	73.4	70.5	79.8	82.4	47.5	95.0	82.4
石景山	40.4	30.9	17.1	43.9	9.2	52.9	47.2
通州	128.4	78.5	145.6	198.3	129.9	139.8	125.6
房山	74.3	100.8	121.5	139.4	120.5	117.4	131.2
顺义	99.6	77.4	103.0	120.8	89.2	93.7	142.5
门头沟	2.5	1.7	43.2	28.0	29.2	65.1	98.1
大兴	174.6	147.7	195.4	203.5	160.1	102.4	132.1
怀柔	15.7	21.6	19.7	16.9	11.9	5.0	19.5
密云	41.4	35.1	45.5	43.8	24.7	28.5	32.0
昌平	114.3	111.6	163.3	86.5	98.2	120.7	99.6
延庆	2.7	9.5	13.9	2.9	0.4	6.2	4.4
平谷	9.6	4.7	3.2	16.4	25.0	49.3	48.5
开发区	17.0	25.3	23.7	33.0	18.4	34.2	35.5
合　计	1327.8	1092.4	1354.8	1278.4	959.3	1096.2	1153.7

2. 现房成交情况

2016 年，北京市新建现售房屋转移登记 8.2 万套，面积 826.8 万平方米，比 2015 年分别增加 28.4%、33.6%，其中住房 2.5 万套、345.1 万平方米，比 2015 年分别增加 0.1%、10.9%，办公用房为 199.4 万平方米，比 2015 年增加 205.5%，商业用房为 98.8 万平方米，比 2015 年增加 15.5%。

表 7-10　2016 年北京市现售房屋转让成交情况

用途	成交套数（或单元）	成交面积（万平方米）
住房	24565	345.1
办公	17285	199.4
商业	5445	98.8
其它	34486	183.6
合　计	81781	826.8

二、住房期房成交情况

1. 成交量价情况

2016 年，北京市新建住房期房成交 6.0 万套，成交面积 639.4 万平方米，经济适用住房成交 43.2 万平方米，限价房成交 89.3 万平方米。从区域分布看，住房成交主要集中在昌平、房山、朝阳、顺义、门头沟、丰台，六区住房成交 423.7 万平方米，占全市住房成交总量的 66.3%（其中昌平区成交 87.1 万平方米，占全市住房成交总量的 13.6%，居于各区之首）。其余各区商品住房成交面积占全市住房成交总量的 33.7%，其中石景山、东城、怀柔、延庆、西城等五区成交面积均低于 10 万平方米，合计成交占比为 2.6%。

表 7-11　2016 年北京市新建住房期房分区成交情况

单位：万平方米

区	住房	其中		
		商品住房	经济适用住房	两限房
东城	4.0	4.0	0.0	0.0
西城	0.7	0.7	0.0	0.0
朝阳	71.5	42.2	14.7	14.6
海淀	27.5	27.5	0.0	0.0
丰台	55.8	32.4	9.1	14.3
石景山	6.6	4.1	0.0	2.5
通州	48.4	37.5	2.7	8.2
房山	86.3	77.2	2.5	6.6
顺义	65.4	50.4	0.0	15.0

（续表 7-11）

区	住房	其中		
		商品住房	经济适用住房	两限房
门头沟	57.6	56.4	0.04	1.1
大兴	47.1	25.8	9.8	11.4
怀柔	3.1	3.1	0.0	0.0
密云	31.4	31.4	0.0	0.0
昌平	87.1	69.6	2.4	15.1
延庆	2.4	0.0	1.9	0.4
平谷	27.9	27.9	0.0	0.02
开发区	16.5	16.5	0.0	0.0
合　计	639.4	507.0	43.2	89.3

2. 购买对象情况

从购买对象分析，2016 年，北京市新建住房期房购买主要以本地居民购买为主。本地居民购买住房 5.2 万套，面积 520.8 万平方米，成交套数占全市新建住房期房成交总套数的 86.1%。外省市个人购买商品住房 0.7 万套，面积 96.8 万平方米，成交套数占全市的 12.2%。境外个人购买住房 85 套，面积 2.9 万平方米，成交套数占全市的 0.1%。

表 7-12　2016 年北京市新建住房期房购买对象情况

单位：套、万平方米

购买对象	成交套数	成交面积	住房	
			成交套数	成交面积
本市个人	86764	725.5	51685	520.8
外省市个人	42922	330.6	7301	96.8
华侨、港澳台同胞、外国人购买	165	3.3	85	2.9
境内单位	6845	94.2	932	18.9
境外单位	10	0.2	0	0.0

表 7-13　2010-2016 年北京市新建住房期房购房对象所占比重情况

年份	本地居民	外省市个人	境外个人
2010	58.2%	39.3%	0.3%
2011	76.1%	18.0%	0.4%
2012	80.5%	17.2%	0.3%
2013	77.2%	18.1%	0.2%

（续表 7-13）

年份	本地居民	外省市个人	境外个人
2014	81.2%	17.1%	0.1%
2015	86.3%	12.5%	0.07%
2016	86.1%	12.2%	0.1%

三、办公用房期房成交情况

2016年，北京市新建办公用房期房成交面积390.0万平方米（5.7万套或单元），成交金额1245.5亿元。从区域分布看，办公用房成交主要集中在大兴、顺义、通州三个区，共成交176.8万平方米，占全市办公用房成交总量的45.3%。其中大兴区成交面积居于各区之首，为67.8万平方米，所占比重为17.4%。

表 7-14　2016 年北京市新建办公用房期房分区成交情况

区	办公		
	成交套数（或单元）	成交面积（万平方米）	成交金额（亿元）
东城	0	0.0	0.0
西城	126	5.0	19.4
朝阳	1527	20.1	128.8
海淀	590	6.0	26.9
丰台	2745	18.3	91.9
石景山	4199	32.1	134.2
通州	8184	51.6	159.2
房山	6272	36.2	74.3
顺义	10802	57.5	156.2
门头沟	5851	32.2	123.8
大兴	9392	67.8	208.5
怀柔	945	16.2	24.6
密云	0	0.0	0.0
昌平	1286	8.3	20.2
延庆	235	1.8	3.1
平谷	3094	19.2	30.2
开发区	1312	17.8	44.0
合　计	56560	390.0	1245.5

四、商业营业用房期房成交情况

2016年，北京市新建商业营业用房期房成交面积78.1万平方米（8739套或单元），成交金额334.5亿元。从区域分布看，商业营业用房成交主要集中在通州、大兴、顺义三区，成交44.4万平方米，占全市商业营业用房成交总量的56.8%。

表7-15　2016年北京市新建商业营业用房期房分区成交情况

区	商业		
	成交套数（或单元）	成交面积（万平方米）	成交金额（亿元）
东城	35	0.6	7.1
西城	30	0.3	2.3
朝阳	398	7.4	43.3
海淀	145	1.5	8.2
丰台	202	3.4	11.1
石景山	431	4.6	23.0
通州	2752	22.6	91.1
房山	1216	7.6	20.8
顺义	1267	10.5	36.2
门头沟	916	5.1	40.1
大兴	966	11.3	42.8
怀柔	0	0.0	0.0
密云	1	0.01	0.01
昌平	93	1.4	4.6
延庆	0	0.0	0.0
平谷	252	1.3	2.4
开发区	35	0.4	1.5
合　计	8739	78.1	334.5

第四节　存量房成交

一、存量房交易总体情况

2016年，北京市存量房成交面积2683.2万平方米，同比增加40.3%，成交金额6731.7亿元，同比增加59.0%。

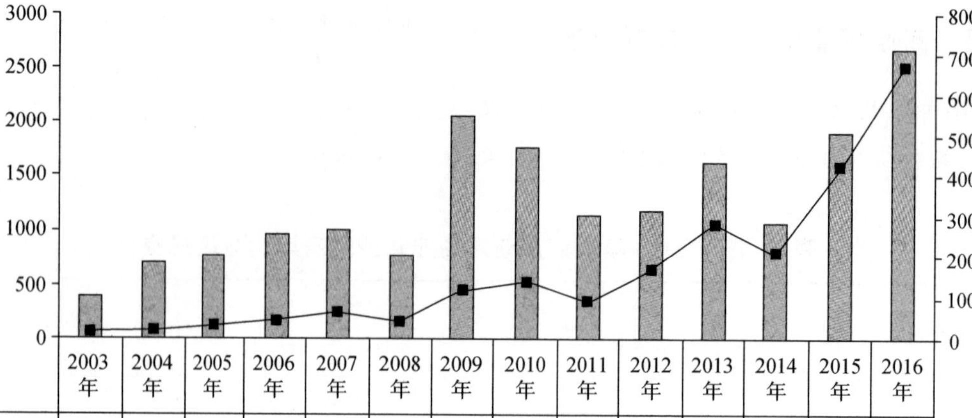

	2003年	2004年	2005年	2006年	2007年	2008年	2009年	2010年	2011年	2012年	2013年	2014年	2015年	2016年
成交面积（万平方米）	390	708.3	760.5	964.6	1011.9	773.4	2064.9	1776.6	1149.5	1188.7	1631.8	1080.7	1919.4	2683.2
成交金额（亿元）	122.2	226.9	385.2	445.8	654.3	469.8	1232.1	1389.5	921.9	1716.3	2741.8	2140.3	4249.9	6731.7

图 7-1　2003-2016 年度北京市存量房交易情况

2016 年全市存量房成交 29.9 万套，其中存量住房成交 26.0 万套，占 86.9%；存量办公用房成交 2.0 万套，占 6.6%；存量商业营业用房成交 0.8 万套，占 2.7%；其他类型存量房屋成交 1.1 万套，占 3.7%。

2016 年全市存量房成交 2683.2 万平方米，存量住房 2384.9 万平方米，占 88.9%；存量办公用房成交 146.4 万平方米，占 5.5%；存量商业营业用房成交 68.8 万平方米，占 2.6%；其他类型房屋成交 83.1 万平方米，占 3.1%。

表 7-16　2016 年北京市存量房成交总体情况

万平方米：亿元

类别	成交套数	成交面积	成交金额
存量住房	260277	2384.9	6224.4
存量办公	19900	146.4	283.8
存量商业	8185	68.8	122.0
其他	11099	83.1	101.5
合计	299461	2683.2	6731.7

从区域分布上看，朝阳区、昌平区、海淀区与丰台区成交面积居于各区县前列。朝阳区成交面积 728.3 万平方米，远高于其他区县，其次是昌平区、海淀区、丰台区，分别是 320.4 万平方米、286.6 万平方米、252.7 万平方米。

表 7-17　2016 年北京市各区存量房成交情况

区	成交套数（套）	成交面积（万平方米）
东城	12359	92.1
西城	18043	123.2
朝阳	79812	728.3
海淀	33603	286.6
丰台	31063	252.7
石景山	9116	68.2
通州	12977	118.9
房山	16471	147.5
顺义	14076	165.7
门头沟	2991	23.7
大兴	18171	174.0
怀柔	2983	33.3
密云	6331	60.4
昌平	32146	320.4
延庆	2068	19.4
平谷	2944	27.8
开发区	4307	41.0
合　计	299461	2683.2

二、存量商品住房成交情况

2016 年全市存量商品住房成交 260277 套，同比增加 37.3%；成交面积 2384.9 万平方米，同比增加 39.5%。

表 7-18　2010-2016 年北京市存量商品住房成交情况

年度	2010	2011	2012	2013	2014	2015	2016
成交套数	149167	97100	124737	150495	98807	189888	260277
成交面积（万 m^2）	1394.2	907.9	1090.0	1374.4	877.1	1714.3	2384.9

从区域分布上来看，朝阳区成交面积居于各区县之首，成交面积 634.1 万平方米，远高于其他区县，其次是昌平区、海淀区、丰台区，分别是 293.4 万平方米、253.5 万平方米、234.3 万平方米。

表 7-19　2016 年北京市各区存量商品住房成交情况

区	成交套数（套）	成交面积（万平方米）
东城	11259	81.5
西城	16466	110.2
朝阳	66865	634.1
海淀	29262	253.5
丰台	28455	234.3
石景山	8525	65.0
通州	10518	98.3
房山	15584	141.8
顺义	11630	139.9
门头沟	2834	22.3
大兴	16779	159.0
怀柔	2840	28.4
密云	5694	55.1
昌平	26828	293.4
延庆	1872	17.2
平谷	2863	26.7
开发区	2003	24.2
合　计	260277	2384.9

三、已购公房和经济适用房再上市成交情况

2016 年北京市已购公房和经济适用房再上市成交 72945 套，成交面积 531.2 万平方米。成交套数同比增加 28.0%，成交面积同比增加 29.5%。

表 7-20　2010-2016 年北京市已购公房和经济适用住房再上市情况

年度	2010	2011	2012	2013	2014	2015	2016
成交套数	51052	35642	42390	50528	35848	56986	72945
成交面积（万 m^2）	431.4	290.1	311.6	378.5	254.7	410.1	531.2

从区域分布上来看，朝阳区、海淀区、丰台区、昌平区、西城区成交面积居于各区县前列。朝阳区成交面积 134.2 万平方米，为最高，其次是海淀区、丰台区、昌平区、西城区，分别是 84.0 万平方米、68.9 万平方米、68.0 万平方米、56.8 万平方米。

表 7-21　2016 年已购公房和经济适用住房再上市成交分区情况

区	成交套数（套）	成交面积（万平方米）
东城	4263	28.7
西城	8648	56.8
朝阳	19305	134.2
海淀	12174	84.0
丰台	9594	68.9
石景山	3691	25.2
通州	1022	7.5
房山	2967	22.3
顺义	884	6.4
门头沟	995	6.7
大兴	2338	18.3
怀柔	381	2.8
密云	1	0.0
昌平	6500	68.0
延庆	167	1.3
平谷	0	0.0
开发区	15	0.1
合　计	72945	531.2

第五节　住房租赁市场交易

2016 年北京住房租赁市场交易量小幅增加、租金涨幅有所扩大，租赁市场总体处于平稳上行态势。

一、2016 年北京市住房租赁市场交易情况

根据我爱我家、链家、中大恒基、中原等 14 家交易均价信息采集单位 2016 年租赁成交数据测算，中介机构全年租赁成交 75.3 万套左右，日均成交 2057 套左右，同比增加约 0.3%。全市成交 201.8 万套左右，同比增加约 4.3%。

2016 年住房平均租金为 73.8 元/建筑平方米・月，租金均价同比涨幅为 15.7%，比上年增加 11.2 个百分点，从月度看，3-6 月环比涨幅较为明显，符合租赁旺季特征，9 月、10 月环比下降。

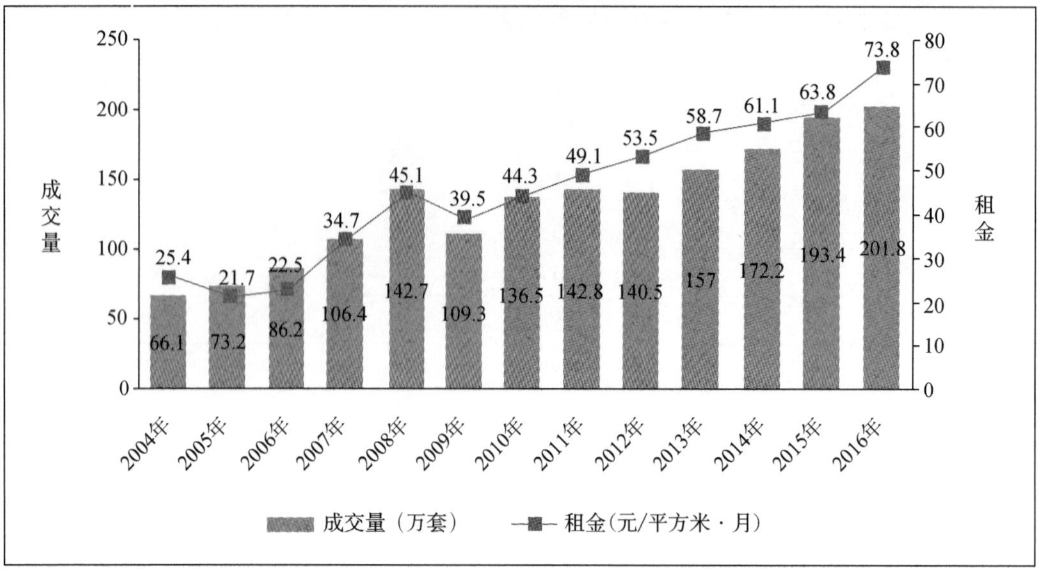

图 7-2　2004-2016 年北京市住房租赁市场量价情况

二、租售比情况

2016 年存量住房交易均价年度涨幅为 27.6%，住房租赁均价年度涨幅为 15.7%。存量房交易涨幅较快，租赁价格也高于往年水平。住房租赁与买卖之比为 7.5 : 1。租金售价比（平均租金与二手住房均价之比）为 1 : 599。

第六节　房屋市场价格

一、房地产价格总体情况

2016 年，我市房地产价格水平总体较高，新建商品住宅和二手住宅价格指数经历了上涨回调，再上涨再回调的走势。2016 年前 3 季度，北京市房地产价格快速攀升，9 月 30 日，市政府出台了新的房地产市场调控政策，提出加大住宅用地供应力度，加快自住型商品住房用地供应，进一步完善差别化住房信贷政策，加强对房地产开发企业及其销售行为以及房地产经纪机构及其经纪活动的管理，严肃查处房地产市场违法违规行为等；历经 9 个月的新建商品住宅和二手住宅价格快速上涨的势头得到初步遏制。但供应持续偏紧、供需矛盾依然突出等问题仍需关注。（见表 7-22）。

表 7-22　2016 年 12 月（四季度）北京市房地产价格指数

指　标	同比指数（%）
新建住宅销售价格指数	125.9
#新建商品住宅	128.4
90 平方米以下	123.3
90-144 平方米	129.2
144 平方米以上	131.3
二手住宅销售价格指数	136.7
90 平方米以下	137.0
90-144 平方米	135.9
144 平方米以上	137.3

二、住宅销售价格指数运行情况

2016 年，我市新建商品住宅、二手住宅环比价格指数的变化均呈现“M”型走势，在 1 季度冲高（2016 年年初，降息降准、契税减免等一系列刺激政策的出台，对房地产市场产生了积极的影响），2 季度经过前期需求的释放，价格出现回调迹象。3 季度交易量再度上升，我市房价也出现了快速上涨的局面。随着“9.30”房产新政的逐步落地，我市房价过快上涨势头得到初步遏制，4 季度我市新建商品住宅和二手住宅销售价格双双趋稳。

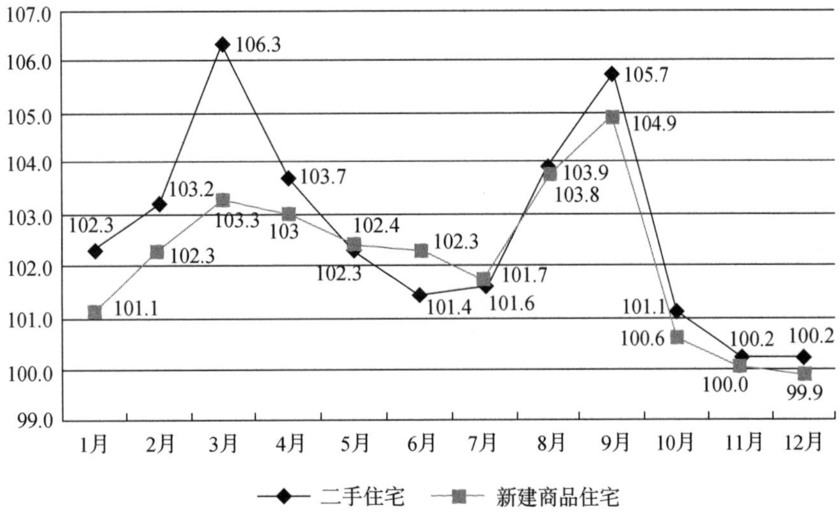

图 7-3　2016 年北京市新建住宅和二手住宅价格环比指数走势

（一）新建商品住宅环比价格 9 月份冲高后，12 月份首现下降

从新建商品住宅价格指数看，3 月份为年内首个高点，环比上涨 3.3%，之后出现回落，但在 9 月份环比涨幅提高至 4.9%，达到全年最高值。4 季度，随着“9.30”房地产调控新政的出

台，我市积极贯彻落实调控政策，相继出台实施了多项措施，加大了对市场违规行为的监管力度，房地产市场出现了积极变化，10月份新建商品住宅价格环比涨幅回落到0.6%，11月份出现停涨，12月份出现2015年3月以来的首次下降。在全国70个大中城市中，我市新建商品住宅价格环比涨幅从上游位置逐步进入下游，12月份处于第51位。

（二）二手住宅环比价格指数两次冲高后，显著回落

从二手住宅价格环比指数看，3月份环比涨幅达到全年最高点（6.3%），后逐步回落到2%以内，但很快又在3季度连续冲高到5.7%。在“9.30”房地产政策出台后，我市二手住宅交易量降幅逐月收窄，由10月份的环比下降31.7%，到11月份的环比下降7.3%，再到12月份的环比下降6.6%，市场趋于平稳，回归理性。二手住宅价格环比指数从9月份上涨5.7%回落到10月份上涨1.1%，11月份和12月份均上涨0.2%。在全国70个大中城市中，二手住宅价格环比涨幅已由最高时的第2位退居中游，12月份处于第35位。

三、重点城市新建商品住宅价格变化情况

2016年前期，北京、上海、广州、深圳四城市都有较为明显的价格上涨态势；下半年随着各地调控政策的陆续出台，四城市环比涨幅先后出现了较为明显的缩窄态势，深圳、上海则由升转降。

新建商品住宅：9月份之前，上海的新建商品住宅价格环比涨幅要大于我市，9月份以后，上海的环比涨幅稍低于我市，11月份就出现年内首降。广州的新建商品住宅价格12月份的环比涨幅由9月的3.1%降至0.7%。年初一度领涨一线城市的深圳，新建商品住宅价格回落幅度较大，12月份环比回落至下降0.4%，在四个城市中指数最低。

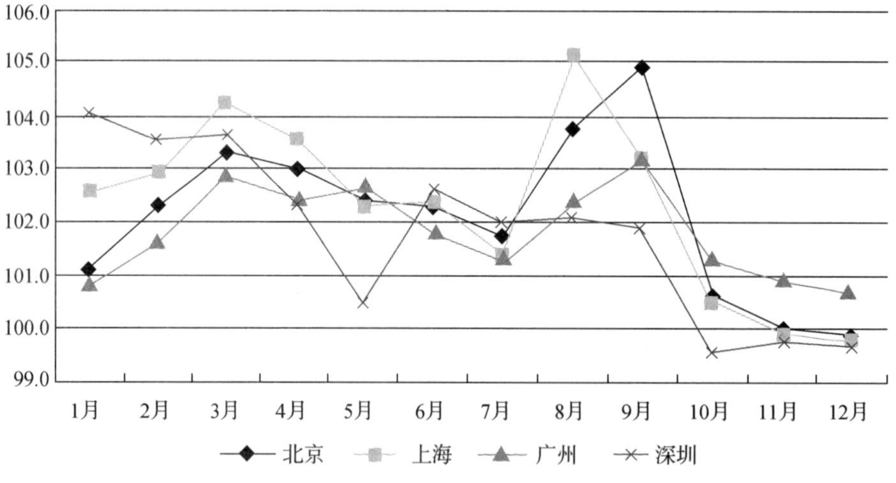

图7-4　2016年四个一线城市新建商品住宅环比价格走势

二手住宅：一线城市中，北上广深四城市轮流领涨，1月份，深圳二手住宅环比涨幅最高，达到5.7%，之后开始回落，12月份回调至下降0.2%。3-5月、8-9月，我市环比涨幅最高。2月份和6-7月，上海最高，年内环比涨幅最高达到6.2%；4季度广州领涨，12月份环比涨幅为1.3%。

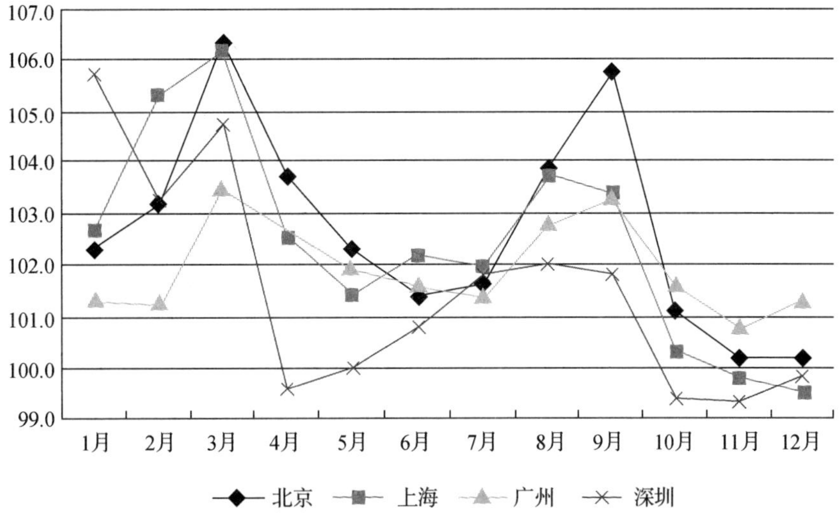

图 7-5　2016 年四个一线城市二手住宅环比价格走势

第八章
房地产市场监管

第一节 房地产开发监管

一、2016 年深入推进供给侧改革，促进北京市房地产市场协调发展

一是加大与市规划国土、市发改、市统计部门在途项目数据实时共享力度，做到情况清、底数明、数据准。二是密切关注市场供应变化，深化项目动态监管，每月开展房地产市场潜在供应量统计分析并撰写月报，为领导科学决策提供支撑。截至 2016 年底，全市在途房地产开发项目 1037 个，在施面积 1.3 亿平方米，涉及房地产开发企业 734 家，占全市企业 32.3%。其中，商品住宅潜在供应 2807.5 万平方米。三是深化项目调度，继续强化与市发改委、市规划国土委的项目联动会商机制，强调对项目的协调服务，全力推进项目建设进度，加快项目潜在供应及早向市场实际供应转化。四是积极探索房地产业发展模式，着力推进经济发展新常态下产业结构优化升级和企业转型升级，努力实现开发产品类型创新和供应结构的优化，不断满足全社会多元化、个性化需求。五是积极参与市场调控，努力促进房地产市场供求平衡和协调稳定发展。

二、深入做好北京市房地产开发企业资质管理工作

截至 2016 年底，全市资质有效期范围内房地产开发企业 2272 家，其中一级企业 87 家，二级企业 138 家，三级企业 108 家，四级企业 1425 家，暂定级企业 514 家。2016 年全市新设立房地产开发企业 219 家。依法注销企业 320 家。

一是进一步规范资质管理，起草制定房地产开发企业资质管理操作标准，现已形成初稿，大大提升了资质管理规范化水平。二是研究细化资质管理工作机制，明确了一级资质延续办理与企业预售资格衔接、开发企业资质超期注销和开发企业资质注销后再申请等具体事项的具体操作机制，增强了资质管理工作的可操作性。三是建立企业资质办理下访服务制度和负责人面谈制度，提出行业管理及相关工作要求，指导企业依法合规开展相关业务。2016 年，共走访一级资质企业 30 家进行上门服务，邀请了 64 家二级、三级资质企业负责人进行了面谈，受到了企业的好评。四是紧密围绕房地产市场供给侧改革，针对房地产市场中的无效供给企业，予以资质注销。全年共注销企业资质 320 家。五是加大对各区企业资质审批业务指导，赴各区开展资质审批监督检查，有效促进了各区资质管理业务整体水平不断提高。

三、狠抓配套建设与综合管理

一是完成审核、公示项目建设方案 77 个，同时加大对各区及开发企业配套建设的督促协调力度，确保各项配套设施建设按要求实施。二是与市民政局联合制定的《北京市新住宅小区配套养老设施建设协议书（示范文本）》于 6 月发布实施，有效推进了新建住宅小区养老配套设施的同步建设和同步交用。三是为加强建设方案备案管理。严格执行新建商品住宅小区建设方案在项目招标前备案制度，完善并畅通在项目申请预售前对建设方案执行情况进行再次确认机制，较好地保证了各项配套设施同步建设和同步交用。四是研究起草建设方案编制

格式文本，规范填报要素和内容，促进了配套设施建设监管水平不断提高。

四、抓调度、促开工、保增长，积极推进年度房地产投资任务落地

截至2016年，全市完成房地产开发投资4045.4亿元，同比下降4.3%，超额完成全年4000亿元的投资任务。其中，商品房开发投资累计完成1155.6亿元，完成全年任务的77%；房地产开发在施面积1.3亿平方米；房地产开发新开工2813.7万平方米，其中商品住宅新开工1209.3万平方米，同比持平。

一是将加快项目开工建设纳入企业负责人面谈内容，督促要求企业对拿地未开工项目尽早实现开工。二是与市房协部分副会长单位座谈交流，部署加快推进项目投资工作，力促投资任务的落实。三是压缩项目审核时限，全面提高即时办理率，为项目顺利开工建设创造有利条件。四是加大协调力度，主动帮助企业协调在办理开工建设过程中遇到的实际问题，促进项目尽早开工建设。

五、全力促进“营改增”税改制度在全市房地产行业平稳实施

一是于“营改增”实施前，北京市住建委开发处全处干部专程到房地产开发企业，就实施“营改增”工作进行学习交流，为新税制平稳实施充分做好知识储备。二是市住建委开发处会同北京房地产业协会，召集部分房地产企业，就新税制推行试点以来企业税负变化情况及应对经验做法等进行交流座谈，为企业调整经营策略搭建信息交流平台，促进了“营改增”的平稳实施。三是市住建委开发处会同房地产业协会，向房地产企业开展问卷调查，广泛收集“营改增”实施中遇到的新问题，做到知己知彼，情况明了。四是针对“营改增”实施中影响行业发展的重大问题，及时收集整理上报，为上级单位及时细化和调整相政策提供参考借鉴。

第二节　房地产交易市场监管

2016年，本市认真贯彻落实国家和市委、市政府部署要求，不断强化房地产市场调控工作和房屋交易与中介行业综合监管。全年共制定出台了八个政策文件：一是强化房地产市场调控的有2个，包括9月30日由办公厅转发住建委等六部门的文件，在全国率先出台调控新政；会同通州区政府出台“商务型公寓”和商业办公的限购政策。二是加强房屋交易监管服务的有4个，包括修订商品房买卖合同示范文本、加强现房销售管理、全面实施存量房交易房源核验、全面实施存量房交易资金监管。三是提升房地产经纪行业管理的2个，包括组织开展全市一个月的专项整治活动，以及转发住建部等七部门关于加强中介行业管理的通知。

一、商品房供应和成交情况

供应方面，2016年全市共批准商品房预售许可证298个，商品房面积1139.6万平方米，其中商品住宅项目112个、面积323.4万平方米、2.1万套；保障性住宅项目29个、面积151.7万平方米、2.2万套；自住房项目13个、面积85.0万平方米，1.0万套。商品现房销售确认面积763.7万平方米，其中住宅279.7万平方米。成交方面，新建商品房网签1980.6万平方米，其中住宅984.5万平方米、5.8万套。存量房网签2773.3万平方米，其中住宅2460.8万平方米、26.7万套。

二、严格房地产市场调控措施，促进全市房地产市场平稳健康发展

2016年，商品住房成交量明显回升，市场出现过热迹象，本市在继续严格执行原有政策措施的同时，根据市场形势进一步强化调控，确保了市场运行总体平稳健康。一是，为稳定通州区房地产市场，服务于城市副中心建设，出台《关于加强通州区商务型公寓和商业、办公项目销售管理的通知》，有效地遏制了通州区商住项目投资投机需求。二是，牵头制定《关于促进本市房地产市场平稳健康发展的若干措施》，并于9月30日由市政府办公厅转发，内容实、措施严、力度大、效果好，有力地促使商品住房交易量价迅速回落、购房群体趋于理性，并且引领各大城市进入新一轮调控周期。三是，落实“9·30”新政要求，牵头建立包括市发改、规划国土等10个成员单位的房地产市场监管工作联席会，加强调控监管工作的统筹协调。四是，积极协调规划国土部门，加大自住房用地供应和中低价位、中小套型普通商品住房供应比例，保障市场有效供应，稳定市场预期，居住用地供应计划从2015年的750公顷增加至850公顷，继续执行90/70政策。五是，规划国土部门创新土地交易方式，自10月1日起，试点“控地价、限房价”的土地交易方式，通过锁定未来房价有效稳定市场预期。六是，会同人民银行营管部、金融主管部门严格差别化住房信贷政策，自10月1日起，将首套普通自住房首付比例提高至35%，首套非普通自住房首付比例提高至40%。对二套房的认定恢复“认房又认贷”，将二套普通自住房首付比例提高至50%，非普通自住房首付比例提高至70%。七是，充分发挥舆论引导作用。加强舆情监控，通过微博、行业协会定期公布市场交易信息，组织媒体、业内专家主动发声，解读市场形势和政策导向，合理引导社会预期。

三、完善商品房交易监管机制，促进交易规范安全、便捷高效

一是，严格落实“9·30”新政要求，在预售审批环节加强价格引导，对高价、涨价且不接受价格引导的项目一律暂缓批准预售许可，确保实现房价环比不增长目标。核发预售证前，约谈企业负责人，明确要求严格落实调控政策和各项措施监管各项要求。二是，发布《关于对〈北京市商品房预售合同〉、〈北京市商品房现房买卖合同〉示范文本修订的通知》，细化了规划设计变更、逾期付款和交房违约责任、退房约定、房屋登记、交付环节、房屋查验、质量条款和装修标准等内容，进一步规范房屋交易行为，保障各方权益，减少矛盾纠纷。三是，发布《关于进一步加强现房销售管理有关问题的通知》，全面加强现房销售管理，现房销售严格执行一房一价、明码标价等规定。四是，联合市国土局发布《关于做好存量房房源核验工作有关问题的通知》，在我市全面实施房源核验，确保真实房源，保障交易安全。五是，发布《关于进一步加强存量房交易资金监管的通知》，从12月15日起在全市范围全面实施二手房交易资金监管，保障交易资金安全。六是，进一步完善存量房交易服务平台功能，通过设定网签草拟业务有效期、增加网签合同签字页上传等有效解决恶意网签、虚假网签、侵占房源等引发大量纠纷投诉的问题。

第三节　房屋租赁监管

一、房屋租赁情况

2016年，全市住房租赁成交约201.8万套次，同比增长4.3%，增幅较上年同期下降8个百分点；全市平均租金73.8元/平方米·月，同比上涨15.7%，涨幅较上年同期提高11.2个百分点。

二、培育和规范住房租赁市场，使"租房住"成为解决我市居民住房问题的重要手段

2016年，本市继续大力培育发展房屋租赁市场，推进房屋租赁条例立法工作，受住建部委托研究起草了《住房租赁合同示范文本》。

继续推进房屋租赁条例立法工作，在2015年的《北京市房屋租赁条例（草案）》基础上，进一步深化调研、修改完善，赴安徽、福建以及中介机构实地调研，组织专家学者、实务工作者、律师以及相关行政部门，研究讨论条款，向市人大城建环保办、市政府法制办汇报。

深入学习贯彻国务院办公厅《关于加快培育和发展住房租赁市场的若干意见》，结合首都特点推动落实购租并举，研究鼓励房地产开发企业转型发展持有租赁经营业务，完善"控地价、限房价"地块企业自持住房租赁的管理办法，加快培育开发企业租赁主体。

参与北京市城市规划建设管理体制改革，承担"建立住宅出租规范化管理制度"任务，承担第114项折子工程办理任务，认真落实首都综治办关于群租房治理的工作部署，积极参与北京市居住证办理及积分落户政策研究，配合做好系统对接、信息共享。积极参与城乡结合部重点地区违法出租房屋专项整治工作。

认真做好群租投诉的办理、转办，依托便民热线、网站、信访等平台全面受理群租投诉举报。截至12月底，共收到群租问题383条，其中涉及经纪机构参与违法违规群租的378条，其中经纪机构租赁代理被投诉201条，租赁居间被投诉108条。及时督促区县房管部门认真做好调查处理，并充分发挥综治平台作用，开展联动执法或移送相关职能部门解决。

第四节　房地产开发项目监测监管

2016年，全市项目监测的重点由普通商品住宅扩展到商业办公项目，潜在供应细化到各区项目具体情况，并加强对土地市场交易和交易后宗地开发进展跟踪，同时，继续推进大数据整合与应用体系建设，深入开展对全市项目的微观监测监管。

一、稳步推进项目手册备案日常管理，提前预判市场供应趋势

2016年度市城建研究中心（房地产市场管理事务中心），项目监测室共办理房地产开发项目手册备案245份次，涉及开发项目184个，备案建筑面积1697万平方米。其中，备案商品住宅（含自住房）535万平方米，仅占备案总量的32%，同比

减少29%，涉及项目120个；备案自住房38万平方米、保障房279.6万平方米、商业办公641.2万平方米。其中备案商品住宅主要集中在南部、西南部五环外区域，多为大户型、低密度产品，针对这些将入市项目，通过对其区位特征、产品类型、户型结构等多方面情况进行整理并预判供应趋势。

二、以开发项目动态监管平台为基础，深入开展监测工作

2016年度，我们依托项目手册备案管理及课题合作单位调查成果，认真梳理所承担项目的数据结构，掌握开发动态，并以此为基础，逐步向具体的项目监管事务过渡。通过汇总、整理2004年"8.31"前和最近三年两个时间段出让商品住宅用地的开工、销售情况，重点针对拿地长时间不开工、开工长时间不销售的项目，尝试逐步查明原因并作出监管建议。

三、系统梳理历年土地市场交易数据，分析拿地企业变化情况，研判行业发展趋势

整理历年出让土地信息，并有针对性的对近年来拿地企业细分为中央企业、市属国企、区属国企、专业民企、投资公司五种类型，系统分析各股东性质企业参与拿地情况，研判行业发展趋势，同时，对出让各宗地计算拿地到开工的开发周期，为相关部门促开工提供有力支撑。

四、大数据整合与应用系统建设增设新功能，数据整合取得新进展

一是在原有基础上，增加了"统计报表"和"综合查询"两个功能模块，实现了网签信息、中介报送信息、潜在供应信息、上市信息、库存信息在统一维度下的实时查询统计；二是共录入项目信息6054个，绘制完成项目GIS图形5591个，录入项目地址词典31420条，区域地址辞典39780条。通过平台数据、查勘数据、地址辞典三方数据匹配校验的5056个。实现数据整合项目占全市房屋总面积的70%，占涉及权证总量的80%。

表8-1　2016年北京市备案项目商品住宅情况

区	企业名称	项目推广名	本年度申请规模（万平方米）
东城	北京东华房地产开发有限公司	东华府	0.5
西城	北京都市圣景房地产开发有限公司	中骏天宸	2.4
朝阳	北京锦泰房地产开发有限公司	天璞家园	1.1
	北京金隅嘉业房地产开发有限公司	金隅·汇景苑	1.1
	北京首城置业有限公司	首城珑玺	2.1
	北京首都开发股份有限公司	首开琅樾	4.9
	北京东隆房地产开发有限公司	远洋璟湖园	1.9
	北京江南投资集团有限公司	江南府	9.3
	北京昆泰房地产开发集团有限公司	湖光壹号	6.5
	北京昭泰房地产开发有限公司	景粼原著	5.3
	北京泛海东风置业有限公司	泛海国际居住区	1.6
	北京首开住总安泰置业有限公司	肖村项目	7.2

（续表 8-1）

区	企业名称	项目推广名	本年度申请规模（万平方米）
海淀	北京德成兴业房地产开发有限公司	冠城大通百旺府	9.2
	北京万湖房地产开发有限公司	如园	6.6
	北京金隅嘉业房地产开发有限公司	金玉府	3.1
	北京鑫一德房地产开发有限公司	华郡尚品家园	4.5
	北京同创金龙置业有限公司	金地华芳	0.9
	北京旭嘉置业有限公司	首创·天阅西山	11.9
	北京城建兴华地产有限公司	文龙家园	11.7
丰台	北京金天恒置业有限公司	公园懿府	9.2
	北京顺义新城建设开发有限公司	钓鱼台美高梅	1.7
	北京亚林东房地产开发有限公司	亚林上苑	7.4
	北京丰南嘉业房地产开发有限公司	润信公馆	4.7
	北京西海龙湖置业有限公司	燕西华府	3.8
	北京金隅房地置业有限公司	西山甲一号	12.1
	北京懋源鸿业房地产开发有限公司	懋源璟岳	6.1
	北京中维房地产开发有限公司	泰禾西府玉苑	4.7
	北京万信房地产开发有限公司	花乡东苑、西苑	12.4
	北京青龙湖腾实房地产开发有限公司	西山湖佳苑	7.5
	北京亚林西房地产开发有限公司	昆仑域	5.6
石景山	北京远奥置业有限公司	远洋天著春秋	4.1
通州	北京融科阳光房地产开发有限公司	融科·千章墅	3.8
	北京首都开发股份有限公司	首开·香溪郡	3.1
	北京首都开发股份有限公司	缇香雅园	2.1
	北京首开万科置业有限公司	瑞绣佳园	2.5
	北京鑫博泰来房地产开发有限公司	阳光佳苑	4.1
	北京天旭运河房地产开发有限责任公司	京贸国际城	12.2
大兴	北京鸿坤伟业房地产开发有限公司	林语墅	3.8
	北京住总首开置业有限公司	首开住总国悦居	4.9
	北京德顺富兴投资有限公司	景汇家园	1.3
	北京中冶名弘置业有限公司	中冶·德贤公馆	1.2
	北京德顺富兴投资有限公司	汇璟园	0.6
	北京尚泰信华房地产开发有限公司	首开龙湖天琅	2.1
	北京中信新城逸海房地产开发有限公司	中信墅	5.4
	中铁房地产北京金郡兴盛置业有限公司	兴盛锦苑	1.8
	北京兴创中和房地产开发有限公司	兴创荣墅	2.1

（续表 8-1）

区	企业名称	项目推广名	本年度申请规模（万平方米）
昌平	北京升和房地产开发有限公司	凯德麓语	9.8
	北京香江盛富房地产开发有限公司	嘉泽生态住宅	4.6
	北京祥业万科房地产开发有限公司	祥业家园	4.4
	北京瑞坤置业有限责任公司	丽春家园	8.2
	北京昌业房地产开发有限公司	翡萃家园	7.5
	北京世纪鸿城置业有限公司	龙樾华府	0.7
顺义	北京万科东方置业有限公司	观承顺园	12.1
	北京顺义新城建设开发有限公司	鲁美嘉苑	5.9
	北京富华房地产开发有限公司	恒大丽宫	5.2
	北京天智盈置业有限公司	首创·悦溪汇	1.7
	北京联创盛业房地产开发有限公司	禧瑞家园	2.9
	北京长乐房地产开发有限公司	盛寓	6.9
	北京华垣盛兴置业有限公司	北京庄园	3.1
	北京宝苑房地产开发有限公司	誉天下	2.9
	北京金隅大成开发有限公司	金成雅苑	4.6
	北京慧眼置业有限公司	中海国际公馆	4.3
房山	北京天资置业集团有限公司	碧桂园	9.9
	北京汇金房地产开发有限公司	夕阳红国际社区	3.8
	北京金阳置业有限公司	五矿铭品	2.7
	北京中冶京诚置业有限公司	中冶·蓝城	1.8
	北京五和万科房地产开发有限公司	万和家园	3.2
	北京华风腾龙房地产开发有限公司	水墨林溪	2.3
	北京昊远隆基房地产开发总公司	长海御墅	2.9
	北京城建兴泰房地产开发有限公司	国誉府	5.5
	北京万年基业长阳置业有限公司	广阳郡9号	2.8
	北京华正房地产开发有限公司	观山源墅	2.1
	北京恒隆兴置业有限公司	滨河左岸	13.0
	北京天恒立信置业有限公司	天恒·摩墅	3.1
	北京天恒乐活城置业有限公司	天恒水岸壹号	3.1
	北京稻香四季房地产开发有限公司	中粮·京西祥云	6.7

（续表 8-1）

区	企业名称	项目推广名	本年度申请规模（万平方米）
门头沟	北京屹泰房地产开发有限公司	四季怡园	9.8
	北京京投瀛德置业有限公司	檀香府	9.1
	北京金水房地产开发有限公司	西山艺境嘉园	0.9
	中电建西元（北京）房地产开发有限公司	泷悦长安嘉园	3.0
	北京金水永业房地产开发有限公司	金地华宸	4.5
	北京捷海房地产开发有限公司	翡翠长安	3.9
	北京绿城中交房地产开发有限公司	西山燕庐家园	3.7
开发区	北京方兴拓赢房地产开发有限公司	亦庄金茂悦	7.5
	北京经开投资开发股份有限公司	北京经开·汀塘	3.7
	北京首开住总房地产开发有限公司	X13R2 地块	3.7
平谷	北京天利海房地产开发有限公司	都丽华府	17.5
	北京天润福源房地产开发有限公司	天润·香墅湾 1 号	13.3
	北京中弘弘庆房地产开发有限公司	弘夕嘉园	2.4
怀柔	北京顶秀置业有限公司	顶秀美泉小镇	6.9
	北京慧友房地产开发有限责任公司	馥郁苑二期	3.1
密云	北京新博城房地产开发有限公司	首创·澜茵山	1.7
	北京古北水镇房地产开发有限公司	龙湖·长城源著	4.7
	北京通润博园房地产开发有限公司	通用·博园	6.9
	北京海意联房地产开发有限公司	海怡庄园	2.0
	北京宝驰通置业有限公司	禧悦府	2.6
	北京市潮云房地产开发有限公司	彼岸香醍	6.4
延庆	北京城建万科天运置业有限公司	天成家园	4.2

表 8-2　2016 年北京市备案项目保障住房情况

区	企业名称	项目推广名	本年度申请规模（万平方米）
朝阳	北京首开天成房地产开发有限公司	首开畅颐园	8.1
	北京京铁房地产开发公司	双桥京铁新苑	2.3
	华瀚投资集团有限公司	华瀚福园	10.3
	北京知泰房地产开发有限责任公司	东湾家园	8.8
	北京佳源投资经营有限责任公司	青荷里晨风园	11.7
	北京首开住总安泰置业有限公司	肖村项目	9.2

（续表 8-2）

区	企业名称	项目推广名	本年度申请规模（万平方米）
海淀	北京鑫一德房地产开发有限公司	华郡尚品家园	0.7
	北京旭嘉置业有限公司	首创悦榕汇	0.7
丰台	北京亚林东房地产开发有限公司	亚林上苑	4.1
	北京丰南嘉业房地产开发有限公司	润信公馆	0.7
石景山	北京首钢房地产开发有限公司	金铸阳光苑	12.8
通州	北京首都开发股份有限公司	缇香雅园	1.3
	北京鑫博泰来房地产开发有限公司	阳光城·阳光佳苑	4.6
大兴	北京旭天恒置业有限公司	兴荣家园	6.0
	北京京南住房开发有限责任公司	三合佳苑	10.2
	北京尚泰信华房地产开发有限公司	首开龙湖天琅	8.7
	北京金科展昊置业有限公司	金科天籁城	4.7
	北京兴源创成房地产开发有限公司	兴源幸福城	6.5
昌平	北京金隅嘉业房地产开发有限公司	旺和家园	6.9
	北京昌业房地产开发有限公司	翡萃家园	10.7
	北京东方蓝海置业有限责任公司	东方蓝海中心	0.8
	北京汇超房地产开发有限公司	绿海家园	20.7
	北京金隅嘉业房地产开发有限公司	旺雅家园	3.2
	北京骏达房地产开发有限公司	中骏四季家园	6.3
	北京文华盛达房地产开发有限公司	国瑞熙墅家园	8.6
	国瑞兴业（北京）投资有限公司	国瑞熙院家园	14.0
房山	北京天资置业集团有限公司	碧桂园	9.0
	北京首开晟安置业有限责任公司	安盛家园	7.0
	北京长龙房地产开发有限公司	长龙家园	4.4
	北京天恒立信置业有限公司	天恒·摩墅	3.0
	北京天恒乐活城置业有限公司	水岸壹号	8.7
顺义	北京天智盈置业有限公司	首创·悦溪汇	0.6
	北京城建兴顺房地产开发有限公司	平悦园	20.0
	北京金隅大成开发有限公司	金成雅苑	7.8
开发区	北京方兴拓赢房地产开发有限公司	亦庄金茂悦	5.8
	北京经开投资开发股份有限公司	北京经开·汀塘	2.1
	北京首开住总房地产开发有限公司	X13R2 地块	8.5
门头沟	北京京投瀛德置业有限公司	檀香府	0.8
	北京捷海房地产开发有限公司	翡翠长安	1.9

（续表 8-2）

区	企业名称	项目推广名	本年度申请规模（万平方米）
怀柔	北京市怀东伟业房地产开发有限公司	滨河馨居二期	4.9
密云	北京通润博园房地产开发有限公司	通用·博园	2.7
延庆	北京城建万科天运置业有限公司	天成家园	5.2

第五节　商品房预售资金监管

为加强北京市商品房预售资金的监督管理，完善商品房预售制度，防范市场风险，保障购房人合法权益，根据《中华人民共和国城市房地产管理法》《城市商品房预售管理办法》《关于进一步加强房地产市场监管完善商品住房预售制度有关问题的通知》等相关法律法规和规范性文件，2010 年 12 月，本市出台了《北京市商品房预售资金监督管理暂行办法》，确立商品房预售资金监管制度。此项政策的实施有效规范了房地产开发企业对商品房预售资金的收存和使用，很大程度上规范了房地产市场秩序，并促进房地产市场平稳健康发展。

2013 年 6 月，为进一步完善商品房预售资金监管制度，结合《暂行办法》实施两年多以来的具体情况，市住房城乡建设委会同人行营管部、北京银监局对预售资金监管政策进行了修订，印发《北京市商品房预售资金监督管理办法》（京建法［2013］11 号）。《办法》在继续遵循政府指导、银行监管、多方监督、专款专用原则的基础上，重点调整、完善四项内容：一是合理增加项目资金使用节点。考虑到部分项目建筑规模较大、建设周期较长，地下结构完成到结构封顶节点时间跨度较大，期间将发生大量工程建设费用，《办法》规定，拟预售楼栋中含 7 层以上建筑的预售项目，可根据工程建设实际需要，适当增加用款节点，保障项目建设资金。二是引入余额控制监管模式提高资金使用效率。《办法》规定，入账资金超出剩余工程建设节点所需费用时，房地产开发企业可申请使用超出部分资金。即重点监管工程建设未完成部分所需资金额度，切实实现预售资金“管好而不管死”。三是规范监管银行变更流程。考虑到房地产开发企业的融资需要，且防范房地产开发企业以更换监管银行为由挪用资金，《办法》明确了监管银行变更操作流程及各环节所需材料。四是加大预售资金入账监督力度。《办法》要求，监管银行发现房地产开发企业未按时、足额将预售资金存入专用账户的，应将相关情况报送区县住房城乡建设主管部门；市、区县住房城乡建设主管部门发现项目出入账存在问题的，要责令房地产开发企业限期改正，未按期改正的限制网上签约，情节严重的，可暂停该房地产开发企业在本市全部房地产开发项目的网上签约。

2015 年底，为贯彻落实国务院关于“简政放权、放管结合、优化服务”的精神，加强预售资金的使用和管理，提高企业资金利用率，缓解企业资金周转压力，市住房城乡建设委出台了《关于加强本市商品房预售资金使用管理的通知》，进一步对政策进行了调整，规定商品房预售项目网上签约面积不足该预售许可证许可面积的二分之一时，开发企业可自行支取专用账户内的资金用于工程建设；开发企业能够提供非监管银行出具的现金保函的，可以免除同等额度的监管资金。此次政策调整通过简化支取手续和拓宽履约担保渠道，从而在保证预售资金用于工程建设的前提下，提高预售资金的使用效率。同时，更加重视房地产准入门槛的提高和日常监管，规范和净化市场，推动市场向大而强的开发模式转型，降低烂尾系数，保障购房人权益。

2016 年，本市商品房预售资金监管工作有序开展，着力做好预售项目入账监测预警工作。截至 2016 年 12 月 31 日，全市共监管在途预售项目 1316 个，涉及房屋 59.7 万套，购房合同金额 9976.8 亿元，专用账户入账 6886.6 亿元。按照 2015 年底出台的《关于加强本市商品房预售资金使用管理的通知》，适度放宽企业用款要求。截至 12 月 31 日，有 512 个销售面积未达二分之一的项目支取预售资金 377.4 亿元；有 11 个项目采用现金保函方式，涉及担保金额 15.89 亿元。与此同时，进一步规范相关业务流程，明确了新增预售资金监管银行支行的具体条件和办理流程。

第六节　购房资格审核管理

一、继续严格执行限购政策

2016 年，继续从严执行住房限购政策，商品住房及自住房购房资格审核、复核工作运行平稳。作为商品住房成交量的先行指标，全年审核商品住房购房资格核验业务 58.3 万笔，同比增长 24.2%，通过 45.9 万笔，通过率 78.8%（同期，商品住房成交总量 32.6 万套，同比增加 15.5%）。其中新建商品住房资格审核 7.5 万笔，同比减少 23%，通过率 85.3%；存量住房资格审核 50.8 万笔，同比增长 36.5%，通过率 77.8%。全年共有 13 个自住房项目进行网上申购，提交审核申请 114.5 万笔，其中审核完成 69.4 万笔，同比增加 51.2%，通过率 91.8%。

二、不断完善资格审核机制

结合实际工作，不断完善本市购房资格审核复核机制。**一是，提高婚姻状况联审效率。**会同市高级人民法院、市民政局，就购房资格联网审核中婚姻信息共享有关问题进行专题研究，为进一步提高购房资格联网审核中婚姻信息审核的准确性，经三方协商，由市民政局通过既有数据接口，向市住房城乡建设委共享婚姻登记信息及生效司法调解、判决离婚信息。**二是，健全购房资格地税复核机制。**配合市地税局纳税服务中心，在购房资格审核系统中开发纳税情况复核模块，分别设置初审、复审权限，且复核通过的信息年内可由资格审核系统自动调用，进一步健全购房资格复核机制。**三是，建立军队离休家庭购房审核机制。**会同市规土委、市民政局等部门，就军队离休退休干部进京安置购房问题进行研究，对符合进京安置条件，确需通过购房才能办理安置落户手续的军队离休退休干部家庭，明确其需准备材料及购房流程，切实解决军队离休退休家庭购房问题。

第七节 信息化建设

一、房屋全生命周期平台和新建商品房交易管理系统

（一）基本情况

房屋全生命周期平台。市住建委按开工—上市—转让—使用—灭失的房屋全生命过程，逐步整合上下游政务数据，形成房屋全生命周期平台（以下简称平台）。平台通过关联房屋普查成果与交易数据实现动态更新，一是，实时掌握房屋总量、结构和变化情况，截至2016年底，全市国有土地上房屋共9.7亿平方米、731万套（间），其中住宅5.2亿平方米、579万套；二是，利用地理信息技术（GIS），按“地-楼-房-人”的构架归集整理，可在地图上精确定位每套房屋，并展示其交易流转过程；三是，利用基础数据开展市场监测分析和政策效果评估，为决策提供支撑；四是，利用数据接口、官方网站和手机APP，向社会公众发布信息，为政府部门提供共享服务。

目前，平台已成为全市房屋基础数据管理应用、共享交换中心，在房地产市场管理中发挥了基础性作用，得到住建部高度评价。

新建商品房交易管理系统。为提升本市房屋交易管理水平和效率，以测绘备案为起点、以楼盘表为载体、以合同网签为抓手，搭建了本市新建商品房交易管理系统，系统运行机制是：由测绘单位对拟售项目进行测绘，成果备案上传，在系统中形成项目楼盘表；市住建委依据楼盘表信息和相关资料，进行销售审批；项目获批上市后，开发企业可在系统上签订合同，完成房屋销售，实现对新建商品房交易全过程的实时跟踪和精细监管。基于系统各项功能和管理需要，又逐步扩展了资金监管、销售机构管理、行政限制、在建工程抵押等功能模块，提升了对房地产市场的管理水平。

（二）实际应用

在实际工作中，新建商品房交易管理系统与房屋全生命周期平台为落实历次房地产市场调控、强化市场管理、提升首都社会管理水平提供了有力信息支撑和技术保障。

1. 强化交易管理。一是，落实新建商品房“一房一价”。预售前企业申报每套住房价格，网签时凡超过申报价格销售的房屋，系统自动限制。二是，系统与市住建委官网联动，自动更新项目销售进度，通过社会监督防止捂盘惜售。三是，利用系统获取的实际成交信息，测算区域价格，引导企业合理申报销售价格。四是，精确掌握库存住房信息。为住宅供地计划制定、促进潜在供应上市等提供决策依据，确保实现房价环比不涨目标。

2. 保障各项宏观调控政策精准落地。一是，严格住房限购审查。利用平台的房屋基础数据和共享机制，对购房家庭名下房产、身份、户籍、个税、社保、居住证、婚姻等关键信息进行审查，认定购房资格。限购以来共审核购房家庭223.6万户次，其中34.5万户次未通过审核，外地人购房占比由限购前最高的40%下降至18.4%，有效抑制投资投机性需求。二是，向银行和税务机关开放端口，查询贷款及纳税家庭名下房产，确保“9.30”新政中个贷首付比例调整，以及住房交易差别化税收政策的落实到位。2011年以来各方累计查询289万次。

三是，支持保障性住房公平公正分配。在配租配售前、签约时点、后期使用三个环节，审核家庭名下房产情况，形成公平的审核、分配、退出机制。目前，已累计完成保障家庭资格审核52.4万户次、自住房申购家庭228万户次。

3. 助力提升首都社会管理能力和水平。一是，向公安、检察、法院、纪检等部门开通查询端口，配合案件调查和司法执行。二是，为城市总体规划布局调整、住房发展规划制定，提供房屋空间分布和人员居住信息。三是，向老旧小区综合治理、棚户区改造、分户供热计量等市重点民生工程，提供分户面积和管理单位信息。四是，向住建部全国重点城市交易日报系统提供本市房屋交易基础信息，如实反映本市房地产市场运行情况。五是，与国土部门实时共享房屋基础数据，确保不动产登记顺利实施。截至目前，已为各委办局提供各类房屋数据约三千万条，提供信息查询51万次。

同时，根据管理需要，相继推出存量房交易管理、从业主体管理、房地产市场动态监管、建设网（委官方网站）等多个平台和系统，基本形成结构完整、功能丰富、支撑有力的房地产信息化管理体系。下一步，我委将根据房地产市场管理、城市建设管理的新要求，继续完善优化，逐步扩大基础数据覆盖范围，切实做好信息安全保护，不断拓展应用深度和广度，为首都经济社会发展提供坚实数据基础。

第八节　经纪、评估行业监管及市场专项整治

进一步强化综合联动执法，牵头建立全市加强房地产市场监管工作联席会，加强房地产市场调控监管的统筹协调，严厉打击捂盘惜售、违规售房、哄抬房价、违法群租、虚假房源等违法违规行为，保障房地产调控监管政策落到实处，净化市场环境，维护市场秩序，保护群众权益。全年市区两级共检查房地产销售现场712项/次，行政处理115起，行政处罚17起，罚款58万元，限制网上签约152家。共检查经纪机构和分支机构10168家/次，下发《责令改正通知书》169份，行政处罚167起，罚款220.3万元，行政限制网上签约86家，约谈告诫125家。截至2016年12月底，全市备案房地产经纪机构3148家，分支机构4286家，较上年增加7.66%、20.12%；备案的房地产经纪从业人员共105839人。全市共有房地产估价机构162家。其中，一级估价机构44家；二级估价机构40家；三级估价机构62家；三级暂定估价机构3家；军队估价所3家。外地一级机构在京分公司10家。

一、强化执法保障管理要求落到实处，维护市场行业秩序

一是，完善执法工作机制。强化日常巡查常态化机制，主要依靠属地加强对机构门店的日常巡查，实现执法全覆盖，不留监管死角。建立“双随机”抽查机制，从2016年2月开始，“双随机”抽查房地产经纪已17次，涉及14个区、54家经纪机构；完善市区联合执法机制，通过加强联合执法加强对区县执法的监督、指导，以案教学，同时针对部分区执法人员不会执法、不敢执法，有针对性地组织执法培训，先后派人到14个区上门指导。建立部门联动执法机制，实现与发改、工商、税务、公安等部

门联动执法常态化，畅通沟通渠道，加强监管信息共享，对开发企业、经纪机构实施联合监管。

二是，针对经纪行业乱象，大力开展专项整治。2016年2月份印发《关于组织开展房地产经纪机构专项执法检查工作的通知》，部署开展专项检查，保障“两会”期间市场稳定；6月份迅速转发《住房城乡建设部关于开展房地产中介专项整治工作的通知》，在全市部署开展专项整治，重点打击发布虚假房源、侵占交易资金等行为；为保障调控新政落实到位，9月30日在新政发布的同时会同执法大队与发改、工商联合印发《关于集中开展房地产中介市场专项检查的通知》，开展两个月的专项整治，国庆七天假期每天安排执法人员巡查机构门店、售楼现场。

三是，加强专案稽查力度。1月14日，根据市检一分院的检察建议书，对金诺方舟、我爱我家、链家地产、爱屋吉屋发布、代理交易保障房等问题专案查处。1月23日，针对中央2台“揭秘群租房乱象：中介可提供‘变相群租’”的报道，立即组织对报道涉及的海淀区紫金庄园小区和链家、丁丁租房和宏源嘉业等经纪公司进行明察暗访，严肃查处，并在全系统通报。5月24日，按照市领导批示，联合民政、规划、国土及属地对丰台区西山老年公寓违规销售问题进行专案查处。9月下旬，针对媒体关于部分开发项目“挤牙膏”式销售的报道，立即启动专项执法，对9个违规项目暂停网上签约。对我爱我家、汇鑫伟业等6个涉嫌发布虚假房源信息的中介机构立案查处。

二、进一步强化房地产中介行业监管，提高行业服务水平

一是，继续推动《北京市房地产经纪管理办法》规章立法进程，完善经纪行业管理政策法规体系。二是，建立多部门信息共享、联合抽查机制及守信联合激励和失信联合惩戒制度，依托市公共信用信息服务平台搭建北京市房地产经纪信用管理平台。三是，加强执法监管，加强日常巡查和“双随机”抽查，积极开展经纪机构门店检查和评估机构备案、估价报告抽查。四是，完善经纪机构“网签”钥匙盘申领和使用管理制度，在提供“网签”服务的同时实现监管目的。五是，规范单边独家代理模式，引导行业从抢占房源向优化服务转变。

三、继续强化执法保障功能，促进市场行业健康有序发展

一是，进一步强化房地产市场监管工作联席会的统筹协调作用，完善信息共享、综合执法等工作机制，整合部门资源，增强综合联动监管合力，加强住房市场监管和整顿，规范开发、销售、中介等行为。二是，推动执法与立法的无缝对接，法规文件出台后，及时启动执法响应机制，真正做到有令必行、违规必惩。三是，加强执法工作的计划性，结合重点工作，提前制定执法工作方案，明确执法任务、完成时限、责任主体。四是，加强执法与日常监管工作的衔接，将不良管理对象作为执法的重点，对于执法发现的不良管理对象在日常管理中予以重点监管。

第九章

住房保障

北京市房地产年鉴 2017

第一节　住房保障制度建设

2016年是“十三五”规划开局之年，北京市坚决贯彻落实首都城市战略定位和京津冀协同发展规划要求，创新出台一系列示范引领政策，进一步完善符合首都实际的住房保障制度，全年工作扎实有序，成绩显著。

一、研究“十三五”住房保障规划

为构建起满足居民多层次需求的住房保障和供应体系，我办着手开展了“十三五”住房保障规划研究，编制起草《北京市“十三五”住房保障规划（送审稿）》，提出“十三五”时期本市住房保障的指导思想、发展目标、主要任务和保障措施，明确继续坚持“基本住房有保障、中端需求有支持、高端市场有调控”的“三端”住房供应思路；重点发展公租房、自住商品房、棚改安置房三类保障房；努力实现“三个转变”，即工作重心从抓建设为主向建设与管理并重转变，保障方式从以实物保障为主向实物与货币补贴并举转变，建设运营主体从多元化向专业化转变，进一步保障民生，服务首都，促进发展。

二、健全保障房建设管理机制

一是加强保障房配套市政基础设施建设。印发出台了《2016-2018年全市保障性住房项目红线外配套市政基础设施建设计划》（京发改〔2016〕1287号）三年行动计划，涉及的297条道路全部落实建设主体，确保配套基础设施与保障房项目同步交付使用。同时成立专业公司作为市级保障房基础设施建设平台，实现市政基础设施建设与项目建设计划同部署、同实施。

二是完善保障性住房建设标准化体系。编制完成全国首部公租房建设地方标准《公共租赁住房建设与评价标准》，突破公租房22平方米的面积下限，确定为使用面积不小于15平方米，上限仍为60平方米，层高2.8米；增加了户内设阳台、阳台内设晾衣空间等要求；同时要求优先选择市政基础设施条件齐全的区域，并优先配备市政道路和公共交通，为公租房的标准化设计建造提供科学依据。

三是严格执行设计方案专家审查制度。实施保障房规划设计方案专家专项审查制度，更加注重对用户舒适度的审查，全年组织设计方案专家评审会29次，审查项目50个，涉及房源7.3万套。积极开展全装修成品交房专家审核试点工作，对于市属全装修成品交房项目，专家评审由一次增加到两次，加强对成品样板间审核，严格把关，确保达到相关要求。

三、全面提升保障房审核分配效率

一是简化保障房申请审核流程。出台简化本市保障性住房申请证明材料等有关问题的通知，保障房申请要件由原来的13项简化为7项，取消46%的申请证明材料。大力推行“互联网+政务服务”，实现与公安、民政、地税、公积金、社保等部门的信息联网共享，提高审核效率。同时，进一步简化复核流程，对家庭人口、住房情况没有发生变化的家庭，不再重复审核，逐渐建立高效便民的审核管理体系。

二是加大公租房房源分配力度。10月份，启动全市历年来最大规模的公租房分配工作，共推出项目29个、房源3.2万套，短短一个月，登记总需求超出房源数，进一步稳定市场预期，群众获得感大大增强。在大摇号、先到先得、集体租赁配租方式的基础上，创新开展新职工专项配租、老年家庭与子女家庭就近选房、老龄公租房和青年公租房配租试点、非京籍青年职工定向配租等多种分配方式，初次分配注重公平、困难优先；再次分配注重效率、物尽其用，房源分配更加科学高效。

三是完善自住房分配政策。开展自住房区内销售优先试点，在朝阳、海淀、丰台等9区12个自住房项目试行，项目所在区居住、工作的家庭可以优先选房，有效促进职住平衡、产城融合。实行申购销售全流程监管，申购到签约各环节由公证部门进行公证，销售过程和结果全公开，确保分配公平公正。优化申购流程，实行先摇号再根据摇号结果进行现场核验，服务于民，便利于民。

四、不断提升后期服务管理水平

一是加大监管力度。建立行政监管、多方参与的保障家庭动态监管机制，严肃查处骗租骗购、出租出借等违法违规行为，维护社会公平正义。启用人脸识别技术，在海淀金隅翡丽铂庭项目设置人脸识别门禁系统，将违规行为遏制在萌芽状态。

二是加强规范化管理。修订完善公租房运营管理标准，细化为管理机构、基础工作、租赁管理等7类测评指标。10月，组织公租房运营、物业管理专家，对全市55个公租房项目进行实地测评，促进管理水平提升。

三是提升社会化服务水平。在燕保?京原家园开展公租房小区租户管理委员会试点，引导居委会、管理单位、物业公司和租户多方主体共同参与社区治理。协调各区教委支持，市保障房中心16个项目中的199名适龄子女全部实现就近入学，共享属地教育资源。

四是加强公租房租金定价及调整机制建设。公租房租金坚持“市场定价、分档补贴、租补分离”原则，全年共确定中信悦海苑等49个公租房项目租金标准。对于已投入运营的公租房项目，按照“促公平、可承受、可持续”原则，推进公租房租金标准动态调整，10月石景山区远洋沁山水公租房项目率先完成租金调整工作，租金标准从41元/平方米调整为43元/平方米，租金小幅调整后，既保障承租家庭住得安稳，又有利于公租房运营的可持续

2016年，我市住房保障工作取得突出成绩，各项目标任务全面超额完成，保障房审核分配和后期管理服务大幅优化，广大人民群众切实享受到更多发展成果，住房保障事业实现健康持续发展。

第二节　公共租赁住房（含廉租房）建设供应

2016年，全市新开工建设公共租赁住房项目7个，约0.36万套房源（见表9-1）。实现竣工项目21个，2.2万套房源（见表9-2）。

表 9-1 2016 年北京市公租房项目开工情况汇总

序号	项目名称	项目所属区	套数（套）
1	中关村西三旗金隅软件园	海淀	1411
2	市场筹集	海淀	1179
3	中关村永丰产业基地 HD-04020030 地块 F1 住宅混合公建用地（配建公租房）	海淀	150
4	丰台桥南王庄子配建公租房项目	丰台	130
5	北七家镇未来科技城南区 CP07-0600-0049、0062 地块用地项目（人才公租房）	昌平	306
6	北七家镇（未来科技城南区）CP07-0600-0022、0039、0040 地块 F2 公建混合住宅用地（配建人才公共租赁住房）	昌平	150
7	沟自头村土地一级开发项目（东侧地块）人才公租房	昌平	337

表 9-2 2016 年北京市公租房（含廉租房）项目竣工情况汇总

序号	项目名称	项目所属区	套数（套）
1	大兴康庄项目	西城	464
2	京桥一号地	朝阳	1296
3	东郊农场公租房	朝阳	3143
4	（蓟门桥配建）东升乡居住商业	海淀	90
5	郭公庄五期	丰台	5000
6	丰台区卢沟桥乡居住项目（配建公租房）（岳各庄五期）	丰台	760
7	五里坨南宫小区 AB 地块公租房项目	石景山	898
8	门头沟新城 MC10-037、MC10-038、MC10-040、MC10-041、MC10-060、MC10-065 地块公共租赁住房项目	门头沟	752
9	北京市房山区窦店镇 01-0050、01-0055 地块居住用地	房山	430
10	北京市房山区长阳镇 01-08-03、01-11-04 等地块二类居住、商业金融用地	房山	1120
11	拱辰街道梅花庄村 08-05-02、08-06-02 等地块二类居住用地、商业金融用地	房山	968
12	房山区阎村镇 04-0084 地块 R2 二类居住用地项目	房山	936
13	房山高教园区	房山	2447

（续表 9-2）

序号	项目名称	项目所属区	套数（套）
14	通州区永顺镇珠江国际家园二期潞苑五街南侧居住用地	通州	541
15	罗奇营二期（公租）	大兴	29
16	亦庄新城 X1-1A 组团 B03R1-1 地块	大兴	701
17	大兴区黄村镇大庄三角地居住项目	大兴	93
18	亦庄新城 X1-1A 组团 B03R1-2 地块	大兴	1477
19	昌平区北七家镇公建混合住宅用地（配建公共租赁住房）	昌平	391
20	昌平东沙河公租房（观澜时代）	昌平	188
21	沙河镇定泗路北侧原北郊猪场地块	昌平	213

第三节　经济适用住房建设供应

2016 年，全市经济适用住房项目实现竣工 8　　个，约 0.6 万套房源（见表 9-3）。

表 9-3　2016 年北京市经济适用房项目竣工情况汇总

序号	项目名称	项目所属区	套数（套）
1	大兴康庄项目	西城	1594
2	驹东经适房	朝阳	1772
3	长辛店老镇西区经济适用房	丰台	483
4	宛平经济适用房项目	丰台	743
5	通州区梨园镇 0802-168 地块 F1 住宅混合公建用地、0802-166 地块 C2 商业金融用地、0802-164 地块 S31 机动车停车场库用地（配建限价商品房、经济适用房）项目	通州	801
6	青春路 6 号院老旧小区改造项目（经适房）	怀柔	115
7	沈家营西王化营地块 3	延庆	240
8	沈家营西王化营地块	延庆	114

第四节　自住型商品房（含限价商品房）建设供应

2016 年，全市新开工建设自住型商品房（含限价商品房）项目 12 个，约 0.8 万套房源（见表 9-4）。实现竣工项目 17 个，约 1.3 万套房源（见表 9-5）。

表 9-4　2016 年北京市自住型商品房（含限价商品房）项目开工情况汇总

序号	项目名称	项目所属区	套数（套）
1	东坝南区 1106-692、634、693 地块二类居住、基础教育用地	朝阳	237
2	中关村永丰产业基地 HD-04020030 地块 F1 住宅混合公建用地（自住型商品房项目）	海淀	712
3	长辛店北区居住区一期（北区）A 地块配建限价商品房项目	丰台	557
4	丰台区亚林西居住区一期（0501-626、627 地块）二类居住、综合性商业金融服务业用地（配建限价商品住房）项目	丰台	651
5	丰台区城乡一体化白盆窑村旧村改造一期二期配建设自住型商品房项目	丰台	1436
6	长辛店北区居住区一期（北区）B 地块配建限价商品房项目	丰台	418
7	周口店镇中心区二街区 02-0015 等地块	房山	433
8	拱辰街道 16-03-04、16-01-05 等地块（良乡高教园区西部生活区西区）二类居住、综合性商业服务业等用地项目	房山	1576
9	拱辰街道 16-01-07 等地块（良乡高教园区西部生活区东区）综合性商业金融服务业、机构养老设施及二类居住用地（配建“限价商品住房”）项目	房山	949
10	后沙峪 A 地块自住房	顺义	524
11	大兴区瀛海镇姜场村 02-1-1 地块 R2 二类居住用地项目	大兴	144
12	北七家镇未来科技城南区 CP07-0600-0049、0062 地块用地项目（自住房）	昌平	315

表 9-5　2016 年北京市自住型商品房（含限价商品房）项目竣工情况汇总

序号	项目名称	项目所属区	套数（套）
1	房山长阳 7 号地项目限价房	西城	1614
2	东坝中路红松园 19 号地	朝阳	348
3	上庄 B10 自住型商品房项目	海淀	2070
4	燕山水泥厂限价房	石景山	465
5	五里坨南宫住宅小区 AB 地块限价房项目	石景山	980
6	理工大学 2 号地	房山	1220
7	房山区房山新城燕房片区 FS00-YF05-0005 等地块二类居住、商业金融及社会停车场库用地项目	房山	1401
8	通州区梨园镇 0802-168 地块 F1 住宅混合公建用地、0802-166 地块 C2 商业金融用地、0802-164 地块 S31 机动车停车场库用地（配建限价商品房、经济适用房）项目	通州	340
9	物流 B 西地块（配建限价房项目）	通州	2068
10	北京市大兴区孙村组团居住区 B-17 地块 R2 二类居住用地项目（配建限价商品住房）	大兴	610
11	罗奇营二期（限价）	大兴区	99
12	北京市大兴区孙村组团居住区 B-19、B-20 地块 R2 二类居住用地、F3 其它类多功能用地项目（配建限价	大兴	304
13	随园二期	昌平	304
14	沙河镇定泗路北侧原北郊猪场地块	昌平	594
15	昌平区小汤山镇 B-04、B-05、B-07 地块公建混合住宅用地（配建限价商品住房）	昌平	77
16	沈家营西王化营地块 1	延庆	358
17	沈家营西王化营地块	延庆	500

第五节　定向安置房建设供应

2016 年，全市新开工建设定向安置房项目 26 个，约 4.48 万套房源（含结转）(见表 9-6)。实现竣工项目 17 个，约 2.3 万套房源（见表 9-7）。

表 9-6　2016 年北京市定向安置房项目开工情况汇总

序号	项目名称	项目所属区	套数（套）
1	朝阳区豆各庄地块东城区旧城保护定向安置房项目	东城	725
2	京粮南苑植物油厂项目	西城	2596
3	平原里三号楼项目	西城	385
4	黑庄户保障房项目	朝阳	312
5	大牛坊安置房	海淀	408
6	上庄家园 N28N34	海淀	536
7	学院路北端安置房项目	海淀	896
8	中关村东升科技园二期回迁安置房项目	海淀	1718
9	长辛店镇棚户区 A 地块安置房项目	丰台	480
10	分钟寺回迁安置房项目	丰台	860
11	丰台区首钢二通厂南区棚改定向安置房及配套工程项目	丰台	3662
12	丰台区花乡纪家庙回迁安置房项目	丰台	726
13	西黄村棚户区改造土地开发安置房项目	石景山	2348
14	老古城 D 地块定向安置房	石景山	196
15	门头沟区采空棚户区改造小园 4、5 号地块定向安置房项目	门头沟	2427
16	门头沟区采空棚户区改造城子村委会周边地块定向安置房项目	门头沟	1256
17	门头沟区采空棚户区改造曹各庄北侧地块定向安置房项目	门头沟	317
18	北京市房山区良乡高教园 17-02-03、17-02-06 地块 F1 住宅混合公建用地项目	房山	79
19	北京市通州区潞城镇棚户区改造土地开发项目 A 区杨坨三号地安置房项目	通州	1238
20	孙各庄安置房	通州	1189
21	仁和镇平各庄村回迁安置房项目	顺义	1300
22	北京新机场安置房项目（礼贤组团）	大兴	2956
23	北京新机场安置房项目	大兴	12212
24	首创团河定向安置房项目	大兴	3994
25	怀柔新城 08 街区安置房项目（一期）	怀柔	963
26	1#楼等 21 项（怀柔区庙城镇棚户区改造项目）	怀柔	1055

表 9-7　2016 年北京市定向安置房项目竣工情况汇总

序号	项目名称	项目所属区	套数（套）
1	东坝单店二期项目	西城	1004
2	昌平回龙观二期项目	西城	5136
3	玉泉新城	海淀	616
4	南苑棚户区改造 D2 地块定向安置房	丰台	1943
5	成寿寺二期	丰台	180
6	老古城 D 地块定向安置房	石景山	200
7	小白楼二期棚改安置房项目	门头沟	1602
8	北京市房山区阎村镇 02-0026 地块 R2 二类居住用地项目	房山	296
9	山区人口迁移集中定向安置房（二期）	房山	2476
10	罗奇营二期（安置）	大兴	3
11	大兴采育镇中心区定向安置房	大兴	540
12	大兴区旧宫镇绿化隔离地区定向安置房	大兴	3895
13	庞各庄安置房	大兴	434
14	大兴区榆垡镇定向安置房项目	大兴	3468
15	中关村科技园昌平园东区二期 0303-04 地块住宅混合公建用地	昌平	636
16	怀柔区怀柔镇张各长村（东区 20 号地）限价商品住房项目（一期）	怀柔	328
17	青春路 6 号院老旧小区改造项目（安置房）	怀柔	327

第六节　旧城房屋保护性修缮和棚户区改造

棚户区改造是重大的民生工程、发展工程，又是重大的环境工程、安全工程、文保工程，市委市政府高度重视。一年来，市重大项目办、市住房城乡建设委坚持以加快棚户区改造步伐为突破口，与保护风貌、改善民生和促进发展相结合，继续紧密围绕“钱从哪里来、人往哪里去、旧房如何改、项目如何批、工作如何抓”五大核心问题，大力推进体制机制和政策创新，破解难题，棚户区改造工作全面有效推进。

一、提前超额完成棚户区改造各项目标任务

2016 年北京市棚户区改造开工任务目标为 44000 套（户），9 月底即完成棚户区改造开工 44085 套（户），提前 3 个月完成年度任务。北京市计划完成棚户区改造 3.5 万户，累计完成改造 39198 户，完成全年任务的 112%。其中，中心城区棚户区累计完成改造 33136 户，完成全年

3 万户改造任务的 110.5%。远郊区累计完成改造 6062 户，完成全年 5000 户改造任务的 121.2%。特别是，通州区潞城棚改（BCD 区）项目于 8 月中旬正式启动，两周内完成改造 2162 户，签约率达到 100%，超额完成了通州区 2016 年棚户区改造工作任务。

二、抓好定向安置房建设，支持非首都功能和人口疏解

一是大力推进棚改定向安置房建设。经市长专题会研究通过，印发《北京市 2016 年棚改定向安置房建设计划》（京建发〔2016〕119 号），共涉及 12 个区，60 个项目，4.73 万套房源，其中东、西城区 8 项目房源 6700 余套。积极推进市属国有企业利用自有用地建设中心城区棚改定向安置房。首创团河项目、首钢二通厂项目和投资中心朝阳焦化厂项目已经开工建设，可提供房源 1.2 万套。

二是加强棚改定向安置房统筹调配力度。加快集中建设中心城区"十三五"期间 4 万套棚改定向安置房选址及授权工作。印发了《关于集中建设中心城区"十三五"期间棚改定向安置房工作的实施意见》（京建发〔2016〕100 号）。先后 5 次组织市发展改革、规划国土、财政、编办、商务、教育、卫生计生等相关部门，及东城、西城、房山、顺义、昌平、大兴等区政府召开专题会，明确目标要求。截至年底，四区安置房地块选址已经基本完成，共涉及房山长阳镇 06、07 街区、顺义区临河村地块安置房等 9 个地块，选定地块的主体授权和规划设计等工作已经全面开展，力争 2017 年达到开工条件。同时加大 2016 年中心城区定向安置房统筹调配力度，为东、西城区共调拨定向安置房房源 9100 余套。

三、落实棚改资金，破解棚改融资难题

积极探索政府购买棚户区改造服务融资模式。5 月，市财政局、市住房城乡建设委及市重大项目办联合下发《关于政府购买棚户区改造服务的实施意见》（京财经二〔2016〕770 号），棚户区改造融资正式转为政府购买服务方式。市区两级政府或者受其委托机构是政府购买服务的实施主体，项目承接主体以与政府签署政府购买服务协议项下应收账款做质押向金融机构申请贷款。编制《北京市政府购买棚户区改造服务工作手册》，梳理政府购买服务流程及相关政策、请示、协议等，方便各区工作。截至 2016 年 12 月底，共 10 个项目利用政府购买服务模式获得了国家开发银行的贷款授信，共 409.8 亿元，发放 165.9 亿元。此外，市住房城乡建设委与市财政局联合印发了《北京市棚户区改造项目贷款贴息管理办法》（京财经二〔2016〕1038 号），引导和支持社会资本参与我市棚户区改造工作。

第七节　住房保障资格审核与配租配售

一、资格审核情况

2016 年，全市住房保障资格受理申请 4.4 万户，市级备案通过 3.5 万户；其中公租房实物申请 2.9 万户，市级备案通过 2.2 万户，其中含三房资格家庭 0.25 万户，相比上年公租房实物

申请量同比增长 49%，审核备案量同比增长 87%。

二、配租配售情况

2016 年，公开分配公租房 9.6 万套，累计启动分配 14.5 万套，开工房源分配率达 75%。全年市场租房补贴发放 0.82 万户，累计发放 0.98 万户，累计发放补贴 1.26 亿元；公租房租赁补贴发放 1.2 万户，累计发放 1.4 万户，累计发放补贴 3.2 亿元。自住房累计入市 69 个项目、6.3 万套，销售 59 个项目、5.7 万套。

第十章
物业服务和管理

北京市房地产年鉴 2017

第一节 物业管理基本情况

一、物业服务企业数量及分布

截至2016年12月，全市取得《物业服务企业资质证书》的物业服务企业共有3067家。其中，一级企业155家；二级企业394家；三级企业2218家，三级暂定184家；外埠在京企业116家。

从区县分布上，海淀区注册的物业服务企业最多，有554家，其他依次为朝阳区484家、西城区344家、丰台区254家和东城区248家。

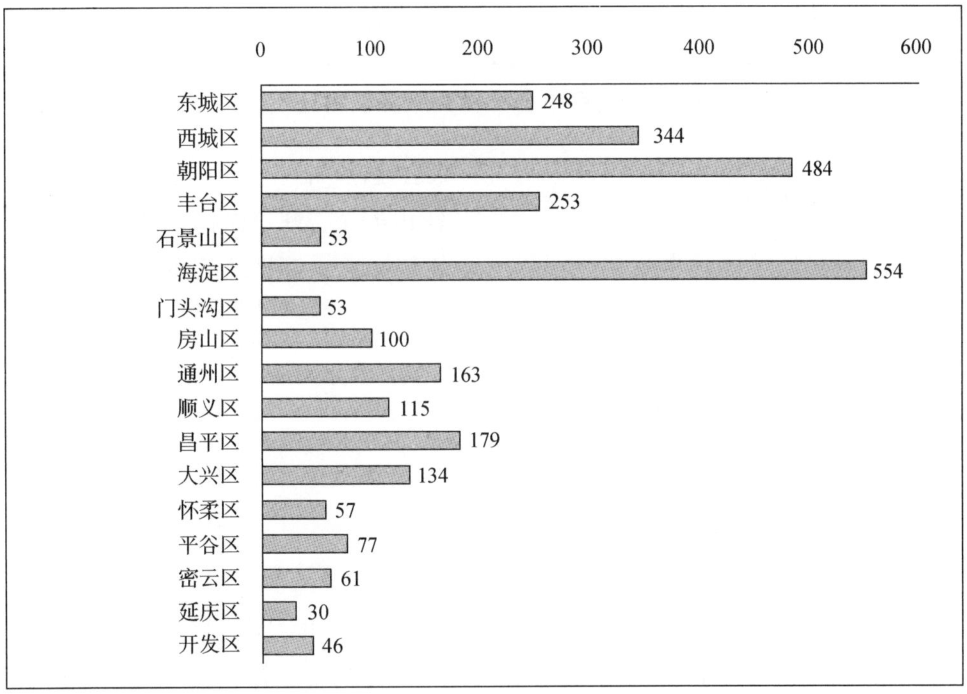

图10-1 2016年北京市各区物业服务企业数量（单位：家）

二、物业项目数量及分布

截至2016年底，全市有物业服务项目6815个，建筑面积62000万平方米，其中，住宅类项目3825个、44972万平方米，商业类项目319个、1472.55万平方米，商住类项目185个、1808.81万平方米，写字楼项目755个、3027.33万平方米，行政办公楼项目722个、2141.36万平方米，工业类项目217个、1218.31万平方米，综合类项目792个、7174.34万平方米。

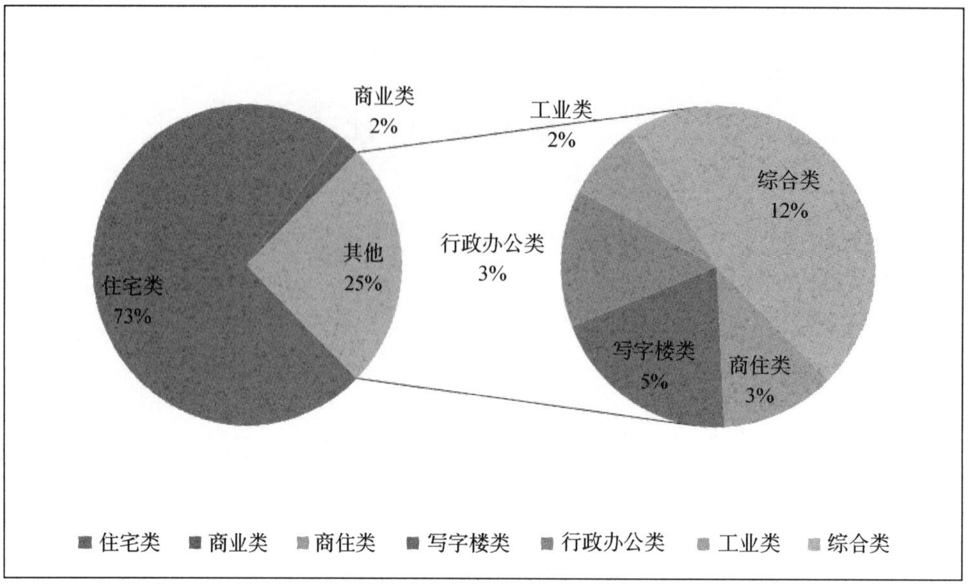

图 10-2 2016 年北京市各类物业服务项目比例（单位:%）

三、业主大会成立情况

指导各区县结合辖区实际情况，规范业主大会建设。截至 2016 年底，本市业委会累计备案 1046 个，建筑面积 8707 万平方米；年度新增备案 90 个，新增建筑面积 585.73 万平方米。

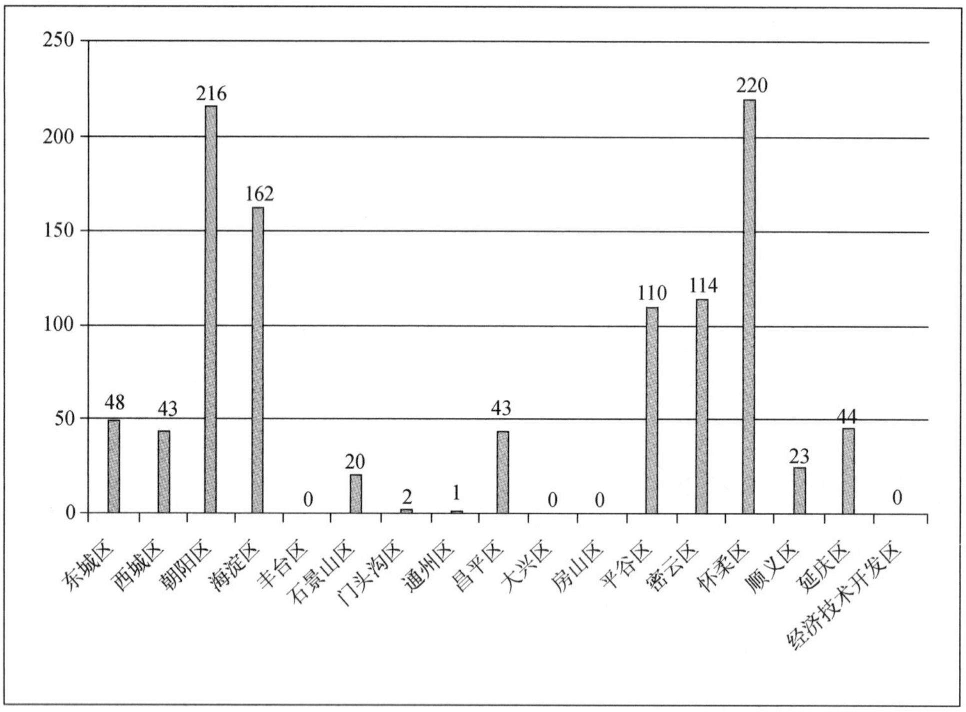

图 10-3 2016 年北京市各区业委会累计备案数量（单位：个）

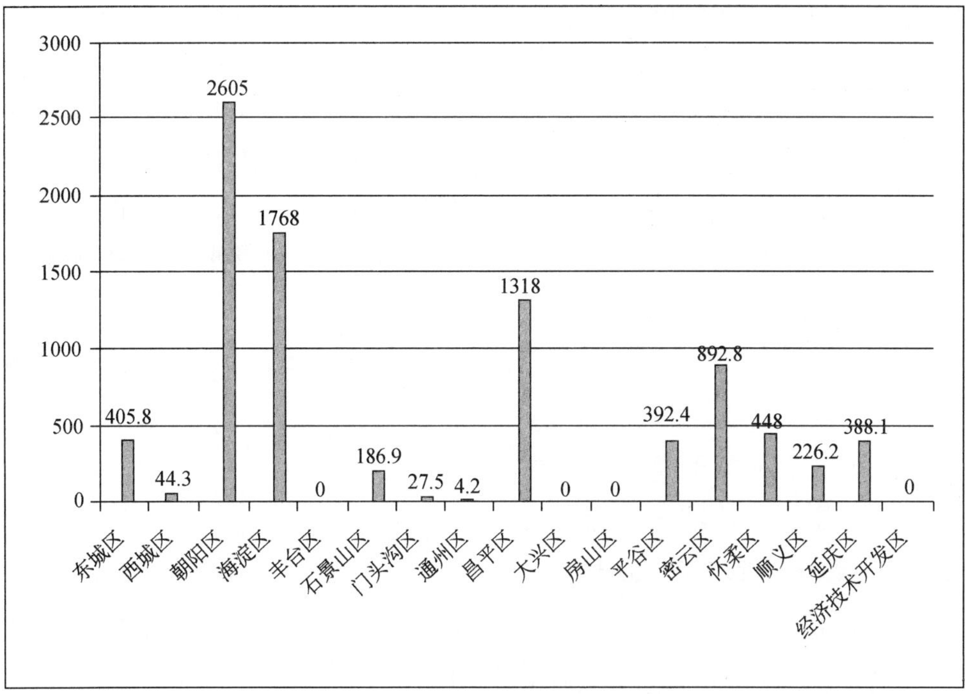

图 10-4　2016 年北京市各区业委会累计备案建筑面积（单位：万平方米）

四、企业出京经营情况

为企业开具诚信证明时，核查物业服务合同备案、上一年度费用公示、企业信用信息和住宅项目建立应急维修台账等情况，共为 134 家物业服务企业开具了诚信证明，比 2015 年增加 89 家。

第二节　物业管理法律法规政策

一、注重物业管理立法调研，为《北京市物业管理条例》的制定做好准备工作

市人大高度重视物业管理立法工作，将物业管理立法列入全市五年立法规划中一类项目，并于 2014 年专门进行了预案调研，2015 年完成了预案研究报告。2016 年物业管理立法已经有了一定基础，为了进一步加强物业管理立法工作，市住建委会同东城、西城等区住建委相关处室，召开区物业管理主管部门物业工作调研会；组织盛世、招商局等物业服务企业召开企业座谈会；组织中铁、京投瀛海置业等开发企业座谈会；会同市人大常委会城建环保办、市政府法制办等部门共同研究了物业管理立法工作。

二、发布《关于经济适用住房物业服务收费有关问题的通知》(京建发〔2016〕4 号)

为完善经济适用住房收费政策，建立经济适用住房物业服务收费的合理调价机制，根据北京市政府简政放权的要求以及北京发改委发

布的最新定价目录，在《通知》中明确规定：未成立业主大会的经济适用住房小区和危改回迁小区，物业服务收费标准仍按原标准执行，物业服务企业不得擅自涨价。物业服务合同期限届满需要调整物业服务收费标准的，按规定程序办理。已经成立业主大会的经济适用住房小区和危改回迁小区，物业服务收费执行市场调节价，由业主与物业服务企业在物业服务合同中约定。

三、修订并发布了《关于简化程序方便应急情况下使用住宅专项维修资金有关问题的通知》(京建法〔2013〕20号)

为进一步规范我市住宅专项维修资金的使用，加强监管，提高资金的使用效率，按照国务院继续加强政府“放、管、服”的工作要求，市住建委会同市财政局、市住房资金管理中心共同对《关于简化程序方便应急情况下使用住宅专项维修资金有关问题的通知》（京建法〔2013〕20号）进行了修订。

北京市《关于简化程序方便应急情况下使用住宅专项维修资金有关问题的通知》（京建法〔2013〕20号）于2013年11月28日正式印发实施。《通知》明确规定了屋面防水损坏造成渗漏、电梯故障危及人身安全等六种情形可应急使用专项维修资金的情形，同时明确了各种情况下应急使用维修资金的申请主体和受理部门，并简化申请程序，缩短付款时间。经过近三年的时间，该文件执行情况良好，对住宅专项维修资金的应急支取使用起到了良好的推动和规范作用。此次修订将进一步完善申请和审核流程，有效地推动住宅专项维修资金的使用效率的进一步提升，同时持续推进政府简政放权、放管结合、优化服务，切实保障我市住宅专项维修资金相关工作持续健康发展。

四、配合研究地下管线安全管理问题

2016年7月，会同市发改委、市财政局、市规划国土委、市城市管理委、市水务局、市经信委等部门共同研究，形成了《加强本市居住小区管线及设施设备管理的意见》（征求意见稿），通过小区管线信息普查，理清小区管线产权关系，按照“谁收费、谁管理、谁负责”的原则，分类做好小区管线产权的界定、移交、管理责任划分等工作。符合产权移交条件的，小区管线本着“边查边交”的原则，查清一项移交一项，查清一个小区移交一个小区。暂不具备产权移交条件的小区要明确各方运营、维护、更新改造责任，逐步将小区管线产权移交给运行管理单位。各类小区管线有产权单位的，由产权单位与管线专业管理单位办理固定资产移交手续；无产权单位的或产权不明确的，由街乡（镇）向管线运行管理单位出具《产权移交函》，完成移交工作，实现小区管线管理的专业化。

第三节 物业服务监管

一、强化物业企业资质监管

截至2016年12月，为规范物业服务企业、项目负责人的经营和职业行为，推动物业服务行业信用体系建设，共为134家物业服务企业开具了诚信证明。共完成一级资质申报25家，完成一级资质变更65家。另外，调整了物业服务企业资质审查条件的口径，即在审查新设立企业和企业资质升级时，不再审查物业管理企业经理、部门经理、管理人员的岗位证书；不再审查物业服务企业的注册资本金额，也不再要求提供验资证明等。完成了物业服务企业资质审批公共服务事项目录梳理工作。

二、组织物业管理项目检查工作

结合季节特点，两节、两会，敏感时期和重大政治活动等对安全工作的要求，以防汛、违建、有限空间、消防设施设备等为重点，组织专项检查。2016年12月，结合中央环保督察组第0002-1号信访举报案件情况，对全市各区物业服务企业开展基站安装，地下室使用，有害物质加工、经营，以及其他事项的排查工作。依据市长热线、区里反映、业主信访、投诉、媒体曝光和领导交办的情况，抓好对物业服务品质低、服务行业不规范项目的重点检查，对问题严重的项目进行媒体曝光和行政记分处理。截至2016年底，共检查112个项目，对15个项目进行了责令整改，对3个项目和物业服务企业进行了记分处理。

三、开展安全生产培训

2016年5至6月，会同市安全生产监督管理局、市质量技术监督局、市公安局消防局及各区住房城乡（市）建设委（房管局）开展维修资金和安全生产实务培训，培训对象覆盖全市十七个区物业项目负责人及部分街道办事处工作人员。培训共开展22场，参训人数超过7500名，且在培训后当场组织笔试，并发放培训记录，作为日常监管的依据。

四、安全生产标准化二级评审工作

按照《北京市物业管理综合楼宇项目二级安全生产标准化评审管理办法》(京建发［2015］380号）文件要求，分上、下半年进行两批标准化二级评审工作。2016年共有113个项目提交评审资料，初审后78个项目符合现场评审要求，经现场评审32个项目达到“北京市综合楼宇项目二级安全生产标准化”标准。

第四节　物业服务评估监理

一、培育物业服务评估监理机构

截至2016年底，北京市有备案物业服务评估监理机构50家。物业管理行业专家390人，其中综合类专家206人，专业类（土建、电气、暖通、给排水、结构、经济、财务等7类）专家173人，综合及专业双重专家11人。完成评估业务343个，其中物业服务费用评估项目306个（抽取39个，新增267个）；物业服务质量评估项目2个；物业项目承接查验评估项目35个。

二、推动物业服务评估监理市场化发展，加强物业服务评估监理机构管理

2016年，发布了《关于加强物业服务评估监理机构管理有关问题的通知》（京建法〔2016〕11号），规定自2016年6月1日起，建设单位在委托物业服务评估监理机构对前期物业服务费用进行评估时，不再通过摇号方式确定机构，可以通过市场方式自行确定；将建立并完善物业服务评估监理机构信用档案，加强对评估监理机构事中、事后监管。开展评估机构备案核查，对21家评估机构的办公场所、专职从业人员情况、业务开展情况等进行了实地核查，并征询了机构对行业发展的意见和建议；对评估机构各类信息进行核实及更新，在物业动态监管系统中办理了34家机构的法人、从业人员、办公地址、联系电话等变更38次，基本解决了评估机构实际情况与物业管理动态监管系统记载信息不一致问题。

第五节　舆情反映的物业管理纠纷处置

一、建立舆情反映的物业管理纠纷快速反馈机制

每日对报纸、网络等媒体的舆情进行监测，协同各区县对舆情报道逐一调查处理，对于小客车自用充电设施安装、小区宽带接入等问题由市级主管部门直接协调处理。对物业服务不到位、侵害业主利益的企业，由属地区县予以约谈告诫，督促限期整改，依法处理和处罚；对非物业管理的问题，要求企业做好解释和协调，必要时移送相关主管部门处理；定期对舆情反映出的共性问题进行汇总分析，会同相关部门研究解决措施。

二、58件舆情反映的问题均已解决

各类媒体全年共报道物业管理类舆情58件，市住房和城乡建设委员会同相关区县对舆情反映的问题均进行了调查处理，舆情处理完成率达100%。58件舆情体现出目前全市物业服务领域的共性和个性问题，其中四类问题具有普遍性和规律性：一是小客车自用充电设施安装问题，二是小区宽带接入问题，三是物业项目交接问题，四是小区地上停车收费问题。针对上述问题，已经出台了相应的管理措施，使物业

服务更好的满足广大业主需求。

第六节　商品住宅专项维修资金管理

2016年，修订并发布了《关于简化程序方便应急情况下使用住宅专项维修资金有关问题的通知》（京建法〔2013〕20号），取消了企业名录；起草了加强维修资金使用管理的通知。截至2016年12月底，我市已累计归集商品住宅专项维修资金449亿元，归集套数339.06万套，其中本年度归集资金27.21亿元、15.21万套。共有4160个小区使用商品住宅专项维修资金27.54亿元，本年度使用资金6.79亿元，比上年增加0.67亿元。共有299个小区将商品住宅专项维修资金划转至业主大会开户银行，累计划转资金27.57亿元，本年度划转资金1.8亿元。

表10-1　2001-2016年北京市住宅专项维修资金归集金额统计（单位：亿元）

年份	2000	2001	2002	2003	2004	2005	2006	2007	2008	2009	2010	2011	2012	2013	2014	2015	2016	合计
金额	2.29	3.7	7.77	11.87	17.72	43.18	33.92	34.26	30.66	37.08	48.6	32.26	29.09	33.08	28.37	27.79	27.21	449

注：本市自2000年2月13日开始对1999年1月1日以后售出的新建商品住宅（含经济适用住房）归集专项维修资金。归集金额均以2000年至2016年实际归集到“北京市住宅专项维修资金专用银行账户”的金额统计。

第七节　市级示范物业服务项目评选

全市共有94个项目参评，经专家全面考评，88个被评为全市物业管理示范项目。其中，“北京市四星级物业管理示范项目”67个（见表10-2），“北京市五星级物业管理示范项目”21个（见表10-3）。

表10-2　2016年度北京市物业管理示范项目（四星级）

一、四星级住宅小区		
1	木樨地小区	北京首华物业管理有限公司
2	金贸大厦	北京韩建物业管理服务有限公司
3	上地佳园	北京实创科技园经营服务公司
4	温泉凯盛家园	北京宝景物业管理有限公司

（续表 10-2）

一、四星级住宅小区		
5	中海馥园	北京中海物业管理公司
6	上第 MOMA	第一物业（北京）股份有限公司
7	熙典华庭（唐宁 ONE）	北京龙湖物业服务有限公司
8	文龙家园	北京城承物业管理有限责任公司
9	B25 小区（华鼎世家）	北京望京实业总公司
10	北苑北辰居住区（天乐园）	北京信和物业管理有限责任公司
11	罗马花园	北京金罗马物业管理有限公司
12	新华联丽港中心	北京悦豪物业管理有限公司
13	紫玉山庄	北京集祥物业管理有限公司
14	华贸中心住宅及配套	北京华贸第一太平物业管理有限公司
15	北京市朝阳区八里庄东里甲 1 号院（东恒时代 AB 区组团）	北京华泰龙安物业管理有限责任公司
16	北京市朝阳区力源里 7 号（东恒时代）	北京华泰龙安物业管理有限责任公司
17	通惠家园 B、C 区（壹线国际）	北京亿方物业管理有限责任公司
18	和谐雅园小区	北京茂苑物业管理有限公司
19	新华联丽景家园	北京悦豪物业管理有限公司
20	嘉业大厦二期	北京金隅大成物业管理有限公司
21	紫芳园四区（璞瑅）	北京方庄物业管理有限责任公司
22	万芳园二区	北京兴邦物业管理有限责任公司
23	樊羊路 15 号院	北京兴邦物业管理有限责任公司
24	西府颐园	北京中原华夏物业管理有限公司
25	建邦华府	北京建工物业服务有限公司
26	石门营 A-4 地块安置房	北京燕京都物业管理有限公司
27	颐景润园	北京鲁能物业服务有限责任公司
28	高丽营住宅小区二期工程	第一物业（北京）股份有限公司
29	新干线家园一区	北京悦豪物业管理有限公司
30	兴业嘉园	北京深长城物业管理有限公司
31	理想城派郡	北京鸿坤瑞邦物业管理有限公司
32	理想城大满贯	北京鸿坤瑞邦物业管理有限公司
33	时代龙和大道	北京亿方物业管理有限公司
34	理想城-礼域府	北京鸿坤瑞邦物业管理有限公司
35	天恒别墅山	北京市鼎泽物业管理有限责任公司

（续表 10-2）

二、四星级大厦		
1	中国进出口银行	北京中天如日物业公司
2	五矿广场	北京世邦魏理仕物业管理服务有限公司
3	中央机构编制委员会办公室	北京国广物业管理公司
4	西环广场	北京金融街第一太平戴维斯物业管理有限公司
5	工业和信息化部综合办公业务楼	北京中湾智地物业管理有限公司
6	北京天桥艺术大厦	北京金融街物业管理有限责任公司
7	中国商标大楼	北京信科联物业管理有限公司
8	北京方恒国际中心 A2 办公楼	北京方恒第一太平物业管理有限公司
9	房地置业大厦	北京房地集团有限公司
10	华堂商厦（亚运村店）	北京天诺物业管理有限责任公司
11	中国化工大厦	北京中亚远恒物业管理有限公司
12	商务中心区国际大厦	北京金利第一太平戴维斯物业管理有限公司
13	都城伟业集团有限公司办公楼	北京鲁能物业服务有限责任公司
14	国电电力办公楼	国电兴业（北京）物业管理有限公司
15	国防科工局机关办公楼	北京中际北视物业管理有限公司
16	国家自然科学基金委员会办公楼	北京经中太联物业管理有限公司
17	中关村瀚海国际大厦	北京经中太联首源物业管理有限公司
18	上地科技综合楼	北京实创科技园经营服务公司
19	北科大厦	北京燕科物业管理有限责任公司
20	广联达信息大厦	北京信科联物业管理有限公司
21	清华大学新清华学堂校史馆蒙民伟音乐厅	北京中水物业管理有限公司
22	招商大厦	北京亿展资产管理有限公司
23	中国科学院物理研究所新科研园区	北京科住物业管理有限公司
24	中国测绘创新基地	北京亿展资产管理有限公司
25	孵化加速器大厦	北京中关村鸿嘉物业服务有限公司
26	融科创意中心	第一太平融科物业管理（北京）有限公司
27	国家体育总局射击箭运动管理中心	北京华体世纪物业管理有限公司
28	大成时代	北京金隅大成物业管理有限公司
29	旭辉空港中心	上海永升物业管理有限公司
30	北京市公安局经济技术开发区分局	北京亿展资产管理有限公司
31	亦城国际中心	北京亦庄置业有限公司
三、四星级工业区		
1	北科院永丰产业园	北京燕科物业管理有限公司

表 10-3　2016 年度北京市物业管理示范项目（五星级）

一、五星级住宅小区		
1	原叶美苑	北京城承物业管理有限责任公司
2	新科祥园小区	北京裕展物业管理公司
二、五星级大厦		
1	中国农业银行农银大厦北楼	北京中际北视物业公司
2	中青旅大厦	北京世邦魏理仕物业管理服务有限公司
3	中国广播电视音像资料馆	北京中广物业管理有限公司
4	中化大厦	中化金茂物业管理（北京）有限公司
5	中国移动创新大楼	北京信捷苑物业管理有限公司
6	中国人寿中心	国寿物业管理有限公司
7	北京银行总行办公楼	北京招商局物业管理有限公司
8	太平洋保险大厦	北京世邦魏理仕物业管理服务有限公司
9	锦什坊街叁拾伍号	北京仲量联行物业管理服务有限公司
10	新盛大厦	北京金融街第一太平戴维斯物业管理有限公司
11	德胜尚城	北京金融街物业管理有限责任公司
12	中国科学院遗传与发育生物学研究所奥运村办公区	北京信科联物业管理有限公司
13	北京电视台	北京天鸿宝地物业管理经营有限公司
14	金长安大厦	北京澳西物业管理有限公司
15	搜狐网络大厦	北京华清物业管理有限责任公司
16	致真大厦	北京中湾智地物业管理有限公司
17	中铁建设大厦	中铁建设集团物业管理有限公司
18	中石油科技园 A12 地块项目	北京华服物业管理有限责任公司
19	朝林广场 A 座	北京朝林泓泽物业管理有限公司

第八节　其他工作

一、物业管理区域小客车自用充电设施安装

为配合新能源汽车发展工作，推动“蓝天”计划落实，做好物业管理区域新能源小客车自用充电设施的安装工作，物业服务指导中心加大对物业企业的培训、宣传和奖励力度，积极协调解决物业小区内新能源小客车充电桩安装过程中的矛盾纠纷，促进新能源汽车的推广。截至 2016 年底，累计 5404 个小区安装了自用充电桩，完成了 330 个小区电源条件改造工程。

二、开展居住类物业项目专项调查

针对北京市居住类物业存在年代跨度大、体量大、产权和使用人状况复杂、维修资金使用状况和设备损耗状况复杂等特点，为掌握北京市居住类物业服务项目的基本情况，进一步提高物业行业信息化水平，委托专业调查机构开展居住类物业服务项目调查工作，截至 2016 年底已完成全市 6152 个小区的现场调查工作。

三、协调配合光纤入户工作

为响应“宽带中国”战略，加快完善居住小区电信服务工作，2016 年 5 月，物业服务指导中心会同北京市通管局、北京市经信委联合研究出台《关于推进实施物业管理居住小区宽带接入的通知》（京建发［2016］198 号），要求物业企业打破宽带垄断，配合做好光纤入户工作，对于通信运营商反映的存在物业企业阻挠光纤入户现象的小区，认真核实情况，积极协调处理。截至年底，共处理北京移动上报难点项目 247 个，通管局转办件 19 件，光纤改造类投诉 28 件。

第十一章
住房制度改革与不动产登记

第一节 住房制度改革

一、存量公房改革

（一）公有住房出售

截至2016年底，本市累计售房面积14388.04万平方米，占可售公房总量的95.86%。2016年全市690家单位出售公有住房105.6万平方米，1.39万套。其中，中央单位266家，面积36.4万平方米，住房3872套；市属单位247家，面积47.6万平方米，住房6705套；区属单位158家，面积17.2万平方米及住房3038套（其余为军队售房和部级干部售房，涉密不宜公开）。

积极协助在京中央和国家机关做好其职工已购公房腾退工作。2016年11月9日，市住建委与市规划国土委联合印发了《关于协助在京中央和国家机关做好职工已购公有住房腾退工作的通知》（京建发〔2016〕405号），规范在京中央单位腾退职工已购公房的备案程序，明确房改售房备案和不动产登记过程中的提交材料，有效地支持了在京中央单位房改工作。

针对房改售房过程中单位产权不清等遗留问题，为维护房改购房群众合法权益，2016年市住建委住房制度改革处与市规划国土委不动产登记处共同研究了按具结方式房改售房办理不动产登记的操作程序，明确了办理的条件和程序。

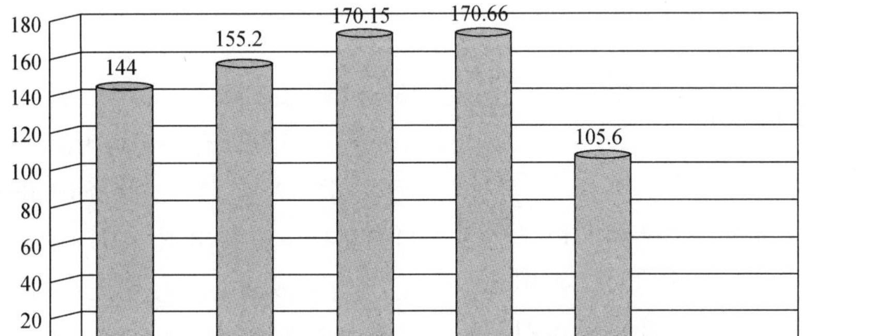

图11-1 2012-2016年北京市房改售房情况

（二）公有住房调整

2016年各区房改部门总计核准251家单位调整公有住房方案，涉及住房1710套，面积11.14万平方米。其中，中央单位分配职工住宅后，按房改成本价、经济适用住房价格为职工调整住房，共计236家，涉及住房1680套，面积10.96万平方米，占调房总量的98.3%；市属单位13家，涉及住房24套，面积0.16万平方米，占当年调房总量的1.4%；区属单位3家，涉及住房6套，面积0.03万平方米，占当年调房总量的0.3%。

二、住房分配货币化

2016年全市机关事业单位为27.9万人发放

住房补贴，涉及资金83.11亿元。其中市级发放11.73万人，涉及资金23.98亿元；城六区发放12.86万人，涉及资金28.33亿元。远郊各区中顺义区进展迅速，2016年8月22日印发工作方案及实施细则，正式启动住房补贴发放工作，目前已全面落实发放住房补贴，涉及发放人数3.3万人，涉及资金30.8亿元。通州区各单位已完成补贴数据公示，全区需财政拨付资金余额9.8亿元，下一步将落实发放工作。大兴区按照计划首先落实发放退休职工住房补贴，目前已发放三批试点单位退休职工5002人，涉及资金2.55亿元。昌平区、门头沟区目前正在进行试点单位上报材料的审核工作。

表11-1　2016年北京市住房补贴发放情况统计

	发放人数（万人）	发放金额（亿元）
市　级	11.73	23.98
东城区	1.74	3.53
西城区	2.26	5.51
朝阳区	3.09	5.89
海淀区	2.89	6.66
丰台区	2.08	5.14
石景山区	0.77	3.08
顺义区	3.3	30.8
合　计	27.9	83.11

三、集资合作建房监管

按照国家和我市的有关政策，做好集资合作建房遗留项目善后收尾工作，继续严格复核集资建房遗留项目，全年审核通过了1个遗留项目的集资建房方案，涉及住宅建筑面积6.2158万平方米。为12家住宅合作社办理了年检审查备案工作。委托会计事务所对市属13家住宅合作社进行了专项审计。

四、公有住房售房款和维修资金管理

按照政策规定，公有住房售后维修资金在市住房资金管理中心专户存储、专项使用。截至2016年年底，累计归集公有住房售房款538.61亿元，支取461.58亿元，余额77.02亿元；累计归集公有住宅专项维修资金77.77亿元，支取17.72亿元，余额60.06亿元；本年度归集公有住房售房款3.66亿元，支取6.06亿元，年内净增额-2.41亿元；本年度归集公有住宅专项维修资金2.14亿元，支取2.63亿元，年内净增额-0.49亿元。

截至2016年年底，本市累计共有1143家企业支取售房款70147.11万元。2016年本市共有38家企业支取售房款3441.31万元。其中，15家市属企业支取售房款508.44万元，23家区属企业支取售房款2932.87万元。上述资金主要用于：电梯更新维修91部，楼面及屋顶防水维修21124平方米等事项。

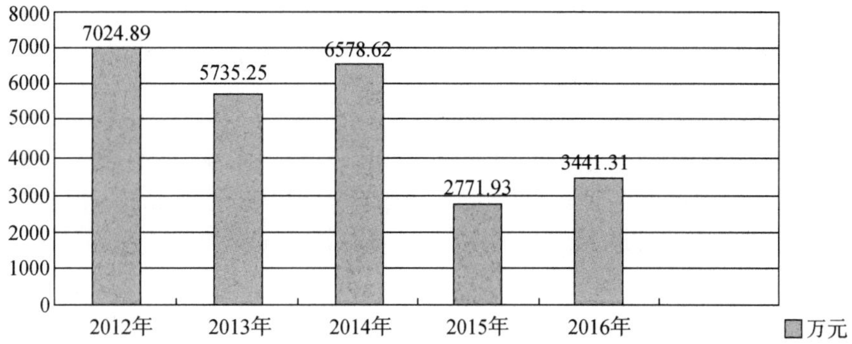

图 11-2　2012-2016 年北京市单位售房款支取情况对比

2016 年各区房管部门共审核批准 211 家企业支取售后公有住房专项维修资金 4381.91 万元。主要用于屋面防水维修 16.77 万平方米，133 部电梯更新改造，30 部电梯维修改造，其余资金用于内外墙粉刷、供水管道维修、排水管道维修等事项。

第二节　不动产登记

一、概况

（一）完善制度，全面保障登记工作规范化建设有条不紊

1. 完成登记规范制定及业务培训工作。为规范登记行为，更好地实施统一登记制度，制定《北京市不动产登记工作规范（试行）》。为落实取消继承权公证书作为继承（受遗赠）不动产登记申请必要材料的政策变化，制定《北京市（继承）受遗赠不动产登记工作程序（试行）》。两个文件于 11 月 25 日印发，并对全市不动产登记工作人员 1100 余人进行了新规范的业务知识培训。

2. 做好登记信息化建设。一是做好升级和完善过渡期不动产登记信息系统功能的工作，实现接收存量房网签系统推送的非交易权属系统、非不动产登记系统发证房屋数据，增加登记部门核查、反馈数据的各项功能，为存量房房源核验职责分工的实现提供系统支撑。二是制定《北京市不动产历史登记档案整合工作方案》《北京市不动产登记历史数据整合工作技术方案》，完成全市不动产历史数据整合招投标工作。

（二）权责一致，积极对接各不动产管理部门相关数据

1. 林权纳入统一登记进入实施阶段。经过多次调研，全面了解了原有林权登记情况，对原有发证档案进行了摸底调查。12 月 6 日，市规划国土委与市园林局联合印发《关于做好林权登记资料移交工作的通知》，下发《北京市林权登记资料移交工作方案（试行）》。方案规定了资料移交工作目标、基本原则、移交范围与内容，并明确了具体的工作要求和时间安排。12 月 20 日，市规划国土委会同市园林局召开全市林权登记资料移交工作部署会。至此，林权纳入统一登记正式进入实施阶段。

2. 两委联席会成为解决疑难问题重要平台。市规划国土委会同市住房城乡建设委建立疑难

问题协商联席会制度，自统一登记后已召开过4期。市规划国土委作为登记工作牵头部门，积极收集上会议题，主动对接联席会成员单位。参会部门始终坚持及时沟通共同协商、积极履职依法行政和便民利民对接顺畅的原则，对日常工作中遇到的难点疑点重点问题进行集中商议，通过完善工作程序措施、出具职责部门认定意见以及建立部门间信息沟通机制等方式，对具体问题提出针对性解决措施。

二、不动产登记情况

（一）国有建设用地使用权及房屋所有权登记

2016年，全市共办理国有建设用地使用权及房屋所有权登记业务619951件，宗地面积3281.4616公顷，房屋（建筑物、构筑物）建筑面积10982.7386万平方米。其中国有建设用地使用权初始登记业务517件，宗地面积1327.4764公顷。国有建设用地上房屋（建筑物、构筑物）所有权初始登记2993件，房屋（建筑物、构筑物）建筑面积2922.4642万平方米。国有建设用地使用权及房屋所有权变更登记36191件，宗地面积1310.2871公顷，房屋（建筑物、构筑物）建筑面积2379.3109万平方米。国有建设用地使用权及房屋所有权转移登记577976件，宗地面积355.861公顷，房屋（建筑物、构筑物）建筑面积5639.596万平方米。国有建设用地使用权及房屋所有权注销登记2274件，宗地面积287.8371公顷，房屋（建筑物、构筑物）建筑面积41.3675万平方米。2016年全年各区不动产登记事务中心办理国有建设用地使用权及房屋所有权登记数据统计情况见表11-2。

（二）集体土地所有权登记

2016年，全市共办理集体土地所有权登记业务88件，宗地面积2947.8866公顷。其中集体土地所有权初始登记20件，宗地面积775.6119公顷。集体土地所有权变更登记57件，宗地面积1829.2357公顷。集体土地所有权转移登记4件，宗地面积0.1244公顷。集体土地所有权注销登记7件，宗地面积342.9146公顷。

（三）集体建设用地使用权及房屋所有权登记

2016年，全市共办理集体建设用地使用权及房屋所有权登记业务19件，宗地面积48.0651公顷。其中集体建设用地使用权初始登记17件，宗地面积35.8382公顷。集体建设用地使用权及房屋所有权变更登记2件，宗地面积12.2269公顷。

（四）抵押权登记

2016年，全市共办理抵押权登记业务600327件，宗地面积14131.888公顷，房屋（建筑物、构筑物）建筑面积13976.05万平方米，被担保的主债权数额990901.581亿元。

1. 抵押权设立登记（含最高额抵押权设立登记）

2016年，全市共办理抵押权设立登记（含最高额抵押权设立登记）业务366899件，宗地面积6147.4263公顷，被抵押房屋（建筑物、构筑物）建筑面积7394.0724万平方米，被担保的主债权数额960152.163亿元。2016年各区不动产登记部门办理抵押权设立登记（含最高额抵押权设立登记）数据统计情况见表11-3。

表 11-2 2016 年北京市各区国有建设用地使用权及房屋所有权登记数据统计

项目	(一) 国有建设用地使用权及房屋所有权登记														
	1. 国有建设用地使用权及房屋所有权初始登记						2. 国有建设用地使用权及房屋所有权变更登记			3. 国有建设用地使用权及房屋所有权转移登记			4. 国有建设用地使用权及房屋所有权注销登记		
	(1) 国有建设用地使用权初始登记			(2) 房屋(建筑物、构筑物)所有权初始登记											
	业务数（件）	宗地面积（公顷）	房屋（建筑物、构筑物）建筑面积（万平方米）	业务数（件）	宗地面积（公顷）	房屋（建筑物、构筑物）建筑面积（万平方米）	业务数（件）	宗地面积（公顷）	房屋（建筑物、构筑物）建筑面积（万平方米）	业务数（件）	宗地面积（公顷）	房屋（建筑物、构筑物）建筑面积（万平方米）	业务数（件）	宗地面积（公顷）	房屋（建筑物、构筑物）建筑面积（万平方米）
甲	1	2	3	4	5	6	7	8	9	10	11	12	13	14	15
总计	517	1327.4764	0.0000	2993	0.0000	2922.4642	36191	1310.2871	2379.3109	577976	355.8610	5639.5960	2274	287.8371	41.3675
东城	11	1.3900	0.0000	8	0.0000	6.0646	1409	7.2200	72.9471	18399	82.2100	157.1870	30	0.0000	0.2640
西城	28	4.8300	0.0000	10	0.0000	22.8135	1298	6.2400	71.2299	28400	53.1900	220.7820	55	0.0000	0.3736
朝阳	80	135.5836	0.0000	521	0.0000	250.0269	18661	172.6410	670.3757	133934	2.7957	1325.1270	181	230.2808	4.1416
丰台	37	160.7955	0.0000	307	0.0000	232.5277	2658	43.9143	81.4543	56162	59.1110	492.3314	480	0.0000	1.5563
石景山	26	44.1500	0.0000	52	0.0000	58.5434	688	50.3800	13.5657	17970		162.3010	29	0.9400	0.5033
海淀	46	57.4921	0.0000	162	0.0000	237.9674	4310	53.4142	383.7019	57498	0.5605	558.0416	92	12.9795	6.0541
门头沟	27	82.5687	0.0000	97	0.0000	86.7020	210	19.7186	12.6041	5117	0.7659	49.9810	123	5.2769	1.7010
房山	46	175.5931	0.0000	273	0.0000	187.0899	656	53.8678	21.4123	39311	0.2470	340.2771	189	1.6758	1.3735
通州	50	100.7469	0.0000	411	0.0000	459.1578	1608	133.5018	96.1027	40258	31.3786	378.5777	635	18.9379	4.9094
顺义	24	75.30825	0.0000	119	0.0000	186.2277	1115	230.7820	276.6057	33708	46.3576	392.0469	13	3.8002	1.8543
昌平	41	119.3549	0.0000	490	0.0000	300.6604	2074	108.7492	134.6834	54225	2.8259	576.0947	164	0.0000	2.9395
大兴	44	207.0951	0.0000	264	0.0000	431.8391	54	188.5244	361.4274	53901	2.6918	509.2985	112	0.0000	11.3108
怀柔	6	16.8942	0.0000	57	0.0000	53.1820	214	76.4782	12.5190	7152	17.2664	80.9923	12	3.3678	0.4320
平谷	22	49.2044	0.0000	136	0.0000	72.3991	200	46.3003	22.0974	7725		83.2966	26	1.2549	0.7419
密云	7	14.0733	0.0000	19	0.0000	96.8692	531	71.8215	59.5532	11271	6.1642	113.3970	6	2.9550	0.4685
延庆	15	55.7284	0.0000	10	0.0000	9.7417	125	16.4137	3.4598	4075	6.1901	39.3401	117	1.4867	0.5465
开发区	7	26.6679	0.0000	57	0.0000	230.6518	380	30.3201	85.5713	8870	44.1062	160.5241	10	4.8816	2.1972

表 11-3 2016 年北京市各区抵押权设立登记(含最高额抵押权设立登记)数据统计

项目	1. 国有建设用地使用权抵押权设立登记			2. 国有建设用地房屋在建工程抵押权设立登记				3. 国有建设用地房屋抵押权设立登记			
	业务数(件)	宗地面积(公顷)	被担保的主债权数额(亿元)	业务数(件)	宗地面积(公顷)	房屋(建筑物、构筑物)建筑面积(万平方米)	被担保的主债权数额(亿元)	业务数(件)	宗地面积(公顷)	房屋(建筑物、构筑物)建筑面积(万平方米)	被担保的主债权数额(亿元)
甲	1	2	3	4	5	6	7	8	9	10	11
总计	2075	6012.3802	870372.8329	43	135.0461	0	347.1078	364781		7394.0724	89432.2224
东城	192	79.5100	4275.7700	0	0.0000	0.0000	0.0000	12988	0.0000	360.0092	3862.5513
西城	150	116.2900	490.7000	0	0.0000	0.0000	0.0000	17221	0.0000	280.5156	1719.6051
朝阳	298	939.5637	384169.3240	0	0.0000	0.0000	0.0000	95862	0.0000	1866.8240	67890.5443
丰台	81	253.4316	30790.9615	0	0.0000	0.0000	0.0000	32929	0.0000	558.4430	2090.4152
石景山	7	19.5600	124.9200	0	0.0000	0.0000	0.0000	10527	0.0000	110.3806	414.8766
海淀	23	90.6347	8212.9641	0	0.0000	0.0000	0.0000	39804	0.0000	761.9984	5760.7316
门头沟	15	63.6636	300188.2800	0	0.0000	0.0000	0.0000	3616	0.0000	49.8776	127.5691
房山	80	204.2861	112674.1436	0	0.0000	0.0000	0.0000	16378	0.0000	220.7591	401.1284
通州	211	882.2121	804.4902	0	0.0000	0.0000	0.0000	26350	0.0000	466.3413	1502.3079
顺义	218	1157.0720	271.6742	0	0.0000	0.0000	0.0000	19432	0.0000	563.8102	1132.4581
昌平	103	536.2574	680.9541	0	0.0000	0.0000	0.0000	35871	0.0000	497.9634	802.7347
大兴	258	523.0904	1999.0645	31	87.1777	0.0000	272.2991	29208	0.0000	653.8451	1667.1892
怀柔	132	248.6395	142.4527	0	0.0000	0.0000	0.0000	3549	0.0000	104.3850	452.8375
平谷	45	135.4454	24416.1653	0	0.0000	0.0000	0.0000	5695	0.0000	147.6816	544.1394
密云	95	232.7501	604.1651	0	0.0000	0.0000	0.0000	7557	0.0000	121.4557	329.9925
延庆	27	71.2358	5.6507	0	0.0000	0.0000	0.0000	3334	0.0000	58.8650	63.2494
开发区	140	458.7378	521.152919	12	47.8684	0.0000	74.8087	4460	0.0000	570.9176	669.8921

2. 抵押权变更登记

2016年，全市共办理抵押权变更登记业务1203件，宗地面积874.6047公顷，房屋（建筑物、构筑物）建筑面积213.9397万平方米，被担保的主债权数额8634.6359亿元。2016年各区不动产登记部门办理抵押权变更登记数据统计情况见表11-4。

表11-4 2016年北京市各区抵押权变更登记数据统计

	业务数（件）	宗地面积（公顷）	房屋（建筑物、构筑物）建筑面积（万平方米）	被担保的主债权数额（亿元）
总计	1203	874.6047	213.9397	8634.6359
东城	99	17.8200	28.6668	209.4852
西城	42	1.5800	7.8856	47.3999
朝阳	367	82.9861	58.8591	1532.7716
丰台	109	60.4219	25.7038	263.4045
石景山	20	2.3300	1.3430	17.8269
海淀	123	35.9244	27.0460	702.1953
门头沟	6		0.6941	0.0816
房山	52	18.3723	2.8788	4525.2693
通州	129	266.4003	19.3515	838.3255
顺义	44	85.7803	15.7036	66.6589
昌平	100	123.1974	3.5768	139.8968
大兴	31	66.2744	4.6746	1.7882
怀柔	14	7.4693	3.9962	16.9460
平谷	16	16.5402	0.7064	176.5550
密云	12	37.1970	3.7885	25.7580
延庆	14	7.2746	0.3071	7.9570
开发区	25	45.0366	8.7578	62.3162

3. 抵押权转移登记

2016年，全市共办理抵押权转移登记业务13件，宗地面积13.4445公顷，房屋（建筑物、构筑物）建筑面积0.1814万平方米，被担保的主债权数额15.1251亿元。

4. 抵押权注销登记

2016年，全市共办理抵押权注销登记业务数231888件，宗地面积6191.4829公顷，房屋（建筑物、构筑物）建筑面积6321.518万平方米，被担保的主债权数额21359.0752亿元。2016年各区不动产登记部门办理抵押权注销登记数据统计情况见表11-5。

表 11-5　2016 年北京市各区抵押权注销登记数据统计

	业务数（件）	宗地面积（公顷）	房屋（建筑物、构筑物）建筑面积（万平方米）	被担保的主债权数额（亿元）
总计	231888	6191.4829	6321.5180	21359.0752
东城	7851	64.3800	443.7192	1631.2306
西城	8734	87.8500	215.6128	729.4418
朝阳	65612	1286.4822	1408.9837	8486.9781
丰台	24283	240.0785	516.4942	1165.5929
石景山	5892	80.0200	74.1296	296.0331
海淀	25698	45.3933	698.2216	3353.2232
门头沟	1634	61.2592	35.9440	69.9270
房山	10837	208.5374	161.9981	421.7558
通州	17299	1187.9556	385.3805	1636.6778
顺义	11410	1357.7414	417.5744	702.7190
昌平	22047	229.7020	379.4372	464.2537
大兴	14968	574.2598	452.0967	1103.5136
怀柔	2966	225.1802	82.8607	456.7766
平谷	2348	176.0402	96.4664	331.1764
密云	4712	232.4233	97.6209	97.6834
延庆	2334	74.1877	52.9400	52.7369
开发区	3263	59.9920	802.0380	359.3553

5. 最高额抵押权确定登记

2016 年，全市共办理最高额抵押权确定登记业务数 324 件，宗地面积 904.9296 公顷，房屋（建筑物、构筑物）建筑面积 46.3475 万平方米，被担保的主债权数额 740.5819 亿元。

（五）预告登记

2016 年，全市共办理预购商品房预告登记设立登记业务数 1064 件，房屋（建筑物、构筑物）建筑面积 11.0206 万平方米。共办理预购商品房预告登记注销登记业务数 4 件，房屋（建筑物、构筑物）建筑面积 0.1054 万平方米。共办理预购商品房抵押权预告登记设立登记业务数 1044 件，房屋（建筑物、构筑物）建筑面积 15.6488 万平方米，被担保的主债权数额 35.0848 亿元。共办理预购商品房抵押权预告登记注销登记业务数 197 件，房屋（建筑物、构筑物）建筑面积 2.7188 万平方，被担保的主债权数额 0.2244 亿元。

（六）更正登记

2016 年，全市共办理更正登记业务数 9499 件，宗地面积 934.6973 公顷，房屋（建筑物、构筑物）建筑面积 174.2656 万平方米。

表 11-6　2016 年北京市各区登记情况

	更正登记		
	业务数（件）	宗地面积（公顷）	房屋（建筑物、构筑物）建筑面积（万平方米）
甲	1	2	3
总计	9499	934. 6973	174. 2656
东城	187	0. 0000	9. 1395
西城	422	0. 0000	5. 9295
朝阳	1447	1. 7574	23. 2138
丰台	1330	145. 7715	27. 8364
石景山	76	0. 0000	0. 6263
海淀	570	0. 0000	21. 8345
门头沟	54	751. 7925	1. 1472
房山	181	0. 0000	5. 6580
通州	270	0. 0000	10. 4055
顺义	95	0. 0000	5. 0901
昌平	4199	0. 0000	51. 0969
大兴	402	0. 0000	4. 0278
怀柔	61	0. 0000	1. 4073
平谷	31	0. 0000	0. 4426
密云	106	34. 4855	1. 3609
延庆	39	0. 8904	0. 8319
开发区	29	0. 0000	4. 2174

（七）异议登记

2016 年，全市共办理异议登记设立业务数 607 件，房屋（建筑物、构筑物）建筑面积 6. 7595 万平方米，共办理异议登记注销业务数 465 件，房屋（建筑物、构筑物）建筑面积 4. 7363 万平方米。

（八）查封登记

2016 年，全市共办理查封登记业务数 21081 件，宗地面积 856. 0582 公顷，房屋（建筑物、构筑物）建筑面积 1501. 8631 万平方米。

（九）补换证登记

2016 年，全市共办理补换证登记业务数 16335 件，宗地面积 195. 1793 公顷，房屋（建筑物、构筑物）建筑面积 471. 2125 万平方米。2016 年各区不动产登记部门办理补换证登记数据统计情况见表 11-7。

表 11-7　2016 年北京市各区补换证登记数据统计

	业务数（件）	宗地面积（公顷）	房屋（建筑物、构筑物）建筑面积（万平方米）
总计	16335	195.1793	471.2125
东城	980	0.3700	23.0270
西城	945	0.0500	23.5765
朝阳	2264	6.7071	94.4020
丰台	1359	1.1219	40.1835
石景山	223	1.3000	2.9662
海淀	1569	0.3042	30.1041
门头沟	259	0.0000	6.1575
房山	829	38.4921	55.8802
通州	1550	13.1555	25.6048
顺义	262	33.2317	24.1560
昌平	4064	0.3457	62.4017
大兴	421	55.1216	16.4785
怀柔	424	0.7081	11.6981
平谷	204	42.3637	3.0009
密云	612	0.0000	28.3928
延庆	188	0.8904	11.5539
开发区	182	1.0173	11.6288

第十二章
房屋安全管理

第一节　城镇房屋和设备安全检查

依据《北京市房屋建筑使用安全管理办法》(北京市政府 229 号令)《北京市城镇房屋建筑使用安全综合治理办法》(京政发［2010］17号)《城市危险房屋管理规定》(建设部 129 号令)，为掌握本市城镇房屋安全状况，及时发现和解除危险隐患，合理制订城镇房屋修缮和改造计划，保障房屋住用安全，市住房城乡建设委印发了《关于开展 2017 年度北京市城镇房屋安全检查工作的通知》(京建发〔2016〕373号)，各区住建委、房管局及各管房单位按市住房城乡建设委统一部署，组织实施城镇房屋安全检查。

一、房屋安全检查总量及其完损状况分析

从 2016 年 11 月至 2017 年 2 月，实查城镇房屋 65527 万平方米，为应查（不包括军产、外事用房及厂矿工业用房等）67241 万平方米的 97.45%，各区查房数量详见图 12-1（图中所标数值为应查房数）。

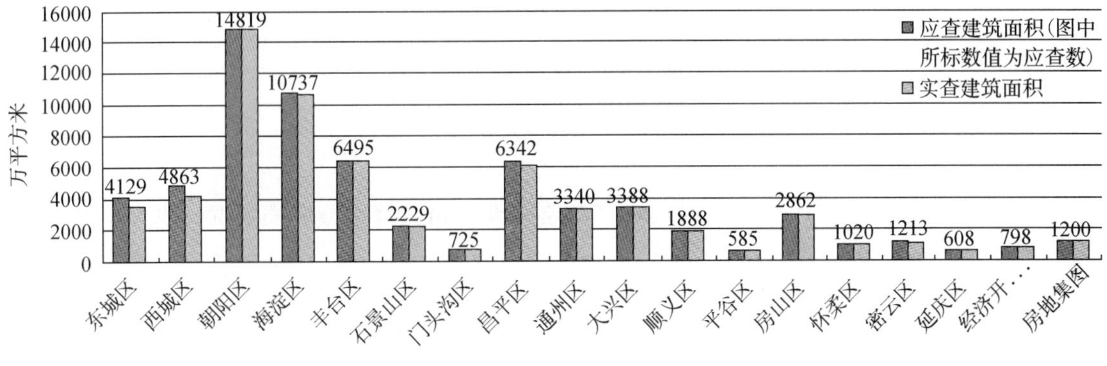

图 12-1　2017 年度北京市城镇房屋安全检查中各区应查和实查建筑面积

在实查城镇房屋 65527 万平方米中，查出疑似危险房屋（未鉴定，以下同）9.42 万平方米，占实查房的 0.01%；严重破损房屋 238 万平方米，占实查房屋的 0.36%；一般破损房屋 2243 万平方米，占实查房屋的 3.42%。按房屋类型划分：疑似危险平房（含中式旧楼）2.35 万平方米，占疑似危险房屋总量 9.42 万平方米的 24.95%；严重破损平房（含中式旧楼）150 万平方米，占严重破损房屋总量 238 万平方米的 63.03%；一般破损平房（含中式旧楼）275 万平方米，占一般破损房屋总量 2243 万平方米的 12.26%。疑似危险楼房 7.07 万平方米，占疑似危险房屋总量 9.42 万平方米的 75.05%；严重破损楼房 88 万平方米，占严重破损房屋总量 238 万平方米的 36.97%；一般破损楼房 1967 万平方米，占一般破损房屋总量 2243 万平方米的 87.70%。按房屋区域划分：东城区和西城区查出疑似危险房屋 0.84 万平方米，占疑似危险房屋总量 9.42 万平方米的 8.92%；东西城严重破损房屋 133 万平方米，占严重破损房屋总量 238

万平方米的 55.88%；东西城一般破损房屋 464 万平方米，占一般破损房屋总量 2243 万平方米的 20.69%。疑似危险房屋分布情况：疑似危险房屋 9.42 万平方米中所占比例较多的是：大兴区 5.32 万平方米，占总量 9.42 的 56.48%；石景山区 1.67 万平方米，占总量的 17.73%；西城区 0.84 万平方米，占总量的 8.92%（详见表 12-1）。

二、直管房屋安全检查分析

直管房屋安全检查从 2016 年 11 月 15 日开始至 2017 年 2 月 10 日结束，历时 87 天。共组织了 249 个查房小组，862 人参加查房，动员工日 2.76 万个，人均实际投入查房 32 天。实查直管房 1850.14 万平方米，占应查房屋 1852.12 万平方米的 99.89%。其中：实查平房 317.37 平方米（包括中式旧楼 11.49 万平方米），占实查直管房总量 1850.14 万平方米的 17.15%；实查楼房 1532.77 万平方米，占实查直管房总量的 82.85%。

（一）直管房屋完损状况（见图 12-2）

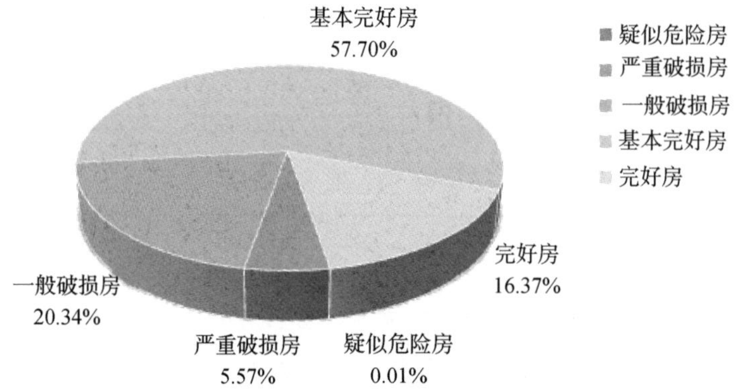

图 12-2　2016 年 11 月-2017 年 2 月北京市直管房屋完损状况比例

（1）直管房屋完好率（完好房和基本完好房）所占的比例由上年的 72.80% 上升为 74.07%，上升 1.27 个百分点，其中：平房完好率（包括中式旧楼，以下同）由上年的 49.22% 上升为 52.65%，上升 3.43 个百分点；楼房完好率由上年的 77.81% 上升为 78.51%，上升 0.7 个百分点。

（2）直管一般破损房所占的比例由上年的 20.74%下降为 20.34%，下降 0.4 个百分点。其中：一般破损平房由上年的 28.17% 下降为 26.55%，下降 1.62 个百分点；一般破损楼房由上年的 19.16%下降为 19.05%，下降 0.11 个百分点。

（3）直管严重破损和疑似危险房屋所占比例由上年的 6.46%下降为 5.59%，下降 0.87 个百分点。其中：直管严重破损和疑似危险平房由上年的 22.61%下降为 20.8%，下降 1.81 个百分点；楼房由上年的 3.03%下降为 2.44%，下降 0.92 个百分点。

（二）直管房屋应修缮情况

实查直管平房 21.61 万间（包括中式旧楼 0.72 万间），实查直管楼房 4347 幢 24.73 万套、1532.77 万平方米。应修缮项目见表 12-2。

表 12-1 2017 年北京市城镇房屋完损状况分析

		应查房屋建筑面积（万平方米）	实查房屋建筑面积												危旧房小计（三四五类）		危破房小计（四五类）	
			合计		完好房屋		基本完好房		一般破损房		严重破损房		疑似危险房					
			万平方米	占应查%	万平方米	占应查%	万平方米	占应查%	万平方米	占应查%	万平方米	占应查%	万平方米	占应查%	万平方米	占应查%	万平方米	占应查%
合计		67241	65527	97.45	52856	80.66	10180	15.54	2243	3.42	238	0.36	9.42	0.01	2490	3.80	248	0.38
按房屋类型分	楼房	65536	63887	97.48	52214	81.73	9610	15.04	1967	3.08	88	0.14	7.07	0.01	2063	3.23	95	0.15
	平房（含中式旧楼）	1706	1640	96.16	643	39.19	570	34.75	275	16.78	150	9.14	2.35	0.14	427	26.06	152	9.28
按区域分	东城西城	8992	7681	85.42	4943	64.35	2140	27.86	464	6.05	133	1.73	0.84	0.01	598	7.78	134	1.74
	朝海丰石	34281	34198	99.76	28777	84.15	4475	13.09	898	2.63	45	0.13	2.00	0.01	946	2.76	47	0.14
	其它区	22768	22448	98.59	18928	84.32	2905	12.94	598	2.66	11	0.05	6.40	0.03	614	2.74	18	0.08
	房地集团	1200	1200	100	208	17.36	660	54.98	283	23.60	49	4.04	0.18	0.01	332	27.66	49	4.06

表 12-2　2016 年 11 月-2017 年 2 月北京市直管房屋中查出的应修缮项目

统计单位：平房：间

楼房：万平方米

	平房应修缮						楼房应修缮				
	翻挑大修	木结构加固	墙体整修	屋面维修	改善项目	解除院落积水（米）	综合维修	屋面大修	上下水更新	整楼外墙板缝漏雨或外立面粉饰	屋面维修
数量	34687	722	4980	80215	2121	193	25.10	27.26	87.82	0.38	15.76
占总量%	16.05	0.33	2.30	37.12	0.98	—	1.64	1.78	5.73	0.02	1.03

三、物业和单位自管房屋安全检查分析

（一）实查物业和单位自管房 63410 万平方米，占应查面积 65097 万平方米的 97.41%。其中：完好和基本完好房占 97.06%，比上年上升 0.22 个百分点；一般破损房占 2.81%，比上年下降 0.17 个百分点；严重破损及疑似危险房占 0.13%，比上年下降 0.05 个百分点（详见图 12-3）。

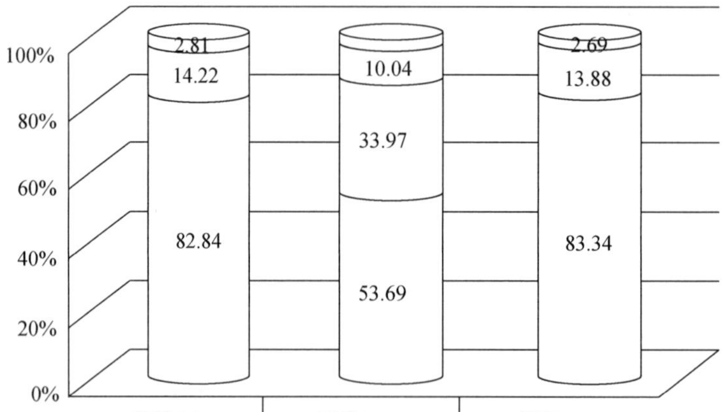

	总量(%)	平房(%)	楼房(%)
□疑似危险房	0.01	0.12	0.010
□严重破损房	0.12	2.19	0.08
□一般破损房	2.81	10.04	2.69
□基本完好房	14.22	33.97	13.88
□完好房	82.84	53.69	83.34

图 12-3　2016 年北京市物业和单位自管房屋完损状况（%）

（二）查出物业和单位自管平房应修 12090 间，占实查平房 34.93 万间的 3.46%。主要修缮项目：（1）应挑翻大修 2678 间；（2）木结构应加固 726 间；（3）平房屋面应补漏 6238 间；（4）应墙体整修 1133 间；（5）房屋严重阴暗、潮湿、掉土，需做顶棚、地面、改装修 1315 间。

（三）查出物业和单位自管楼房应修 1949.52 万平方米，占实查楼房建筑面积 63410 万平方米的 3.07%。主要修缮项目：（1）楼房应综合维修 185.59 万平方米；（2）整幢楼外墙

板缝漏雨应修 56.47 万平方米；（3）外立面应粉饰 255.46 万平方米；（4）楼房屋面应大修及维修 996.23 万平方米；（5）上下水应更新 278.34 万平方米；（6）楼内墙公共部分应粉刷 177.43 万平方米。

四、城镇私有平房安全检查分析

实查城镇私有平房 17.43 万间，占应查 19.82 万间的 87.94%。其中 90.91%为自住私有平房，按其产别分类所占比例见图 12-4。

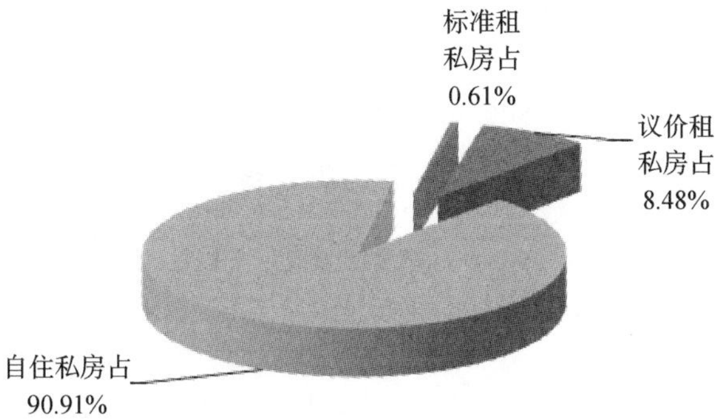

图 12-4　2016 年 11 月-2017 年 2 月北京市城镇私有平房按产别分类

（一）标准租出租私房：实查标准租私房 1.47 万平方米，占应查 1.47 万平方米的 100%。其中：完好和基本完好房占 11.18%，一般破损房占 31.36%，严重破损房占 56.78%，疑似危房占 0.68%。查出应修标准租私房 102 间，占实查 1061 间的 9.61%。主要修缮项目：（1）应翻挑大修 53 间，占实查间数的 6.74%；（2）木结构应抢修加固 17 间，占实查间数的 2.17%；（3）应墙体整修 13 间，占实查间数的 1.6%；（4）严重漏雨 19 间，占实查间数的 2.05%。

（二）自住私房及议价租私房（未规定评定房屋完损等级）：共实查 17.33 万间，占应查 19.71 万间的 87.92%。查出应修自住私房及议价租私房 20104 间，占实查 17.33 万间的 11.60%。主要修缮项目：（1）应翻挑大修 15482 间，占实查间数的 7.08%；（2）木结构应抢修加固 590 间，占实查间数的 0.13%；（3）应墙体整修 1171 间，占实查间数的 0.43%；（4）严重漏雨 2861 间，占实查间数的 1.46%。

五、房屋设备检查总量分析

（一）2017 年检查电梯 77978 部，电梯检查率为 96.49%，比上年上升 0.56 个百分点。其中检查直管房屋电梯 627 部，检查率为 100%；检查物业管理电梯 64022 部，检查率为 99.66%；检查自管房电梯 13329 部，检查率为 83.61%。

（二）2017 年检查高层二次供水水泵 38877 台，检查率为 97.32%，比上年上升 5.94 个百分点。其中直管房屋高层二次供水水泵 453 台，检查率为 100%；物业管理高层二次供水水泵 26731 台，检查率为 100%；自管房高层二次供水水泵 11693 台，检查率为 91.60%。

（三）2017 年检查避雷装置 160417 个系统，检查率为 98.70%，比上年下降 0.61 个百分点。其中直管房屋 2367 个系统，检查率为 100%；物业管理检查避雷装置 122390 个系统，检查率为 99.52%；自管房单位检查避雷装置 35652 个系统，检查率为 95.86%。近几年房屋设备检查数量分析见图 12-5。

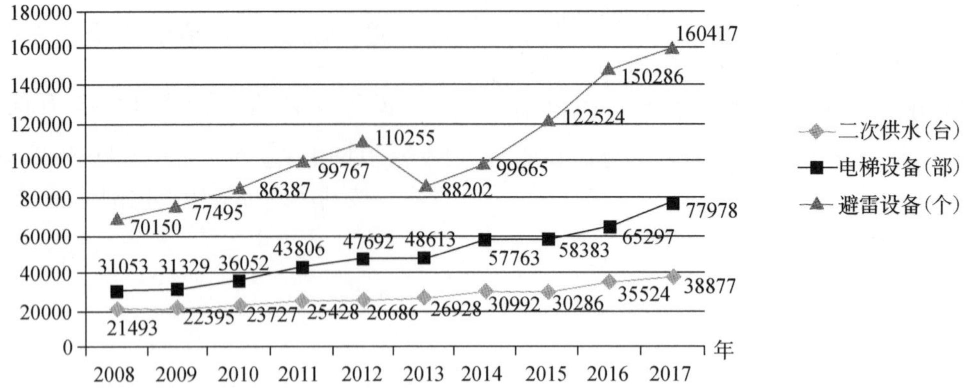

图 12-5　近年北京市房屋设备检查数量分析

六、房屋设备完好状况分析

（一）电梯设备完好状况：检查电梯 77978 部，其中完好电梯 66751 部，完好率 85.60%，比上年下降 2.58 个百分点；电梯状况一般的 9632 部，占 12.35%，比上年上升 2.55 个百分点；电梯状况较差的 1595 部，占 2.05%，比上年上升 0.03 个百分点。其中：直管电梯设备完好率 69.22%，比上年 85.0%下降 15.78 个百分点；自管电梯设备完好率 79.44%，比上年 77.89%上升 1.55 个百分点；物业管理电梯设备完好率 87.05%，比上年 90.58%下降 3.53 个百分点。

（二）二次供水设备完好状况：检查二次供水设备 38877 台，其中供水设备完好的 36314 台，完好率为 93.41%，比上年上升 0.44 个百分点；供水设备状况一般的 2323 台，占 5.98%，比上年上升 0.37 个百分点；供水设备状况较差的 240 台，占 0.62%，比上年下降 0.07 个百分点。

（三）避雷设备完好状况：检查避雷设备 160417 个系统，其中避雷完好的 147255 个系统，完好率为 91.86，比上年下降 1.35 个百分点；避雷设备状况一般的 12615 个系统，占 7.86%，比上年上升 1.37 个百分点；避雷设备状况较差的 447 个系统，占 0.28%，比上年下降 0.01 个百分点。

房屋设备完好状况分析详见表 12-3。

表 12-3　2017 年北京市城镇房屋设备完好状况

		应查	实查							
			合计		完好		一般		较差	
			数量	占应查%	数量	占实查%	数量	占实查%	数量	占实查%
甲		1	2	3=2/1	4	5=4/2	6	7=6/2	8	9=8/2
合计	电梯设备（部）	80811	77978	96.49	66751	85.60	9632	12.35	1595	2.05
	二次供水（台）	39949	38877	97.32	36314	93.41	2323	5.98	240	0.62
	避雷设备（个）	162532	160417	98.70	147355	91.86	12615	7.86	447	0.28
直管	电梯设备（部）	627	627	100	434	69.22	90	14.35	103	16.43
	二次供水（台）	453	453	100	358	79.03	44	9.71	51	11.26
	避雷设备（个）	2367	2367	100	2175	91.89	164	6.93	28	1.18

（续表 12-3）

		应查	实查							
			合计		完好		一般		较差	
			数量	占应查%	数量	占实查%	数量	占实查%	数量	占实查%
甲		1	2	3=2/1	4	5=4/2	6	7=6/2	8	9=8/2
自管和物业	电梯设备（部）	80184	77351	96.47	66317	85.74	9542	12.34	1492	1.93
	二次供水（台）	39496	38424	97.29	35956	93.58	2279	5.93	189	0.49
	避雷设备（个）	160165	158042	98.67	145180	91.86	12443	7.87	419	0.27

第二节　城镇房屋防汛

按照市防汛指挥部的总体要求，坚持“以人为本、安全第一”的指导思想，认真筹划部署，科学组织实施，跟踪检查督促，实现了市领导提出的“少塌房、不死人”的工作目标，保证了16年房屋安全度汛。

一、认真组织筹划做好汛前的准备工作

抓好城镇房屋安全排查，及时发现和解除安全隐患。市住建委从上年11月至2016年3月，利用4个月的时间，组织开展城镇房屋安全检查。2016年全市应检查城镇房屋（不包括军产、外事用房及厂矿工业用房等）为65657万平方米，实际检查了62040万平方米，占应查的94.49%。全市共查出危险房屋10.66万平方米，占实查房的0.02%；严重破损房屋288万平方米，占实查房的0.46%；一般破损房屋2273万平方米，占实查房的3.66%。针对房屋安全检查汇总情况，市住建委向各区人民政府发函，要求落实房屋安全责任，采取措施，保障汛期房屋使用安全。

二、抓好汛前各项组织工作，带动各区做好上汛准备

2月29日，转发了住房城乡建设部《关于开展全国城市老旧建筑安全排查整治工作的通知》；3月22日，印发了《2016年北京市城镇房屋防汛工作要点》，明确2016年城镇房屋防汛工作责任、重点、制度和相关要求；4月7日，转发了住房城乡建设部《关于加强2016年城市排水防涝汛前检查做好安全度汛工作的通知》；4月初，重新收集编制2016年防汛指挥手册；5.12国家防灾减灾日，市住建委在海淀区苏家坨镇组织召开2016年北京市城镇房屋防汛演习观摩会；5月27日，组织召开2016年房屋防汛工作动员视频会，分管委领导到会并讲话；利用“安居北京”微信公众号向社会发布“房屋安全度汛实用手册”和各区防汛值班电话。

三、抓好分级落实抢险队伍人员和物资保障工作

汛前，全市组建房屋防汛抢险队222支、3747人。其中市住建委直属房屋防汛抢险队2支、55人。储备苫盖材料1701捆、木材381立方米、水泵660台、发电机100台、运输车153辆。基本能满足就近准备、统一使用的要求。各区建委、房管局以房管所、分公司为单位落实了居民避险转移地点。

四、认真组织落实上汛后的各项工作

2016年汛期降雨量偏多，截至9月8日，

上汛以来下了51场雨，累计降雨475mm，上年同期399.8mm，常年同期391.6mm。市住建委积极组织落实上汛后的各项工作。

一是抓好主汛期房屋安全度汛。主汛期房屋安全度汛进入关键阶段，市住建委及时传达市防汛会商会精神，要求各房屋防汛分指挥部积极行动起来，扎实做好各项工作。首先，切实加强应急准备。7.20、7.24、8.18强降雨，要求各单位高度警觉，贯彻“阴天就是预警，降雨就是命令”的要求，组织力量对重点区域、重点房屋进行排查，对排查出的危险隐患要立即采取措施处置。其次，严格落实防汛制度。落实24小时值（带）班制度，手机要24小时开通，确保指挥通信联络畅通。再次，完善信息管理工作。2016年的信息报送工作是最快捷的一年，主要是将过去的雨情统计报送，通过传真上报、费时费力，转变为与现代通信接轨，发挥了微信的实时效力。

二是认真抓好房屋安全度汛的宣传工作。针对部分业主在汛期房屋漏雨不知道如何解决的问题，在接受媒体采访报道中有重点地进行宣传报道，利用“安居北京”微信公众号，对业主在汛期可能遇到的问题都一一进行了解答。汛前在新闻媒体公布各区房屋防汛值班电话。各区也充分利用媒体、社区宣传栏、社区报等“图解防汛知识”，开展“防汛咨询进社区”等多种活动，发放宣传资料4万余份。

三是认真检查应急值守，切实履行防汛责任。2016年汛期多次发生全市范围的大雨或区域暴雨。市防汛办发布暴雨蓝色预警6次，黄色、橙色暴雨预警各1次。市住建委从上汛开始到9月15日，共收集各区微信上报雨情13次，电话检查值班情况6次。各区参加值班、抢险备勤人员44650人次，雨中巡查重点平房67852间次、楼房20719幢次。经巡查发现和居民报修积水院落354处、雨水进屋264间、地下室倒灌227处；平房漏雨5865间、楼房漏雨3422幢；雨中抢修苫盖或加固房屋3896间、疏通排水304处；汛期业主报修7048个，均妥善进行了处置。

四是组织收集防汛经验做法，加强横向业务交流。根据市住建委领导检查调研、主管处室收集汇总，各区房屋防汛分指挥部主动作为，把做好房屋安全度汛工作与落实“两学一做”教育相结合，主动查找问题不足。7.20、7.24、8.18强降雨，在市防汛办的统一指挥下，市住建委与区建委、房管局密切配合，加强检查、巡查、抢险、抢修，保证了主汛期房屋安全度汛。市住建委结合传达建设部通知，转发了东城区房管局发布的信息同时，对西城区在做好城镇出租房屋安全度汛好的做法，在房屋安全检查“微信群”进行了转发。大兴区、通州区、密云区住建委，东城、西城、丰台、朝阳区房管局，东城区房管一中心、海淀区房管中心等报送雨后查房信息比较及时；房地集团主动联系市财政局支持，对所属东城、西城片区的部分危险房屋，进行了解危翻建。

五是认真落实各级领导批示，及时解决房屋漏雨问题。落实《市长电话要情》第46期、《市民对话一把手》、《今日舆情要闻》第110期、《昨日市情》特刊132期、委领导批转报刊关于汛期房屋漏雨问题等。各区认真对待密切协作，按时完成市住建委转交的房屋漏雨问题。

五、存在的主要问题和工作经验

目前我市城镇房屋防汛工作面临的主要问题，一是房屋修缮存在房屋产权多元化，管理机制不统一，指挥协调难度大，房地集团房屋修缮责任难落实等问题。二是房屋安全检查工作中存在拒查拒修，个别区报送查房情况汇总资料不及时，对检查出的问题没有反馈的问题。三是汛期值班存在个别同志不能24小时开机，个别单位对业主反映的漏雨问题解决不及时，有的单位房屋防汛专项工作没有安排专职人员等问题。四是人员变动大、减员多，从业人员队伍能力素质弱。

近几年城镇房屋防汛工作中，遇有大雨来临，各级防汛机构思想重视，应对工作部署早、启动早、安排周密、措施得力，保证房屋防汛工作有效落实。总结经验主要有以下几个方面：一是市住建委牵头的防汛分指挥部把微信这一高效快捷的运行方式应用到房屋防汛工作中。二是做好宣传发动，解决漏雨问题。根据汛期的不同阶段，及时传达市防汛会会商精神，运用现有的传播手段向自管房单位和业主宣传防汛工作，及时告知和帮助业主解决房屋漏雨问题。三是通过 2016 年开展应对强降雨天气工作，进一步磨合了工作机制，丰富了经验，为我们做好其他极端天气的应对工作探索了规律。

第三节　老旧小区综合整治和既有多层住宅楼增设电梯

一、扎实做好“加强老旧小区管理和基础设施改造，改善居民居住条件”议案办理工作

2016 年初，接到市政府交办的“加强老旧小区管理和基础设施改造，改善居民居住条件”议案办理任务。为办好议案，市住建委提请成立议案办理工作领导小组，由陈刚副市长任组长，市政府副秘书长张维、市住建委主任徐贱云任副组长，10 个市政府相关部门、16 个区政府和 2 个专业公司作为议案办理成员单位，共同做好议案办理。为确保按时、高质完成议案办理工作，制定了《议案办理工作方案》，对议案内容进行了认真梳理，将议案分解为 4 项内容和 18 项细化措施，明确了责任单位和办理时限要求。

议案办理过程中，陈刚副市长和委领导多次亲身指导，陪同市人大调研，参加市人大组织的议案办理座谈会；组织各委办局按照议案办理工作安排，定期召开会议，研究解决人大代表提出的各项问题，积极推进议案办理；认真研究，对议案办理报告进行了耐心细致的修改。

10 月 18 日、11 月 16 日和 11 月 24 日，议案办理报告先后经市政府常务会、市委常委会和市人大常委会审议通过，市人大领导和市人大代表对议案办理报告比较满意。

二、起草新阶段老旧小区综合整治工作方案

按照市领导和委领导指示，为在新阶段继续做好老旧小区综合整治，起草了《新阶段老旧小区综合整治工作方案（试点）》，报陈刚副市长。新方案集中体现了“五个转变”。新阶段老旧小区综合整治，要实现“五个转变”：一是由单项为主转变为综合改造。实现改造项目总体规划、资金打捆、重点突出。把抗震节能综合改造、上下水改造、架空线入地等老难点和补建停车位、增设电梯等方便居民生活的选择性改造内容作为改造重点，在符合区域规划、业主同意承担责任和费用的前提下，做到应改尽改。二是由自上而下转变为自下而上。改变过去的层层压任务的方式，而是政府不再下任务，充分依靠群众。依据群众答应不答应、满意不满意来确定老旧小区怎么改、改什么，改

完后怎么管。三是由政府包办转变为政府主导的公共治理。理顺业主、市场和政府的关系，转变政府职能，由政府管理转变为现代化的公共治理，突出业主的责任，吸引市场主体参与到老旧小区综合整治。四是政府管理体制由市级主导转变为属地为主。突出区、街乡镇在老旧小区综合整治工作中的管理职能，市级部门主要负责制定政策，进行指导、监督和检查。五是由政府承诺转变为社会契约。今后的老旧小区综合整治，不再单向突出政府推进，而是在业主签订改造协议之后的政府支持推进，既强调政府统筹，又强调契约精神，业主要为综合整治承担协议约定的责任。

三、城六区既有多层住宅加装电梯试点工作

（一）研究制定试点政策

市住建委牵头起草了《北京市 2016 年既有多层住宅增设电梯试点工作实施方案》（以下简称《实施方案》），于 8 月印发。《实施方案》明确以下几方面内容：一是按照简政放权，放管结合，优化服务的原则，简化审批流程，试点项目不办理立项、用地、规划、消防和施工审批手续。二是试点项目增设电梯部分不计入原楼房建筑面积，不变更原房屋权属信息。三是试点工作由城六区政府相关部门具体组织实施，区政府明确相关部门通过加强事中监管，把好试点项目的安全、质量关。四是对于居民利益协调的问题，由试点项目所在地街道办事处及社区组织在属地社会建设主管部门的指导下，做好试点项目居民协调工作，动员鼓励居民按物权法要求，通过深入协商，就投资、管理和业主利益达成一致意见并签署书面协议后，有序开展增设电梯的工作。

（二）积极推进既有多层住宅加装电梯试点

组织城六区老旧小区综合整治牵头单位召开现场会，考察中央单位已完成的加装电梯项目，对进一步做好宣传工作进行了部署，并组织质监、规划、消防部门和相关专家对既有楼房增设电梯的技术方案进行研讨。经过各区各部门的努力，先后将 20 余个楼门列入试点计划，开展工作。

第四节　房屋安全管理

一、全市普通地下室安全使用管理工作

截至 2016 年 12 日，全市共有普通地下室 26455 处，建筑面积约 4868. 97 万平方米，主要用于居住、商（市）场、文体娱乐、车库类、自行车库、餐饮类、办公教学、仓储。主要安全隐患是违反规划用途、达不到居住要求所滋生的安全隐患。

（一）以关键时点为抓手，狠抓普通地下室安全使用管理。为确保春节和两会期间普通地下室使用安全。1 月 25-27 日，由分管委领导带队，市住建委会同市公安消防局对东城区、西城区、朝阳区、通州区、丰台区、门头沟区普通地下室使用情况进行专项安全检查。

（二）积极推进市属国有企业普通地下室综合整治工作。根据市领导在督查与反馈中的批示，冯可梁副主任和赵成委员于 8 月 5 日会同市政府督查室、市国资委召开市属国有企业普通地下室综合整治工作推进会，要求首开集团等

10个市属国有企业，坚决支持市委市政府的决定，积极、主动配合属地开展普通地下室治理，在规定的时间内完成任务。

（三）召开会议研究解决问题。市住建委会同消防、卫计委、食药局等部门多次召开会议，研究在检查和实际工作中发现的各种矛盾和问题，积极稳妥地推进普通地下室综合整治工作。

（四）加强督导检查工作。6月28日，由分管委领导带队，市住建委会同市督查室、地下空间领导小组办公室对挂账治理任务重、压力大的丰台区、朝阳区、大兴区、海淀区、昌平区地下空间综合整治情况进行督查，积极地推进了普通地下室综合整治工作的开展。

截至12月25日，全市清理散租住人普通地下室950处、清出4.7万余人。

二、做好房屋修缮和商品住宅专项维修资金使用审核工作

（一）组织编制房屋修缮标准。从2013年起，市住建委着手组织相关单位开展了房屋修缮管理相关技术标准的修订工作，主要包括：《房屋修缮工程施工质量验收规程》（DB11/509-2007）、《北京市高层住宅二次供水设施维修技术要求》（DB11T 118-2000）、《住宅电梯改造技术要求》（DB11/T096-1998）3部标准的修订。其中，《房屋建筑修缮工程定案和施工质量验收规程》已经修订完成，将代替《房屋修缮工程施工质量验收规程》。该标准将扭转房屋修缮标准落后的局面，对强化我市有序开展房屋修缮工作，加强修缮工程监管具有重要意义。《住宅二次供水设施设备运行维护技术规程》于2016年8月1日起实施，代替了《北京市高层住宅二次供水设施维修技术要求》。该标准为提高二次供水设施的维护管理水平，正确合理地维护和管理二次供水设施设备，保障城镇高层住宅二次供水的安全稳定打下了良好基础。《住宅电梯改造技术要求》修订工作正在进行中。

（二）2016年全市商品住宅专项维修资金使用情况。截至2016年12月31日，全市累计使用商品住宅专项维修资金27.5亿元，其中应急支取6.5亿元。2016年当年使用6.78亿元，其中应急支取3.28亿元，占资金使用量的48%。

（三）开展商品住宅专项维修资金房屋维修工程造价调研工作，编制案例分析手册。2016年3月中旬至5月中旬，对我市商品住宅专项维修资金房屋维修工程开展工程造价调研工作，通过对朝阳、丰台、大兴、通州、昌平、顺义、延庆等区实地调研，撰写调研报告，并着手编制《住宅专项维修资金屋面防水工程案例分析》和《住宅专项维修资金电梯维修工程案例分析》。

三、超限高层建筑工程抗震设防审查工作

2016年，依据《国务院对确需保留的行政审批项目设定行政许可的决定》（国务院令第412号）、《超限高层建筑工程抗震设防管理规定》（建设部令第111号）、《建设部关于纳入国务院决定的十五项行政许可的条件的规定》（中华人民共和国建设部令第135号）及《超限高层建筑工程抗震设防专项审查技术要点》（建质［2015］67号）等文件的要求，对14项超出国家现行规范、规程所规定的适用高度和适用结构类型的高层建筑工程，以及有关规范、规程规定应进行抗震专项审查的高层建筑工程，在初步设计阶段委托全国超限高层建筑工程抗震设防审查专家委员会，组织有关专家组成抗震设防审查组，开展超限高层建筑工程抗震设防专项审查，并将审查意见作为施工图审查阶段的依据。其中包括北京商务中心区（CBD）核心区Z3地块项目、朝阳区奥体文化商务园区OS-06A地块办公楼等项目。

第十三章
房地产行业信息

北京市房地产年鉴 2017

第一节 房地产开发企业

一、2016年房地产开发企业概况

截至2016年底，全市资质有效期范围内房地产开发企业2272家，其中一级企业87家，二级企业138家，三级企业108家，四级企业1425家，暂定级企业514家。2016年全市新设立房地产开发企业219家。依法注销企业320家。

二、2016年北京市一、二、三级资质房地产开发企业名录(见附录二附表5)

第二节 房产测绘行业

一、房产测绘成果审核实行市区分级办理

2月17日，市住房城乡建设委印发《关于调整房产测绘成果审核事项有关问题的通知》(京建法〔2016〕3号)，进一步规范了我市房产测绘成果审核的具体要求，将普通商品房的实测绘成果审核工作下放到所在区房管部门实施。规定自3月1日起，房产测绘成果审核实行市、区分级办理：市住建委负责办理全市房产的预测绘及部分项目实测绘成果审核，实测绘项目主要包括在京中央单位、驻京部队、保密单位房屋及其他由市不动产登记部门登记发证房屋等；其他项目的实测绘成果审核由所在区房管局或住房城乡建设委负责办理。

二、加强审核业务培训指导

为推动审核工作规范化，市住建委多次召集市区审核工作人员集中学习培训，并对市辖各区开展实地检查指导，在征集意见及建议基础上对操作流程再调整，统一标准，简化程序，确保审核工作依法依规进行。7月26日，印发了《关于加强房产测绘成果审核工作的通知》(京建发〔2016〕263号)。通知明确：第一，再次强调了及时受理、审核、告知及规范用印等程序性事项，并着重敦促按时审结。第二，考虑到工作便利需要，规定房产实测绘成果需要办理变更审核的，由原实测绘成果审核部门负责办理。第三，要求各审核部门应当及时对各类实体材料进行归档，并及时完成审核系统中的归档操作。第四，对人员、软硬件配备给出了参考标准。

三、升级完善房产测绘审核、从业人员、市场征信三大系统

年内，市住建委对房产测绘成果审核系统进行了调整改造，对房产测绘机构人员管理系统进行了改造升级，开发建设了房产测绘市场征信系统，新系统对房产测绘成果审核业务的顺利开展，房产测绘市场管理水平的提升，起到了重要的推动作用。

四、积极协调解决疑难问题，维护群众权益

年内，市住建委继续发挥联席会议机制的作用，与市规划和国土资源管理委员会召开4次联席会议，商讨解决了近43个项目的工程规划与房产测绘、房屋登记等问题，维护了人民群众和企事业单位的合法权益。12月，为确保市住房保障办公室向社会公布的23个公租房项目配租计划及时落实，市住建委研究解决相关项目实测绘成果数据录入问题，确保民生工程顺利交付使用，切实保障申请家庭居住权益。

五、房产测绘成果审核情况

全年，全市审核通过用于权属登记的实测绘业务共计946笔，建筑面积3581.3万平方米，与2015年相比，面积减少321.5万平方米，同比下降8.2%；全市审核通过用于预售许可的预测绘业务共计270笔，建筑面积1782.5万平方米，与2015年相比，面积减少166.7万平方米，同比下降8.6%。

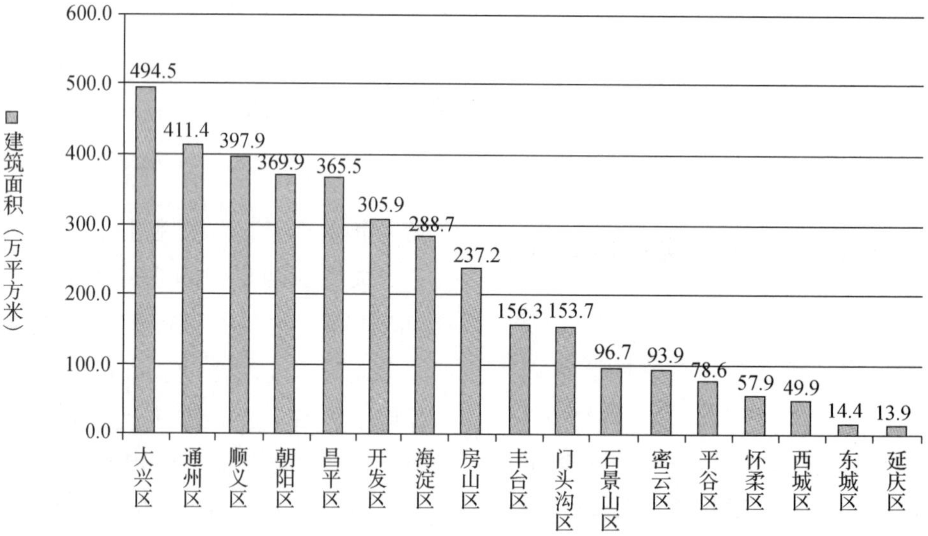

图13-1 2016年度北京市各区实测成果审核备案面积

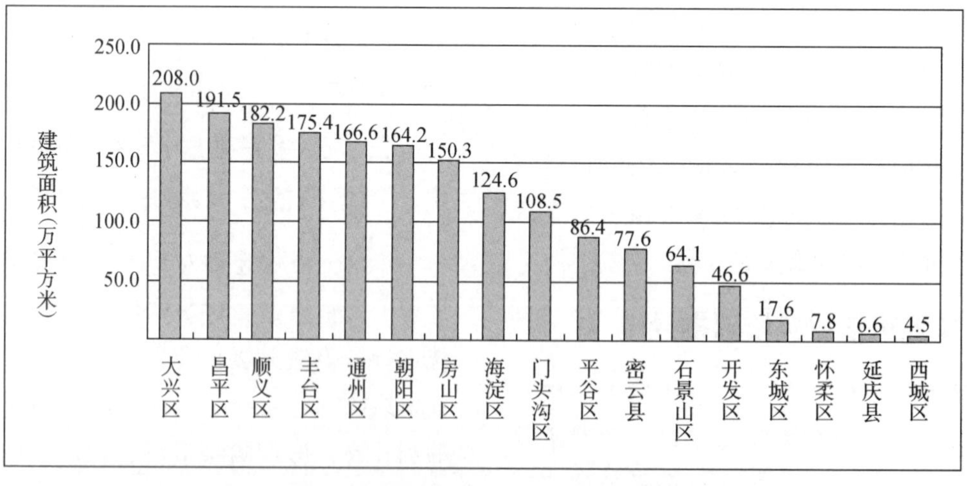

图13-2 2016年度北京市各区预测成果审核备案面积

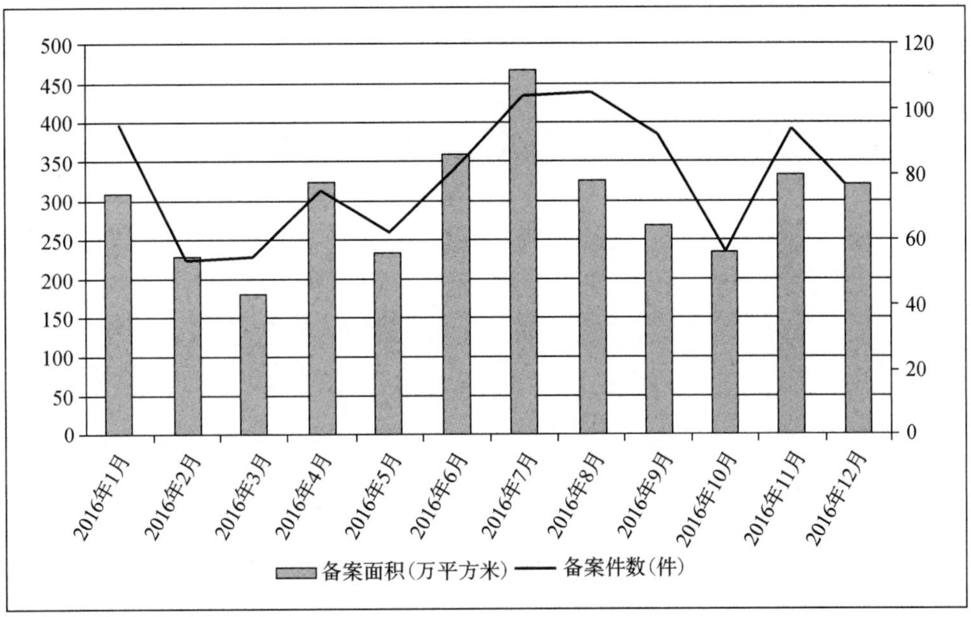

图 13-3　2016 年 1-12 月份北京市实测备案面积及业务件数走势

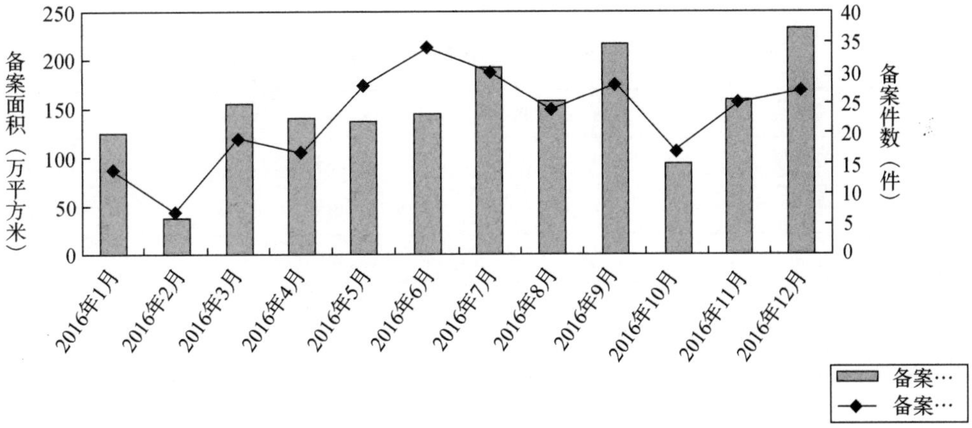

图 13-4　2016 年 1-12 月份北京市预测备案面积及业务件数走势图

表 13-1 2016 年度北京市各区预测成果备案情况

序号	区	业务件数(笔)	备案面积(m^2)	面积所占百分比(%)
1	东城	3	175,621	0.99
2	西城	1	45,151	0.25
3	朝阳	24	1,642,475	9.21
4	海淀	18	1,245,917	6.99
5	丰台	28	1,754,221	9.84
6	石景山	5	641,208	3.60
7	通州	23	1,665,982	9.35
8	大兴	23	2,080,197	11.67
9	昌平	32	1,915,137	10.74
10	顺义	26	1,822,342	10.22
11	怀柔	2	77,915	0.44
12	密云	12	776,293	4.35
13	延庆	1	65,823	0.37
14	门头沟	22	1,084,514	6.08
15	房山	32	1,502,859	8.43
16	平谷	13	863,659	4.85
17	开发区	5	466,083	2.61
合计		270	17,825,397	100.00

表 13-2 2016 年度北京市各区实测成果备案情况

序号	区	业务个数	建筑面积	面积所占百分比(%)
1	东城	12	143967.12	0.40%
2	西城	10	498509.05	1.39%
3	朝阳	82	3699099.27	10.33%
4	海淀	147	2837000.21	7.92%
5	丰台	40	1563397.41	4.37%
6	石景山	12	966692.45	2.70%
7	昌平	66	3655065.45	10.21%
8	大兴	125	4945314.83	13.81%
9	通州	99	4113710.22	11.49%
10	顺义	85	3978814.7	11.11%
11	延庆	5	138575.2	0.39%
12	密云	35	939050.82	2.62%

（续表 13-2）

序号	区	业务个数	建筑面积	面积所占百分比(%)
13	怀柔	23	578687.3	1.62%
14	门头沟	38	1537335	4.29%
15	房山	86	2371896.77	6.62%
16	平谷	22	786310.98	2.20%
17	开发区	59	3059106.21	8.54%
总计:		946	35812532.99	100.00%

六、房产测绘单位及人员情况

截至2016年底，全市共有107家单位（公司）及738名作业人员在市住房城乡建设委办公平台申请办理并领取了房产测绘企业密钥及人员密钥。已领取企业密钥的测绘单位（公司）中，甲级资质20家，乙级资质26家，丙级资质35家，丁级资质26家（已领取企业密钥的测绘单位名录见表）。已领取的人员密钥中，硕士学历10人，本科学历308人，大专学历233人，其他学历187人。

表 13-3　2016 年度北京市房产测绘备案单位名录

序号	测绘企业名称	资质等级	资质证书编号
1	北京市房地产勘察测绘所	甲级	甲测资字 11002001
2	建设综合勘察研究设计院有限公司	甲级	甲测资字 11002032
3	中兵勘察设计研究院	甲级	甲测资字 11001014
4	北京时正兴测绘工程技术有限公司	甲级	甲测资字 11001033
5	北京新兴华安测绘有限公司	甲级	甲测资字 11001042
6	北京华星勘查新技术公司	甲级	甲测资字 11001027
7	北京航天勘察设计研究院有限公司	甲级	甲测资字 11002047
8	中航勘察设计研究院有限公司	甲级	甲测资字 11001024
9	北京苍穹数码测绘有限公司	甲级	甲测资字 11001008
10	北京市地质工程勘察院	甲级	甲测资字 11001022
11	北京城建勘测设计研究院有限责任公司	甲级	甲测资字 11001019
12	北京市测绘设计研究院	甲级	甲测资字 11001010
13	北京帝测科技股份有限公司	甲级	甲测资字 1100140
14	北京道济测绘有限公司	甲级	甲测资字 11002111
15	北京勘察技术工程有限公司	甲级	甲测资字 11000660
16	北京海地人资源咨询有限公司	甲级	甲测资字 1111030

（续表 13-3）

序号	测绘企业名称	资质等级	资质证书编号
17	中勘天成（北京）科技有限公司	甲级	甲测资字 1101194
18	北京市通州区住房和城乡建设委员会测绘所	乙级	乙测资字 11012001
19	北京京密鸿图测绘有限公司	乙级	乙测资字 11016001
20	北京鼎春德正测绘中心	乙级	乙测资字 11005008
21	北京中瑞嘉业测绘有限公司	乙级	乙测资字 11005007
22	北京龙泰经纬测绘有限公司	乙级	乙测资字 11005011
23	北京金房兴业测绘有限公司	乙级	乙测资字 11007017
24	北京威远图易数字科技有限公司	乙级	乙测资字 11007011
25	北京京昌工程测绘技术有限公司	乙级	乙测资字 11013002
26	北京大地宏图勘测有限公司	乙级	乙测资字 11000009
27	北京中天路通工程勘测有限公司	乙级	乙测资字 11013005
28	北京中海地理信息测绘有限公司	乙级	乙测资字 1112126
29	北京富地勘察测绘有限公司	乙级	乙测资字 11012004
30	北京地矿工程建设有限责任公司	乙级	乙测资字 11007013
31	北京力佳图测绘有限公司	乙级	乙测资字 11007021
32	北京同创达勘测有限公司	乙级	乙测资字 11020003
33	北京三友宇天测绘有限公司	乙级	乙测资字 11009003
34	北京市勘察设计研究院有限公司	乙级	乙测资字 11005045
35	北京市房山区测绘所	乙级	乙测资质 11010002
36	北京国测信息科技有限责任公司	乙级	乙测资字 11005088
37	中兆恒基（北京）工程管理有限公司	乙级	乙测资字 1110281
38	北京亿科瑞土规划设计有限公司	乙级	乙测资字 1110777
39	北京智慧宏图勘察测绘有限公司	乙级	丙测资字 1120505
40	中测新宇（北京）测绘技术有限公司	乙级	乙测资字 1111596
41	北京万兴宏盛建筑勘测技术有限公司	乙级	乙测资字 1110957
42	中材地质工程勘查研究院有限公司	丙级	丙测资字 1120223
43	北京市西城区房地产测绘一所	丙级	丙测资字 11002001
44	北京市东城区房屋管理局测绘二所	丙级	丙测资字 11004001
45	北京市丰台区房屋经营管理中心测绘队	丙级	丙测资字 11006001
46	北京市海淀区房屋土地经营管理中心测绘队	丙级	丙测资字 11007001
47	北京市石景山区房地产测绘队	丙级	丙测资字 11008001
48	北京市顺义区住房和城乡建设委员会测绘所	丙级	丙测资字 11014001
49	北京市大兴区房地产测绘所	丙级	丙测资字 11011001

（续表 13-3）

序号	测绘企业名称	资质等级	资质证书编号
50	北京天地鸿图测绘有限公司	丙级	丙测资字 11010001
51	北京京怀信房产测绘有限公司	丙级	丙测资字 11017001
52	北京华夏经纬测绘技术有限公司	丙级	丙测资字 11005002
53	北京中兴兆业房屋面积测绘有限公司	丙级	丙测资字 11007012
54	北京昌房房地产测绘技术服务有限责任公司	丙级	丙测资字 11013001
55	北京京恒实测绘技术有限公司	丙级	丙测资字 11011002
56	北京首益佳房地产经纪有限公司	丙级	丙测资字 11019005
57	北京赛博时代测绘有限公司	丙级	丙测资字 11010003
58	北京慧智蓝图测绘有限公司	丙级	丙测资字 11017004
59	北京首佳联诚房地产测量有限公司	丙级	丙测资字 11019002
60	北京望唐数码测绘有限公司	丙级	丙测资字 11017003
61	北京大地万川测绘有限公司	丙级	丙测资字 11007030
62	北京华夏合众土地科学技术有限公司	丙级	丙测资字 1120557
63	北京鑫海厦测绘有限公司	丙级	丙测资字 11007007
64	北京浩宇天地测绘科技发展有限公司	丙级	丙测资字 11007028
65	北京智环成测绘有限公司	丙级	丙测资字 11011008
66	杜鸣沐城测绘（北京）有限公司	丙级	丙测资字 11005017
67	中泽嘉汇（北京）测绘中心	丙级	丙测资字 11006004
68	北京粤富华测绘测量有限责任公司	丙级	丙测资字 11005015
69	北京经纬久度测绘有限公司	丙级	丙测资字 11005034
70	北京泾渭冠宇测绘有限公司	丙级	丙测资字 11009004
71	北京市怀柔测绘所	丙级	丙测资字 11017002
72	北京瀚博林遥感测图信息工程研究院	丙级	乙测资字 1111300
73	北京天时地利测绘科技有限公司	丙级	丙测资字 1120548
74	北京宇达同盛勘测技术有限公司	丙级	丙测资字 1120476
75	北京通图信息科技有限公司	丙级	乙测资字 1110022
76	北京市东城区房屋管理局测绘一所	丁级	丁测资字 11019004
77	北京市西城区房地产测绘二所	丁级	丁测资字 11003001
78	北京市朝阳区房屋测绘事务所	丁级	丁测资字 11005001
79	北京市门头沟区房地产测绘所	丁级	丁测资字 11009001
80	延庆区房地产勘察测绘所	丁级	丁测资字 11018012
81	北京市平谷区房地产测绘队	丁级	丁测资字 11015001
82	北京市房屋面积计量站	丁级	丁测资字 11005004

（续表 13-3）

序号	测绘企业名称	资质等级	资质证书编号
83	北京赛杰新时代房屋测绘有限公司	丁级	丁测资字 11005005
84	北京源恒天地测绘有限公司	丁级	丁测资字 11006003
85	北京泰达克房地产测绘咨询有限公司	丁级	丁测资字 11013004
86	北京中鼎衡测绘事务所	丁级	丁测资字 11007008
87	海天方圆（北京）科技有限公司	丁级	丁测资字 11007020
88	北京国勘房地产测绘有限公司	丁级	丁测资字 11007025
89	北京中天新图测绘有限公司	丁级	丁测资字 1130027
90	北京阳光华翰测绘有限公司	丁级	丁测资字 11004002
91	北京天天友联测绘有限公司	丁级	丁测资字 11015003
92	北京京海纵横测绘有限公司	丁级	丁测资字 11005016
93	北京荣驰测绘技术有限公司	丁级	丁测资字 11007031
94	北京永佳达测绘有限公司	丁级	丁测资字 11007042
95	北京丰华方圆测绘工程技术有限责任公司	丁级	丁测资字 11005014
96	北京欣通佳信测量有限公司	丁级	丁测资字 11012003
97	北京京建恒信房地产测量技术有限公司	丁级	丁测资字 11007044
98	北京檀州经纬测绘有限公司	丁级	丁测资字 11016003
99	北京世规测量技术咨询有限公司	丁级	丁测资字 11007047
100	北京创天烨测绘有限公司	丁级	丁测资字 11011013
101	北京百星达测绘工程有限公司	丁级	丁测资字 11010005
102	北京新兴宏图测绘有限公司	丁级	丁测资字 11005026
103	北京国政恒信测绘技术服务有限公司	丁级	丁测资字 11001002
104	北京米拉测绘有限公司	丁级	丁测资字 11009005
105	北京君仁慧智测绘有限公司	丁级	丁测资字 11007065
106	北京伟泽测绘有限公司	丁级	丁测资字 11002094
107	北京新兴环宇测绘有限公司	丁级	丁测资字 11008005

第三节 房地产经纪行业

一、全市房地产经纪机构备案情况

截至2016年12月31日，全市已备案的房地产经纪机构共有3148家，12月新增51家，注销27家，有27家被注销机构恢复备案，净增51家；已备案的分支机构共有4286家，其中12月新增145家，注销8家，净增137家。

表13-4 北京市房地产经纪机构设立情况统计

截至2016年12月31日

企业类型＼数量＼注册资金(万元)	10以下	10-30	30-50	50-100	100以上	合计
有限责任公司	37	329	192	823	1668	3049
合伙制企业	1	1	0	0	0	2
三资企业	0	2	0	5	26	33
股份合伙制企业	0	2	1	1	5	9
全民所有制企业	0	1	2	2	5	10
集体所有制企业	0	0	1	0	7	8
其它	9	10	0	8	10	37
合计	47	345	196	839	1721	3148
备注	注册资本含下限，不含上限					

表13-5 北京市房地产经纪机构设立情况统计

2016年12月1日至2016年12月31日

企业类型＼数量＼注册资金(万元)	10以下	10-30	30-50	50-100	100以上	合计
有限责任公司	0	2	2	5	42	51
合伙制企业	0	0	0	0	0	0
三资企业	0	0	0	0	0	0
股份合伙制企业	0	0	0	0	0	0
全民所有制企业	0	0	0	0	0	0

（续表 13-5）

注册资金(万元) 数量 企业类型	10 以下	10-30	30-50	50-100	100 以上	合计
集体所有制企业	0	0	0	0	0	0
其它	0	0	0	0	0	0
合计	0	2	2	5	42	51
备注	注册资本含下限，不含上限					

二、北京市房地产经纪人员状况

截至 2016 年在北京市取得《中华人民共和国房地产经纪人协理从业资格证书》的人员共 42240 人，取得《北京市房地产经纪资格考试合格证》的人员共 48249 人，在我市考取《中华人民共和国房地产经纪人执业资格》的 5708 人。

表 13-6 北京市已注册房地产经纪人员学历状况

学历	人数	百分比
研究生及以上	643	1.31%
大本	12230	24.88%
大专	21494	43.73%
高中以下	9018	18.35%
中专	5763	11.73%
合计	49148	100.00%

第四节 房地产评估行业

一、房地产估价机构情况

截至 2016 年，北京市备案的房地产估价机构共 164 家，其中一级机构 46 家，二级机构 40 家，三级及三级（暂定）机构 63 家，仅在军队系统内执业的机构 3 家，外地在京分支机构 12 家。2016 年新批准成立的三级暂定估价机构 3 家，三级暂定资质升三级 5 家，三级升二级 1 家，二级升一级 3 家，外地一级机构在京分支机构备案 2 家。

表 13-7　　2016 年北京市批准的三级暂定房地产评估机构

序号	机构名称	资质证书编号	办公地址	联系电话
1	北京商燮房地产土地评估有限责任公司	京建房估资准字［2016］第 0214 号	北京市昌平区回龙观镇科星西路 106 号院美唐花园 3 号楼 1512	56875971
2	北京民信房地产价格评估有限公司	京建房估资准字［2016］第 0215 号	北京市海淀区北京市海淀区知春路 1 号学院国际大厦 15 层 1507	010-82961982
3	北京华灿评房地产估价有限公司	京建房估资准字［2016］第 0216 号	北京市丰台区芳群园四区 22 号楼 11 层 1108 室	67648677

表 13-8　　2016 年北京市批准的三级房地产估价机构

序号	机构名称	资质证书编号	办公地址	联系电话
1	北京中海盛房地产估价有限公司	京建房估资准字（2014）第 0205 号	北京市昌平区昌平镇鼓楼南街 6 号 6 层 1 单元 631	51266883
2	北京数圣房地产土地评估有限公司	京建房估资准字［2015］第 0208 号	北京市顺义区仁和镇府前东街 2 号 1 号楼 514 室	69439729
3	北京兴庆房地产土地评估有限公司	京建房估资准字［2015］第 0210 号	北京市丰台区方庄南路 2 号 20 层 2 单元 2208	57539181
4	中都国脉（北京）房地产评估有限公司	京建房估资准字［2015］第 0207 号	北京市朝阳区南磨路 37 号 5 层 513 室	51900962
5	北京中金浩房地产土地评估有限责任公司	京建房估资准字［2015］第 0213 号	北京市东城区广渠门内大街 90 号新裕商务大厦 A 座 507	57272439

表 13-9　　2016 年北京市批准的二级房地产估价机构

序号	机构名称	资质证书编号	办公地址	联系电话
1	保诚联合房地产土地评估有限公司	京建房估资准字（2008）第 0162 号	北京市朝阳区西大望路甲 27 号东(安装公司锅炉冷冻公司)5 号楼 302 室	010-63509615

表 13-10　　2016 年批准的一级房地产估价机构

序号	机构名称	资质证书编号	办公地址	联系电话
1	北京国融兴华房地产土地评估有限公司	京建房估资准字（2001）第 0069 号	北京市西城区裕民路 18 号北环中心 2011 室	010-82253743
2	北京金诚立信房地产土地评估有限公司	京建房估资准字［2005］第 0141 号	北京顺义区顺通路 2 号 AMB 大厦 B 座 7 层	010-89446767
3	北京植地通诚房地产评估有限公司	京建房估备字［2008］第 0173 号	北京市怀柔区泉河园二区乙 2 号楼 3 层 02-A01、A02	010-69648826

表 13-11　2016 年备案的外地一级房地产估价机构在京分支机构

序号	公司名称	办公地址	联系电话
1	深圳市中诚达土地房地产评估顾问有限公司北京分公司	北京市朝阳区东三环中路乙 10 号艾维克大厦 21 层第 05C	010-84868118
2	广东万诚房地产土地评估有限公司北京分公司	北京市海淀区云会里金雅园过街楼三层 3537 室	010-57438822

表 13-12　北京市一级房地产估价机构

序号	机构名称	办公地址	联系电话
1	北京东华天业房地产评估有限公司	宣武区右安门内大街 65 号弘棉商务大厦 408 室	51230378
2	北京华信房地产评估有限公司	北京市朝阳区建国门外永安里中街 25 号 3 幢二层	65830385
3	北京仁达房地产评估有限公司	西城区车公庄大街 9 号院五栋大楼 B 座 1-401 室	88395886
4	北京市金利安房地产咨询评估有限责任公司	海淀区蓝靛厂南路 25 号嘉友国际大厦 801 室	88400887
5	北京中大行房地产评估有限公司	北京市海淀区阜成路北三街 6 号轻苑大厦 905 号	68986215
6	北京市中恒业房地产评估有限责任公司	西城区东煤厂胡同 24 号	66571360
7	北京宝孚房地产评估事务所有限公司	朝阳区东土城路 4 号金泰五环宾馆二层	64208402/3
8	北京龙泰房地产评估有限责任公司	北京市丰台区丽泽桥西恒泰广场 C 座 6 层	88356600
9	中建银（北京）房地产土地评估有限公司	北京市西城区太平街 6 号 5 层 E-605	63109633
10	北京首佳房地产评估有限公司	海淀区紫竹院路 116 号嘉豪国际中心 B 座七层	58930818
11	北京银地联合房地产土地评估有限公司	北京市海淀区西三环北路 50 号豪柏大厦 6-1909	69441598
12	北京北方房地产咨询评估有限责任公司	西城区金融大街 27 号投资广场 A601 室	66210088
13	北京百成首信房地产评估有限公司	朝阳区团结湖路甲 3 号	65821797

（续表 13-12）

序号	机构名称	办公地址	联系电话
14	北京圣元房地产评估咨询有限公司	海淀区彩和坊路 10 号 1+1 大厦 1218 室	62680160
15	北京国地房地产土地评估有限公司	海淀区中关村南大街 17 号韦伯时代中心 3 号楼 1401 室	51667273
16	杜鸣联合房地产评估（北京）有限公司	北京市西城区西直门外大街 135 号北京展览馆宾馆 8 楼	65186610
17	北京康正宏基房地产评估有限公司	朝阳区裕民路 12 号中国国际科技会展中心 B 座 1003	62372100
18	北京中资房地产土地评估有限公司	海淀区首体南路 22 号国兴大厦 17 层 A2	88357168
19	北京建亚恒泰房地产评估有限公司	朝阳区向军南里甲 5 号雨霖大厦 9 层	65944086
20	北京国泰大正天平行土地房地产评估顾问有限公司	朝阳八里庄西里 100 号住邦 2000，1 号楼 A 座 705	85868816
21	北京京城捷信房地产评估有限公司	朝阳区芍药居甲 2 号内 1 楼南楼四层	84635538
22	北京海创房地产土地评估有限公司	建房估证字［2012］032 号	62487316
23	北京高地经典房地产评估有限责任公司	西城区太平桥大街 98 号院 5 号楼 1 门 101	58597081
24	北京银通安泰房地产评估有限公司	朝阳区朝阳北路 199 号摩码大厦 1811 室	85970326
25	北京中地华夏房地产评估有限公司	西城区闹市口大街 1 号长安兴融中心 2 号楼 5A	58528303
26	北京华天通房地产评估有限公司	海淀区甘家口 21 号楼七层	88385315
27	北京京港房地产估价有限公司	海淀区西三环北路 100 号金玉大厦 1101 室	68727081
28	北京中企华房地产估价有限公司	朝阳区朝外大街 22 号泛利大厦 916 室	65883588
29	北京京都房地产评估有限公司	朝外大街 22 号 1415 室	85665863
30	北京市国盛房地产评估有限责任公司	东城区东直门外大街 48 号东方银座 D 座 23C	84477677

（续表 13-12）

序号	机构名称	办公地址	联系电话
31	北京潞通房地产土地评估有限公司	通州区漷县镇漷兴一街 610 号	80817145
32	北京华源龙泰房地产土地资产评估有限公司	北京市丰台区丰台北路 18 号院 C 座 601 室	84831344
33	北京宏成房地产价格评估有限公司	北京市大兴区礼贤镇工业区 16 号	69288666-6102
34	中财宝信（北京）房地产土地评估有限公司	北京市朝阳区新源南路 6 号 1 号楼 3408	84868118
35	北京中建华房地产土地评估有限责任公司	海淀区广源匣路 5 号广源大厦 3 层 302. 303	51608233
36	北京大地盛业房地产土地评估有限公司	北京市朝阳区和平里西街 3 号 1 幢平房 101 室	84285588
37	北京盛华翔伦房地产评估有限责任公司	北京市朝阳区安立路 60 号润枫德尚苑 B 座 1303 室	64820980
38	北京国信达房地产土地评估有限公司	东城区北三环东路 36 号环球贸易中心 A 座 1903 室	58256689
39	北京宝业恒土地和房地产评估有限公司	朝阳区白家庄路 3 号 18 楼 A 座第 4 层第 02 号	64051428
40	北京申洋房地产评估有限公司	顺义区建新南区甲 32 号楼	13031088068
41	北京中鼎联合房地产评估有限公司	北京市西城区广安门外大街 168 号朗琴国际 B1117B	88825655
42	北京鼎春德房地产土地评估有限公司	北京市门头沟区军庄镇军庄路 1 号院 A439 室	64966611-8709
43	博文房地产评估造价集团有限公司	北京市海淀区大柳树路 17 号富海国际港 1808 室	83480861
44	北京国融兴华房地产土地评估有限公司	北京市西城区裕民路 18 号北环中心 2011 室	010-82253743
45	北京金诚立信房地产土地评估有限公司	北京顺义区顺通路 2 号 AMB 大厦 B 座 7 层	010-89446767
46	北京植地通诚房地产评估有限公司	北京市怀柔区泉河园二区乙 2 号楼 3 层 02-A01、A02	010-69648826

表 13-13 外省市一级房地产估价机构在京分支机构

序号	机构名称	办公地址	联系电话
1	深圳世联土地房地产评估有限公司北京分公司	朝阳区建国门外大街甲6号中环世贸C座7层	85678186
2	深圳戴德梁行土地房地产评估有限公司北京分公司	东城区建国门内大街7号光华长安大厦2座152	65101388
3	国众联资产评估土地房地产估价有限公司北京分公司	北京市朝阳区建国路29号兴隆家园24号楼803	85752002
4	深圳市国策房地产土地估价有限公司北京分公司	北京市朝阳区东三环中路9号富尔大厦2708室	85911588
5	内蒙古金正房地产价格评估有限责任公司北京分公司	北京市东城区崇文门外大街5号5-1幢4层508	67086811
6	中联天目土地房地产资产评估有限公司北京分公司	北京市朝阳区霞光里8号2号楼一层1110	64790904
7	深圳市鹏信资产评估土地房地产估价有限公司北京分公司	北京市中关村南大街24号开源物业A07室	62165369
8	深圳市同致诚土地房地产估价顾问有限公司北京分公司	北京市朝阳区东四环中路82号1座1206	010-65388685
9	山东诚志房地产土地评估咨询有限公司北京分公司	北京市朝阳区霞光里66号院1号楼804号	57895500
10	深圳市国房土地房地产评估咨询有限公司北京分公司	北京市朝阳区芳园西路6号院1号楼、2号楼、3幢颐锦酒店2号楼210室	010-64376929
11	深圳市中诚达土地房地产评估顾问有限公司北京分公司	北京市朝阳区东三环中路乙10号艾维克大厦21层第05C	010-84868118
12	广东万诚房地产土地评估有限公司北京分公司	北京市海淀区云会里金雅园过街楼三层3537室	010-57438822

第五节 房屋安全鉴定行业

一、房屋安全鉴定机构情况

截至2016年底，全市共有28个房屋安全鉴定机构按照《北京市房屋建筑安全评估与鉴定管理办法》（京建发［2011］207号）完成了备案，其中业务范围不限的鉴定机构10个，业务范围中小型的鉴定机构3个，业务范围小型的鉴定机构15个（见表13-14）。

业务范围不限的鉴定机构可以受理各种房屋建筑的安全评估与鉴定业务。

业务范围中小型的鉴定机构可以受理的业务有：(1) 一般公共建筑工程，(a) 单体建筑面积20000平方米及以下，不含钢结构；(b) 建筑高度50米及以下。(2) 住宅宿舍，20层及以下一般标准的居住建筑工程，不含钢结构。(3) 地下工程，(a) 总建筑面积10000平方米及以下地下空间；(b) 防护等级五级及以下附建式人防工程。(4) 其他类，(a) 使用住宅专项维修资金鉴定；(b) 变动房屋建筑主体和承重结构认定。

业务范围小型的鉴定机构可以受理的业务有：(1) 使用住宅专项维修资金鉴定。(2) 变动房屋建筑主体和承重结构认定。(3) 平房（文物古建筑房屋除外）。(4) 跨度小于12米的单层空旷砖房。(5) 6层及以下砖混、砖木结构楼房。

表 13-14　2016 年北京市房屋安全鉴定机构一览

序号	备案编号	机构名称	法定代表人（机构负责人）	机构地址	业务电话	业务范围
1	京鉴字 01006	北京市住房和城乡建设科学技术研究所（北京市房屋安全鉴定总站）	冷　涛	朝阳区华威北里18号	67795971	不限
2	京鉴字 01007	北京市朝阳区房屋安全鉴定站	张　杰	北京市朝阳区三里屯南56号	64186164	不限
3	京鉴字 01008	北京市海淀区房屋安全鉴定站	靳　宁	海淀区东王庄小区16甲楼	62525745	不限
4	京鉴字 01012	北京市建设工程质量第三检测所有限责任公司	张　岫	西城区百万庄大街3号	68334806	不限
5	京鉴字 01018	北京市建设工程质量第六检测所有限公司	邓　玲	丰台区南苑新华路1号	67995531	不限
6	京鉴字 01021	北京市建设工程质量第二检测所	何西令	西城区南礼士路62号	68048508	不限
7	京鉴字 01022	国家建筑工程质量监督检验中心	王　霓	北京市北三环东路30号	64517830	不限
8	京鉴字 01023	北京市建设工程质量第一检测所有限责任公司	刘　柯	北京市海淀区复兴路34号	88223802	不限
9	京鉴字 01027	中冶建筑研究总院有限公司/国家工业建构筑物质量安全监督检验中心	李晓东	北京市海淀区西土城路33号	82227134	不限
10	京鉴字 01028	奥来国信（北京）检测技术有限责任公司	孙文伟	北京市顺义区高丽营镇顺于路高丽营段138号	81700898	不限

（续表 13-14）

序号	备案编号	机构名称	法定代表人（机构负责人）	机构地址	业务电话	业务范围
11	京鉴字 02001	北京首华建设经营有限公司房屋安全鉴定室	赵庆友	朝阳区芍药居 2 号院	84643383-8011	中小型
12	京鉴字 02004	北京市西城区房屋安全鉴定一站	孙国强	北京市西城区西四东大街 49 号	66026813	中小型
13	京鉴字 02014	北京房地集团有限公司房屋安全鉴定室	马京京	北京市朝阳区芍药居甲 2 号院 1 号楼北楼一层	84631858	中小型
14	京鉴字 03002	房山区房屋安全鉴定站	王学军	房山区苏庄东街 2 号	69376993	小型
15	京鉴字 03003	北京市门头沟区房屋安全鉴定站	池宝全	门头沟区新桥大街 48 号	69822760	小型
16	京鉴字 03005	北京市顺义区房屋安全鉴定站	吴建民	顺义区光明北街 7 号	69441570	小型
17	京鉴字 03009	北京市昌平区房屋安全鉴定站	庞继业	昌平区南环东路 36 号	69704074	小型
18	京鉴字 03010	北京天岳恒房屋经营管理有限公司房屋安全鉴定室	陈 磊	北京市丰台区右安门外西三条甲 2 号	63295296	小型
19	京鉴字 03011	北京市怀柔区房屋安全鉴定站	周迎红	怀柔区青春路 48 号	69641817	小型
20	京鉴字 03015	石景山区房屋安全鉴定站	王文君	石景山区古城东街 103 号	68867438	小型
21	京鉴字 03016	北京市密云区房屋安全鉴定站	侯 奇	密云区水源东路 339 号	69027404	小型
22	京鉴字 03017	北京市平谷区房屋安全鉴定站	张学军	平谷区平安街老武装部西院	89991590	小型
23	京鉴字 03019	北京市东城区房屋安全鉴定管理所	安宏杰	东城区长青园 1 号楼 210 房间	64023166	小型
24	京鉴字 03020	通州区房屋安全鉴定站	杨建发	通州区玉桥南里 24 号楼	81587316	小型
25	京鉴字 03024	北京市大兴区房屋安全鉴定站	苏晓冬	北京市大兴工业开发区科苑路 17 号	69242522	小型
26	京鉴字 03025	北京市丰台区房屋安全鉴定站	梁文斌	丰台区大井东里甲 2 号	63841972	小型
27	京鉴字 03026	延庆区房屋安全鉴定站	马卫志	北京市延庆区东外大街 89 号城建大厦 11 楼 1111	69176128	小型
28	京鉴字 03037	北京市西城区房屋安全鉴定二站	芦玉华	西城区万明路 18 号院 1 号楼 103 室	83551191	小型

注：1. 原东城区、崇文区房屋安全鉴定站因北京行政区重新规划，合并为东城区房屋安全鉴定站。

2. 原宣武区房屋安全鉴定站因北京市行政区重新规划，改名为西城区房屋安全鉴定二站。

二、2016年房屋安全鉴定和评估业务完成情况

全市28个鉴定机构在2016年均开展了房屋安全鉴定工作，全年共完成各项房屋安全鉴定和评估2112.45万平方米（详见表13-15），表中6项统计数据比2015年均有增长，小计数据比上年增长63.01%，其中综合安全性鉴定（平房、楼房）比上年增长254%；2016年安全评估完成5.20万平方米。涉及屋面防水、小区路面、小区围墙、小区给排水等无法统计在建筑面积中的鉴定、评估项目统计在表13-15备注栏中备注。

表13-15　2016年度全市房屋建筑评估、鉴定汇总

编号	机构名称	数据来源	建筑面积(m^2)							备注
			小计	安全鉴定（平房）	安全鉴定（楼房）	安全评估	综合安全性鉴定（平房）	综合安全性鉴定（楼房）	专项维修鉴定	
1	北京市总站	系统数据	36967.23	0	0	0	0	0	36967.23	
		线下数据	147.24	0	147.24	0	0	0	0	
2	东城区鉴定站	系统数据	2136.83	2136.83	0	0	0	0	0	
3	西城区鉴定一站	系统数据	714075.08	13421.96	25190.48	0	0	4202.49	671260.15	
4	西城区鉴定二站	系统数据	403370.33	7049.3	15318.15	0	0		381002.88	
5	朝阳区鉴定站	系统数据	7016794.28	6984.84	116826.75	0	3555	49201.64	6840226.05	
		线下数据	19724.49	0	0	0	0	0	19724.49	1.专项维修鉴定项目涉及屋面防水的，按屋面防水鉴定面积统计； 2.另有安全鉴定项目涉及顶板鉴定1项，拆改窗下墙鉴定1项； 3.另有专项维修鉴定项目涉及13个小区共用排水管道。
6	海淀区鉴定站	系统数据	4396731.89	55481.61	449722.53	42839	15393.72	51343.92	3781951.11	
		线下数据	43710.14	1069.00	10588.95	9145.77	0	10331.14	12575.28	1.专项维修鉴定项目涉及屋面防水的，按屋面防水鉴定面积统计； 2.另有安全鉴定项目涉及8处广告牌； 3.另有安全评估项目涉及1栋楼玻璃幕墙； 4.另有专项维修鉴定项目涉及7个小区道路、7个小区污水管线、5个小区围墙及院门、1个小区水箱、1个小区路灯、1个小区外墙保温、1个小区监控。

（续表 13-15）

编号	机构名称	数据来源	建筑面积（m^2）							备注
			小计	安全鉴定（平房）	安全鉴定（楼房）	安全评估	综合安全性鉴定（平房）	综合安全性鉴定（楼房）	专项维修鉴定	
7	丰台区鉴定站	系统数据	1922736.15	69337.69	29635.29	0	329.11	6655.9	1816778.16	
		线下数据	17640.83	0	13917.33	0	0	0	3723.5	1.专项维修鉴定项目涉及屋面防水的，按屋面防水鉴定面积统计；2.另有专项维修鉴定项目涉及 14 个小区管线、1 个小区道路、1 个小区外墙、1 个小区室外台阶。
8	石景山区鉴定站	系统数据	673863.94	669.87	0	0	0	0	673194.07	
		线下数据	85684.83	0	0	0	0	0	85684.83	
9	门头沟区鉴定站	系统数据	1033.87	1033.87	0	0	0	0	0	
10	昌平区鉴定站	系统数据	987449.74	14171.94	0	0	0	0	973277.8	
11	通州区鉴定站	系统数据	1339497.68	614.64	0	0	0	0	1338883.04	
12	大兴区鉴定站	系统数据	147.15	147.15	0	0	0	0	0	
13	房山区鉴定站	系统数据	183924.3	2912.4	16258.42	0	0	0	164753.48	
14	平谷区鉴定站	系统数据	0	0	0	0	0	0	0	
15	顺义区鉴定站	系统数据	820.84	820.84	0	0	0	0	0	
16	怀柔区鉴定站	系统数据	13925.63	13925.63	0	0	0	0	0	
17	密云区鉴定站	系统数据	87092.78	5941.5	0	0	0	0	81151.28	
18	延庆区鉴定站	系统数据	40491.13	7139.88	1085.85	0	0	0	32265.4	
19	首华鉴定室	系统数据	71410.01	541.78	10401.3	0	0	10047.42	50419.51	
		线下数据	35015.1	0	35015.1	0	0	0	0	
20	天岳恒鉴定室	系统数据	6154.45	6154.45	0	0	0	0	0	
21	房地集团鉴定室	系统数据	31771.88	0	0	0	0	0	31771.88	

（续表 13-15）

编号	机构名称	数据来源	建筑面积（m^2）							备注
			小计	安全鉴定（平房）	安全鉴定（楼房）	安全评估	综合安全性鉴定（平房）	综合安全性鉴定（楼房）	专项维修鉴定	
22	建设工程检测一所	系统数据	17078.15	13482.15	0	0	3596	0	0	
		线下数据	68152.53	0	45370.50	0	0	22782.03	0	
23	建设工程检测二所	系统数据	588041.17	23546.01	40340.44	0	1906.14	55991.18	466257.4	
		线下数据	45135.62	0	32723.62	0	0	12412	0	
24	建设工程检测三所	系统数据	525880.68	16723.85	104442.23	0	1364.1	87397.67	315952.83	
		线下数据	14028.9	0	501.6	0	0	13527.3	0	
25	建设工程检测六所	系统数据	129312.08	0	5890	0	7349.08	32832.18	83240.82	
		线下数据	1745.95	0	0	0	0	1745.95	0	
26	国家建筑工程质量监督检验中心	系统数据	228248	0	50751.95	0	13400.15	164095.9	0	
		线下数据	6869.1	0	0	0	489	6380.1	0	
27	国家工业建构筑物质量安全监督检验中心	系统数据	689738.16	17937.55	304431.39	0	6844.3	325403.6	35121.32	
		线下数据	344830.95	0	31660.95	0	0	313170	0	
28	奥来国信（北京）检测技术有限责任公司	系统数据	317446.76	2900	6079.4	0	11659.45	19124.1	277683.81	
		线下数据	15635.29	0	4234.2	0	0	7422.67	3978.42	另有专项维修鉴定项目涉及1个小区围栏、1个小区道路。
29	系统数据合计		20426140.19	283075.74	1176374.18	42839	65397.05	806296	18052158.22	
	线下数据合计		698320.97	1069	174159.49	9145.77	489	387771.19	125686.52	
	合计		21124461.16	284144.74	1350533.67	51984.77	65886.05	1194067.19	18177844.74	

注：系统数据采自北京市城镇房屋建筑使用安全管理系统，线下数据为各机构报送。

第六节　物业服务企业

一、物业服务企业数量及分布

截至2016年12月，全市取得《物业服务企业资质证书》的物业服务企业共有3067家。其中，一级企业155家；二级企业394家；三级企业2218家，三级暂定184家；外埠在京企业116家。

从区县分布上，海淀区注册的物业服务企业最多，有554家，其他依次为朝阳区484家、西城区344家、丰台区254家和东城区248家。

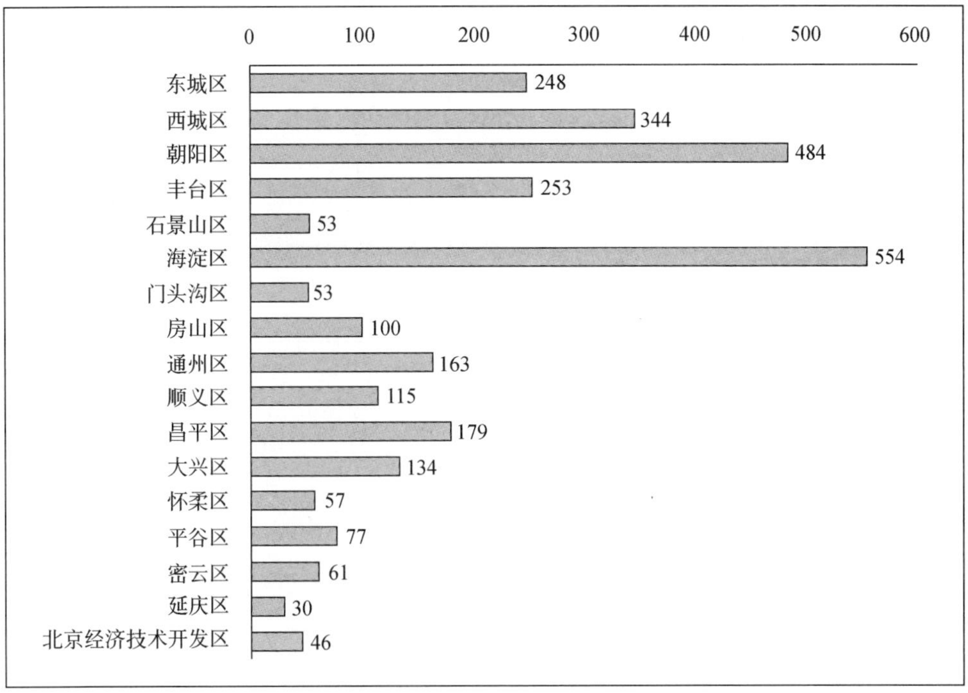

图 13-5　2016 年北京市各区物业服务企业数量（单位：家）

二、2016 年物业服务企业名录（按资质等级划分）

表 13-16　2016 年北京市一级资质物业服务企业名录

序号	物业公司名称	注册地区
1	北京宝景物业管理有限公司	东城
2	北京华体世纪物业管理有限公司	东城
3	北京丰汇物业管理有限责任公司	东城
4	北京首华物业管理有限公司	东城
5	中海实业公司	东城
6	北京东方容和物业管理有限责任公司	东城
7	北京凯莱物业管理有限公司	东城
8	北京新世界物业管理有限公司	东城
9	中油阳光物业管理有限公司	东城
10	北京航腾物业管理有限责任公司	东城
11	北京银达物业管理有限责任公司	东城
12	北京搜厚物业管理有限公司	东城
13	北京国瑞物业服务有限公司	东城
14	北京市嘉宝物业管理有限公司	东城
15	北京外交人员房屋服务公司	东城

（续表 13-16）

序号	物业公司名称	注册地区
16	北京国天健宇物业管理发展有限公司	东城
17	北京房修一物业管理有限公司	西城
18	北京市圣瑞物业服务有限公司	西城
19	北京中工资产经营管理有限公司	西城
20	北京鲁能物业服务有限责任公司	西城
21	中化金茂物业管理（北京）有限公司	西城
22	北京瑞赢酒店物业管理有限公司	西城
23	北京网信物业管理有限公司	西城
24	北京盛利达物业管理有限公司	西城
25	北京经中太联物业管理有限公司	西城
26	北京国基伟业物业管理有限公司	西城
27	中化国际物业酒店管理有限公司	西城
28	光大置业有限公司	西城
29	北京金融街第一太平戴维斯物业管理有限公司	西城
30	北京中兴物业管理有限公司	西城
31	北京中广物业管理有限公司	西城
32	明洁物业管理有限公司	西城
33	新中物业管理（中国）有限公司	西城
34	北京金融街物业管理有限责任公司	西城
35	北京尚合佳物业管理有限公司	西城
36	北京市圣瑞物业服务有限公司	西城
37	北京中实杰肯道夫物业管理有限公司	西城
38	北京天岳恒房屋经营管理有限公司	西城
39	北京金隅物业管理有限责任公司	西城
40	华润置地（北京）物业管理有限责任公司	西城
41	北京城建福安楼寓物业管理有限公司	西城
42	北京中水物业管理有限公司	西城
43	北京首佳物业管理有限公司	朝阳
44	泛海物业管理有限公司	朝阳
45	北京住总北宇物业服务公司	朝阳
46	北京金辉锦江物业服务有限公司	朝阳
47	北京信和物业管理有限责任公司	朝阳
48	北京建工物业服务有限公司	朝阳

（续表 13-16）

序号	物业公司名称	注册地区
49	北京裕展物业管理有限公司	朝阳
50	北京仲量联行物业管理服务有限公司	朝阳
51	北京招商局物业管理有限公司	朝阳
52	北京戴德梁行物业管理有限公司	朝阳
53	北京房地集团有限公司	朝阳
54	北京市望京实业总公司	朝阳
55	北京澳西物业管理有限公司	朝阳
56	北京龙城兴业物业管理有限公司	朝阳
57	赛特国际物业管理有限公司	朝阳
58	北京北辰信诚物业管理有限责任公司	朝阳
59	北京金罗马物业管理有限公司	朝阳
60	北京高腾物业管理有限公司	朝阳
61	北京中原华夏物业管理有限公司	朝阳
62	第一太平戴维斯物业顾问（北京）有限公司	朝阳
63	北京金海燕物业管理有限公司	朝阳
64	北京盛世物业服务有限公司	朝阳
65	北京中航大北物业管理有限公司	朝阳
66	北京兴邦物业管理有限责任公司	朝阳
67	北京燕侨物业管理有限公司	朝阳
68	北京达文物业管理有限公司	朝阳
69	中远酒店物业管理有限公司	朝阳
70	北京华贸第一太平物业管理有限公司	朝阳
71	国贸物业酒店管理有限公司	朝阳
72	北京世邦魏理仕物业管理服务有限公司	朝阳
73	北京燕京都物业管理有限公司	朝阳
74	北京创新物业管理有限责任公司	朝阳
75	北京北控物业管理有限责任公司	朝阳
76	北京恒富物业服务有限公司	朝阳
77	北京冠城酒店物业管理有限公司	海淀
78	北京东光物业管理有限公司	海淀
79	北京中咨时代资产管理有限公司	海淀
80	北京北大资源物业经营管理集团有限公司	海淀
81	北京中际北视物业管理有限公司	海淀

（续表 13-16）

序号	物业公司名称	注册地区
82	北京中电建物业管理有限公司	海淀
83	北京亿方物业管理有限责任公司	海淀
84	北京育新物业管理公司	海淀
85	北京达尔文国际酒店物业管理有限公司	海淀
86	北京城建置业有限公司	海淀
87	北京城承物业管理有限责任公司	海淀
88	北京科住物业管理有限公司	海淀
89	北京燕科物业管理有限责任公司	海淀
90	第一太平融科物业管理（北京）有限公司	海淀
91	北京天鸿宝地物业管理经营有限公司	海淀
92	北京诚智慧中物业管理有限公司	海淀
93	北京亿展资产管理有限公司	海淀
94	勤好（北京）物业管理有限公司	海淀
95	北京中湾智地物业管理有限公司	海淀
96	北京世纪城物业管理有限公司	海淀
97	北京实创科技园经营服务公司	海淀
98	北京信科联物业管理有限公司	海淀
99	北京神舟天辰物业服务有限公司	海淀
100	北京大唐物业管理有限公司	海淀
101	北京玉渊潭物业管理集团有限公司	海淀
102	北京亿城物业管理有限公司	海淀
103	北京国兴三吉利物业管理有限责任公司	海淀
104	中海宏洋物业管理有限公司	海淀
105	中交地产北京物业有限公司	海淀
106	中铁建（北京）物业管理有限公司	海淀
107	北京城建物业管理有限责任公司	海淀
108	中建物业管理公司	海淀
109	北京航天万源物业管理有限公司	丰台
110	北京方庄物业管理有限责任公司	丰台
111	北京中海物业管理有限公司	丰台
112	北京中铁第一太平物业服务有限公司	丰台
113	北京道丰总部基地物业管理有限公司	丰台
114	北京瑞思特物业管理有限公司	丰台

（续表 13-16）

序号	物业公司名称	注册地区
115	北京中建物业管理有限公司	丰台
116	北京西国贸大物业管理有限公司	丰台
117	北京金隅大成物业管理有限公司	丰台
118	北京新龙天宇物业管理有限公司	昌平
119	北京顺天通物业管理有限公司	昌平
120	北京方佳物业管理有限公司	昌平
121	北京华服物业管理有限责任公司	昌平
122	北京市鼎泽物业管理有限责任公司	昌平
123	北京碧水物业管理有限责任公司	昌平
124	北京国广物业管理有限公司	石景山
125	北京中电瑞达物业有限公司	石景山
126	北京首欣物业管理有限责任公司	石景山
127	乐生活（北京）智慧社区投资发展股份有限公司	石景山
128	北京利天物业管理有限公司	顺义
129	北京天竺空港物业管理有限公司	顺义
130	中信国安（北京）物业管理有限公司	顺义
131	北京万科物业服务有限公司	顺义
132	北京华腾世纪物业管理有限公司	顺义
133	北京龙湖物业服务有限公司	顺义
134	北京东亚时代物业管理有限公司	通州
135	北京联东国际物业管理股份有限公司	通州
136	北京悦豪物业管理有限公司	通州
137	北京天鸿尊逸物业管理有限公司	平谷
138	北京市均豪物业管理股份有限公司	平谷
139	北京博宇嘉物业管理有限公司	门头沟
140	北京奥和物业管理有限公司	门头沟
141	北京安信行物业管理有限公司	门头沟
142	北京金泰卓越物业管理有限公司	门头沟
143	北京华特物业管理发展有限公司	大兴
144	北京和泓物业服务有限公司	大兴
145	北京中燕物业管理公司	房山
146	北京智汇城云物业服务有限公司	房山
147	北京闻达敏斯物业管理服务有限公司	房山

（续表 13-16）

序号	物业公司名称	注册地区
148	北京昊远隆基物业管理有限公司	房山
149	北京首万物业管理有限公司	怀柔
150	北京金泰物业管理有限公司	怀柔
151	远洋亿家物业服务股份有限公司	怀柔
152	北京万通鼎安国际物业服务有限公司	怀柔
153	北京亦庄置业有限公司	开发
154	北京晟邦物业管理有限公司	开发
155	北京金地格林物业管理有限公司	开发

附录一　业界观点

北京市房地产年鉴 2017

2016 年北京市房地产市场发展研究报告

中国指数研究院　中国房地产指数系统

一、市场分析：市场表现火热，价格显著上涨

1. 商品房市场：需求旺盛，价格大幅上涨，供求基本平衡

2016 年，北京商品房销售均价同比大幅上涨，创历史新高，均价达 28116 元/平方米，较 2015 年涨幅达 20.7%，增速高于全国平均水平；住宅市场也呈现大幅增长，均价为 30923 元/平方米，突破历史高位，涨幅达 26.0%。供应方面，新批上市面积自 2014 年创历史高位之后开始持续两年连续下降，销售同比大幅增长，商品房销供比为 1.09，住宅销供比 1.22，整体市场需求依然旺盛。

a）价格：商品房价格同比大幅上涨，突破 2.8 万元/平方米

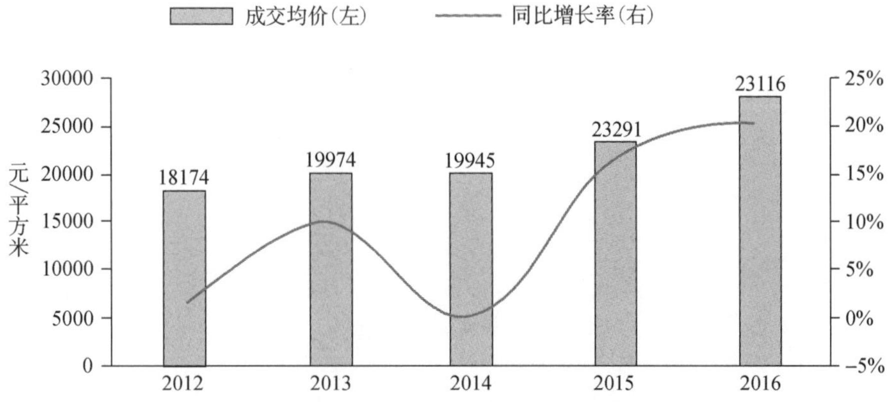

图 1　2012-2016 年北京市商品房销售均价

数据来源：CREIS 中指数据，fdc.fang.com

需求旺盛，商品房销售均价同比涨幅达 20.7%，均价突破 28000 元/平方米。2016 年，北京商品房销售均价为 28116 元/平方米，同比涨幅达 20.7%，均价突破 28000 元/平方米。与全国商品房销售均价相比，北京商品房价格上涨显著。

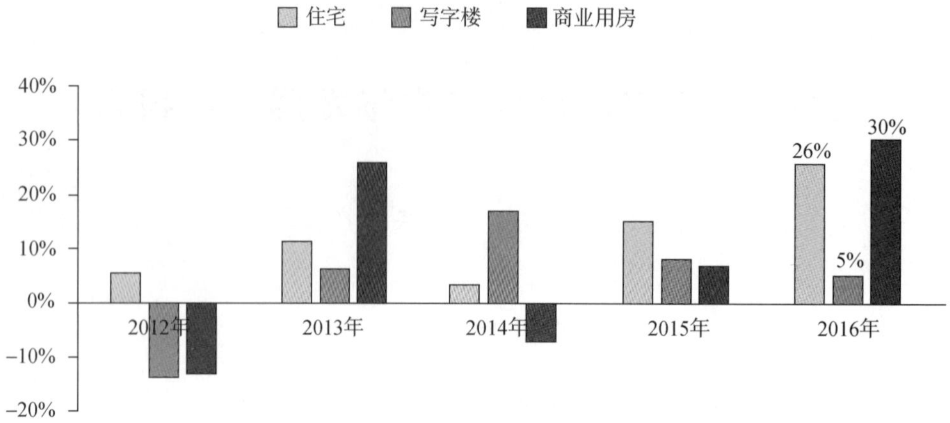

图 2　2012–2016 年北京市不同物业销售均价增速

数据来源：CREIS 中指数据，fdc.fang.com

住宅、办公及商业用房均呈上涨态势，销售均价达历史高位。分物业看，2016 年北京市住宅及商办销售继续上涨，其中，住宅销售均价 30923 元/平方米，突破历史高位，涨幅达 26.0%；办公销售均价 29955 元/平方米，达历史高位，上涨 5.3%。商业用房销售均价大幅上涨达 31238 元/平方米，上涨 30.1%。北京市场需求旺盛，促使成交均价一路走高。

b）需求：商品房及住宅销售额均创历史新高

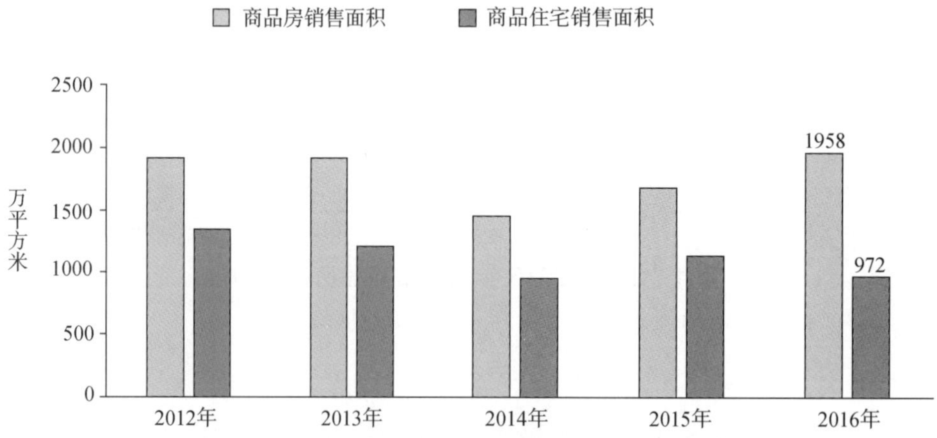

图 3　2012–2016 年北京市商品房及住宅销售面积

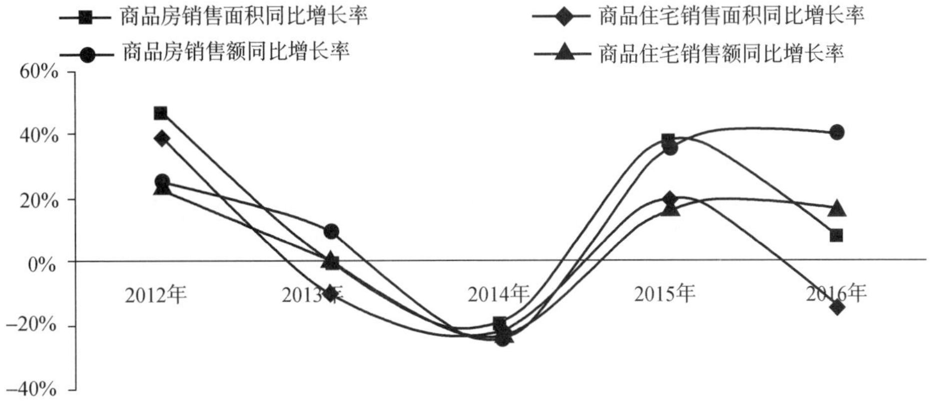

图 4　2012-2016 年北京市商品房和住宅销售面积及销售金额增速

数据来源：CREIS 中指数据，fdc.fang.com

商品房市场及住宅市场火热异常，成交额均创历史新高。2016 年，北京市共成交商品房 1958.0 万平方米，销售金额 5505.0 亿元，同比分别增长 16.4%、40.5%。其中，住宅销售面积和金额分别为 972.4 万平方米和 3007.0 亿元，同比分别下降 14.2%、增长 8.0%。2016 年，受货币充足和政策宽松的刺激，需求旺盛，成交放量，促使北京房地产市场火热异常，成交额及成交价均创历史新高。

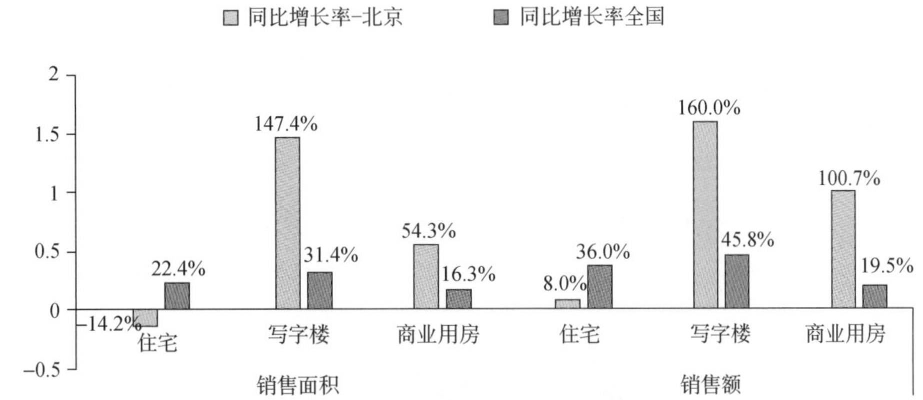

图 5　2016 年北京市和全国不同物业销售指标增速

数据来源：CREIS 中指数据，fdc.fang.com

北京不同物业销售额增速全线增长，办公市场增长明显。分物业看，2016 年，北京市住宅、写字楼、商业销售面积分别为 972.4 万平方米、589.1 万平方米、173.6 万平方米，同比分别下降 14.2%、增长 147.1%和增长 54.3%；住宅、写字楼、商业销售金额分别为 3007.0 亿元、1764.7 亿元、542.4 亿元，同比分别增长 8.0%、160.02%、100.7%。2016 年北京写字楼市场继续领涨，经济及区域优势显著，加之京津冀一体化推动，促使北京办公市场成交大幅增长。

c）供给：新批上市面积持续下降，降幅 0.24%

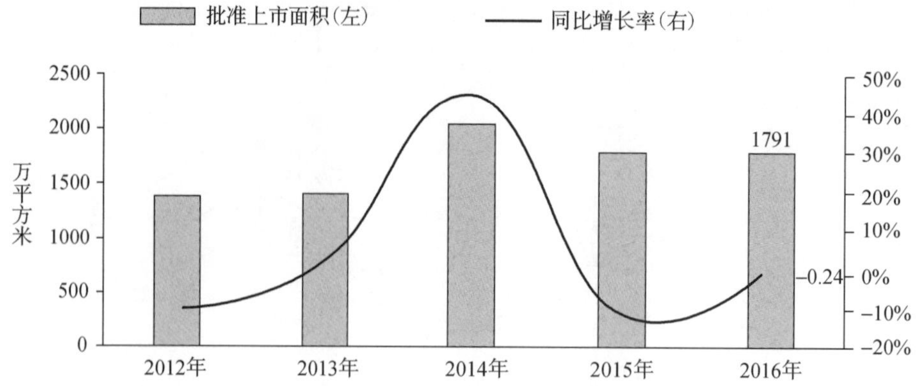

图 6　2012-2016 年北京市商品房新批准上市面积

数据来源：CREIS 中指数据，fdc.fang.com

商品房供应量连续两年持续下降，同比下滑 0.24%。2016 年，北京市商品房新批上市面积 1791.1 万平方米，新批上市面积自 2014 年创历史新高之后，开始逐步下降，2016 年同比下降 0.24%，但供应量依然处于高位。

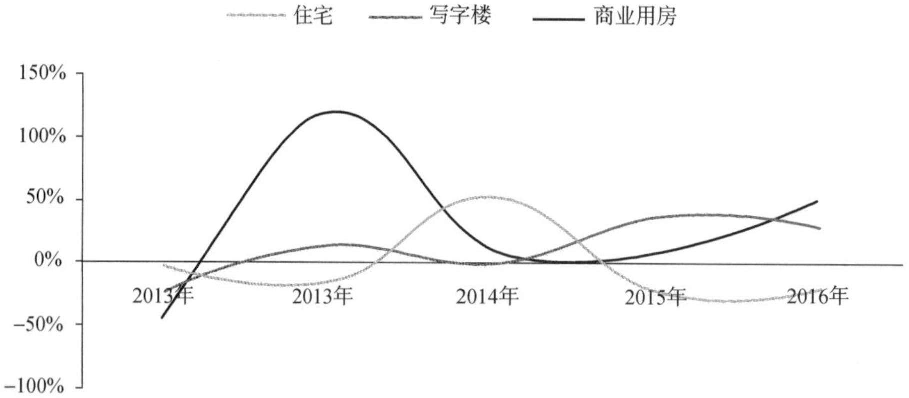

图 7　2012-2016 年北京市不同物业新批上市面积增速

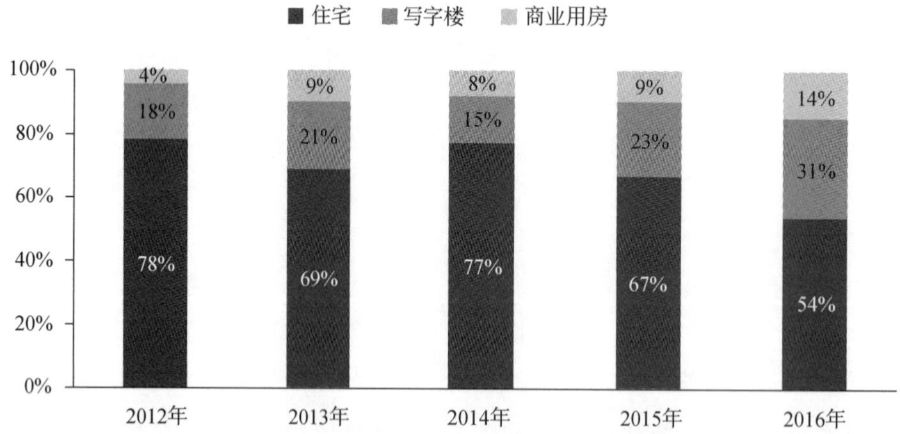

图 8　2012-2016 年北京市不同物业新批上市面积占比

数据来源：CREIS 中指数据，fdc.fang.com

写字楼及商业用房新批上市面积增幅最为突出，住宅新批同比负增长。分物业看，2016年北京住宅新批上市面积794.9万平方米，同比下降22.1%；写字楼、商业用房新批上市面积分别为459.3万平方米、212.4万平方米，同比分别增长29.7%和48.8%。从占比看，写字楼、商业用房占比分别为31%、14%，相比2015年分别上升8和5个百分点，住宅新批上市面积占比为54%，相比2015年降低13个百分点。

2. 住宅市场：先扬后抑，供不应求矛盾加深，市场“量跌价升”

2016年，北京紧随全国房地产发展大势，前三季度受货币充足和政策宽松的刺激，需求旺盛，成交放量，进入四季度之后，政策收紧，成交放缓。其中，北京新建商品住宅均价整体稳中有升，二手房价格指数增幅高于新房。需求方面，全年成交量达804万平方米，同比下降16.9个百分点。120-160平之间的改善户型成交占比大幅上升，六环外成交占比提升明显。去化效果明显，整体销供比升至1.2，市场供求呈现供不应求态势。

a）价格：“9·30”新政成为房价分水岭，四季度价格趋稳

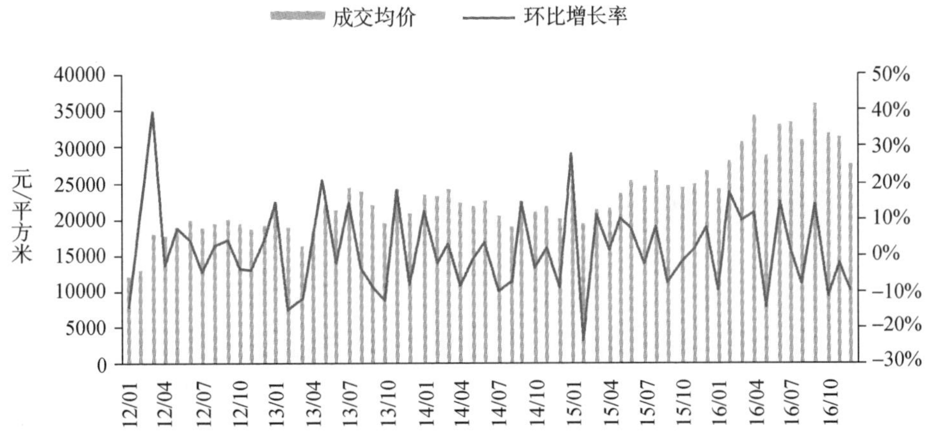

图9　2012年1月至2016年12月北京商品住宅（含保障房）成交均价及环比涨跌幅

数据来源：CREIS中指数据，fdc.fang.com

受政策调控影响，北京住宅市场先扬后抑。2016年，北京商品住宅均价（含保障房）为31336元/平方米，较上年上涨27.46个百分点。前三季度，市场看涨预期强烈，北京商品住宅均价（含保障房）波动上涨，9月份达到峰值，为35773元/平方米。“9·30”新政落地后，受政策收紧影响，10月份价格开始回落，12月价格回落至27610元/平方米。

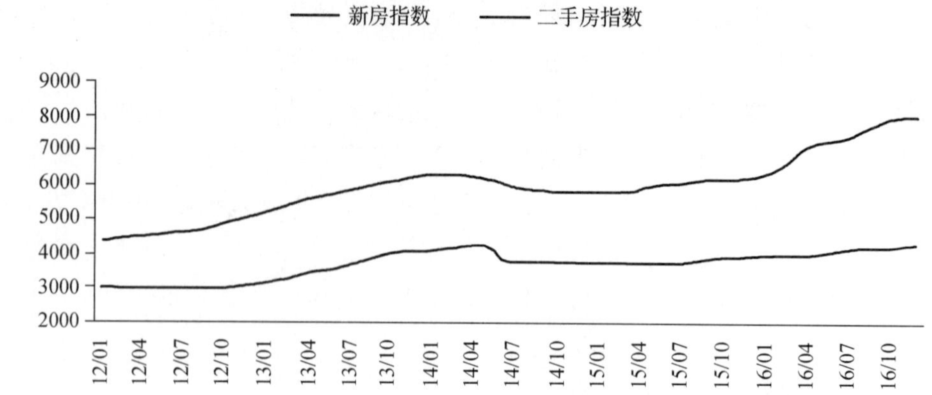

图 10　2012 年 1 月至 2016 年 12 月北京新房及二手房价格指数

数据来源：CREIS 中指数据，fdc.fang.com

从价格指数来看，两项指标整体以增为主，二手房价格指数增幅明显高于新房。2016 年，北京新房价格指数和二手房价格指数整体以涨为主，分别从 1 月份的 4014 点和 6468 点涨至 12 月的 4387 点和 8015 点。分月份来看，北京新房价格指数一直保持上行趋势，全年增幅 9.29 个百分点。二手房价格指数上行趋势明显，增幅 23.92 个百分点。二手房价格指数增幅明显高于新房，主要可归因于北京已全面进入存量房时代，改善置换需求井喷，加之 2016 年上半年政策宽松，对二手房市场有较大刺激。“9·30”新政之后，北京房地产市场降温，二手房涨幅趋稳，预计新政效应还将持续。

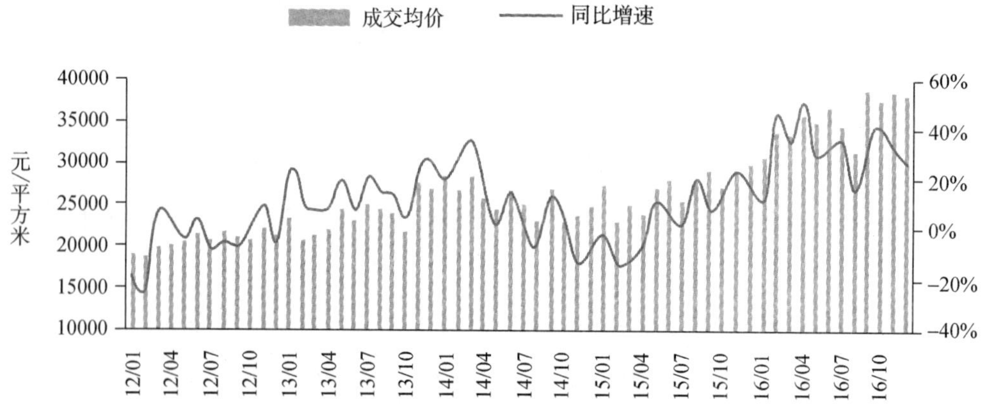

图 11　2012 年 1 月至 2016 年 12 月北京商品住宅（不含保障房）成交均价及其同比涨跌幅

数据来源：CREIS 中指数据，fdc.fang.com

从成交价格来看，2016 年北京商品住宅（不含保障房）成交均价明显上涨。2016 年，北京商品住宅（不含保障房）成交均价为 35292 元/平方米，同比上涨 30.16%，比上年提高 22.08 个百分点。具体来看，2016 年以来，受持续宽松的货币政策和住宅市场高端化影响，北京商品住宅（不含保障房）成交均价一路上扬。2016 年 7、8 月份，受自住房集中签约入市影响，北京商品住宅（不含保障房）成交均价环比下跌。“9·30”新政落地后，受调控政策收紧影响，10 月份北京商品住宅（不含保障房）成交均价回落，四季度涨幅下降，预计 2017 年北京商品住宅成交均价将逐步趋于平稳。

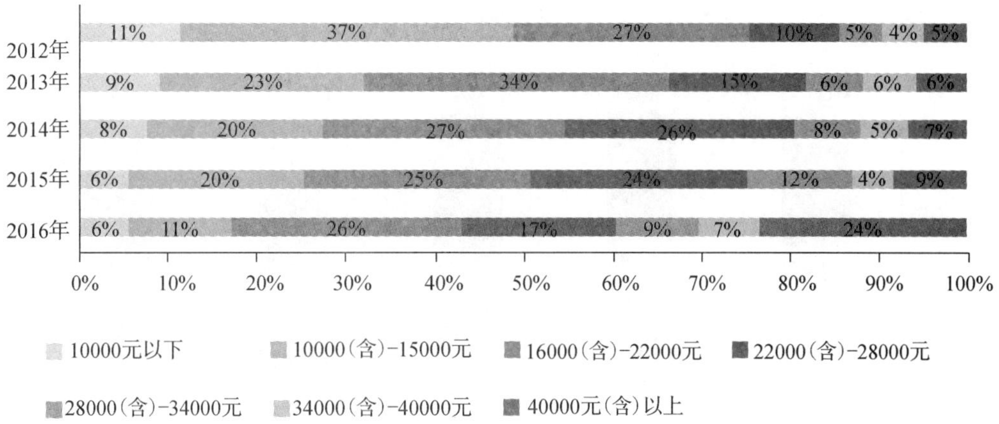

图 12　2012-2016 年北京商品住宅分价格段成交套数占比

数据来源：CREIS 中指数据，fdc.fang.com

按价格段来看，2016 年的成交结构继续偏向豪宅化、高端化。市场成交主力一改往年形势，40000 元/平方米的产品价格段较上年大幅上升 15 个百分点；而上年的主力价格段 16000-28000 元/平方米则下降 6 个百分点至 43%。这一方面是由于北京楼市整体成交均价的提升，数据显示，2016 年北京楼市成交均价较 2015 年平均涨幅 8000 元/平方米，同比大幅上涨 30%；而另一方面就是高端楼市的成交爆发以及自住房成交量大幅下降影响。

b）需求：受需求和政策面双重影响，全年成交量整体回落

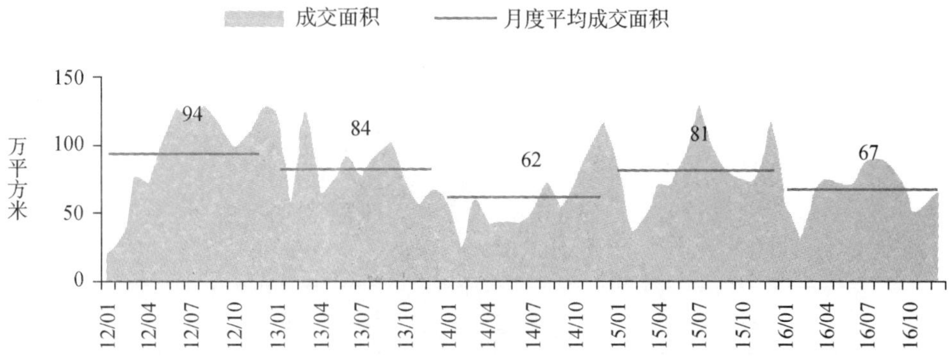

图 13　2012 年 1 月-2016 年 12 月北京商品住宅（不含保障房）成交面积及其同比增速

数据来源：CREIS 中指数据，fdc.fang.com

受市场需求的透支以及政策面的调整，北京市商品住宅全年成交量同比回落，较上年减少 16.8%。2016 年，市场需求的透支以及政策面的调整，加上整体经济形势也会让人产生看衰的预期，北京房地产市场月均成交同比呈现下降趋势，月平均成交 67 万平方米，全年成交量达 804 万平方米，同比下降 16.9 个百分点。分月份来看，年初开发商冲刺上年终业绩后推盘乏力，开局楼市明显降温，“金三银四”市场成交逐步走高，至 7 月 8 月达到 90 万平方米，之后随着 9 月 30 日“京八条”的出台，在稳定楼市预期，降温楼市方面起到了立竿见影的效果，使得 2016 年年底并没有出现往年的翘尾行情。

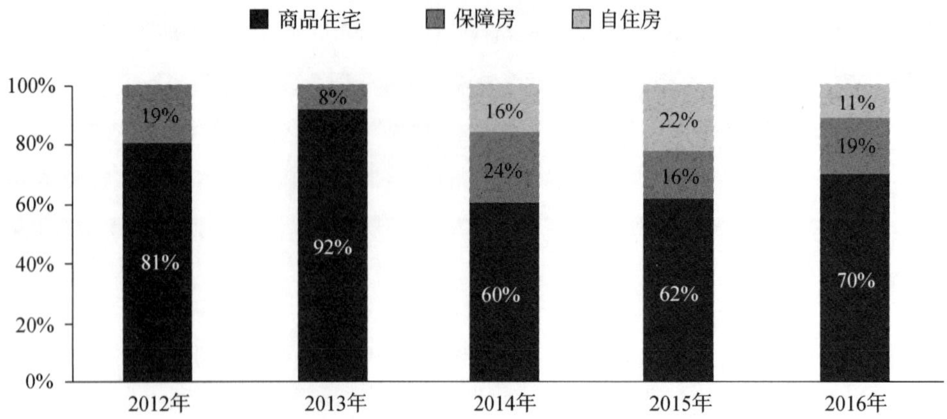

图 14　2012-2016 年北京商品住宅成交情况占比细分

数据来源：CREIS 中指数据，fdc.fang.com

受供应量下降影响，2016 年自住房项目成交占比较上年下降 11 个百分点。近些年北京市自住型商品房项目以低于商品住宅 30%的价格优势，成功吸引一部分刚性购房者，挤占刚需的同时一定程度上提振了商品住宅市场的火热程度。从北京未来的发展看，中低端需求依然是楼市的主流。而在城市核心区域土地供应量有限的背景下，要做到中低端有保障，自住房将是非常重要的一种手段。自住房供应足量，不仅可以平稳房价涨幅，也可以达到照顾民生的目的。

c）供应：新增供应量创七年新低

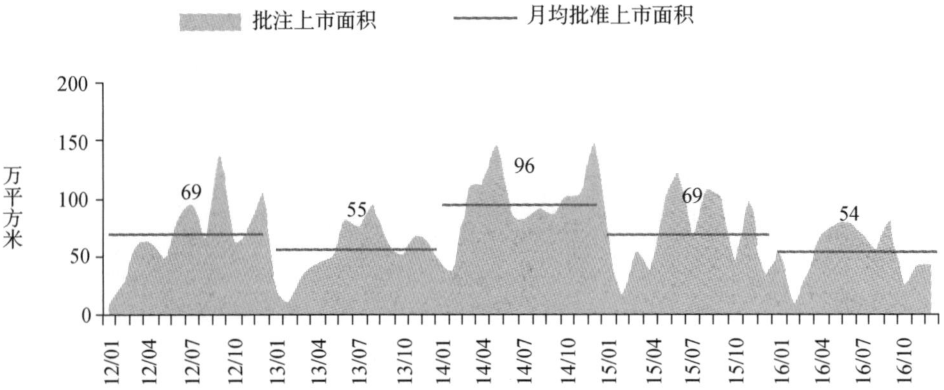

图 15　2012 年 1 月-2016 年 12 月北京商品住宅（不含保障房）新批上市面积走势

数据来源：CREIS 中指数据，fdc.fang.com

新增供应高位回落至近七年新低。2016 年，北京商品住宅月均新批上市 54 万平方米，较 2015 年均值相比下降近 23%，创近七年来新低。单月来看，2 月新增供应量最小，仅为 6.38 万平方米，之后四个月波动上升，并于 6 月达到上半年新增供应峰值，新批上市 83.18 万平方米；之后伴随“9 · 30”新政的到来，北京新房市场入市项目大幅减少，购房者因首付比例的提高也出现了观望，市场在供需两端都进入了低迷状态，加上企业销售业绩普遍向好，年度销售目标已基本完成，从而改变营销策略，放缓推盘节奏以备战明年，供应量自然也随之下降。

d）供求对比：总体成交下滑，库存持续下降

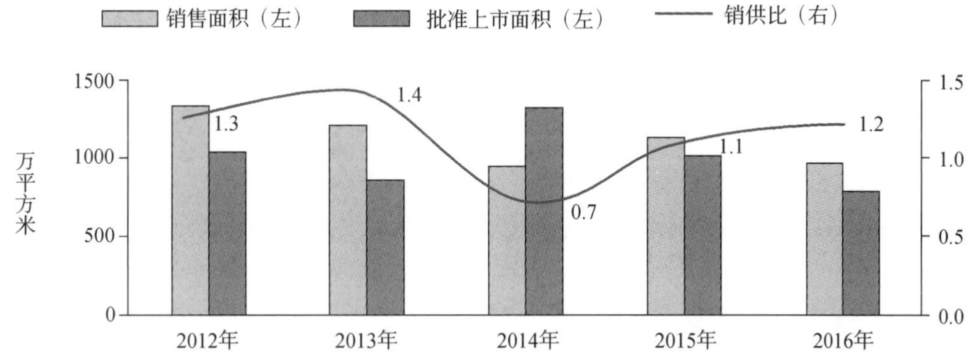

图 16　2012-2016 年北京商品住宅销供比

数据来源：CREIS 中指数据，fdc.fang.com

商品住宅成交量下滑，销供比升至 1.2，市场处于供不应求态势。2016 年，北京商品住宅（含保障房）共计成交 972 万平方米，较 2015 年 1134 万平方米下降 14%，商品住宅供应面积 795 万平方米，比 2015 年减少 22%。销供比上升至 1.2，市场供不应求态势明显。

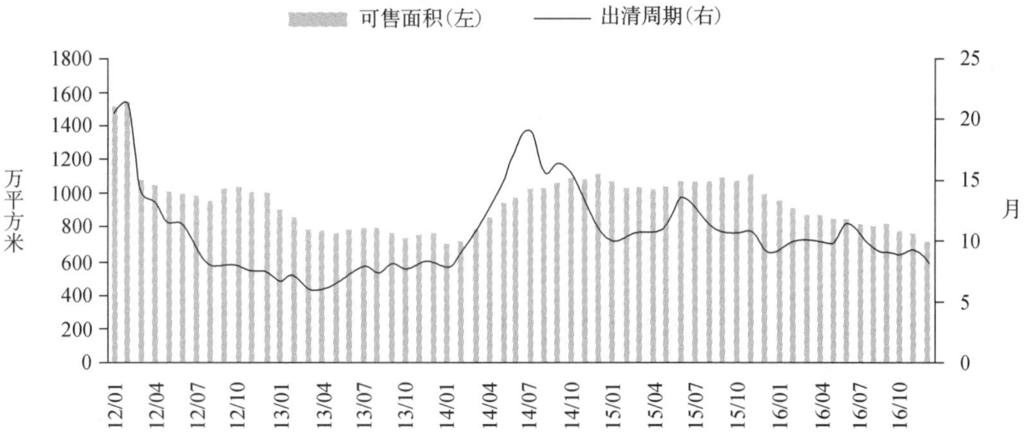

图 17　2012 年 1 月至 2016 年 12 月北京商品住宅月度可售面积及出清周期

数据来源：CREIS 中指数据，fdc.fang.com

库存量持续下降，出清周期降至 8.2 个月。2016 年，北京住宅市场可售面积持续下降，为 717 万平方米，同比下降 28%。在 2016 年供应减少，而房地产市场较为火爆，日光盘频现，出清周期于下半年持续下降，截止至 12 月出清周期降至 8.2 个月。

3. 二手房市场：承载更多需求，成交量价齐升，突破 27 万套

北京二手房市场远远活跃于新房市场，2016 年北京二手房与新房成交套数比值高达为 4.7，二手房市场远远活跃于新房市场，二手房成交 27.4 万套，新房仅成交 5.8 万套。前三季度，北京楼市过热，房价和地价持续走高，受四季度楼市全方位收紧影响，新房成交量减少。二手房市场成交量较大，一方面房地产市场步入存量时代，二手房市场活跃度超过新房市场；另一方面，随着新房供应的郊区化，二手房与之相比，区域、交通、配套等方面优势明显，因此也受到部分购房者的青睐。

a）全市总体：成交“量价齐升”，年成交量突破 27 万套，同比增加 31%，价格同比上涨 16%

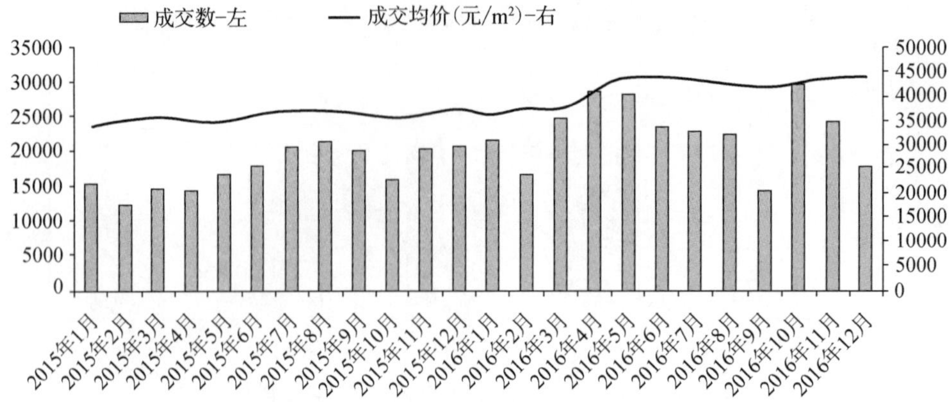

图 18　2015 年 1 月-2016 年 12 月北京市二手房历史成交套数及价格走势

数据来源：CREIS 中指数据，fdc.fang.com

2016 年北京二手房成交 27 万套，同比增加 31%。年初受房地产市场回暖影响，在 4 月达到上半年的小高峰，交易量突破 2.8 万套；随后的 5-9 月份，成交量高位回落，并于 9 月份跌至 1.4 万套；众多购房者抢在“9·30”新政实施前购房，10 月成交房源集中备案，单月达 2.9 万套，随后受调控政策影响，成交量下滑明显。

2016 年北京二手房成交均价稳中有升，均价为 41393 元/平方米，较 2015 年上涨 15%。二季度，二手房成交价格涨幅明显，后期均价略有下滑，但整体仍维持高位，10 月成交均价上涨，后期保持相对平稳。

b）分区域：价格上涨势头明显，朝阳、昌平、海淀、丰台二手房市场较活跃，西城、东城、朝阳成交均价超 5 万/平方米

表 1　2016 年北京市部分城区二手房价格环比涨跌幅

城区	东城	西城	朝阳	海淀	丰台	石景山	通州	房山	顺义	门头沟	大兴	昌平
1 月环比	3.2%	-1.9%	2.2%	-1.1%	4.9%	-4.1%	3.9%	5.7%	5.1%	5.1%	-2.1%	1.1%
2 月环比	-1.7%	0.7%	2.3%	-2.7%	-0.5%	-0.7%	-3.3%	-0.6%	0.8%	9.1%	2.9%	1.5%
3 月环比	1.3%	1.7%	2.0%	0.6%	-1.6%	-0.1%	4.2%	0.2%	-1.5%	-3.3%	2.7%	-2.6%
4 月环比	3.7%	13.4%	3.9%	28.2%	18.6%	11.0%	31.9%	-6.6%	30.2%	-9.4%	8.2%	3.5%
5 月环比	9.6%	15.1%	6.1%	7.9%	3.4%	4.1%	7.8%	16.0%	-0.3%	-0.4%	6.7%	4.3%
6 月环比	0.0%	-0.1%	0.0%	0.5%	-0.1%	1.2%	0.3%	0.7%	1.3%	2.8%	-0.8%	0.0%
7 月环比	0.6%	-1.6%	0.0%	-3.0%	-1.1%	-1.1%	1.6%	1.5%	0.2%	0.4%	2.4%	0.2%
8 月环比	0.2%	-0.4%	-1.4%	0.0%	0.2%	1.8%	1.8%	1.3%	2.6%	0.4%	0.1%	-0.6%
9 月环比	0.1%	-1.4%	0.1%	1.4%	0.1%	2.3%	3.7%	-0.5%	0.3%	1.3%	1.7%	-2.6%
10 月环比	0.7%	-1.1%	0.0%	-2.0%	-1.9%	1.2%	1.2%	-0.6%	0.4%	2.5%	0.3%	-0.3%
11 月环比	0.7%	-0.2%	0.3%	-0.2%	-0.6%	-0.2%	0.0%	0.5%	0.4%	0.8%	-1.1%	0.3%
12 月环比	2.4%	-0.6%	1.8%	-1.8%	-0.7%	0.1%	4.2%	3.2%	28.4%	8.0%	6.8%	-0.2%
2016 年同比	24.4%	23.8%	20.7%	20.2%	14.6%	16.1%	45.3%	35.1%	31.8%	12.0%	23.9%	16.1%

数据来源：CREIS 中指数据，fdc.fang.com

分城区来看，2016 年各区域二手房成交均价整体呈上升走势，其中通州、房山、顺义价格增幅分列前三位，同比分别上涨 45.3%、35.1%、31.8%。分月份来看，多数区域集中在 4、5 月大幅上涨。其中，通州 4 月环比上涨 31.9%，此后 8 个月出现不同程度上涨。

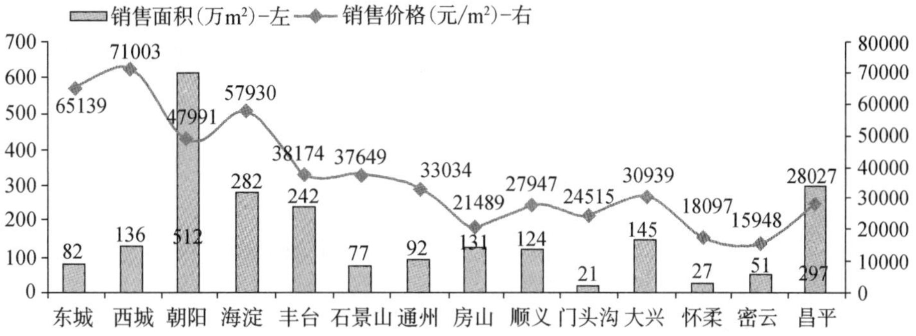

图 19　2016 年北京二手房分区域（部分）成交量价走势

分区域来看，西城和东城区成交价格最高，分别为 71003 元/平方米和 65139 元/平方米，其次为海淀区为 57930 元/平方米。由于区域、交通、配套等方面优势明显，朝阳、昌平、海淀、丰台二手房市场比较活跃，成交面积均超过 200 万平方米，其中朝阳区成交量达 612 万平方米，居各区第一位。

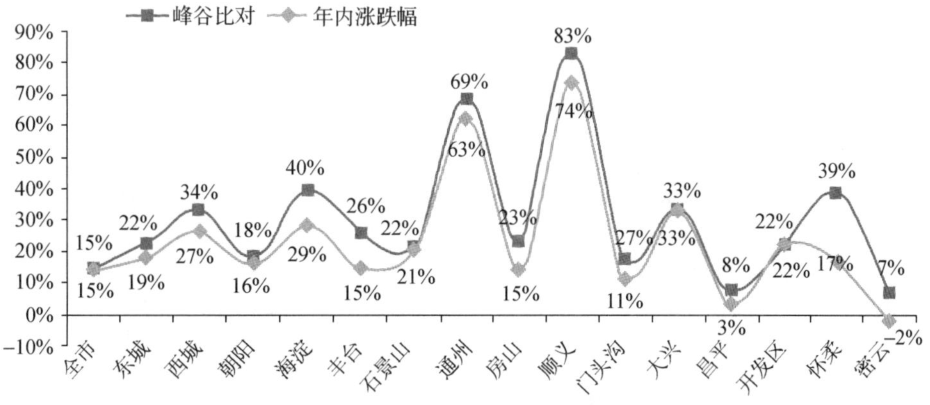

图 20　2016 年北京分城区二手房均价峰谷与年内涨跌幅对比

注：峰谷对比为年内最高值与最低值变化幅度；年内涨跌幅为 12 月份与 1 月份变化幅度。

数据来源：CREIS 中指数据，fdc.fang.com

2016 年主城区（海淀区、朝阳区、西城区、东城区、丰台区、石景山区）峰谷对比值均高于 15%。2016 年，全市二手房均价峰谷对比值（年内最高价与最低价变化幅度）为 15%，年内涨跌幅（12 月份价格与 1 月份价格对比变化幅度）同样为 15%，变化幅度均大于 2015 年，2015 年两项指标均为 9%。从重点城区看，海淀区峰谷对比值最高，为 40%，其次是西城区，峰谷对比值为 34%；朝阳区峰谷对比值最低，为 18%。年内变化幅度方面，2016 年海淀区变化幅度最高，达到 29%，而朝阳区最低，为 16%。

从郊区看，2016 年峰谷对比值外均超过 7%，其中顺义区峰谷对比值最高，为 83%，而密云区峰谷对比值最低，为 7%。年内变化幅度方面，2016 年顺义区变化幅度最高，达 74%，而密云区最低，为下降 2%。

二、土地市场：供不应求矛盾加深，楼面价创新高

2016 年，前三季度火热的房地产市场蔓延至土地市场，房企看好北京未来市场空间，纷纷抢占有限土地资源，溢价不断走高；四季度北京收紧土地市场，“限房价、竞地价”等新拍地方式有效控制了地价上涨，溢价率明显回落。2016 年北京土地楼面均价创历史新高，其中住宅楼面均价同比持续增长，商办楼面均价略有下降；成交量创九年来新低，地块成交向远郊区蔓延，集中在五六环之间，其中海淀宅地成交规划建面和成交楼面均价均为区域最高，通州商办用地成交规划建面最大，朝阳商办楼面价最高。“限房价、竞地价”等土拍新方式，催生企业自持地块，万科欲“众筹建房”。

1. 土地价格：楼面均价创历史新高；溢价率回落

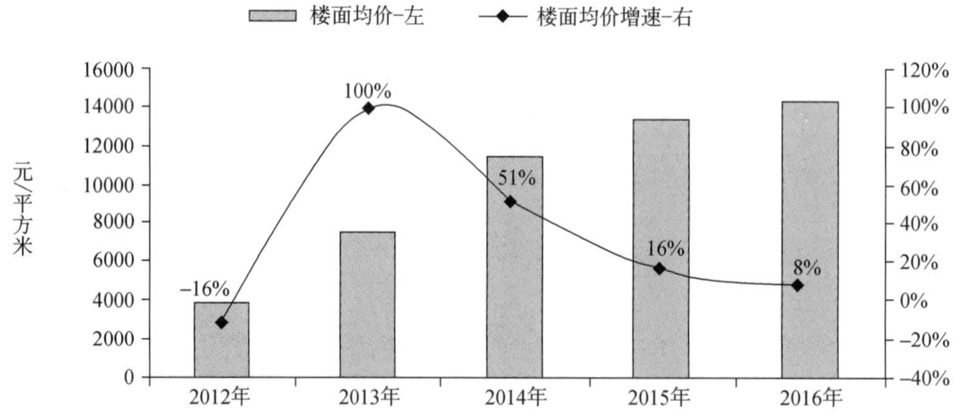

图 21　2012-2016 年北京市土地成交楼面均价及同比增速

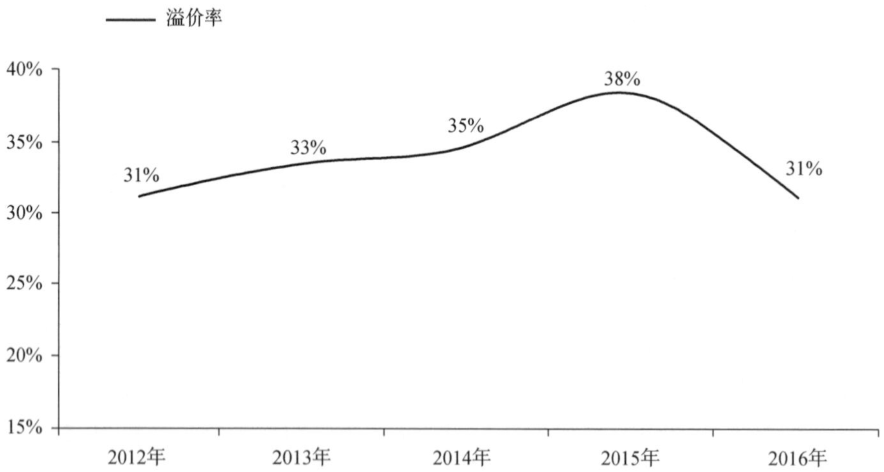

图 22　2012-2016 年北京市土地成交平均溢价率

数据来源：CREIS 中指数据，fdc.fang.com

成交楼面均价创新高，平均溢价回落。2016年，前三季度火热的房地产市场蔓延至土地市场，房企看好北京未来市场空间，纷纷抢占有限土地资源，四季度北京收紧土地市场，“限房价、竞地价”等新拍地方式有效控制了地价上涨，溢价率明显回落。北京市成交楼面均价为14493元/平方米，同比上涨8%，创历史新高；全年土地溢价率为31%，同比下降7个百分点。未来北京将会加大供应自住房用地，新拍地方式也将有效控制土地市场，未来北京土地市场价将平稳上涨，溢价得到有效控制。

2. 土地成交：成交面积创新低，各物业类型用地成交量均大幅减少

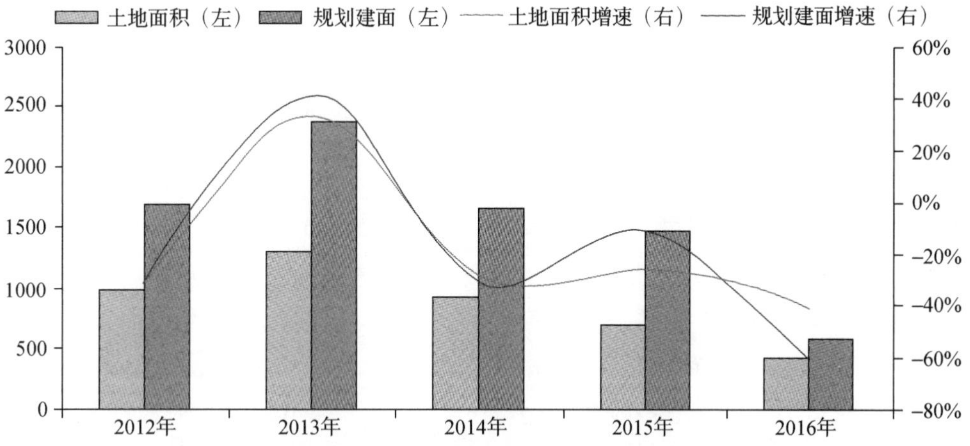

图23　2012-2016年北京市土地成交面积及同比增速

数据来源：CREIS中指数据，fdc.fang.com

受供应不足影响，土地成交面积创近九年新低。2016年，北京土地市场成交面积持续下降，共成交建设用地面积415万平方米，同比下降40%；规划建筑面积588万平方米，同比下降60%，为2008年以来最低。

商办、住宅用地成交大幅减少。2016年，受地价高企、地王频现影响，北京土地市场收紧，减少土地供应。2016年北京住宅、商办市场累计成交28宗用地。土地面积合计356万平方米，同比减少36%；土地规划建筑面积508万平方米，同比减少60%；土地出让金合计844亿元，同比减少57%。其中住宅用地成交15宗，土地面积为99万平方米，规划建筑面积220万平方米，同比下降75%；商办用地成交13宗，土地面积257万平方米，规划建筑面积288万平方米，同比下降29%。

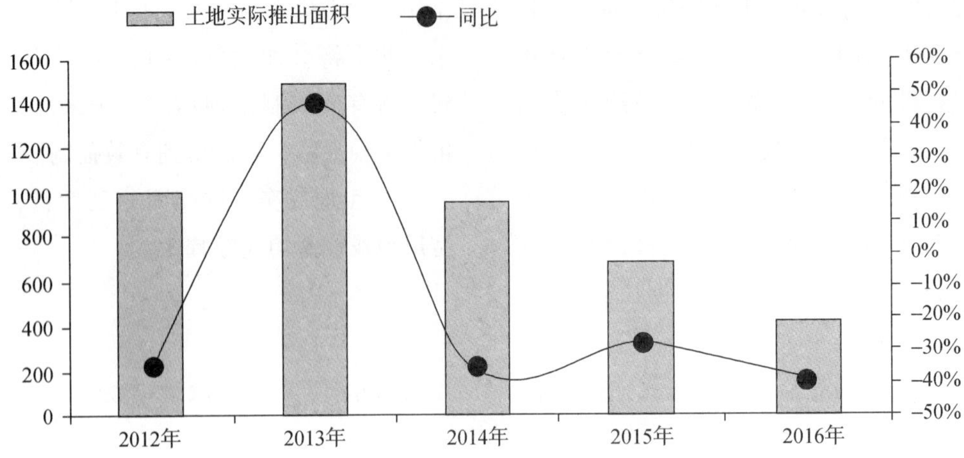

图 24　2012-2016 年北京市实际推出面积及同比增速

数据来源：CREIS 中指数据，fdc.fang.com

3. 土地推出：为缓解地王频出，控制供地节奏，土地推出量大幅减少

2016 年土地推出量继续减少，普通住宅供应量仅 99 万平方米。受地价高企、地王频现影响，北京土地市场收紧，政府有意控制供地节奏。2016 年实际推出量远远低于计划供应量。2016 年计划供应住宅用地 1200 万平方米，其中保障性安居工程用地 350 万平方米，商品住宅用地（含自住房）850 万平方米，商服用地 400 万平方米，实际商品住宅用地（含自住房）仅推出 99 万平方米，商服用地 257 万平米。

4. 土地出让金：受成交量大幅减少影响，土地出让金下降明显

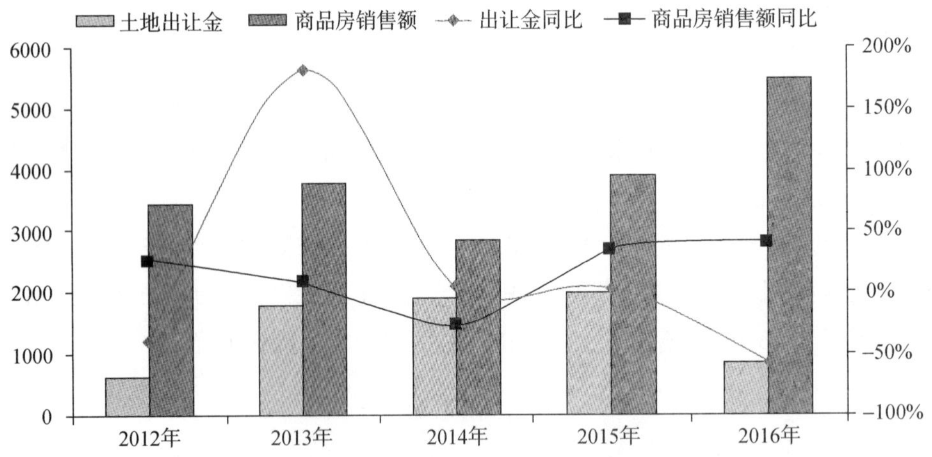

图 25　2012-2016 年北京市土地出让金与商品房销售额对比

数据来源：CREIS 中指数据，fdc.fang.com

出让金仅 853 亿元，为近 4 年最低值。2016 年，北京市土地出让金总额为 853 亿元，较 2015 年减少 1131 亿元，同比减少 57%。与此同时，2016 年北京市商品房销售总额为 5505 亿元，同比大幅增长 40%。伴随着楼市成交量的火爆复苏，房企拿地意愿强烈，住宅用地平均楼面价不断走高，土地出让金总额进一步攀升，双双达到历史新高点。

小结

总体来看，2016 年受货币充足和政策宽松的刺激，北京无论住房市场还是土地市场均火热异常。从住房市场来看，各类住房需求积极释放，但受供应有限影响，总体成交量较 2015 年有所下降，在供不应求推动下，成交均价大幅上涨，销售额创历史新高。新房供应不足，更多需求挤入二手房市场，所以北京二手房市场远远活跃于新房市场，占市场份额近八成，全年成交量价齐涨，尤其前三季度涨幅显著，10 月收紧性调控政策出台且效果显著，成交量有所下滑，价格涨幅明显企稳。从土地市场来看，2016 年受地价高企、地王频现影响，北京市政府有意控制供地节奏，土地供应明显减少，虽然需求旺盛，但难以释放，土地成交面积创新低，各类用地成交量均大幅减少，供不应求矛盾加深，楼面价进一步被推高，尤其前三季度房地产市场的火热态势蔓延至土地市场，房企纷纷抢占有限土地资源，为稳楼市四季度北京收紧土地市场，“限房价、竞地价”等新拍地方式有效控制了地价上涨，全面溢价率有所回落。

展望未来，2016 年十一期间，全国一线和部分二线热点城市相继出台了调控政策，需求端主要是限购限贷，减少投机性的购房需求；供给端主要是增加土地供应，加强土地市场以及交易环节违法违规行为的监督检查。11 月，部分热点城市继续收紧调控，限购限贷力度加强。从统计局数据显示，调控效果取得初步成效，一线和热点二线城市因地制宜、因城施策实施调控政策以来，房价走势明显趋稳。2017 年国内经济预期将继续稳字当头，热点城市新一轮的限购将会持续，三四线城市仍以去库存为主，分类调控仍将是主要方式。在此背景下，预计 2017 年，北京新一轮的调控措施将会持续，稳定房地产市场预期，抑制房价过高、增长过快。从市场走势看，在供需严重错配及严厉的调控政策条件下，北京新房市场成交量同比将有所回落，但受高地价及改善型需求旺盛的刺激，成交均价则呈现稳中有升。

回首向来萧瑟处，也无风雨也无晴

——2016年北京房地产市场年报

北京中原地产市场研究部

一、政策分析——由宽松到趋紧

2016年是楼市大热的一年，开发商早早达到年终目标，代理商业绩也实现环比增长，楼市交易量激增。楼市大涨源于政策的宽松，政府坚持去库存；银行多次下调商业利率，其中贷款利率达到历史最低，刺激楼市置业与投资。当楼市愈演愈烈，量价均有大幅上涨时，“9·30”政策横空出世，政府开始着手调控，确保房价的稳定。政策收紧的现状将会保持到2017年3月份，到时候政府会有更明确的指示。如果房价在这5-6个月份能保持稳定，效果达到，将保持现有政策的执行；反之，政策将继续收紧。总而言之，2017年北京楼市的主题已经确定：稳定房价。

1. 市场政策宽松　刺激楼市置业与投资

1.1. 信贷政策宽松　货币流通增加

自2015年以来，央行信贷政策持续宽松，共计6次降准5次降息，2016年的货币政策是在2015年大幅宽松的基础上保持了适度宽松，仅在2月下调一次存款准备金率，大型机构和中小金融机构分别降至16.5%和13%，贷款利率和存款准备金率均达到历史最低，大大刺激了置业和投资需求。2016年的货币供应量和信贷额度达到历史高峰，市场信贷政策宽松，货币流通增加，市场交易活跃度高。加之，2015年10月份股市下行，资金投资方向发生改变，楼市吸引更多资金流入。

年初金融机构首付贷盛行，市场加杠杆，购房人购房成本减少，助长炒房行为，尤其二手房加上中介的推波助澜，3月份销量达到了3万套的高峰。

1.2. 房产交易税收降低　政策利好刺激交易

按照财政部的规定，对个人购买家庭唯一住房，面积为90平方米及以下的，减按1%的税率征收契税；面积为90平方米以上的，减按1.5%的税率征收契税。对个人购买家庭第二套改善性住房，面积为90平方米及以下的，减按1%的税率征收契税；面积为90平方米以上的，减按2%的税率征收契税。该政策虽然绕过一线城市，但在去库存的大主题下，宽松政策明显影响购房人心理，对于改善需求利好明显。

1.3. 引导棚改居民购买安置房　化解存量商品房

4月20日早间，财政部官网公布《关于进一步做好棚户区改造相关工作的通知》，要求各级财政、住房城乡建设部门要高度重视，积极采取有效措施，进一步做好棚户区改造相关工作。2016年，中央财政将继续加大对各地棚户区改造工作的支持力度，中央补助力度不低于上年，引导棚改居民购买安置房，解存量商品房。

2. 市场政策全面收紧

2016年楼市火热，已经由2015年的一线延伸至重点二线，燎原之势愈加明显。此番政策收紧是全国范围的政策调控，共进行三轮调控：第一轮：北京“9·30”开始的22个城市联合国庆假期收紧调控潮；第二轮：各地从10月8日到11月27日，大部分出台调控政策城市都1-2次发布了落地执行细节；第三轮：上海发布的全面信贷收紧机会，虽然到目前只有一个城市，但这是第一个城市提及全面恢复“9·30”政策之前的认房又认贷。

全国各地继续大力开展房地产市场整治行动，预计2016年四季度调控城市的政策环境都将维持从紧局面。在第一轮前期限购、限贷政策出台后，10月中旬开始全国各地开展了前所未有的一次房地产调控全面落地执行，这也使得本轮房地产调控与历史上各次调控相比，政策执行力度最强。第三轮政策已经从前两轮的主要影响投资，到第三轮的开始全面约束改善需求，所以预计影响较大。此番政策收紧预计将持续到2017年3月，到时候楼市的后续发展会有更明确的方向。

2.1.“9·30”政策开始正式收紧

“9·30”政策实现从供应端到需求端的全面收紧，配合各地调控政策在十一期间密集轰炸，标志着市场政策由松到紧的转变。政府调控“因城施策”，一二线城市重在控制房价上涨，三四线城市仍然坚持去库存。

“9·30”政策内容：

➢ 土地供应：加大住宅用地供应，尤其是自住房供应，加入90/70政策；

➢ 楼盘销售：进行限价指导，预售证审核严格；

➢ 买房限制：首付贷比例提升；

➢ 市场监督：加强对开发商、楼盘项目和中介的审查管理。

影响：“9·30”政策的横空出世，让市场出现了速冻期，对购房者心态产生冲击，观望心态渐浓，10月新房和二手房成交量均出现大幅下滑。

2.2. 政府审查力度加强　严格规范调控市场

12月23日，北京市9个部门联合发布了《关于转发〈住房城乡建设部等部门关于加强房地产中介管理促进行业健康发展的意见〉通知》。该《通知》按照国家“放、管、服”的指导思想，结合北京市房地产经纪行业特点，对房地产经纪机构备案条件、房地产经纪服务边界、业务承接与房源客源信息发布规范等作出了具体的规定。

2.3. 商品房现房销售严格执行明码标价、一房一价

北京市住房和城乡建设委员会发布《关于进一步加强商品房现房销售管理有关问题的通知》，进一步规范商品房现房销售，保障商品房交易双方合法权益。12月30日（通知印发之日）起，开发企业销售现房前应到所在区房管部门办理现房销售备案，备案后应在3日内一次性公开销售全部房源，要严格执行明码标价、一房一价，销售价格不得高于申报价格。将现房销售纳入管控系统，现房价格得到有效管控，新房市场的房价将得到全方面的管控，更易实现价格环比不增长。

2.4. 信贷收紧　购房压力增大

“9·30”政策提高首付贷比例，购房者购房压力增大。北京地区各家银行已按新政要求发放个人住房贷款，并按要求严查房贷申请资格，甚至部分银行已开启“认房又认贷”模式，

贷款难度增加。自元旦起，北京地区多数银行，已将首套房商贷利率的最低折扣从8.5折调整到9折，购房者购房压力进一步增大。房贷的收紧，将增加购房成本，加大购房压力，抑制炒房和非有效需求，利于楼市的稳定；但同时也会打击刚需需求。

3. 2017年目标：保刚需，压投资，稳房价确保房价环比不增长

12月16日，北京市委副书记、代市长蔡奇主持召开座谈会时强调，要坚持"房子是用来住的、不是用来炒的"定位，以建立购租并举住房制度为主要方向，深化房地产业供给侧结构性改革，抓紧研究建立长效机制，促进房地产市场平稳健康发展。他指出，要精准发力，坚决抑制投资投机行为，加大普通商品住房供给力度，确保2017年房价环比不增长。要合理增加住宅用地供应，从源头稳定市场预期。要培育和规范住房租赁市场，把"租房住"作为实现住有所居的重要手段。

政府调控主要目标是稳定房价，抑制打击市场炒房行为。过度的资金流入楼市，投资行为的狂热，会导致实体经济萎靡不振，让楼市存在崩盘风险，因此政府需要进行调控，让房价稳下来。

要确保达到房价环比不增长，预计2017年将主要进行以下六方面的调控：

➢ 增加自住房等低价产品的供应，改变成交结构，降低全市成交均价，据悉政府已经公布2017要新增1.5万套自住房供应；

➢ 控制高价楼盘的入市及销售量，2017年高价项目供应量将环比回落；

➢ 增加住宅用地供应，从供地环节严控房价，从供应源头确保刚需市场的供应；

➢ 建立长效机制，规范市场，促进健康运行；

➢ 完善规范租赁市场，降低租客生活成本，增强认同感，减少北京市场买房的需求，平衡供需量；

➢ 如有需要，信贷政策将进一步收紧。

二、土地市场——巧妇难为无米之炊

如果2015年的土地市场的特征词是"地王"，那么2016年的土地市场是特征是"稀缺"。由于北京市场的高去化能力和人口净流入特点，使得开发商仍然无法放弃北京市场，狼多肉少的局面使得楼面价日益高企。2015年时北京频出地王就已经引起政府的关注，2016年为了不出地王，北京市政府只得采取少量供地的方式，导致2016年土地供应量和成交量均创近10年新低。2016年供地数量严重缩减，开发商纵是巧妇也难为无米之炊。

1. 住宅用地历年数量历史最低，仅完成全年供地任务的11.7%

北京市国土部门2016年严控新增建设用地，积极落实减量发展目标，受供地政策影响，土地供应不断减少，经营用地和住宅用地成交规模均是历史最低，供地稀缺导致住宅地块一经挂牌倍受各大房企关注。2016年北京市出让的28块经营用地中，同比下降64.2%；其中居住类的土地仅成交15块，相比上年减少了35宗，15宗宅地规划建筑面积合计219.93万平方米，占经营性用地出让面积43.3%，同比下降74.9%。北京住宅地供应量出现严重下滑，与2016年4月公布的《2016年住宅用地供应计划》中提出850万平米相去甚远，宅地供应仅完成全年计划的11.7%。

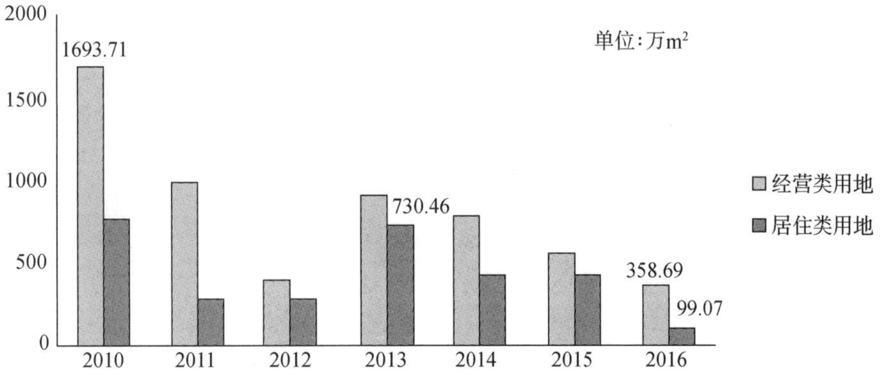

图 1 2010-2016 年北京市经营类及居住类用地成交规划建筑面积走势

数据来源：北京中原市场研究部

2016 年北京经营类土地出让金额仅为 852.16 亿元，环比大幅下降，降幅达 56.63%；居住用地成交金额为 525.33 亿元，环比下降 64.0%，均创 4 年来最低记录。2016 年北京土地出让金始终持续低位徘徊，经营类用地溢价率不断下滑，四季度表现有所回暖，预计 2017 年经营性和住宅用地供应将大幅提升，出让金额也将回升。

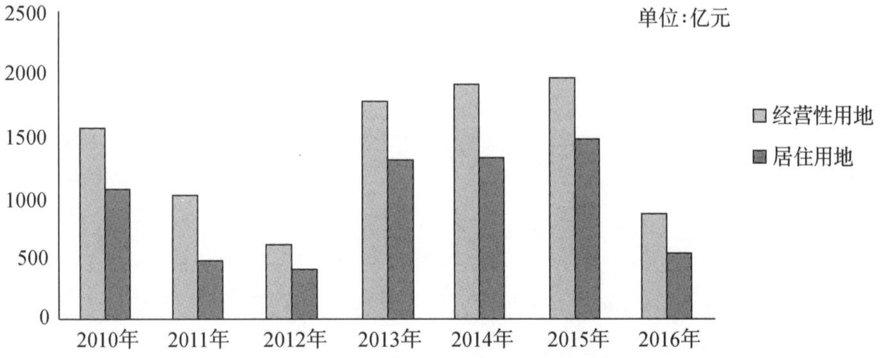

图 2 2010-2016 年北京市土地市场经营类用地和居住用地出让金走势

数据来源：北京中原市场研究部

2. 纯商品住宅面积仅供应 89.38 万平方米 未来住宅供应严重不足

2016 年不仅住宅用地成交规模创历史新低。从住宅用地的各配建用地占比情况来看，去除自住房、限价房以及 2016 年政策新要求的开发商自持面积，在 2016 年成交的 220 万住宅用地中，真正的可售商品住宅用地共计 89.38 万平米，未来居住类市场土地供应严重不足。

表 1　2011-2016 年北京市住宅用地成交详情

年份	宗数	规划建筑面积（万 m^2）	配建商品住宅（万 m^2）	占比	配建自住型商品房（万 m^2）	占比	配建公建（万 m^2）	配建限价房（万 m^2）	自持面积（万 m^2）	占比
2011 年	59	929.60	562.03	60%	–	–	160.99	69.32	–	–
2012 年	37	608.74	286.46	47%	–	–	146.94	53.26	–	–
2013 年	75	1344.40	410.04	30%	195.49	–	330.60	172.31	–	–
2014 年	52	900.70	197.61	22%	295.41	33%	152.69	116.41	–	–
2015 年	50	875.19	301.04	34%	52.8	6%	216.62	169.24	–	–
2016 年	15	219.93	89.38	41%	32.15	15%	33.30	0.00	62.03	28.21%

数据来源：北京中原市场研究部统计整理

3. 历年单宗土地成交金额最高　狼多肉少开发商热抢

2016 年北京居住类土地仅成交 15 宗，导致出让金额仅为 525.33 亿元，环比大幅下降。但是单宗土地成交金额突破新高，高达 35.02 亿元。从成交楼面地价来看，北京市近 6 年居住类用地成交楼面价一路上涨，2016 年成交楼面价 23886 元/平方米，同比涨幅达 43%。

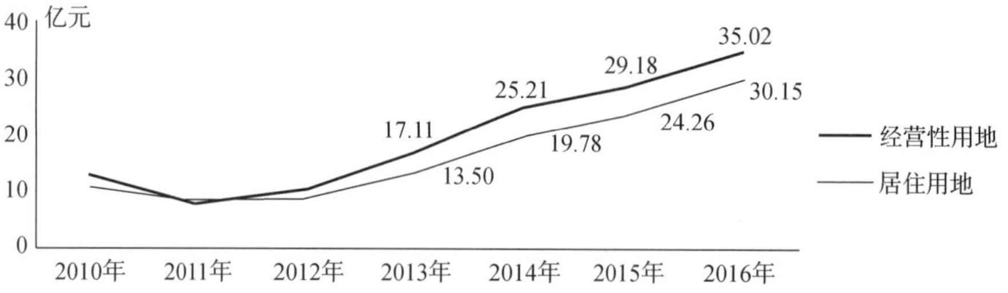

图 3　2010-2016 年北京市经营性和住宅用地单宗地块成交额走势

数据来源：北京中原市场研究部

4. 五环之内不再有新增供应　郊区化趋势日益明显

随着经济的不断发展，中心及次中心城区土地市场已经接近饱和，五环以内已经罕有土地供应了，近年来土地市场供应端逐年向外扩张。2016 年北京土地市场五环内仅成交两宗居住类用地，规划建筑面积 36.19 万平方米，仅占 16.5%。在北京土地市场供地紧缺的前景下，未来供地郊区化将进一步扩大。其中，2016 年 6 月成交的延庆地块经营性楼面价已破 3 万，这无疑将成为土地成交史上一个新的里程碑。高价地块不断溢出，地王频繁出现。对于北京来说有限的住宅土地，未来新房高端化趋势将越来越明显。

6 月 13 日，中共北京市委、北京市人民政府出台了《关于全面深化改革提升城市规划建设管理水平的意见》，其中明确规定了五环路内严禁新增建设用地，未来土地供应将全部分布在五环以外，五环之内的新房将成孤品。

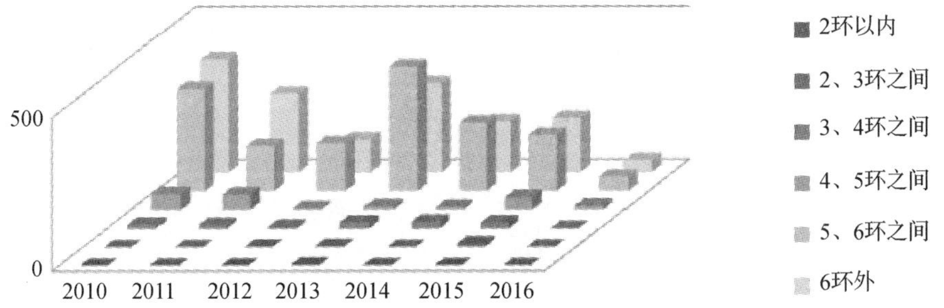

图 4　2010-2016 年北京市居住类土地成交环线分布走势

数据来源：北京中原市场研究部

5. 土拍规则的改变

2016 年延续 2015 年的土地热度，每次土拍仍然上演房企抢夺大战。政府为了遏制地王的出现，对应套路也在不断升级。套路一：不供地，导致供应的住宅用地更加稀缺，延庆地块楼面价破 3 万；套路二：90/70 政策重现江湖，一方面保证刚需需求，另一方面使得土地溢价能力降低；套路三：供应的住宅用地为自住房用地；套路四：对新供应土地进行限价（最高价和均价），要求开发商竞自持面积。

5. 1. 90/70 重现江湖

早在 2006 年，建设部制定了规定“凡新审批、新开工的商品住房建设，套型建筑面积 90 平方米以下住房（含经济适用住房）面积所占比重，必须达到开发建设总面积的 70%以上。”之后被俗称为“90/70”政策。而 2009 年，多个城市在土地招拍挂操作中，取消了单体项目 70%以上建 90 平方米以下户型的硬性要求。作为房地产宏观调控标志性政策，“90/70”政策基本已经实质性退出市场。2016 年 3 月 31 日，北京市国土局网站接连挂出三块土地，其中两块为住宅用地。此次挂牌文件中明确，商品房部分套型建筑面积 90 平方米以下住房面积所占比重需达到 70%以上，该举动被业内认为是“90/70”政策在阔别 7 年后重返市场。

对未来市场的影响：

➢ 加大中低价位、中小套型供应和严格执行 90/70 政策，将从源头保证未来刚需人群住房需求；

➢ 90/70 政策重出江湖，意味着未来市场中大户型产品的比例肯定要减少，而由于小户型溢价能力有限，这部分土地成交后，商品住宅部分剩余的 30%产品肯定要做高溢价顶豪产品，整体项目才能盈利，所以这条政策必将导致北京市场更加两极化分布。

5. 2. 土拍新玩法：开发商竞自持面积　京城楼市历史以来最严土拍

首先，在试点地块竞拍时，到达价格拐点时进入住宅自持比例竞拍环节，自持比例最大可到达 100%（对于自持还提出了租赁要求，要求租赁合同必须网上签约，单次租期不超过 3 年）；然后，在住宅自持比例达到拐点，直接转入商业用房自持投报；最后，在商业自持比例达到拐点，土地出让方组织专家组成评选委员会，对竞买人投报的高标准商品住宅建设方案进行评分，选出最后竞标人。

图 5　土拍新玩法示意

以往都是根据面粉价来推断面包价格，而供地限价则直接决定了未来的销售价格，从根本上杜绝了地王的产生，同时配合供地增加，这样就给购房者吃了一颗定心丸，消散楼市“无房可买，无房能买”的恐慌情绪。

6. 未来预期：2017 年政府会增加住宅用地供应　开发商未来出路在哪里？

“9・30”政策中提出要“积极推进土地供给侧结构性改革，进一步加大住宅用地供应力度”和“为有效稳定房地产市场，各区要进一步加大自住型商品住房用地供应”。2017 年无论从平抑房价角度考虑还是从北京库存量考虑，都需要加大住宅用地尤其是自住房用地的供应。

京城拥有高去化能力、人口持续净流入和高知高收入人群的密集分布等特点；再加上土地资产增值是可以预期的，尽管不能出售，但可以提高企业的估值。综上所述都是开发商不能舍弃这片土地的原因，尽管经营楼面价一高再高，优质地块仍然得到哄抢。然而北京土地市场稀缺化和郊区化的特点这几年愈加明显，2016 表现尤为明显。2016 年第四季度住宅用地供应不是自住房用地供应就是需要竞自持面积，开发商要想立足北京市场必须适应房东的角色。租赁市场这是一片蓝海，未来究竟如何运营操作才能盈利尚需实践。

目前开发商当房东有三大难点：（1）需要办公地点近或者交通方便或者租金便宜；（2）如果参照万科的众筹模式，需要和大型企业合作；（3）需要开发商有长期运营能力和资金链不断。万科在当房东这一角色上有优势，在其提出转型城市配套服务商的同时，长租公寓就是业务增长点之一。

但是，对于没有试水过租赁业务或者资金链、运营能力不达标的房企来说，竞自持面积风险过大，采取保守措施的话，2017 年的土拍市场可参与机会就会大大减少。针对这类企业，可采取以下措施：（1）联合开发，降低风险；（2）旧项目或土地的收购；（3）工业用地等的二次开发；（4）探索物业的潜在价值；（5）房地产证券化；（6）从外围寻求突破。2016 年热点二线城市的土拍也愈发引人关注，水涨船高的因素，楼市的火热也导致了土拍竞争越来越激烈，土拍成本也随之高涨。

三、新建住宅市场——豪宅年，商住表现抢眼

1. 自住房供应近 3 年最低　未来供应可期

自住房从 2014 年开始供应，以保障刚需需求。除去刚开始供应的 2014 年，2015 和 2016 年均处于供不应求的状态，存量持续减少。2016 年新增供应和成交套数均创新低，分别环比下降 56%和 63%，剩余存量去库周期仅有 2 个月。随着北京豪宅市场的开发，自住房因其低价行情，目前最贵的自住房仅售 2200 元/平方米，刚需需求对于自住房市场越来越依赖。2017 年政府公布将新增供应 1.5 万套自住房，预计成交量将大幅提升，随着成交结构的改变，市场成交均价有望回落。

表 2　2014-2016 年北京市自住房供销存情况

年份	新增供应套数	新增供应面积（万 m^2）	成交套数	成交面积（万 m^2）	存量套数	存量面积（万 m^2）	去化周期（月）
2014	25470	228.1	17065	151.05	8135	74.67	-
2015	22429	196.17	28029	247.04	2535	23.8	1.1
2016	9838	85.02	10382	91.12	1991	17.7	2.3
2017	15000	-	-	-	-	-	-

数据来源：北京中原市场研究部

截至2016年，土地市场共供应575.87万平方米自住房，市场共消化489.2万平方米，即市场存量为104.37万平方米。按照市场消化情况来看，存量不够消化，政府在市场销售端提高自住房供应的情况下，也会大大增加土地供应端的自住房面积，未来供应可期。

2. 市场成交均价环比上涨　高端改善需求旺盛

成交均价除2012年微幅下跌，一直保持上涨趋势，且自2013年开始，涨幅逐步扩大。2016年商品住宅（去除自住房）成交均价破3万，环比上涨17%。

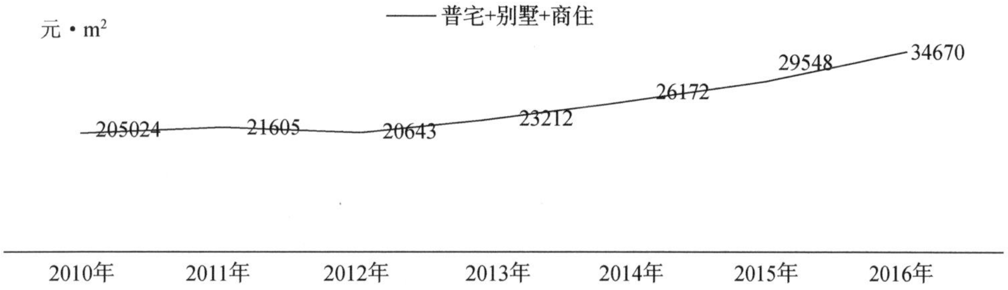

图6　2010-2016年新建住宅市场成交均价走势

数据来源：北京中原市场研究部

2016年新建住宅市场（普宅+别墅+商住）成交量井喷，共成交115156套，环比上涨52.6%。2016年尤其是豪宅成交爆发的一年，一方面豪宅项目供应增加，另一方面高端改善需求旺盛，导致豪宅成交量显著增加。其中7万+共成交3460套，环比上涨218.3%；成交占比高达3.0%，环比上涨1.6%。3万以下成交量近两年来成交占比大幅下降，每年以超过10%的速度下降，至2016年已由2013年的83.4%降至58.2%。

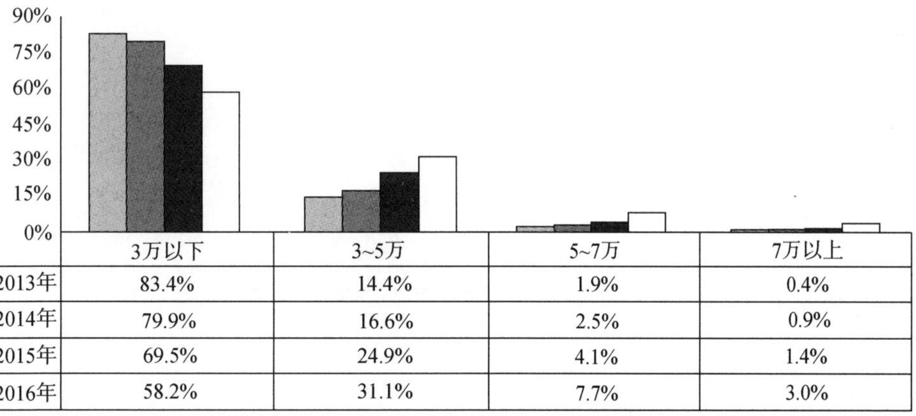

	3万以下	3~5万	5~7万	7万以上
2013年	83.4%	14.4%	1.9%	0.4%
2014年	79.9%	16.6%	2.5%	0.9%
2015年	69.5%	24.9%	4.1%	1.4%
2016年	58.2%	31.1%	7.7%	3.0%

图7　2013-2016年普宅+别墅+商住各价格段成交走势

数据来源：北京中原市场研究部

“9·30”新政后，从商品住宅市场7万+的成交量来看，10月份成交套数环比下降53.3%。其中一部分原因是由于9月成交量过大。12月成交量达到一个小高峰，共成交512

套，仅次于9月。第四季度共成交1077套，月均成交达到359套，环比1-9月单月成交上涨35.7%。从成交量来看，高端市场受“9·30”政策影响较小。

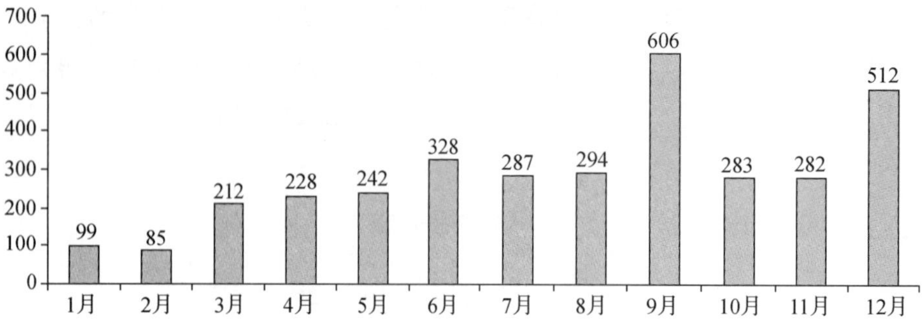

图8　2016年北京市新建商品住宅7万+各月成交套数

数据来源：北京中原市场研究部

3. **别墅市场成交量创10年新高　库存量3年来首降**

2016年别墅市场迎来转机，成交量价均创新高。别墅共成交8045套，环比上涨120.3%，接近前三年成交总量。库存量3年来首次下降，去化周期缩短至一年之内。别墅成交均价为37794元/平方米，环比上涨9.9%。一方面，2016年高端项目供应增多，尤其普宅成交均价已达37221元/平方米，是与别墅成交均价差距最小的一年，一部分人更青睐于别墅项目；另一方面，高端改善需求旺盛。

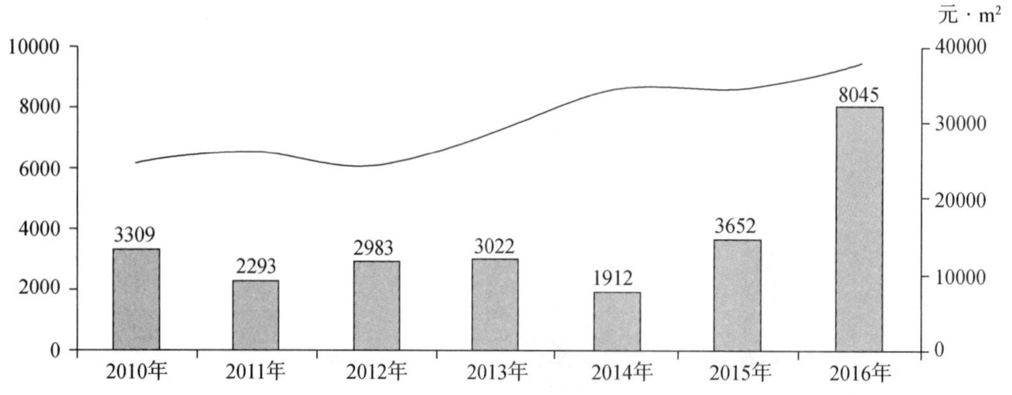

图9　2010-2016年北京市别墅成交量走势

数据来源：北京中原市场研究部

3.1. 成交郊区化特征明显　远郊区成交占比增加

2016年近郊区（大兴、通州、昌平、顺义、房山和门头沟）共成交6043套，成交占比达到75%，近郊区一直保持70%-80%的高成交占比。2016年远郊（平谷、怀柔、密云和延庆）共成交1136套，环比增长近3倍，成交占比上升6%。其中顺义、大兴和昌平区的成交量最高，均破千套，主力成交项目分别是首创禧瑞墅、龙熙旭辉6號院和御汤山熙园。

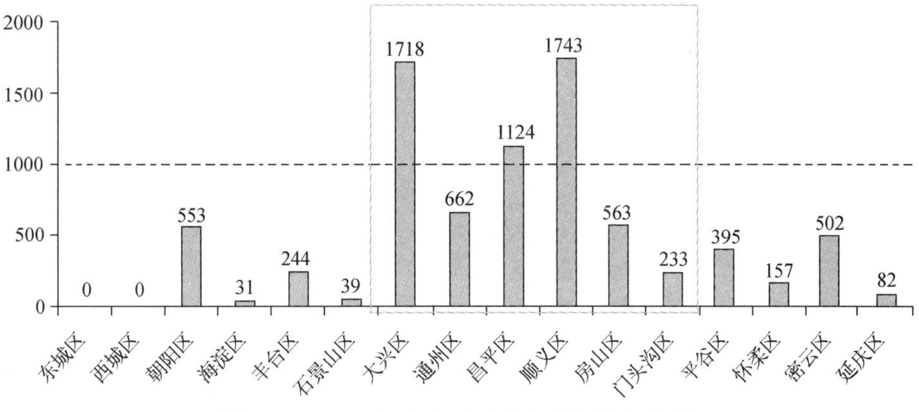

图 10　2016 年北京市各区别墅成交套数

数据来源：北京中原市场研究部

3.2. 别墅主力成交面积段有变小趋势

从成交面积段来分析，2016 年 200 平方米以下面积段成交量和成交占比均有大幅上涨，并首次成为主力成交面积段。从历年成交走势来看，这一面积段有逐年上升趋势。别墅成交人群在逐渐年轻化，随着主力成交人群的改变，他们的喜好也在改变着未来的别墅市场。200-300 平方米面积段成交占比出现大幅下滑，环比下降 11.0%。

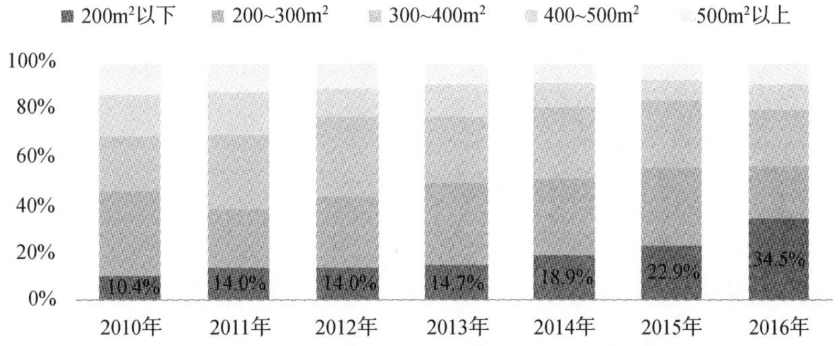

图 11　2010-2016 年北京市别墅各面积段成交占比走势

数据来源：北京中原市场研究部

3.3. 高总价段成交占比攀升　1000 万以上的成交占比高达四成

从成交总价段来看，低价段成交占比呈减少趋势，高价段呈上升趋势，1000 万以上的成交占比高达四成。

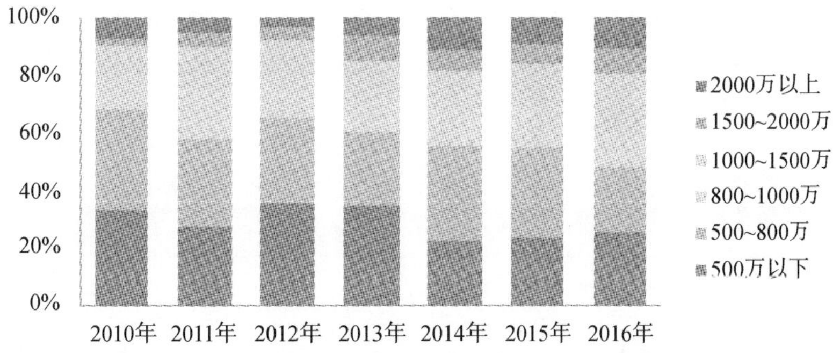

图 12　2010-2016 年北京市别墅各总价段成交占比

数据来源：北京中原市场研究部

4. **商住市场几经波折　未来是机遇还是挑战**

2016 年商住公寓共成交 67479 套，接近新建住宅（普宅+别墅+商住）总成交量的六成，是历史成交以来的最高量，且远远高于往年的成交量，环比上涨了 215%。商住的高成交，很好地消化了库存，库存量环比下降 37.8%，去化周期也缩短至半年。

分析高成交的原因：1. 通州的“限购”政策和限购传闻，再加上政府有限制“商改住”的迹象出现，均引起市场恐慌，加速市场成交；2. 豪宅项目的增多和自住房供应的减少，将一部分刚需人群挤压到商住市场；3. 市场杠杆率高，投资客增多；4. 新增供应量多，环比上升 32.1%。

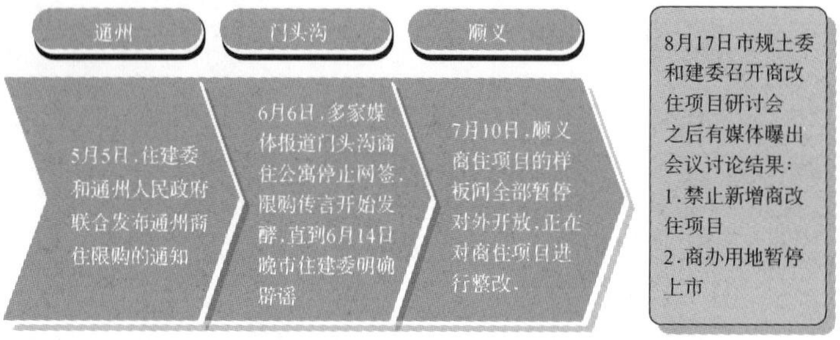

图 13　2016 年北京市商住部分政策信息

商住公寓的高成交引起了政府的关注，8 月 17 召开的研讨会上的讨论结果是：1. 禁止新增商改住项目；2. 商办用地暂停上市。11 月份，开发商收到一份文件，要求限期整改，主要是对未取得规划许可证的地块，限制其层高设计和不得改变规定用途。这将导致未来 loft 绝迹，同时造成商住项目审批难度加大。对于已经或未来将取得商业用地并想将其建成商住公寓的开发商来讲，如何进行项目规划和实现溢价是未来的难点；而如果商住公寓未来新增供应大幅减少，商住公寓将成为稀缺品，这将成为未来的机遇。

四、二手住宅买卖市场——需求大量释放，未来成交堪忧

1. 二手住宅成交量创 8 年新高　二手占比近 7 成

2016 年二手住宅共成交 272431 套，环比上涨 37.3%，接近 2015 年和 2014 年的成交量总和，创近 8 年新高。细究二手住宅高成交的原因：首先二胎政策的正式放开，导致改善需求激增；其次信贷政策的宽松，购房者购房成本减少；再加上中介的推动作用等多种因素，成就了 2016 年的高成交量，平均每月成交超过 2.2 万套。

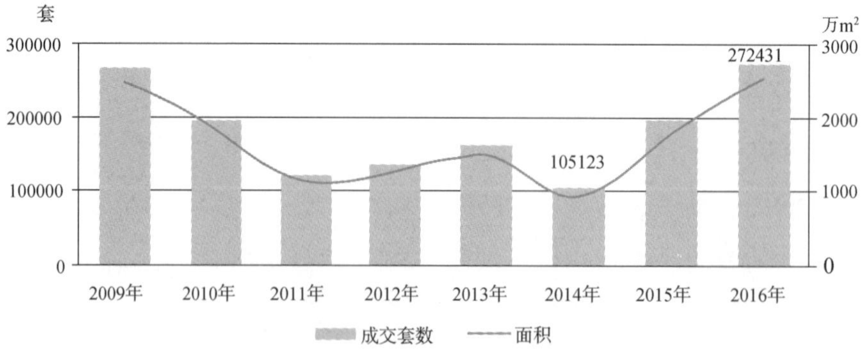

图 14　2009-2016 年北京市二手住宅成交量走势

数据来源：北京是住建委公布网签数据

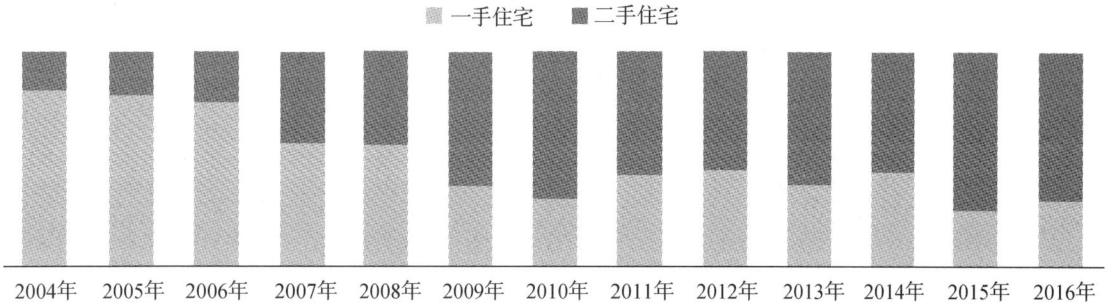

图 15　2004-2016 年北京市一手和二手住宅成交占比走势

数据来源：北京中原市场研究部

2016 年共有两次成交高峰，一次是 3 月份，一次是 9 月份。自 2015 年 12 月份开始，二手住宅买卖市场成交量就开始疯狂上涨，2015 年 12 月和 2016 年 1 月成交量均破 2 万套。而春节前的疯狂一直延续到节后，假期一结束二手住宅市场就以每天成交 1000 余套的速度快速回温，并在 3 月份达到 2011 年以来的又一峰值——32009 套（仅次于 2013 年 3 月份）。3 月份日平均签约量超 1000 套，最高纪录是日签约 2084 套；且 3 月没有法定节假日。因此 3 月份的成交量达到上半年的高点。4 月和 5 月的成交量虽然都过 2 万套，然而环比上月成交量均有所下降，且降幅逐步扩大。6 月份由于房源核验导致网签周期变长，6 月份成交量大幅下跌，仅成交 13739 套。7 月份回归正常，9 月份达到另一高峰，成交 30516 套。“9 · 30”政策的出台成为市场拐点，10 月成交量环比下降 31. 3%。11 月和 12 月成交量也在逐渐下滑，与往年年末翘尾行情相悖，说明市场确实在逐渐降温。

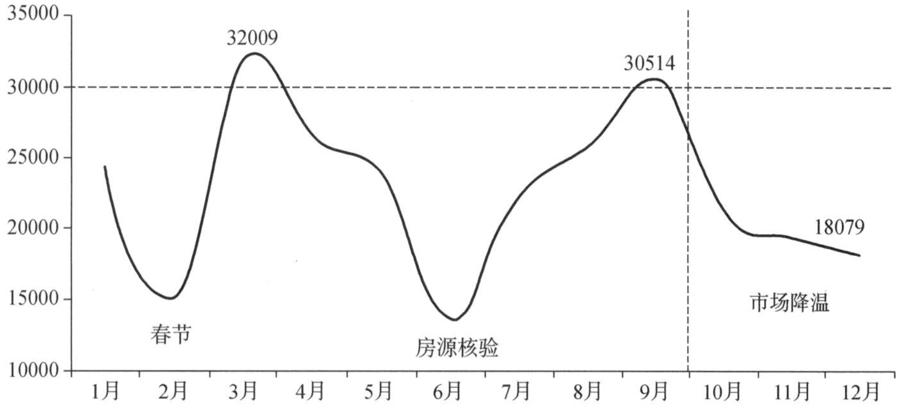

图 16　2016 年 1-12 月北京市二手住宅网签量

数据来源：北京中原市场研究部

2. 成交均价大幅上涨

2016 年不仅成交量创 8 年新高，成交均价也有了大幅上涨，12 月成交均价同比上年上升了 36. 4%，短短 12 个月成交均价上涨幅度超过 13000 元/平方米。其中 1-12 月成交均价一直保持上涨趋势，9 月份涨幅最大，环比上涨了 7. 8%。“9 · 30”之后，成交均价涨幅逐月收窄、趋于稳定。虽然市场趋冷，成交均价依然保持上涨趋势。

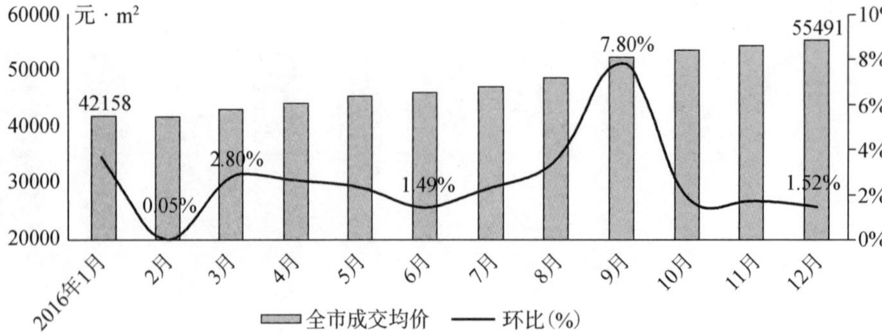

图 17　2016 年北京市二手住宅成交均价走势

数据来源：北京中原市场研究部

3. 报价指数一路看涨　"9 · 30"之后趋于稳定

2016 年报价指数多在 50%以上，业主看涨房价，尤其在 3 月和 9 月达到两个高峰值。市场的疯狂，成交周期的缩短，都给了业主涨价的信心。很多业主并不诚心卖房，只是网上挂着看看能卖到多高的价格；诚心卖房的业主也免不了坐地起价，宁肯付违约金也要卖给出价更高的购房者。市场如此疯狂，加上部分中介的推波助澜，报价指数一路上涨，在成交量最高的两个月报价指数也分别到达了高峰。

"9 · 30" 政策的发布，让市场冷静下来，10-12 月报价指数一直徘徊在 50%-55%之间。看房人数的大幅减少、成交周期的明显拉长和楼市的明显降温，让业主产生了恐慌，导致一方面新增房源增多，许多看涨的业主纷纷挂出房源出售；另一方面业主报价更加合理，不再盲目看涨，更加易于成交。

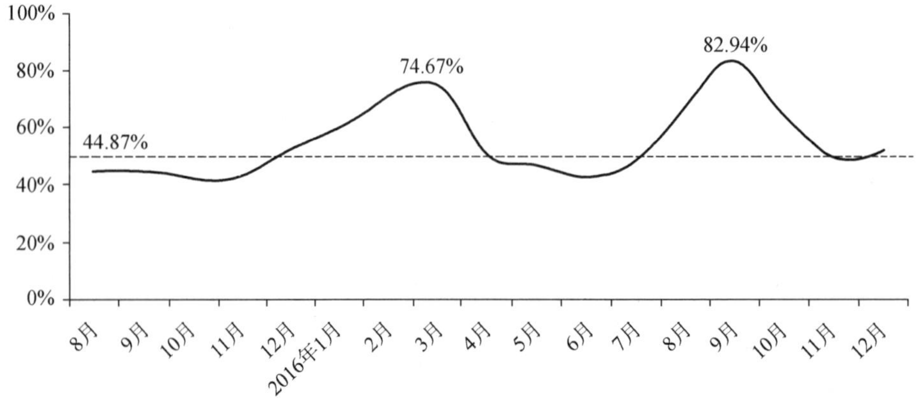

图 18　2015 年 8 月至 2016 年 12 月北京市房屋报价指数

数据来源：北京中原市场研究部

4. 特征分析

4.1. 客户青睐面积段有两极分化趋势　60-100 平方米仍是成交主力区间

从成交面积来看，60-100 平方米面积段保持成交主力低位，占比为 45.6%。相较 2014 和 2015 年，>140 平方米面积段的成交占比显著提高，高达 11.2%。140 平方米以上的住宅产品的每月成交占比在逐月增加。这说明二手住宅市场上的改善型产品越来越抢手，成为更多人的选择。全面二孩意味着普通三居已经成为二孩家庭的基本选择，如果再加上老人，可能就需要置换一套四居。而新建住宅市场上的改善型产品则趋向豪宅化、郊区化，如果综合考虑交通、周边配套和房子性价比的情况下，二手住宅就成为更多换房家庭的选择。另外，<60 平方米面积段的成交占比也有微幅提升，该面积段主要覆盖人群为单身人士和新婚夫妻等刚需人士。

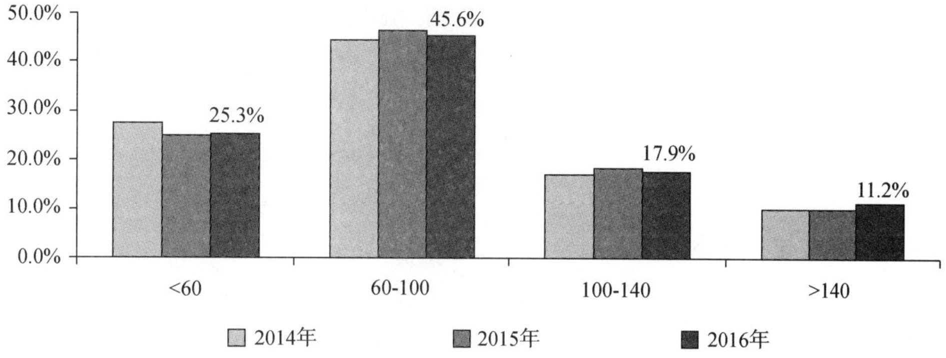

图 19　2014-2016 年北京市不同面积住房成交占比

数据来源：北京中原市场研究部

4.2. 一居和三居的成交占比显著增加

从居室成交来看，由于 2016 年二手成交量明显高于前两年，故各居室类型成交量均明显高于前两年。一居和三居的成交占比显著增加，分别上涨 1.6%和 1.7%。

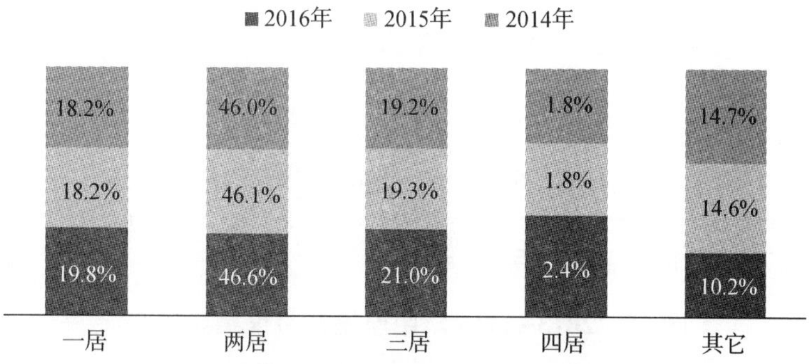

图 20　2014-2016 年北京市各居室类型成交占比

注：其他包括复式、别墅和四居之上等户型

数据来源：北京中原市场研究部

5. 未来预期：杠杆率变低　市场成交量有所回落

“9·30”政策中的首付贷比例提高影响了很大一部分购房人，银行也已采取措施，对二套房实行“认房又认贷”，有 15 家银行自元旦后折扣就由 8.5 折升为 9 折。信贷政策收紧，购房成本增加，压力变大，一部分人就会推迟或放弃购房计划，购房需求减少。同时购房者观望心态渐浓，成交周期拉长，影响成交量。春节后一方面是市场淡季，另一方面没有政策刺激，且目前是收紧态势。年末成交量同比环比双双下滑，与以往年末翘尾行情相悖，市场在逐步降温。因此，2017 年二手住宅市场成交量肯定会有所回落。

对于首付压力不大的人群来说，2017 年也可以说是购房的好时机。一方面政府已经开始重视存量房市场，要求盘活二手房，会继续完善规范二手市场，加强对中介的管理和对市场成交的监控，保障市场量价的稳定；另一方面，市场变冷导致业主心态的转变，对于买方来说是好事，市场议价空间变大。

五、二手住宅租赁市场

1. 市场房源供不应求　租金出现跳涨

相对于买卖市场的不确定性，租赁市场稳定性更强，变化趋势同往年一样。春节过后和 6-9 月毕业季是租赁旺季，成交量高，房东话语权大，租金上调幅度大；第四季度进入租赁淡季，成交量少，租金有所回调，但相比年初仍然是上涨趋势。

2016 年租赁市场的一个显著特点是租金出现“跳涨”，实际成交租金同比上涨 1000 元/月不等。究其原因，首先，买卖市场的火热，使得部分业主转租为售，导致租赁房源出现供不应求态势，房东话语权加大，租金上涨幅度变大；其次，伴随二手住宅买卖市场的火热，成交价格大幅上涨，使得房屋的租金回报率明显下降，出于保持投资回报率的稳定考虑，房东会主动提高租金的上调幅度。

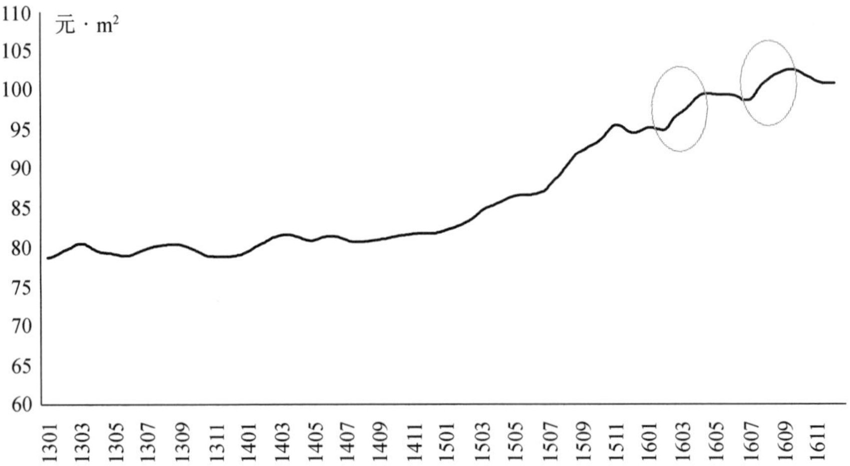

图 21　2013-2016 年中原统计月度租金走势

数据来源：北京中原市场研究部

2. 土拍新模式增加未来出租面积　租赁市场有望规模化

2016 年第四季度北京土地市场出现开发商竞自持面积的情况，共供应 62.03 万平方米自持面积。如果按每套房间 60 平方米计算，未来将新增供应 1 万套左右的租赁房源。而且 2017 年住宅土地拍卖将持续增加自持出租面积，这将大大缓解市场供不应求现状，在供应增加的情况下，租金将能保持稳定。同时 2017 年政府会规范二手租赁市场，加强对中介的监管，着手布局进入租赁市场，保障市场租房人士的利益，降低无房的恐慌。

六、商办市场——供销两旺，去库存任务艰巨

1. 2016 年供应集中入市　成交量创 7 年同期新高

2016 商办市场同期成交创 7 年新高，共成交 16560 套，其中写字楼成交 8392 套，商业成交 8168 套。2016 年商办市场共供应 14463 套，

供应量加大，再加上 2016 年市场宽松的信贷政策，导致全年成交量变大，整体库存开始下降，去化周期明显缩短，由 2015 年的 4.2 年降至 2016 年的 2.2 年。但是由于供应和成交大体相当，因此对整体的库存量消化能力依然不强。

表 3　2010-2016 年北京市商办市场供销存详情

年份	写字楼				商业				商办总计			
	新增供应套数	成交套数	存量套数	去化周期	新增供应套数	成交套数	存量套数	去化周期	新增供应套数	成交套数	存量套数	去化周期
2010	3002	5229	8000	1.5	3270	7507	23166	3.1	6272	12736	31166	2.4
2011	6752	3328	11424	3.4	3981	5120	22027	4.3	10733	8448	33451	4
2012	5319	6191	10552	1.7	3377	4274	21130	4.9	8696	10465	31682	3
2013	6896	7371	10077	1.4	4254	5291	20093	3.8	11150	12662	30170	2.4
2014	5306	4171	11212	2.7	4841	4107	20827	5.1	10147	8278	32039	3.9
2015	10092	4680	16624	3.6	6894	4674	23047	4.9	16986	9354	39671	4.2
2016	7466	8392	16035	1.9	6997	8168	21056	2.6	14463	16560	37091	2.2

数据来源：北京中原市场研究部

2. 商办市场供销存均集中在五、六环之间

供应：商办市场的供应集中分布在五环之外，是全部供应量的 77.3%。其中五、六环之间的供应量最高，共供应 7312 套；二环之内的供应量最少，仅供应 4 套。

成交：成交依然集中分布在五环之外，是全部成交量的 76.3%。五、六环之间的成交量最高，共成交 9312 套，同时供销剪刀差最大。其中，四环之外的供应量均小于成交量，而二环到四环之间是供大于求，库存持续增加的情况。

存量：五、六环之间的存量最高，为 12655 套；其次为四、五环之间，为 6778 套。按照 2016 年的成交速度来看，五、六环之间的去化速度最快，其次为六环之外；二、三环之间的去化速度最慢，其次为三、四环之间。

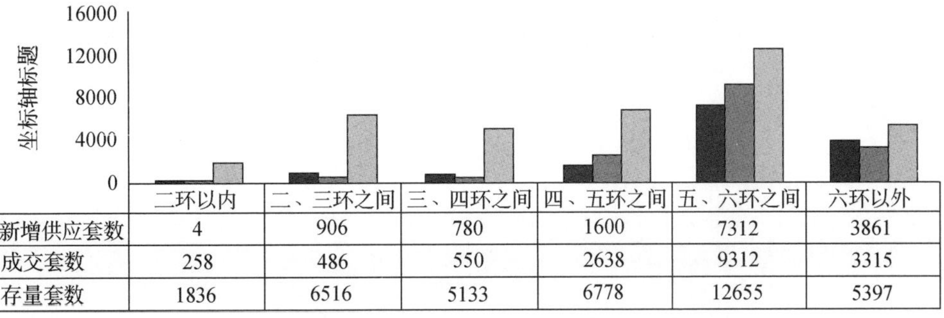

	二环以内	二、三环之间	三、四环之间	四、五环之间	五、六环之间	六环以外
■新增供应套数	4	906	780	1600	7312	3861
■成交套数	258	486	550	2638	9312	3315
□存量套数	1836	6516	5133	6778	12655	5397

图 22　2016 年北京市商办市场供销存的环线分布

数据来源：北京中原市场研究部

3. 商办市场成交均价呈上涨趋势

从2010年至2016年的总体供应量和成交量来看，写字楼和商业市场均供小于求，成交均价呈上涨趋势。其中写字楼同比上涨15.1%，商业市场环比上涨10.2%，上涨幅度大。

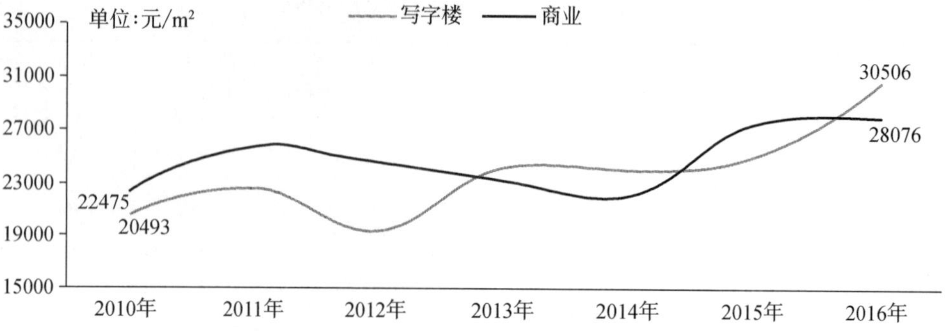

图23　2010-2016年北京市商办市场成交均价走势

数据来源：北京中原市场研究部

分析原因：1. 信贷政策宽松，股市下跌，投资客涌入楼市，写字楼和商业因为不限购受到青睐；2. 近年来随着创业公司的增多，市场对写字楼的需求增长；3. 虽然商办市场整体供大于求，但好的地段和好的项目需求量仍然很大。

4. 商办市场去库存任务艰巨　传统商圈租售价和租金有下行压力

2014和2015年，商办市场的年供应量一直大于成交量，导致库存逐年增长，已经由2013年的30170套存量涨至38315套，上涨27.0%。2016年成交量大幅上涨，但是由于供应量也大，导致库存量仅下降3.4%。

按商业市场近7年的供应和成交总和来看，是供略大于求，但商办市场自2010年开始就库存高企，6年下来仅消化掉7000多套的库存，截至2016年底还有38315套库存，去库存任务艰巨。

1）商场受到电商冲击，售量已经大幅减少，同时商场的管理和运营成本也在不断提高，“商改写”已成主流趋势；

2）目前五环之外有很多新的写字楼和创业园区，环境好且租金便宜，而传统商圈内写字楼售价和租金比较贵，导致企业有外迁趋势和消化周期变长，这对传统商圈来说是一个挑战。

综上所述，商办市场需求缩小且向外扩展，传统商圈内库存高企消化慢，去库存任务仍然艰巨，售价和租金有下行压力。

2016 年北京住房市场分析

我爱我家

一、2016 年北京住宅用地成交分析

2016 年，在北京新房和二手房买卖交易热度高涨、如火如荼之时，北京的土地市场则稍显沉寂，住宅用地的供应量、成交量在这一年双双大幅下滑，创下了一个罕见的低值。

土地供应总量仅 44 宗　下滑近 6 成

据伟业我爱我家市场研究院数据统计显示，2016 年，北京各类型土地供应共新增 44 宗，环比 2015 年大幅下降 59.3%，供应总量尚不足 50 宗，自 2008 年以来首次低于 100 宗，为九年最低。

所有的土地供应中，居住类用地 17 宗，占 38.6%；商服金融类用地 5 宗，占 11.4%；工业用地 11 宗，占 25%；综合用地 6 宗，占 3.6%；其它类型 5 宗，占 11.36%。

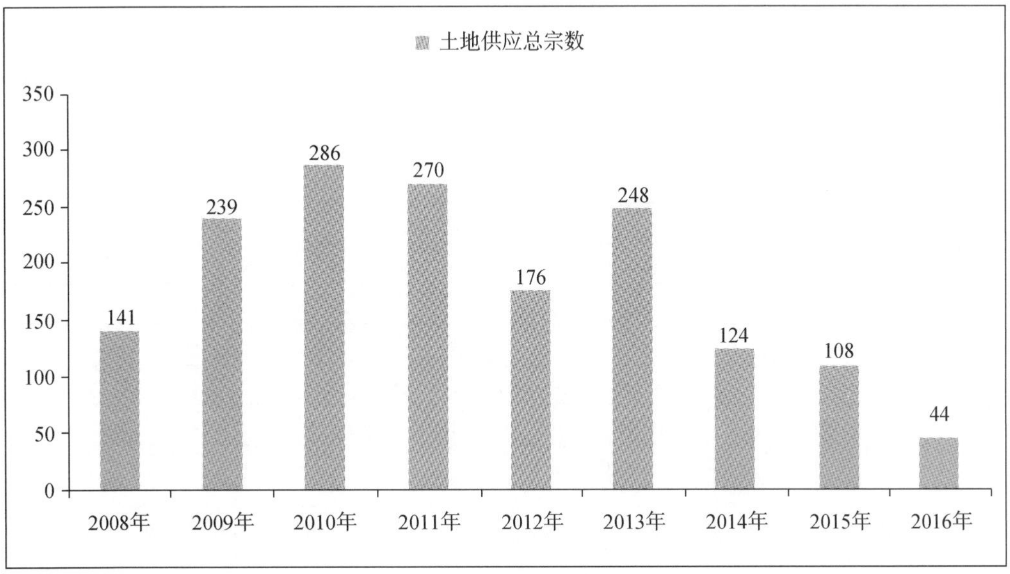

图 1　2008-2016 北京市土地供应总宗数走势

数据来源：伟业我爱我家集团

宅地供应下滑超六成　全年 5 个月零供应

据伟业我爱我家市场研究院数据统计显示，2016 年，北京的居住类用地供应仅 17 宗，环比 2015 年下降了 63%；17 宗地的总建设用地面积为 128.22 万平米，环比下降更是达 67.1%。

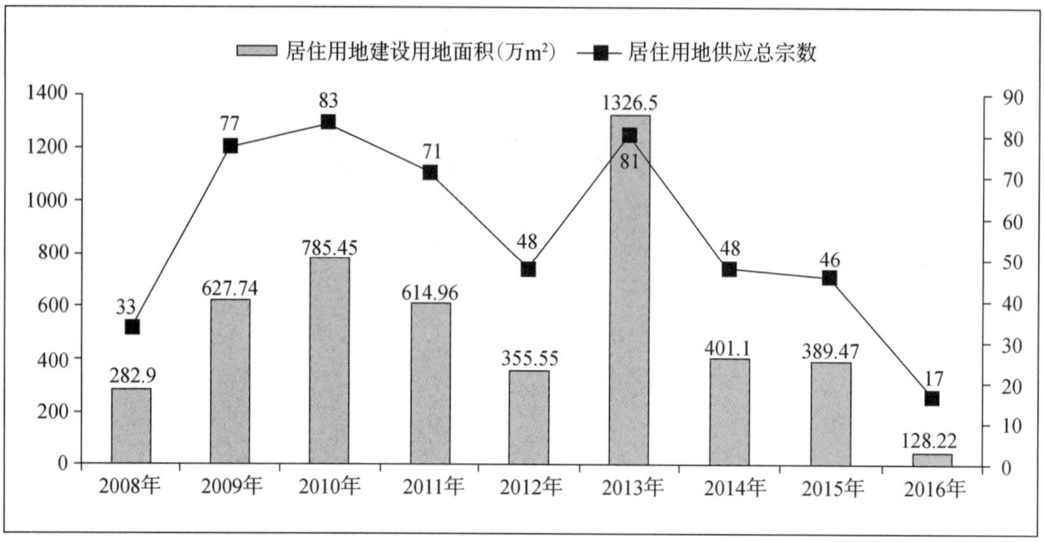

图 2　2008-2016 北京市居住用地供应宗数及建设用地面积走势

数据来源：伟业我爱我家集团

分区域来看，17 宗宅地海淀区供应 4 宗，大兴、昌平、房山、门头沟各有 2 宗，朝阳、顺义、平谷、延庆以及开发区各有 1 宗。从环线上来看，位于四、五环之间的有 1 宗，五、六环之间的有 9 宗，六环以外的有 7 宗。

而从 2016 年各月的数据来看，全年共有 5 个月份的居住类用地更是零供应。

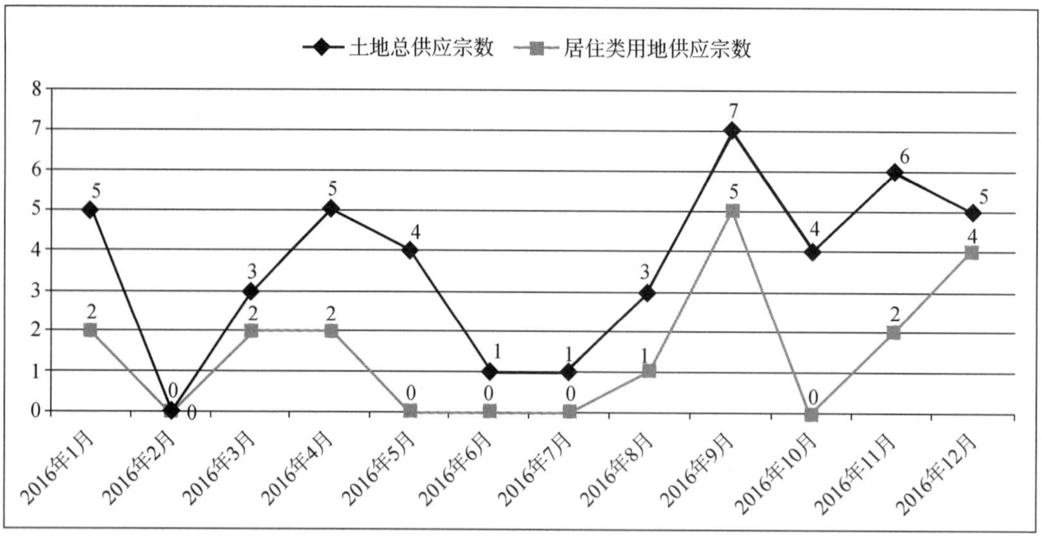

图 3　2016 年各月北京市土地供应数量

数据来源：伟业我爱我家集团

土地成交仅 43 宗　骤降超六成

与土地供应状况类似，土地成交也出现大幅下滑。据伟业我爱我家市场研究院数据统计显示，2016 年北京各类型土地总成交仅 43 宗，环比 2015 年大幅下降 60.9%，同样是自 2008 年以来的新低。

所有的土地成交中，居住类用地成交 15 宗，占 34.9%；商服金融类用地 6 宗，占 14%；工业用地 11 宗，占 25.6%；综合用地 8 宗，占 18.6%；其它类型 3 宗，占 7%。

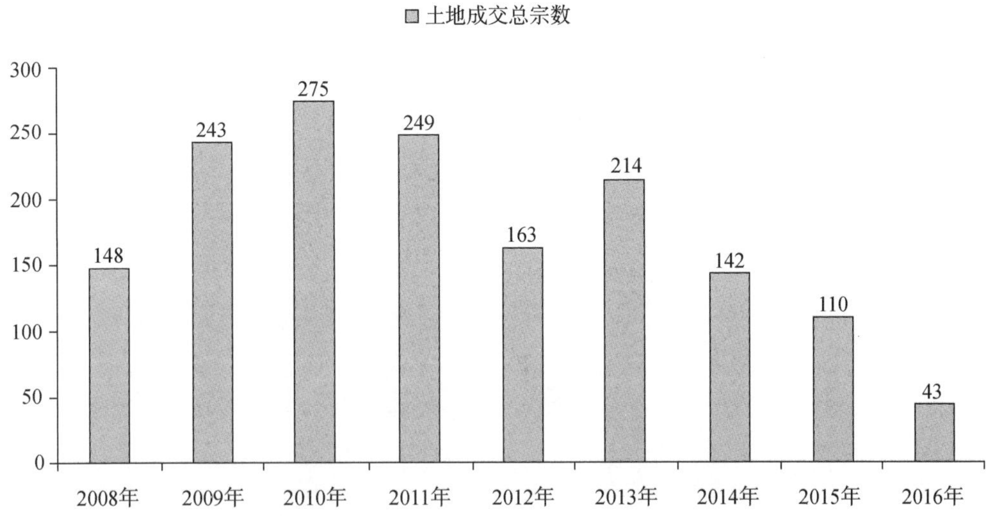

图 4　2008-2016 北京市土地成交总宗数走势

数据来源：伟业我爱我家集团

宅地成交仅 15 宗环比下降七成

据伟业我爱我家市场研究院数据统计显示，2016 年居住类用地的 15 宗成交量环比 2015 年下降 70%，总的建设用地面积为 99.07 万平米，环比 2015 年下降 77%。

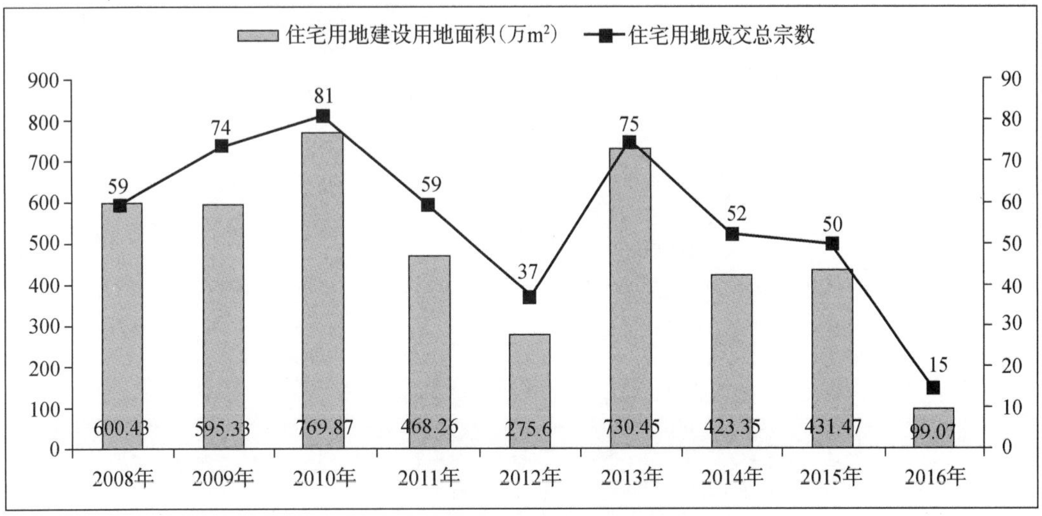

图 5　2008-2016 北京市住宅用地成交宗数及建设用地面积走势

数据来源：伟业我爱我家集团

成交的 15 宗住宅用地里，海淀区有 4 宗，朝阳、大兴、昌平各有 2 宗，顺义、房山、门头沟、延庆和开发区各有 1 宗。环线位置上，位于四、五环之间的有 2 宗，五、六环之间的有 8 宗，六环以外的有 5 宗。

楼面价创新高　土地出让金收益环比减少六成

据伟业我爱我家市场研究院数据统计显示，从宅地成交金额来看，2016 北京全市住宅用地成交总金额为 5253250 万元（525.33 亿），环比 2015 年下降 64%，明显少于之前的 2013 年、2014 年、2015 年，在各年当中处于低位。

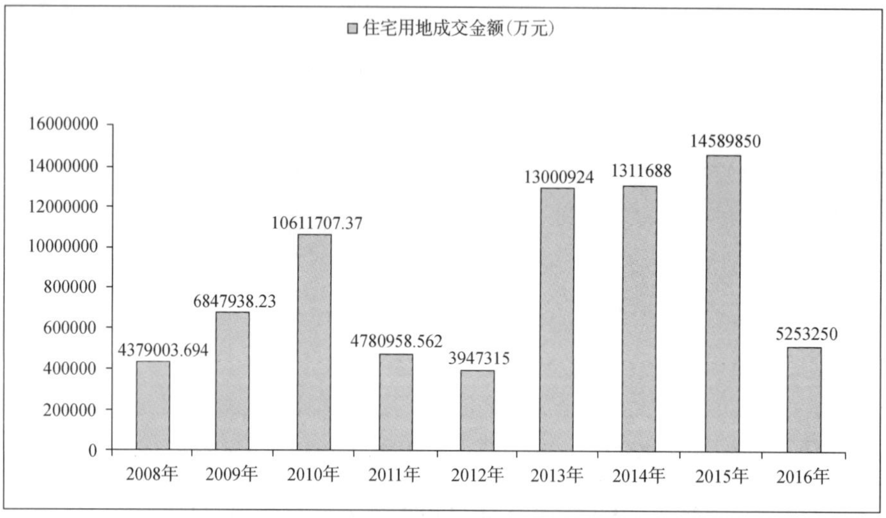

图 6　2008-2016 北京市住宅用地成交总金额走势

数据来源：伟业我爱我家集团

2016 年，北京成交宅地的平均楼面价为 23886 元/平方米，环比 2015 年上涨 43.3%，历史上首次突破 2 万/平方米，创北京土地市场新高。

但成交宅地 29.83% 的平均溢价率并不高，在近 9 年当中处于低位，仅高于 2011 年，而其它各年不仅土地成交量远高于 2016 年，平均成交溢价率也都超过 30%，高于 2016 年。

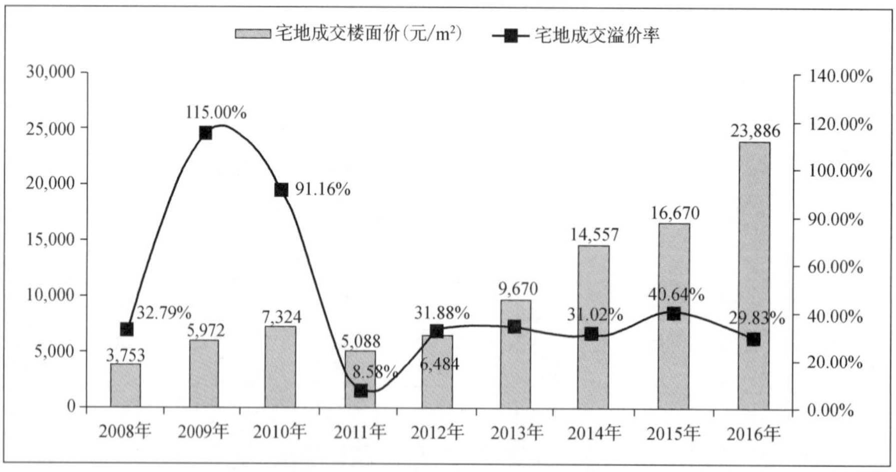

图 7　2008-2016 北京市住宅用地成交溢价率走势

数据来源：伟业我爱我家集团

开发商转型　为拿地100%自持经营

2016年北京土地市场，最大的亮点就是开发商100%自持经营拿地。9月30日，“京八条”出台，明确要求强化“控地价、限房价”的交易方式。11月，海淀永丰18、19、20号地块和大兴黄村21号地块实行“限房价、竞地价”试点。经过异常激烈的角逐，四块地最终都以开发商100%自持商品住房面积完成交易。

2016年18号地块	海淀区永丰产业基地	2016年12月1日	500000万元	北京万科企业有限公司	企业自持商品住房面积为该宗地居住用途建筑面积的100%
2016年19号地块	海淀区永丰产业基地	2016年12月1日	590000万元	北京万科企业有限公司和北京金第房地产开发有限责任公司联合体	企业自持商品住房面积为该宗地居住用途建筑面积的100%；企业自持商业（含办公）用房面积为该宗地商业（含办公）用途建筑面积的100%
2016年20号地块	海淀区永丰产业基地	2016年11月17日	576000万元	中粮地产（北京）有限公司、北京中瑞凯华投资管理有限公司和北京天恒乐活城置业有限公司联合体	现场投报企业自持商品住房面积占该宗地居住用途建筑面积比例为100%，现场投报企业自持商业（含办公）用房面积占该宗地商业（含办公）用途建筑面积比例为10%
2016年21号地块	大兴区黄村镇	2016年12月1日	367500万元	中铁房地产集团北方有限公司	企业自持商品住房面积为该宗地居住用途建筑面积的100%

不过，由于住宅面积只能出租、不得销售，开发商的算账模式彻底改变，从拿地、开发、销售，转变为拿地、开发、自持、出租以及最后的在资本市场寻求退出机遇。在商业模式必须要转变的同时，北京的租金投资回报率却非常低，这将使开发企业从前期的经济测算、产品设计，到中期的房屋出租运营管理，再到后期的资本市场退出等都将面临较大的挑战。

胡景晖表示，虽然开发商自持还有不少问题需要去探索解决，但在自持运营这个问题上房地产经纪公司与开发商完全可以展开全方位的合作。就伟业我爱我家集团来说，1994年就开始为开发商做代理服务，2000年就开始运作房屋资产管理，终端也有丰富的经纪人、客户资源，从市场定位、产品设计、经济测算到装修、配置、出租，各个环节都能为开发商提供专业服务；即便是在退出阶段，伟业我爱我家也有与国投瑞银、中信金石等合作方的REITs试水经验。所以，“住宅面积100%自持”也将给开发商和房地产服务企业开辟更广阔的合作空间。

北京土地供应成交逐步萎缩是大势所趋

伟业我爱我家集团副总裁胡景晖分析认为，整体来看，无论供应还是成交，2016年北京土地市场的热度都大幅下降，一方面，上多项数据都低于北京过往年份，另一方面，也不像上海、深圳以及部分热点二线城市那样高价地频出，溢价率甚至超过100%。虽然2016年北京成交的15块宅地中有多块溢价率达50%，但也有数块地被开发商平价拿下，加上年末多块地被“控地价、限房价”，所以宅地的整体溢价率并不高。

胡景晖表示，北京土地供应、土地成交数量的逐步萎缩，以及由此导致的新房市场开发建设和成交规模的萎缩，将是北京房地产市场发展的必然趋势。经过20多年大规模的高速开发建设，北京四环内，甚至五环内可供开发建设的土地资源越来越稀缺，更多的土地供应将集中在五环外，甚至六环外的远郊区县。

在土地价格上，虽然2016年一度延续了2015年的高价拿地趋势，但“9·30”新政的“控地价、限房价”取得了非常显著的效果。得益于土拍新规则的试点，年末海淀永丰和大兴黄村的几宗宅地都以开发商100%自持完成交易，有效避免了高价地对市场预期的干扰，在平抑地价房价、调整供应结构上起到了积极示范作用。

胡景晖认为，虽然北京土地供应、土地成交数量的逐步萎缩，以及由此导致的新房市场开发建设和成交规模的萎缩，将是北京房地产市场发展的必然趋势，但“9·30”新政明确提出了“加大住宅用地供应力度，合理调整土地供应结构，加快自住型商品住房用地供应”的政策，所以，2017年北京的宅地供应有望比2016年稳中有增，尤其是在满足工薪阶层家庭的自住房用地、中低价位中小户型用地方面，供应结构将更加合理。

二、2016年北京新建住房成交分析

2016年，在相对宽松的货币政策的市场背景下，北京楼市不仅二手房市场火热，新房市场也一片欣欣向荣，不仅交易量整体攀升，创下2010年以来的新高，价格也在新房市场豪宅化的结构性影响下持续上涨。但随着10月份全国调控从紧大幕的开启，尤其是货币政策的收紧，四季度北京新房市场开始明显降温。

2016成交量创7年来新高

据伟业我爱我家市场研究院数据统计，2016年，北京全市新建商品住宅（不含保障房）共成交125527套，环比2015年增长21%，为2010年以来的最高值。

图8 2005-2016年北京市新建商品住宅（不含保障房）交易量走势

2016年全年12个月里，北京新房市场交易量整体呈现出了明显的“中间高、两端低”特征：一季度处于春节前后，鲜有新盘推出，是新房市场的传统淡季；二三季度，各大新盘相继入市，市场交易火爆，成交数据持续上升；“9·30”新政出台后，四季度交易量迅速下滑，市场由热转冷。

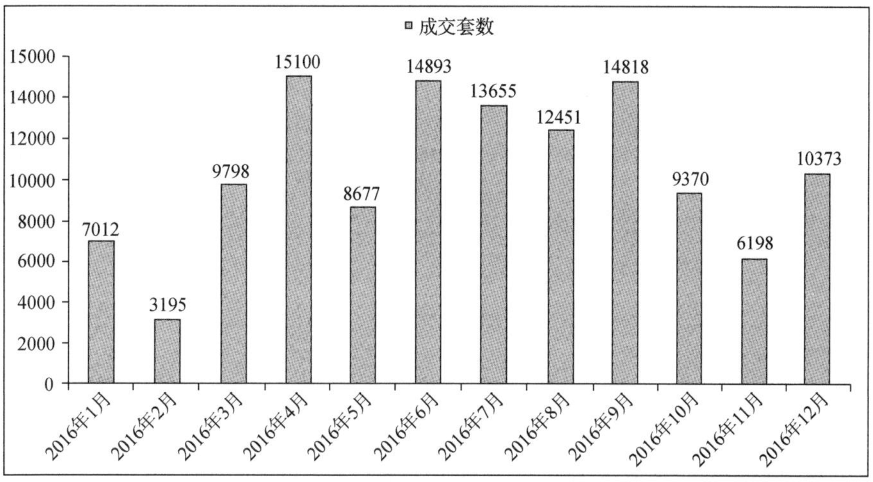

图 9　2016 年各月北京市新建商品住宅（不含保障房）成交量走势

公寓和别墅成交大涨

2016 年北京全市新建商品住宅（不含保障房）交易量能持续上升的主要因素是公寓类产品（普通公寓+酒店式公寓+商住公寓+LOFT 公寓）和别墅类产品交易量的大涨。公寓类产品全年共成交 67573 套，占 2016 年全部商品住宅的 53. 8%，环比 2015 年增加 213. 6%，是 2015 年的 3 倍之多；别墅类产品全年共成交 8055 套，环比 2015 年增加 119%，创历史新高。

其他类型里，住宅（除公寓、别墅和自住型商品房之外）成交 39528 套，环比 2015 年下降 21. 3%，占全年商品住宅的 35. 1%；自住型商品房成交 10384 套，环比 2015 年下降 63%，占全年商品住宅的 5. 9%。

新房成交远郊化　大兴最热门

据伟业我爱我家市场研究院数据统计，区域分布上，2016 年北京新建商品住宅（不含保障房）成交量排名前五的区域分别为大兴区、房山区、顺义区、通州区和门头沟区，新房交易呈现出明显的远郊化特点。

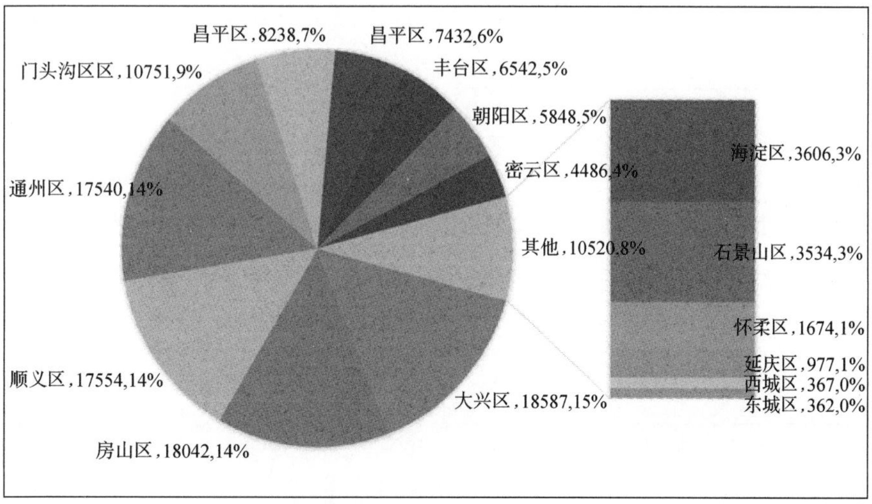

图 10　2016 年北京市新建商品住宅（不含保障房）成交区域分布

数据来源：伟业我爱我家集团

三居及以上大户型成交占比近六成　创历史新高

据伟业我爱我家市场研究院数据统计，从2009年到2016年，北京成交的住宅（除别墅、公寓和自住房）中，三居及以上的户型逐步扩大，2016年达到了59.3%，不仅占到了将近6成，而且较2015年增加了5.4个百分点。四居及以上的更大户型，其占比也增加到了12.4%，较2015年扩大1.8个百分点，扩大幅度也是历年之最。

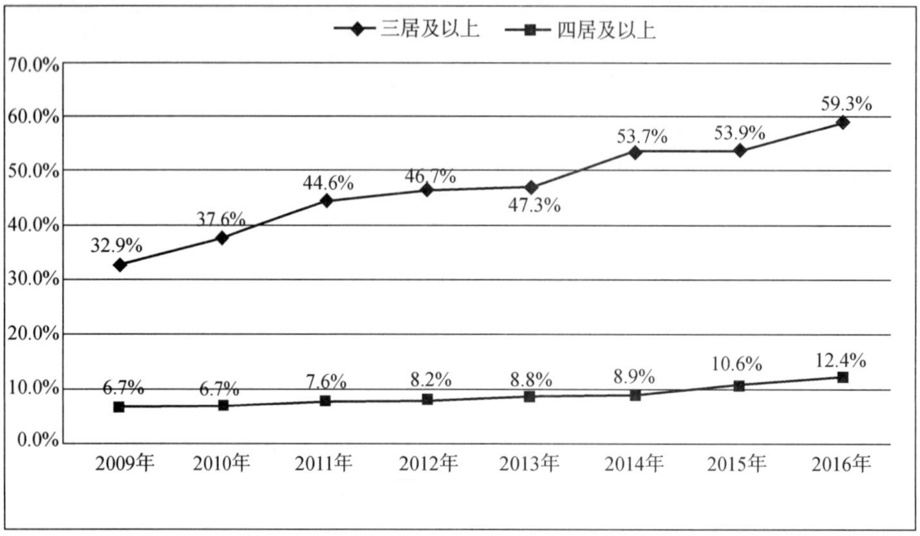

图11　2009-2016年北京市住宅（除别墅、公寓和自住房外）中大户型占比变化

数据来源：伟业我爱我家集团

而另一统计口径也显示出了同样的变化。据伟业我爱我家市场研究院数据统计显示，2010年到2016年，北京成交的住宅中，面积在140平米以上的大户型住宅占比从16.3%上升到了24%，而2016年更是较2015年大幅提高了5.4个百分点，占比及增幅都是历史最高。

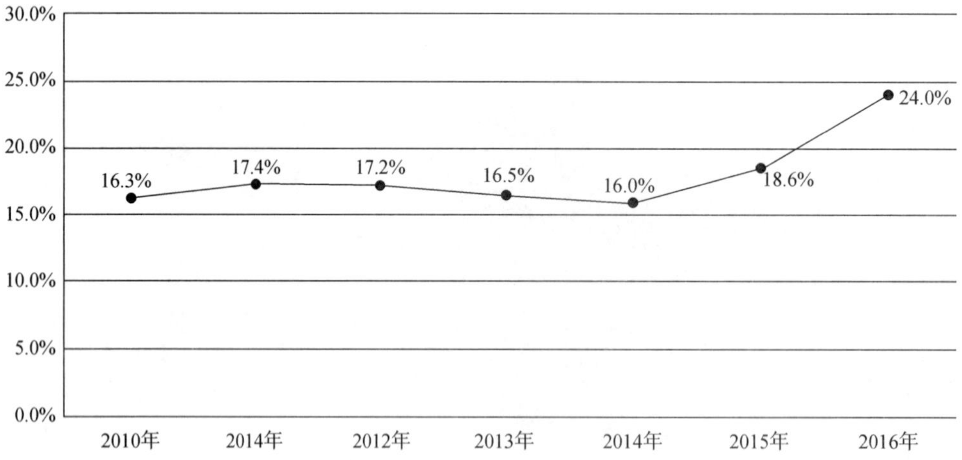

数据来源:伟业我爱我家集团

图12　2010-2016年北京市140平方米以上住宅（除别墅、公寓和自住房外）成交占比变化

数据来源：伟业我爱我家集团

豪宅项目交易量攀升

2016年，高端豪宅成交量上涨更加明显。据伟业我爱我家市场研究院数据统计显示，2015年北京新建商品住宅（除别墅、公寓和自住房）成交均价排名前十位的项目共完成211套交易，其中均价在10万以上的项目有7个；而在2016年，北京新建商品住宅（除别墅、公寓和自住房）成交均价排名前十位的项目共成交292套，较2015年多出81套，且前十位项目的均价都超过了10万。

表1 2015年北京市新建住宅项目成交均价排名

名次	项目名称	环线	行政区	套数	面积（m^2）	均价（元/m^2）
1	骏豪中央公园广场	三、四环之间	朝阳	1	377.86	172538
2	北京壹号院	三、四环之间	朝阳	3	987.09	162068
3	万柳书院	三、四环之间	海淀	45	12829.01	136604
4	合生霄云路8号	三、四环之间	朝阳	5	2377.19	117659
5	霞公府	二环以内	东城	2	925.77	103877
6	使馆壹号院	二、三环以内	东城	32	6928.97	101152
7	北河沿甲柒拾柒号	二环以内	东城	3	1692.52	100414
8	长安太和	二环以内	东城	29	3820.53	96066
9	金茂府（金茂府悦公）	三、四环之间	朝阳	26	9933.31	92576
10	保利海德公园（蓟门）	三、四环之间	海淀	65	17459.01	90183

表2 2016年北京市新建住宅项目成交均价排名

名次	项目名称	环线	行政区	套数	面积（m^2）	均价（元/m^2）
1	骏豪中央公园广场	三、四环之间	朝阳	18	8016.92	157764
2	北京壹号院	三、四环之间	朝阳	31	8854.2	156169
3	万柳书院	三、四环之间	海淀	81	22423.57	154424
4	金地华著	三、四环之间	海淀	21	3840.88	137608
5	首创·禧瑞者	三、四环之间	朝阳	5	1106.08	124994
6	霞公府	二环以内	东城	2	872.65	123842
7	西单·上国阙	二环以内	西城	3	624.96	119020
8	使馆壹号院	二、三环以内	东城	116	26474.46	114868
9	金茂府	三、四环之间	朝阳	6	2277.76	104120
8	长安太和	二环以内	东城	9	1476.17	101559

伟业我爱我家集团副总裁胡景晖分析认为，北京的房地产市场经过20多年大规模的高速开发建设，已经进入以存量房买卖和租赁为主的后开发时代，近两三年，北京宅地供应持续下滑，地价高企，使得新房市场的供应和成交呈现出明显的远郊化、豪宅化特征；与此同时，由于中低价位、中小户型住宅供应的减少，使得除去公寓类和别墅产品的住宅交易量整体环

比减少；而供应较多，且不限购的部分公寓类产品成为了部分无购房资格家庭购房的首选。

自住型商品房作为北京一个独特的制度设计，在过往的三年里，一方面，解决了部分家庭的居住问题；另一方面，由于自住型商品房价格相对较低，且房价保持平稳，所以对平抑北京房价起到了关键作用。

9月30日出台的“京八条”作为北京楼市由热转冷的分水岭，将影响未来北京楼市的整体走势。2017年，北京新房市场也将呈现出新的特点：

1. 新房交易量将持续下滑。四季度受楼市调控收紧影响，北京新房交易量持续回落，虽然12月份的网签量又有所增长，但基本都是自住型商品房集中网签，以及过往已成交客户的网签，实际新增交易量仍在持续回落中。2017年，楼市调控不仅会持续从紧，还有进一步加码的可能性，在此背景下，北京新房交易量还将持续下滑。

2. 供应结构更加合理，新房均价将呈现结构性回落。“京八条”明确了“限房价，竞地价”的土拍新规则、重启“90/70”政策，进一步加大自住型商品房用地供应等利好措施，受此影响，2015年以来新房的豪宅化趋势将得到有效扭转，在供应结构方面将更加偏重价位合理的中小户型，房价也将结构性回落。

3. 远郊区县仍将是新房供应成交的主力区域。经过20多年大规模的高速开发建设，北京四环内，甚至五环内可供开发建设的土地资源越来越稀缺，更多的土地供应将集中在五环外，甚至六环外的远郊区县。

4. 豪宅成交将面临较大压力。2015-2016年，政策的相对宽松，豪宅需求的集中释放，豪宅供应的充足，使得豪宅交易迎来历史高峰，但能买得起豪宅的家庭毕竟是小众群体，随着豪宅需求的大量释放，非普通住宅信贷政策的收紧，豪宅交易量也将出现明显回落，过往一两年高价地频出，这些未来潜在的豪宅供应，将使得豪宅市场的销售面临巨大的竞争压力。

5. 环京楼市将面临大降温。受2015年一线楼市销售火爆因素影响，以北京外溢需求和投资投机需求为主的环京楼市，2015年销售也异常火爆，房价涨幅普遍在50%以上。受9月30日开始的全国范围内的调控收紧影响，尤其是货币政策的收紧，使得普通购房人和投资客对未来楼市的预期正在发生巨大改变，在北京楼市已经出现明显降温的市场背景下，对市场非常敏感的投资客已经开始撤出楼市，寻求新的投资渠道，受此影响，环京楼市2017年或将经历比北京更大的降温。

三、2016年北京二手住宅市场分析

延续2015年的升温之路，2016年北京二手住宅市场更上一层楼，全年交易量全面超越2009年的26.7万套，创下了北京二手住宅交易史上的历史新高。

但是，2016年北京楼市起伏变化较大，一季度的量价齐涨，在经历了二季度短暂的小幅盘整后，三季度再度迎来楼市量价齐涨的二次爆发。四季度随着政府对房地产市场的管理由宽松转为收紧，尤其是9月30日“京八条”以及国庆期间全国20余个大中型城市全面收紧楼市调控政策后，北京及全国楼市迎来关键转折，2016年，北京二手房市场先扬后抑，在经历18个月的持续增长，并刷新年度历史成交纪录的同时，四季度开启了新一轮降温周期

2016全年二手房交易量创历史新高

据伟业我爱我家市场研究院数据统计，2016年全年，北京全市二手住宅网签总量达272431套，较2015年全年上涨38%，并超越2009年的266854套，创下了迄今为止北京二手住宅交易量的新高。

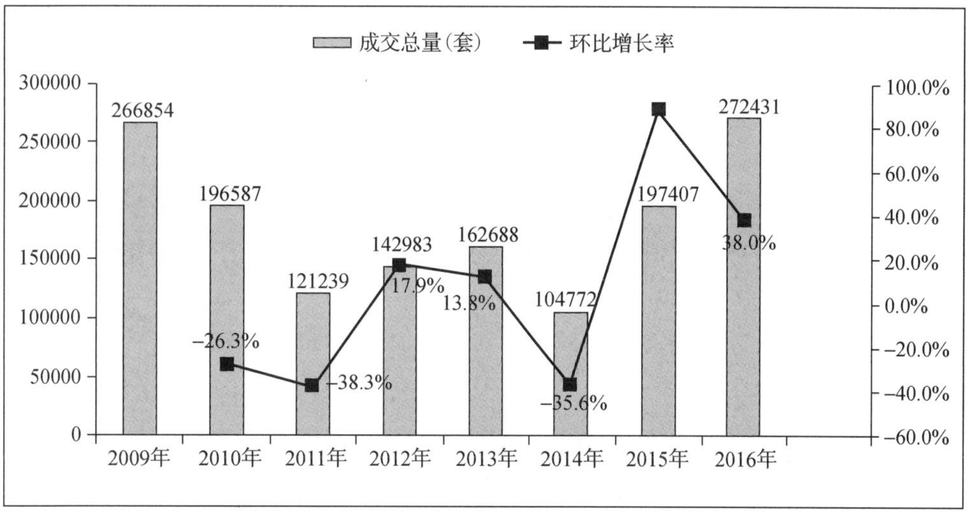

图 13 2009-2016 北京市二手住宅交易量及环比增长率走势

数据来源：伟业我爱我家集团

伟业我爱我家集团副总裁胡景晖分析表示，2015 年“330”新政到 2016 年“9·30”新政期间，北京乃至全国的货币政策都比较宽松，按揭贷款的支持力度大，此外还有各项税费的优惠，宽松的政策环境促使了交易量的再创新高。

此外，自 2009 年北京二手住宅交易量全面超越新房交易量以来，北京的房地产市场就已经进入了存量房时代，随着二手住宅市场规模越来越大，创造新的历史成交记录是大势所趋，北京的存量房池子目前约有 800 万套以上，现在 3%左右的换手率与发达国家相比并不高，所以未来北京二手房交易规模还将继续扩大。

两轮爆发 市场先扬后抑

据伟业我爱我家市场研究院数据统计显示，2016 年，北京二手住宅市场明显经历了一季度和三季度两轮爆发，二季度经历了短暂的市场盘整，四季度受楼市调控全面收紧影响，市场已经进入新一轮降温周期。

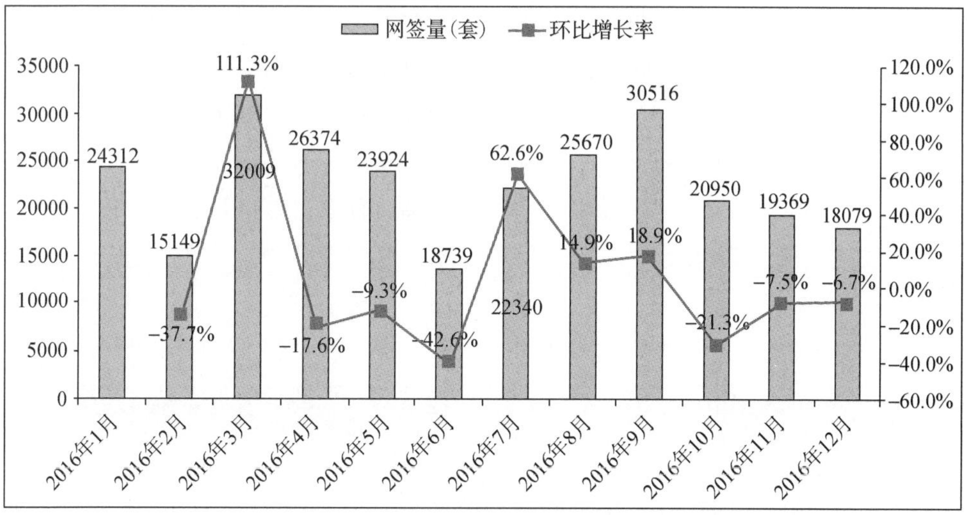

图 14 2016 年各月北京市二手住宅交易量及环比增长率走势

数据来源：伟业我爱我家集团

伟业我爱我家集团副总裁胡景晖分析表示，2016年北京二手市场整体热度高，但纵观下来也有两轮爆发、先扬后抑的走势，这与2016年全国一二线城市的整体走势基本相同。

一季度，在2015年330新政后一系列利好政策的影响下，北京二手市场延续了2015年末的持续升温态势，交易热度高涨，3月单月交易量突破3万套，创下2013年以来的新高，形成了全年的第一轮爆发。

进入二季度，由于一季度一线城市市场过热，3月底深圳、上海相继出台了调控新政，政策风向开始出现转变。北京虽未跟进，但环京区域也在收紧。加上此前的持续高温本身也造成了市场有效需求的透支，北京二手市场开始降温，交易量逐步下滑。

二季度时，由于担心政府调控，北京的市场心态原本有所冷静，房价涨幅也在收窄，但房价上涨的根本趋势并未改变，加上全国楼市地王频出，部分二线城市热度上升，北京的市场心态开始松动，担心房价会继续上涨的购房人群纷纷再次涌入市场，一些投资投机资金也趁势而入，市场恐慌加剧，三季度的二次爆发就此形成，并于9月再破3万套。

然而，市场的非理性上涨，促使了楼市调控从局部收紧转向全面收紧，尤其是货币政策由宽松转向紧缩。9月30日，“京八条”出台，并由此拉开了全国二十余城的调控序幕。由于政策力度大，执行力度强，“9·30”新政立竿见影，北京二手住宅交易量迅速下滑，并一反过去几年年末翘尾走高的态势，在10月、11月、12月出现了连续下滑，房价也开始出现局部松动，楼市新一轮降温周期由此开启。

使用商业贷款的二手交易占比过半

据伟业我爱我家市场研究院数据统计显示，2016年，北京全市的二手住宅交易中，使用商业贷款的占54.1%，较2015年提高9.3个百分点；全款支付的比例占23.2%，与2015年的22.8%基本持平；使用市管公积金进行支付的占17.2%，较2015年降低6.3个百分点。

从2014年到2016年，北京二手住宅交易中使用商业贷款进行支付的占比明显提高，从40.1%提高到了54.1%，占比已超过一半。

胡景晖分析认为，从2015年初到2016年初，国家多次降准降息，降低商业贷款首付比例，货币政策整体宽松，楼市按揭贷款支持力度大，作为全国二手房交易的活跃城市，北京二手房市场在其刺激下交易量大涨。

而从银行角度看，2016年年初央行再次降准后，北京各家银行内部资金比较充裕，前三季度的放款额度相对平稳，四季度政策收紧且进入年底封账盘点阶段，银行的放款情况才略显收紧。而在银行的放贷中，大头始终集中于“房贷”，上半年首套房贷利率一度最低以“八三折”为主，“9·30”新政后各家银行才普遍调整利率为“八五折”，近期又提高为九折。整体而言，2016年北京各银行的“房贷”政策是相对宽松的，这也为二手交易中商业贷款比例的大幅提高创造了条件。

胡景晖表示，货币政策对楼市的影响更加直接而有效，这也是北京“9·30”新政小幅提高首套商贷比例、大幅提高二套及非普通住宅商贷比例的原因，并在事实上确实起到了迅速降低交易量、降低市场温度的效果，消除了市场恐慌，平抑了房价，稳定了楼市。

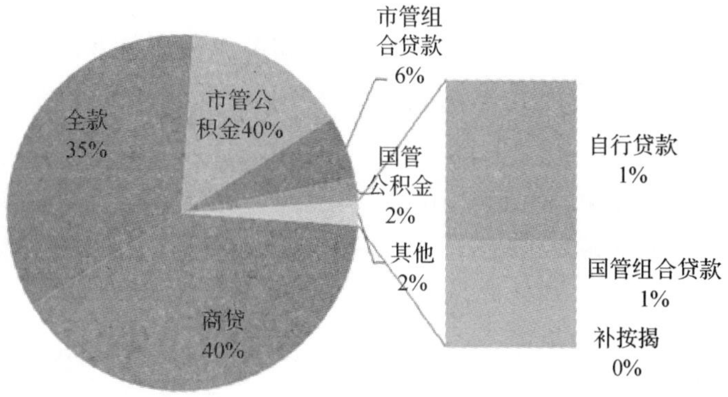

图15　2014年北京市二手住宅交易付款方式结构

数据来源：伟业我爱我家集团

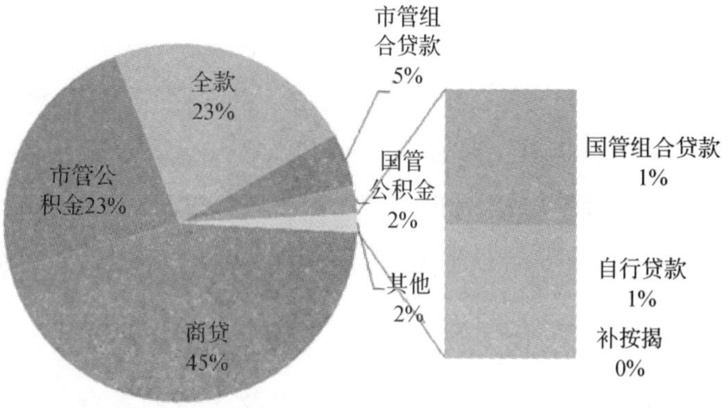

图16　2015年北京市二手住宅交易付款方式结构

数据来源：伟业我爱我家集团

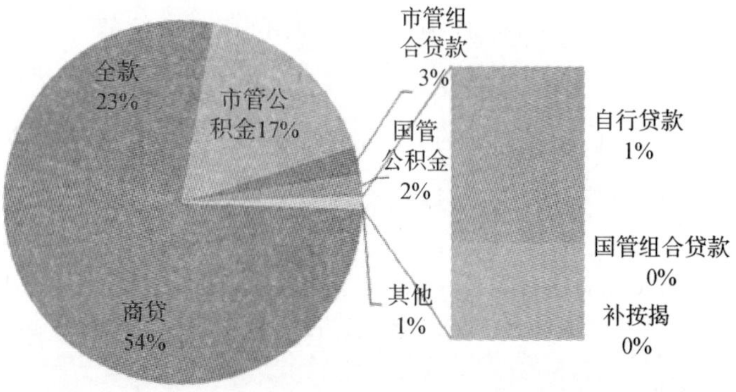

图17　2016年北京市二手住宅交易付款方式结构

数据来源：伟业我爱我家集团

2017 调控持续从紧　“量价齐跌”大势所趋

伟业我爱我家集团副总裁胡景晖分析表示，2016 年是北京二手市场创纪录的一年，但也是走向新一轮调控周期的一年。在年末的 2017 年中央经济工作会议中，政府已为房地产市场定下了“房子是用来住，而不是用来炒的”的基调，2017 年楼市调控只会从严，不可能放松，加上 2015-2016 年北京楼市连续 18 个月的持续火热，已经透支了大量潜在购房需求，因此，“量价齐跌”将是 2017 年北京二手房市场的大趋势。

1. 政策只会从严，不可能放松。参照过往 10 年的楼市调控周期，一般在经历 1-2 年的楼市火爆后，都会迎来 3-4 年的政策收紧期，按照这一规律，本轮楼市调控从紧将至少延续至 2019 年，甚至在房地产税、行业法律法规等长效机制建立健全之前，本轮楼市调控撤出的可能性都很小。在此期间，在限购从严的基础上，差别化信贷将继续严格执行，利率优惠将逐步减少，甚至取消，如果对房价的抑制达不到预期，在首付、税费等方面的楼市调控政策还存在继续加码的可能。

2. 2017 年度交易量或将回归至 20 万套。2009-2015 年，北京二手住宅年度交易量均值在 17 万套左右，考虑到近些年北京二手住宅市场规模的增加，20 万套将是年度交易量的平均值，在政策调控的影响下，2017 年、2018 年的交易量或将向这个平均值回归。不过，2016 年的大爆发中，北京二手住宅交易量超出均值达 7 万余套，2017 年骤降五成的可能性不大，因此，2017 年、2018 年成交量将更大概率在 15 万套至 20 万套之间振荡。

3. 房价将“稳中有降”。2016 年四季度，随着交易量的三连跌，北京前期房价涨幅过快区域的房源，以及高总价、大户型、非普通住宅房源价格已经出现局部松动，随着 2017 调控政策从严，交易量的持续萎缩，将打消众多小业主对楼市短期内还将复苏的幻想，春节过后，业主的降价意愿将更加强烈，房价也将由局部松动，转为普遍下降。

4. 长效机制加快推进。本轮楼市调控将为房地产税、行业立法等长效机制的建立健全争取时间，2017 年，对房地产长效机制的建立健全将明显加快步伐。

5. 二手房源由售转租，租赁市场将更加活跃。随着市场的降温，二手房房价的回落，部分二手房业主将由售转租，等待市场回暖，受此影响，租赁市场上可供出租的房源将明显增多，租赁交易规模在进一步扩大的同时，租金价格涨幅也将回落。

四、2016 年北京住房租赁市场分析

凭借首都的地位，经济的发展，文化的繁荣以及丰富的教育、医疗、商业等资源，2016 年北京依旧保持了强大的人口吸附能力，住房租赁交易量大幅增长，租赁市场规模进一步扩大。租金虽然持续保持上涨态势，但在物价稳定，房源供应充足的市场情况下，租金涨幅仍然保持在了个位数。

交易规模：2016 年租赁交易量大涨近三成

据伟业我爱我家市场研究院数据统计，2016 年，北京区域通过我爱我家达成的住房租赁交易量大幅增加，环比 2015 年全年增长 27.5%，自 2012 年以来第一次环比增长超过两成，仅次于 2011 年 28.8%的环比增长率。

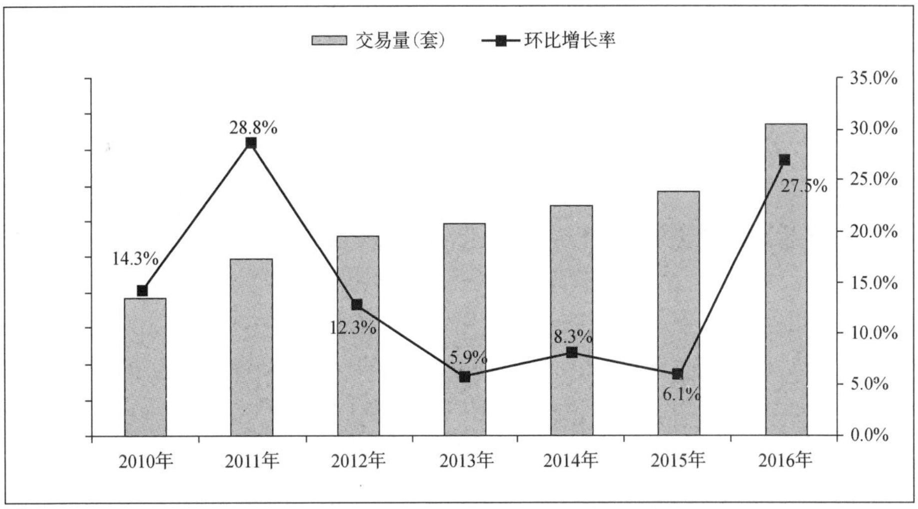

图 18　2010-2016 北京市住房租赁交易量走势及环比增长率变化

数据来源：伟业我爱我家集团

伟业我爱我家集团副总裁胡景晖分析表示，一方面，由于北京拥有着丰富的教育、医疗，尤其是就业资源，所以吸引了北京及周边省市大量的大中专院校毕业生和年轻劳动力选择在北京就业，这给北京带来了大量的租房需求，另一方面，随着近三五年来，北京的昌平、通州、大兴、房山等热门近郊区县，房地产开发火热，供应出来大量可出租房源，与此同时，轨道交通、商业配套、教育医疗等越来越完善，正成为新兴热门租房区域。租房需求的持续增加，近郊区县可供出租房源的大量供应，使得北京租赁市场规模逐年增加。

租金价格：2016 年租金均价环比上涨 8.4%

据伟业我爱我家市场研究院数据统计显示，2016 年，北京区域通过我爱我家达成的租赁成交，月租金均价为 4550 元/套，环比 2015 年全年的月租金均价上涨 8.4%，涨幅较 2015 年收窄 0.6 个百分点，环比增长率自 2013 年以来始终保持在个位数。

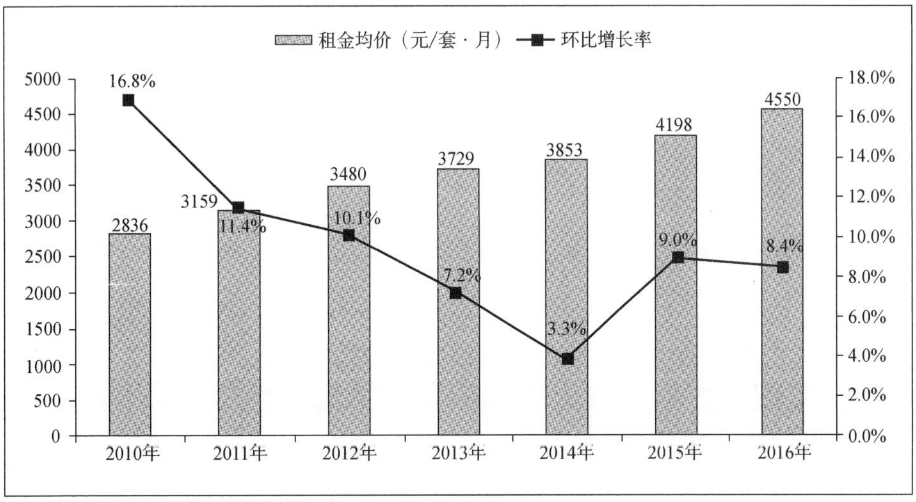

图 19　2010-2016 北京市住房租赁租金均价走势及环比增长率变化

数据来源：伟业我爱我家集团

伟业我爱我家集团副总裁胡景晖分析表示，租金的涨跌，与二手房买卖价格的涨跌相比，更具市场化，物价总体水平、平均工资水平、出租房源供应量、租房需求量，直接决定着租金价格的走势。

北京租赁市场受供求关系影响，淡旺季分明。正月十五过后（2-3 月份），受大量返京求职务工需求所带来的租房需求集中释放的影响，北京租赁市场会迎来春季租赁旺季；6-9 月份，受大中专院校毕业生毕业离校所带来的租房需求集中释放的影响，北京租赁市场会迎来暑期租赁旺季。两个租赁旺季，租房需求集中爆发，供求矛盾压力增加，在交易量大幅增加的同时，租金价格也会明显上涨。但是在两个旺季之间，尤其是一季度和四季度，租房需求的萎缩，供求矛盾的缓解，租金价格也会出现明显回落。

胡景晖表示：租金价格也深受住宅交易热度的影响。从近几年的历史数据来看，住宅交易市场越冷清，就会有更多的二手房源由售转租，可供出租的房源的增加，将有效平抑房租的上涨，相反，住宅交易市场越火爆，就会导致更多的二手房源由租转售，可供出租房源量的减少，会加大供求矛盾压力，房租涨幅也会相对较高。2012 年到 2014 年，北京楼市整体表现不佳，2014 年交易量更是陷入低谷，租金价格涨幅也因此持续收窄。2015 年、2016 年，北京楼市经历了长达 18 个月的增长周期，租金价格涨幅则有所扩大。

北京整体物价稳中有涨，租房需求持续增加，职工平均工资持续上涨，使得北京的租金价格也保持上涨态势，但是与 2012 年之前相比，北京的租金价格涨幅则明显收窄。

胡景晖表示：大量的租房人口逐渐从租金价格相对较高的城六区逐渐向租金价格相对较低的近郊和远郊区县转移，是导致近几年来北京租金价格涨幅收窄的主要原因。随着北京各区县，尤其是城六区通过产业结构调整疏解人口压力，城六区的人口居住压力正在得到缓和，与此同时，近郊的昌平、大兴、通州、房山、顺义等区县的交通、商业、教育、医疗等各方面配套越来越完善，可供出租的房源供应越来越多，吸引了越来越多的租房需求向近郊和远郊区县转移，租赁市场区域结构的调整，有效平抑了北京的租金价格。

区域结构：北五环外最热门

据伟业我爱我家集团市场研究院数据统计显示，2016 年，北京最热门的十大租赁区域依次为回龙观、北苑、上地、立水桥、清河、和平里、望京、劲松、广安门、双桥，而排在前五位的区域均位于北五环以外。

表 3　2016 年北京市最热门十大租赁区域

序号	行标签	月租金均价（元/套）
1	回龙观	2868
2	北苑	4359
3	上地	4208
4	立水桥	3925
5	清河	3449
6	和平里小区	4847
7	望京小区	5330
8	劲松	4621
9	广安门	4660
10	双桥	3138

胡景晖表示，北五环外的回龙观、北苑、上地、立水桥和清河五大区域，虽然离市中心较远，但有如下四大优势吸引了大批租客。

第一，该区域有回龙观和天通苑两个超大型的居住社区，户型多样，供应充足，租金价格相对较低；

第二，该区域靠近中关村、上地、生命科学园等多个科技产业园区，租房需求充足；

第三，该区域有 13 号线、5 号线、8 号线、昌平线等多条地铁线路可直通中关村、亚运村、上地、望京、二环等商务办公集中区，交通十分便利。

户型结构：两居最热三居占比增加

据伟业我爱我家市场研究院数据统计显示，2016 年，北京区域通过我爱我家达成的住房租赁成交，两居室仍然是成交占比最多的户型，占 45.6%；其次为一居室占比为 31.2%；三居及以上户型占 23.3%。

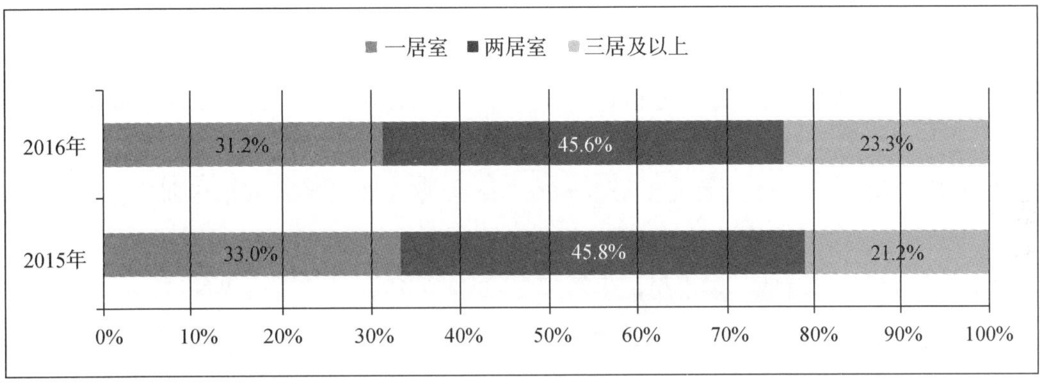

图 20　2015、2016 北京市住房租赁市场成交户型结构对比

数据来源：伟业我爱我家集团

伟业我爱我家集团副总裁胡景晖分析表示，2016 年一居成交占比较 2015 年有所减少，二居成交占比保持平稳，三居室成交占比有所扩大。原因主要有三点：

1. 随着社交需求更强烈的 90 后年轻租客的增加，年轻租客选择与朋友、同学或同事之间合租的比例在持续上升，与中小户型相比，合租二居、三居室或更大户型，一方面，个人私密空间更大，另一方面，公共社交活动空间更充足，第三，分摊后的租金负担更低廉。

2. 2016 年，房屋交易市场的主力客群 7 成左右都是改善型置业人群，买卖市场的火热，交易周期的延长，使得不少换房需求在一卖一买过程中，不得不租房过渡，由于这类租房人群一般都自有成套的家具家电，且人口较多，所以更偏向于承租中大户型过渡。

3. 作为租赁市场主力人群的 80 后，不少都已育有子女，对户型的需求也更偏向中大户型，考虑到三代同堂的居住需求，也增加了二居、三居或更大户型的租赁需求量。

年龄结构：80 后占比缩小　90 后占比扩大

据伟业我爱我家市场研究院数据统计显示，2016 年，北京的住房租赁人群中，占比最多的仍是 80 后人群，但占比已从 2015 年的 50.3%下降到了 45.1%，降幅为 5.3 个百分点；其次为 90 后人群，占比达 28.2%，较 2015 年增加 7.5 个百分点；70 后及其他年代人群分别占 17.8%、11.3%，较 2015 年平均减少 1.1 个百分点。总体来看，各年代人群占比的排名没有变化，但 90 后占比大幅扩大，80 后占比明显缩小。

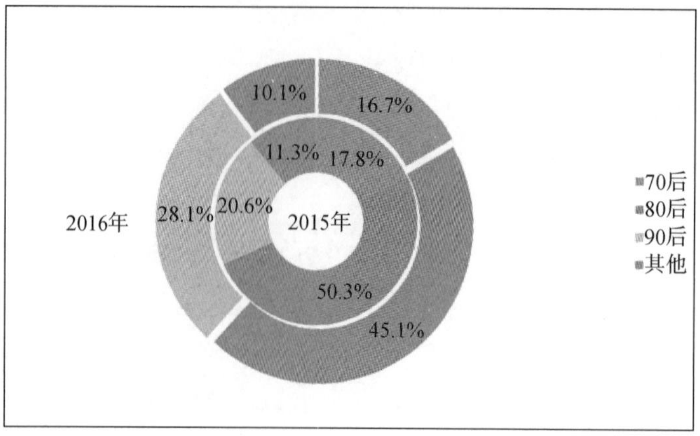

图 21　2015 年、2016 年北京市租赁市场各年代人群占比

数据来源：伟业我爱我家集团

伟业我爱我家集团副总裁胡景晖分析认为，80 后如今已成为社会的中坚力量，北京的租赁人群也主要由他们构成。不过，随着年龄的增长，财富的积累，以及家庭居住需求的变化，越来越多的 80 后开始买房置业，走出租住生活，因而租赁的占比开始减少。而从 2012 年开始，随着大量 90 后大中专院校毕业生开始离开校园步入社会，更加年轻的新一代 90 后租客占比逐年增加，未来三五年内 90 后租客占比逐步超过 80 后，将是大势所趋。

人口结构：租赁人口主要来自北京周边省市

据伟业我爱我家市场研究院数据统计显示，2016 年北京区域，通过我爱我家达成住房租赁的人群中，北京本地的租赁人口占 16.9%，外地人口占 83.1%。而外地省市的在京租赁人口中，数量最多的是河北，其次为山东，再次为黑龙江，接下来依次为河南、辽宁、吉林、内蒙古、安徽，其中外地租房人群中占比最多的六个省市均为北京周边的北方省市。

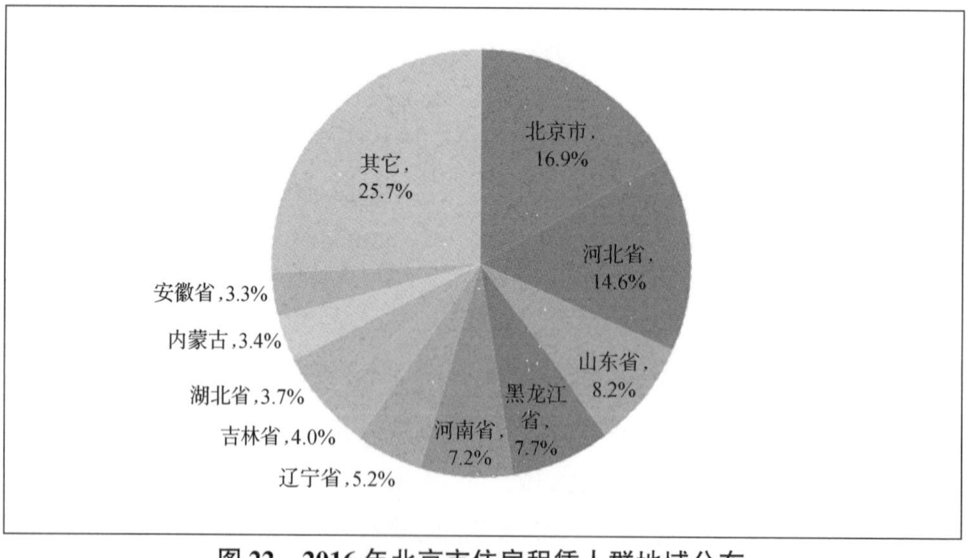

图 22　2016 年北京市住房租赁人群地域分布

数据来源：伟业我爱我家集团

胡景晖表示，从各省市租房需求的占比来看，北京本地的租赁人群还是比较多的，北京户籍人口租房需求主要来自四个方面：一是置业升级换房过程的过渡性租房需求；二是拆迁过程中的过渡性租房需求；三是孩子就近上学的租房需求；四是就近上班产生的换租需求。

其他省市中，在北京租房占比较高的基本都是距离北京较近的周边省市，河北、山东、河南离京较近，东北三省人口大量外流，首选地是北京。因此，北方人成为了北京租客的最主要来源。

2017 预判：租赁规模继续扩大　租金涨幅将明显收窄

伟业我爱我家集团副总裁胡景晖分析表示，自 2015 年以来，国家从中央到地方多次强调“购租并举”战略，鼓励住房租赁市场的规模化、规范化发展，这对租赁市场的发展起到了明显的利好作用，促进租赁规模化经营企业的快速发展，在推动北京租赁市场规范化发展的同时，租赁市场规模也将进一步扩大。

北京房地产市场已经进入存量房时代，租赁市场可供出租的房源供应将越来越多，与此同时，北京凭借其丰富的就业、教育、医疗等社会公共资源，依旧具有强大的人口吸附力，供需的两旺将推动租赁市场交易量的持续增长。

随着近郊和远郊区县轨道交通路网越来越密集，交通越来越便利，教育、医疗、商业等配套设施越来越完善，将吸引越来越多的租房需求选择在五环外租房，需求的增多，也促使近郊和远郊区县的租赁市场越来越发达，租赁市场规模也将越来越大。

租金价格相对低廉的近郊和远郊区县租赁市场规模的不断增大，也将有效平抑北京租金的上涨。

此外，受“9・30”楼市调控收紧的影响，北京二手房交易量已连续三个月下滑，房价已止涨企稳，在 2017 年楼市调控只会从严，不可能放松的市场背景下，楼市交易量还将继续回落，房价也将出现下跌，市场的趋冷，将导致更多的二手房业主延缓出售计划，由售转租，等待市场转暖，在此期间，租赁房源供应量将明显增多，供求矛盾的缓解，将使得 2017 年的租金涨幅明显收窄。

2016 年北京存量住宅市场分析

北京首佳顾问

近期相关报告：

1. 北京存量住宅市场分析报告：2016 年 11 月份

2. 北京存量住宅市场分析报告：2016 年 10 月份

3. 北京存量住宅市场分析报告：2016 年 9 月份

报告要点：

- 12 月北京市存量住宅市场成交量持续下降，房价稳涨：12 月北京市存量住宅市场监测均价 49915 元/平方米，环比上涨 1.80%，同比涨幅达 35.30%；成交面积 165.01 万平方米，环比下降 11.55%，同比下降 21.98%

- 12 月北京市各区县存量住宅均价上涨，涨幅较上月收窄：西城区监测均价最高 85766 元/平方米，环比上涨 1.04%；海淀区监测均价为 70677 元/平方米，环比上涨 1.91%

- 板块监测：大多数板块均价上涨，涨幅 1%-3%之间的板块较多，所占比重为 62.3%

- 楼盘监测：近八成的楼盘均价上涨，涨幅集中在 1%以内，所占比重为 66.7%

数据来源：

存量住房均价：根据 VISS 系统监测的北京市 114 个住宅板块，共计 8962 个存量住宅小区均价，采用定基定权重的方式计算得出，以保证各期价格的可比性。

VISS 系统是由中估联行研发的在线批量评估系统。该系统充分集成信息技术与估价师经验，为房地产估价业务提供全新方式的在线评估数据支持。

一、北京存量住宅总体情况

2016年12月北京市存量住宅监测均价为49915元/平方米，环比上涨1.80%，同比上涨35.30%；12月存量住宅成交套数和面积分别为18078套和165.01万平方米，环比分别下降6.67%和11.55%，同比分别下降21.73%和21.98%。

12月北京市存量住宅市场成交量持续走低，成交价格涨幅较上月扩大（详见图1）。“9·30”政策落地以来，4季度存量住宅市场成交量持续走低，房价涨幅较上季度明显收窄，房价趋稳。成交量方面，12月成交量延续4季度降温态势，月成交量出现“三连降”，成交面积环比下降11.55%；价格方面，随着交易量的下降，买卖双方心态普遍回归理性呈现观望状态，房价涨幅趋稳。此外，依据2017年北京市委经济工作会议，会议强调把“加强房地产市场调控、促进房地产市场平稳健康发展”作为17年工作重点，坚持“房子是用来住的、不是用来炒的”这个定位，提出“坚决保持房价平稳”。预计未来一段时间内二手住宅市场回归理性，房价趋稳。

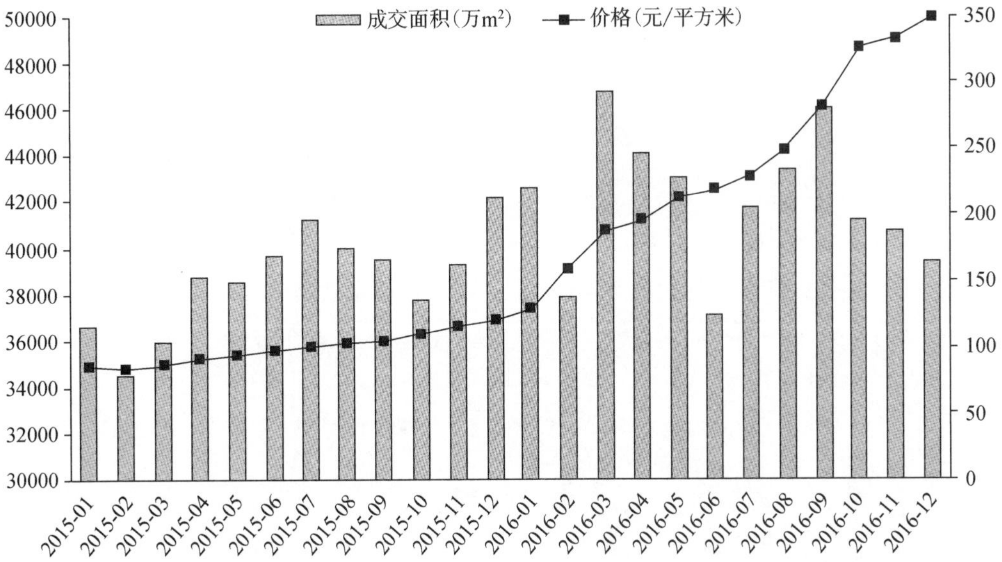

图1　2015年1月至2016年12月北京市存量住宅成交量和成交价格情况

2016年度总结：年初，相对利好的金融与货币政策，使得一季度存量住宅市场高位运行；二季度通州限购、房源核检规定出台，使得市场出现一定波动和降温，但是房价依然持续上涨；三季度，伴随热点一、二线城市地王频出，房价持续上涨，购房者恐慌入市，从而导致了市场再次爆发。“9·30政策”收紧，限购限贷，使得四季度市场迅速降温，市场成交量持续走低，房价逐渐企稳。此外，从全年来看，全年交易量依然达到27.2万套，创下了历史数据新高。

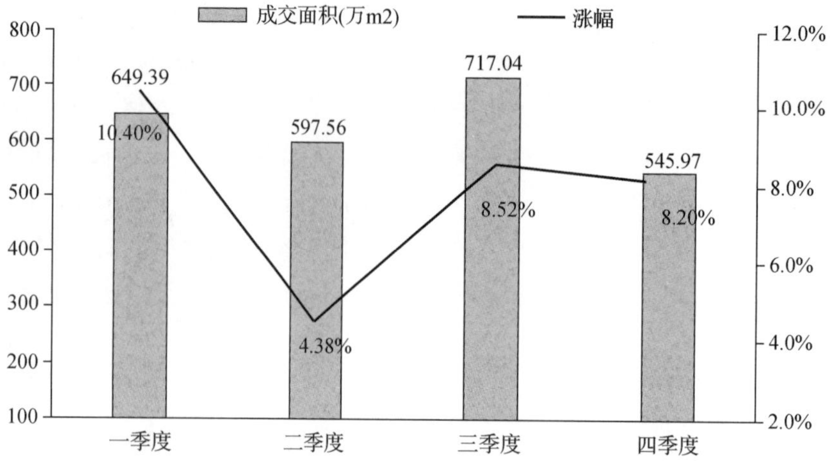

图 2　2016 年北京市各季度存量住宅市场情况汇总

二、北京存量住宅各区县情况

12 月北京市各区县存量住宅均价稳涨，涨幅较上月扩大。

2016 年 12 月，城六区中存量住宅均价最高的是西城区，监测均价为 85766 元/平方米，环比上涨 1.04%；其次是东城区，监测均价为 76616 元/平方米，环比上涨 1.12%；海淀区监测均价为 70677 元/平方米，环比上涨 1.91%。

远郊区存量住宅均价最高的是经济技术开发区（亦庄开发区），监测均价为 36363 元/平方米，环比上涨 1.68%；其次，通州区监测均价为 34020 元/平方米，环比上涨 1.82%；大兴区监测均价为 32137 元/平方米，环比上涨 1.54%；远郊区县中均价最低的是平谷，监测均价为 17049 元/平方米，环比上涨 0.57%，其次是房山，监测均价为 18626 元/平方米，环比上涨 1.47%（详见图 3）。

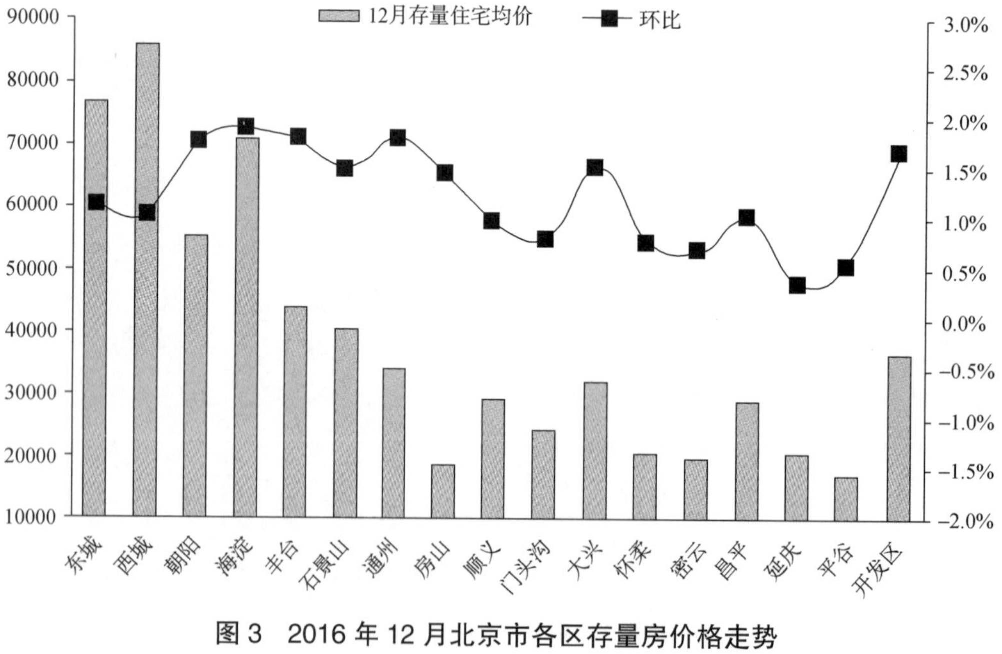

图 3　2016 年 12 月北京市各区存量房价格走势

三、北京存量住宅楼盘及板块情况

板块：大多数板块均价上涨，涨幅 1%-3%之间的板块占比 62. 3%。

根据板块监测情况显示，2016 年 12 月，大多数板块监测均价上涨。均价上涨的板块中，涨幅在 1%-3%之间的板块占比较大，所占比重为 62. 3%；涨幅在 1%以内的板块所占比重约为 32. 4%；其次，约 5. 3%的板块监测均价下降，且下降幅度在 1%以内（详见图 4）。

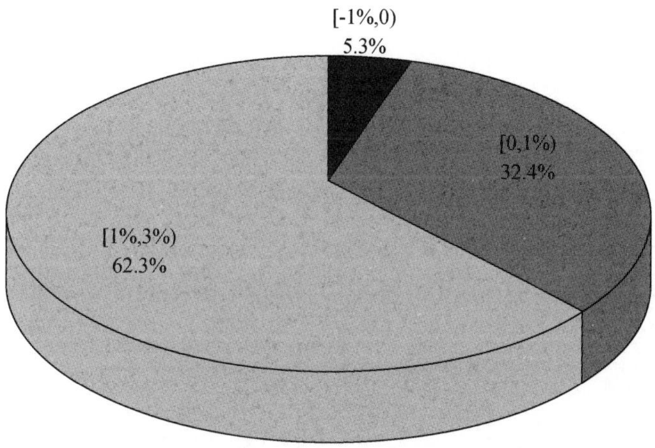

图 4　2016 年 12 月北京市 114 个监测区片均价变化占比分布

楼盘：近八成的楼盘均价上涨，涨幅在 1%以内的楼盘占比为 66. 7%。

根据监测数据显示，2016 年 12 月，均价上涨的楼盘占比约为 79. 9%。均价上涨的楼盘中，涨幅在 1%以内的楼盘所占比重较多，所占比重约为 66. 7%；其次，涨幅在 1%-3%之间的楼盘所占比重约为 13. 2%；均价下降的楼盘中，降幅在 1%以内的楼盘较多，所占比重为 17. 5%（详见图 5）。

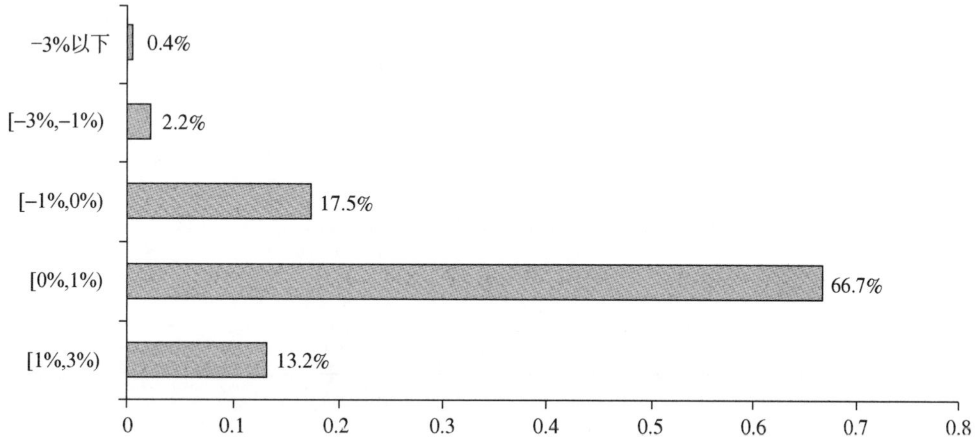

图 5　2016 年 12 月北京市楼盘均价变化占比分布

四、热点楼盘

供应热点楼盘

从挂牌情况来看，热点楼盘主要分布在昌平、朝阳、丰台、顺义、房山五个区，其中，昌平所占比重约为四成；从均价分布来看，中低价位的楼盘居多（详见表1）。

表1 2016年12月北京市存量住宅热点楼盘（Top10）一览（挂牌）

排名	小区名称	行政区	均价	环比	案例数
1	北京像素南区	朝阳	45469	1.6%	1180
2	天通中苑东区	昌平	33854	0.8%	1036
3	三环新城4号院	丰台	55193	0.4%	968
4	温泉花园	昌平	30283	1.3%	800
5	金隅万科城	昌平	42655	0.8%	796
6	华业东方玫瑰	通州	56611	0.0%	641
7	北京新天地西区	朝阳	53076	0.2%	628
8	名都园	顺义	51538	2.0%	497
9	瑞雪春堂	房山	34226	-0.5%	490
10	新龙城	昌平	53596	-0.4%	457

成交热点楼盘

从成交情况来看，热点楼盘主要分布在朝阳、昌平、石景山、通州、丰台五个区。其中，朝阳占比约为五成；从均价分布来看，中低价位楼盘占比居多（详见表2）。

表2 2016年12月北京市存量住宅热点楼盘（Top10）一览（成交）

排名	小区名称	行政区	均价	环比	案例数
1	东亚上北中心	昌平	35566	-0.2%	24
2	南平里	朝阳	35069	-0.5%	18
3	旭辉奥都	朝阳	40561	0.3%	16
4	翠成馨园	朝阳	45987	1.7%	15
5	炫特嘉园	朝阳	60509	-0.4%	14
6	北街家园八区	昌平	44350	-0.7%	13
7	永乐东区	石景山	49915	1.4%	11
8	金隅自由筑	通州	26246	1.7%	10
9	青年汇佳园	朝阳	68425	1.2%	9
10	银地家园	丰台	47423	0.6%	9

五、均价上涨的楼盘及板块

均价上涨热点楼盘及板块主要分布在朝阳区、房山区、大兴区以及亦庄开发区（详见图6）。

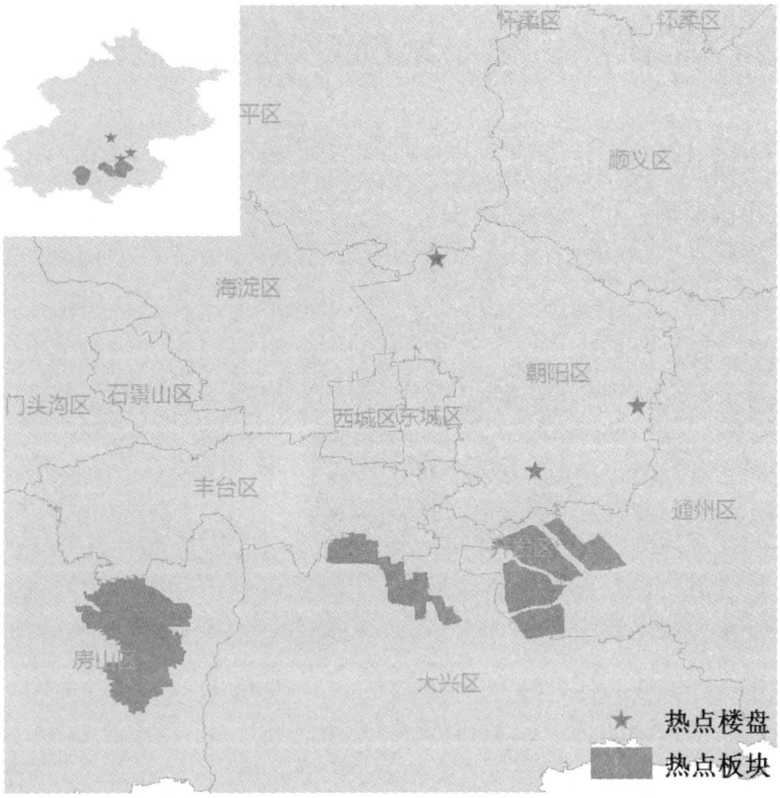

图6　北京市热点板块和热点楼盘位置示意

均价上涨热点楼盘

1. 京通苑

京通苑小区位于朝阳区管庄地区杨闸环岛西北角。小区规模较大，社区内配套游泳馆、健身房、华润超市等齐全，周边交通便捷，紧邻地铁八通线管庄站，南临朝阳路可乘多条公交路线。小区周边商场、银行、医院等配套设施齐备，小区附近有北京第八十中管庄分校、杨闸中学等中小学，教育资源丰富。

2. 旭辉奥都

旭辉奥都位于朝阳区立水桥北苑路东南岸，近地铁5号线立水桥南站。该社区临近奥运核心居住板块，周边环境较好。社区相对成熟，内部景观设计丰富，环境优雅，物业管理完善，地理位置优越，交通便利。此外，该社区周边配套设施完善，各种档次的饭店、酒楼、娱乐城、文化活动馆等休闲场所应有尽有，能够满足生活所需。

3. 翠城馨园

翠城馨园位于朝阳区垡头地区，北距京沈高速路700米，距国贸商圈仅8公里，向西距东四环1公里，交通便捷，并且紧邻北京环城绿化带及古币公园、奥运公园，环境优美。小区配套有伊顿双语幼儿园、朝阳区翠城馨园公立幼儿园中小学、垡头一小、首都师范附属小学等中小学。周边购物中心、医院、休闲娱乐等设施完善。

均价上涨热点板块

1. 西红门

西红门地区位于大兴南四环和五环之间。随着“南城计划”的逐步完善，由东西横向南四环路、南五环路和南北纵向京开高速、京良公路，以及地铁四号线、新机场快轨，构成了“两横、两纵、双轨”的立体交通网，能够与金融街、中关村等城市商务核心无缝接驳，交通优势凸显。由于其交通便捷，同时伴随区域综合发展，商住商品近年来不断增加，在该区域内购房的刚需人群和投资人群日益增多。

独特的交通优势，较好的发展潜力使得该板块房价环比上涨 1.8%，均价 38600 元/平方米。

2. 亦庄

亦庄经济技术开发区地处北京城市总体规划东部发展带上，位于沿京津塘高速公路的城市五环路与六环路之间。区域内有京津塘高速公路、五环路、四环路、机场高速路等多条高速公路、城市快速路和城市主干道以及城市轻轨，交通十分便捷。该区域由产业区、高配置的商务区及高品质的生活区构成，是北京重点发展的三个新城之一，区域定位为京津城际发展走廊上的高新技术产业和先进制造业基地，并承担“疏解中心城人口的功能、聚集新的产业、带动区域发展”的重任。

独特的发展优势、便捷的交通使得该板块房价环比上涨 1.7%，均价 36363 元/平方米。

3. 良乡

良乡板块因“人物俱良”而得名，良乡是房山区政府所在地，房山区政治、文化、商贸中心。地铁房山线贯穿东西，京周、京保、京广铁路和京石高速公路交汇于良乡，因此区域交通十分便利。随着近年来经济的不断发展，区域内各种生活设施、休闲娱乐、购物设施完善。此外，区域内有良乡中心小学、良乡第二小学以及良乡中学等丰富的教育资源，以及良乡大学城高教园区，教育资源较为完善。

便捷的交通、完善的配套使得该板块房价环比上涨 1.4%，均价 24208 元/平方米。

免责声明

2016年北京市商业办公市场价格报告

北京首佳顾问

报告要点：

➢ 新建商业用房成交均价：12月份，全市新建商业用房成交均价为34242元/平方米，环比上月的33571元/平方米上升2%，比2015年同期的27958元/平方米上涨22%。2016年全市新建商业用房成交均价31519元/平方米，比2015年的24543元/平方米上涨28%。

➢ 二手市场租金水平：4季度监测核心板块分散经营的商铺首层租金均价为611元/平方米/月，与3季度相比租金下降3.1%。全年监测核心商业板块租金涨幅为2.3%。

➢ 典型商圈报酬率：北京市城区范围内商业房地产2016年长期持有（35年）税后平均报酬率为6.5%，五年转售经营模式税后平均报酬率为9.2%，其中西直门商圈的长期持有税后平均报酬率最高，为7.8%。

➢ 新建办公楼成交均价：12月份，全市新建办公楼成交均价为36213元/平方米，环比上月的30850元/平方米上涨17.4%，比2015年同期的31754元/平方米上涨14%。2016年，新建办公楼累计成交均价为29955元/平方米，同比2015年上涨5.2%。

➢ 二手市场价格与租金水平：根据对北京市城六区，83个主要商务区，810个典型可租售甲级办公楼的监测，4季度北京市城六区甲级办公楼均价为39404元/平方米，环比上涨1.3%；监测城六区甲级办公楼平均租金为177元/平方米/月，环比上涨0.7%。全年监测商务区租金整体涨幅为0.4%。

➢ 典型商务区报酬率：北京市城区范围内办公房地产2016年长期持有（45年）税后平均报酬率为6.7%，五年转售经营模式税后平均报酬率为10.5%，其中金融街商务区的长期持有税后平均报酬率最高，为8.5%。

一、商业用房市场

1. **新房市场成交：**12月份，全市新建商业用房成交面积为25.88万平方米，成交面积环比增长77%，同比上涨38%。1-12月份，新建商业用房累计成交面积为173.62万平方米，比2015年增长54%。

12月份新建商业用房的销售量出现较大幅度增长，为近两年来成交面积最大月份，占全市商品房成交面积比重的11%，成交面积比重最大月份为4月份，占比12%。

12月份，全市新建商业用房成交面积和套数分别为25.88万平方米和1549套，成交面积环比增长77%，同比上涨38%，成交套数环比上涨4%，同比增长12%。同期全市新建商品房成交面积为228.09万平方米，新建商业用房成交面积占其比重为11%。

10-12月份，新建商业用房累计成交面积和套数分别为50.71万平方米和3839套，同比分别增长11%和43%；累计成交面积占商品房成交量比重为10%，比上季度上涨1%。

1-12月份，新建商业用房累计成交面积和套数分别为173.62万平方米和14075套，比2015年分别增长54%和128%；累计成交面积占商品房成交量比重为9%，比上年增长2%。

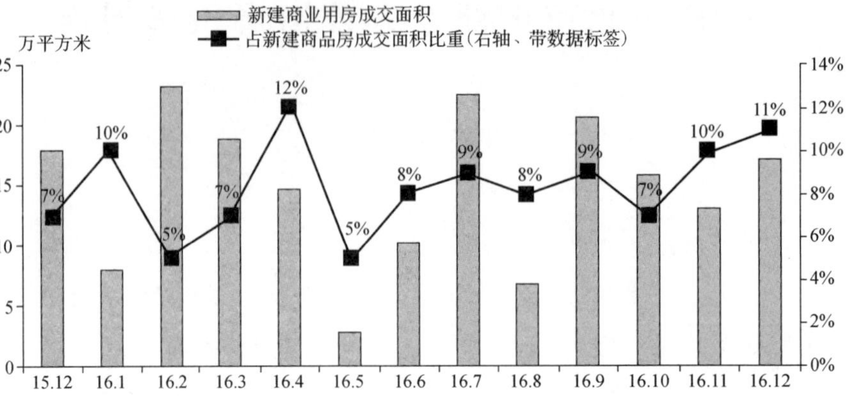

图1　2015年同期以来北京市新建商业用房成交面积及其占比

从各区成交结构来看，12月份，门头沟区、通州区、大兴区、开发区、丰台区、昌平区、房山区、朝阳区、石景山区、顺义区、西城区、延庆区、平谷区、海淀区、密云区、东城区新建成交面积分别为3.76、3.56、3.14、2.92、2.7、2.52、2.27、1.75、1.31、0.75、0.46、0.42、0.15万平方米，占全市总量比重分别为15%、14%、12%、11%、10%、10%、9%、7%、5%、3%、2%、2%、1%。

10-12月份，大兴区、通州区、房山区、丰台区、门头沟区、昌平区、朝阳区、开发区、海淀区、石景山区、顺义区、东城区、平谷区、延庆区、西城区新建商业用房累计成交面积依次为7.33、6.25、5.34、5.22、4.16、4.02、3.38、3.36、2.99、2.73、2.38、1.19、1.09、0.58、0.52万平方米，累计面积占全市比重依次为14%、12%、11%、10%、8%、8%、7%、7%、6%、5%、5%、2%、1%、1%。

1-12月份，通州区、朝阳区、大兴区新建商业用房累计成交面积居全市各区前三位，分别为27.62、26.53、23.52平方米，约占全市新建商业用房成交总面积173.6平方米的45%。

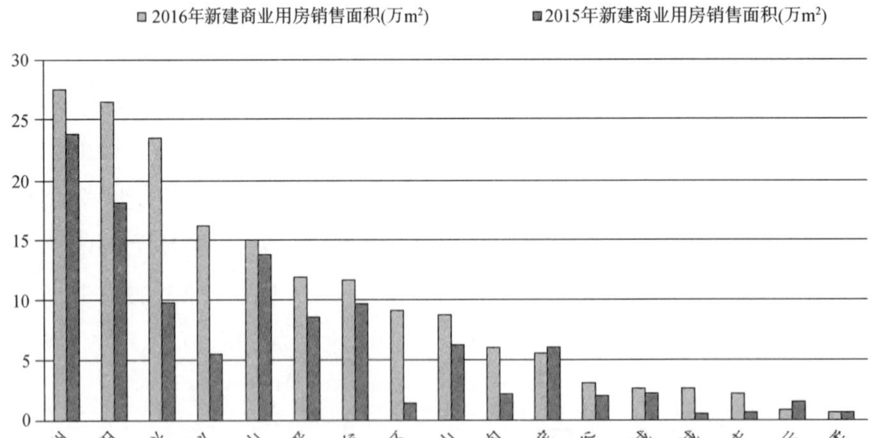

图2　2015-2016年北京市各区新建商业用房成交面积对比

2016年新建商业用房成交量达到近三年最高点，分析原因主要有以下几点：一是2013、2014两年成交大量土地，特别是2014年商业地块成交地块占全年总量的31%，该部分商业用地经过两年的前期开发，现已达到上市条件，受住宅市场成交火爆的带动，形成了大量成交；二是受限购政策影响，大批无购房资格或二套以上购房者转向商住用房市场，使得商业用房成交数据出现大幅度增长；三是受北京市政府东迁、第二机场建设、京津冀一体化等因素影响，购房者对通州、朝阳、大兴等区域未来前景充满良好预期，2016年全年通州、朝阳、大兴、顺义四区成交面积占全年总量54%，成交套数占全年总量57%。

2. **新房成交价格**：12月份新建商业用房成交均价环比上升2%，同比上涨22%。2016年全市新建商业用房成交均价31519元/平方米，比2015年的24543元/平方米上涨28%。

12月份，全市新建商业用房成交均价为34242元/平方米，环比上月的33571元/平方米上涨2%，比2015年同期的27958元/平方米上涨22%。10-12月份，新建商业用房累计成交均价为35056元/平方米，同比上涨44%。

2016年全市新建商业用房成交均价31519元/平方米，比2015年的24543元/平方米上涨28%。

从各区成交结构来看，12月份，门头沟、东城区、西城区、石景山区、海淀区、顺义区、通州区、大兴区、朝阳区、平谷区、房山区、丰台区、开发区、石景山区、昌平区新建商业用房成交均价依次为77266、66813、60589、46358、44554、42316、38333、30466、27480、24174、21367、20436元/平方米；其中，门头沟区、西城区、海淀区、顺义区、昌平区成交均价环比有所上涨，其余区有所下降。

3. **楼盘成交明细**：从成交量来看，12月份，北京市排名前三名的楼盘分别是：第一名是位于门头沟的远洋新天地，成交量为12120平方米/122套，成交均价为101124元/平方米；第二名是位于门头沟的中昂时代广场，成交量为10340平方米/204套，成交均价为86384元/平方米；第三名是位于大兴区的天恒旭辉7号院，成交量为8770平方米/61套，成交均价为45092元/平方米。

从成交均价来看，12月份，排名前三名的楼盘分别为：朝阳区的北京壹号院、西城区的中骏天宸、东城区的长安太和，成交均价分别为191460、121784和106214元/平方米。

表1　2016年12月北京市新建商业用房楼盘成交明细

排名	区	楼盘名称	成交面积（平方米）	成交套数	成交金额（万元）	成交均价（元/平方米）
1	朝阳	北京壹号院	241	1	4613.61	191460
2	西城	中骏天宸	1123	26	13674.86	121784
3	东城	长安太和	142	1	1504.85	106214
4	丰台	丰台万达广场	159	2	1668.08	105103
5	门头沟	远洋新天地	12120	122	122565.5	101124
6	石景山	远洋天著春秋	504	4	4771.97	94637
7	海淀	金地华著	178	2	1671.89	93800

（续表1）

排名	区	楼盘名称	成交面积（平方米）	成交套数	成交金额（万元）	成交均价（元/平方米）
8	门头沟	中昂时代广场	10340	204	89320.45	86384
9	通州	保利大都汇	656	3	5621.46	85747
10	门头沟	住总众邦·长安生活港	6627	54	52389.44	79054
11	朝阳	优品国际公寓	102	1	792.84	78020
12	朝阳	北京绿地中心	612	2	4615.27	75446
13	朝阳	远洋万和公馆	230	1	1608.46	70000
14	门头沟	门头沟新城	26	1	163.33	64000
15	顺义	ID CITY 艾迪城	229	1	1418.13	62000
16	朝阳	富力城	136	1	826.58	60949
17	石景山	金融街（长安）中心	946	3	5692.42	60153
18	大兴	鸿坤理想城	675	3	3650.16	54116
19	石景山	京汉·东方名苑	120	2	646.86	54081
20	朝阳	北花园	300	4	1596.24	53292

从2016年成交价格来看，成交价格最高项目为北京壹号院，成交价格为230256元/平方米，于2016年10月成交。2016年全年成交均价排名前三的楼盘分别为：东城区的银河soho，朝阳区的北京壹号院、朝阳区的保利中央公园，成交均价分别为162857、155961、150000元/平方米。由于银河soho仅为一套成交价格，因此北京壹号院为2016年在售均价最高的楼盘。

4. **二手市场租金水平**：4季度监测核心板块分散经营的商铺首层租金均价为611元/平方米/月，与3季度相比租金下降3.1%。全年监测核心商业板块租金涨幅为2.3%。

根据对我市42个主要商圈200个典型可租售商业地产的监测，4季度监测核心板块分散经营的商铺首层租金均价为611元/平方米/月，与3季度相比租金下降3.1%。全年监测核心商业板块租金涨幅为2.3%。特别是在经过二季度对优质商铺的市场消化后，三、四季度新增供应租金预期明显降低。受网购以及周边区域新兴购物中心开业的影响，人们对传统商圈的购物需求正在日渐减弱。

12月，丰台万达广场和槐房万达广场同时开业，2016年北京市新增商业项目12个，其中8个主要集中在南城，扭转了南城商业项目匮乏的局面。从2016年各区域商业项目来看，集餐饮、购物、娱乐、儿童项目于一体的购物中心越来越受到消费者青睐，餐饮和儿童产品类租户成为商场的主要客流来源，预计2017年北京市零售商业租金将维持低幅增长。新建大型购物中心周边的小型商铺可能会受到一定影响，空置期有所延长，租金上升空间有限。另外受北京市人口疏解政策影响，锦绣大地等社区周边大型农副产品市场相继关停，生鲜超市迎来了新的发展契机，消费者对生鲜类消费品的稳定需求将带来稳定客流。

表 2　2016 年 12 月北京市典型商圈租金案例

区	商圈	平均月租金（元/m^2·月）	典型案例	平均日租金（元/m^2·天）
西城	金融街	750	中国人寿中心	25
	西单	1650	西单大悦城	53
	马连道	450	第三区官邸	6
	复兴门	660	长安兴融中心	22
东城	东直门	450	信德京汇中心	12
	朝阳门内	420	朝阳首府底商	12
	东四十条	600	巨石大厦	18
	东花市	270	天骄园	5.5
海淀	公主坟	540	翠微北里底商	12.5
	世纪城	420	金源燕莎购物中心	10
	五道口	960	清华科技园	15
	西直门外	450	阳光大厦	11
	中关村	450	银网中心	10
朝阳	CBD	870	万达广场	15.6
	大望路	870	温特莱中心	17
	望京	480	望京 soho	10
	三里屯	840	三里屯 soho	11
	双井	660	北人泽洋大厦	15
丰台	方庄	660	时代芳群底商	6.5
石景山	鲁谷	390	万达广场底商	10
通州	新华大街	330	万达广场商铺	8
大兴	亦庄	240	林肯公园商铺	8

5. **典型商圈报酬率：**经过对 7 个行政区 15 个核心板块的 110 个商业楼盘进行报酬率测算，北京市城区范围内商业房地产 2016 年长期持有（35 年）税后平均报酬率为 6.5%，五年转售经营模式税后平均报酬率为 9.2%。

市级商业区如西直门、中关村、CBD、公主坟等大型商业项目较多板块，其报酬率上限和平均报酬率水平明显高于其他区域。对于金融街、远大路此类以商务或居住为主，大型商业项目单一区域，其报酬率上限较高，但受客流量过于集中影响，其板块内位置一般的零散商铺报酬率相对较低。近些年新兴起的望京、回龙观、六里桥等区域，由于其区域人流量较大，未来商业前景预期良好，而房地产价格整体水平相对中心区偏低，因此板块内报酬率水平较为平均。

表3　2016年北京市典型商圈报酬率一览

区	商圈	IRR类型	35年持有期	五年转售
西城	金融街	税后	4.2%-7.3%	8.2%-9.5%
	西直门	税后	5.9%-9.8%	8.8%-10.7%
东城	东直门	税后	5.5%-6.4%	8.7%-9.0%
	朝阳门内	税后	6.8%-7.5%	9.2%-9.5%
海淀	中关村	税后	6.1%-8.8%	8.9%-10.2%
	公主坟、万寿路	税后	6.5%-7.8%	8.8%-10.3%
	远大路	税后	4.2%-7.4%	8.2%-9.5%
朝阳	CBD	税后	5.9%-7.8%	8.9%-9.7%
	望京、酒仙桥	税后	6.3%-6.9%	9.2%-9.3%
	三元桥、燕莎	税后	6.0%-6.7%	8.9%-9.2%
	双井	税后	5.9%-6.8%	8.8%-9.2%
	奥体	税后	5.8%-6.3%	8.8%-9.9%
丰台	六里桥	税后	5.7%-6.2%	8.7%-9.0%
昌平	回龙观	税后	5.5%-7.7%	8.7%-9.7%
丰台	亦庄	税后	4.3%-6.9%	8.2%-9.3%

二、办公楼市场

1. **新房市场成交：**12月份新建办公楼成交面积环比增长68.5%，同比增长16.7%，占比为25.8%；1-12月份新建办公楼成交面积同比增长147.1%%，占比为30.1%。

12月份，全市新建办公楼成交面积和套数分别为58.9万平方米和6527套，环比分别增长68.5%和64.2%，同比分别增长16.7%和36.2%。同期全市新建商品房成交面积为228.09万平方米，新建办公楼成交面积占其比重为25.8%。

10-12月份，新建办公楼累计成交面积和套数分别为146.13万平方米和15918套，同比分别增长47.7%和52.1%；累计成交面积占商品房成交量比重为28.6%。

1-12月份，新建办公楼累计成交面积和套数分别为589.12万平方米和73934套，同比分别增长147.1%和214%；累计成交面积占商品房成交量比重为30.1%。

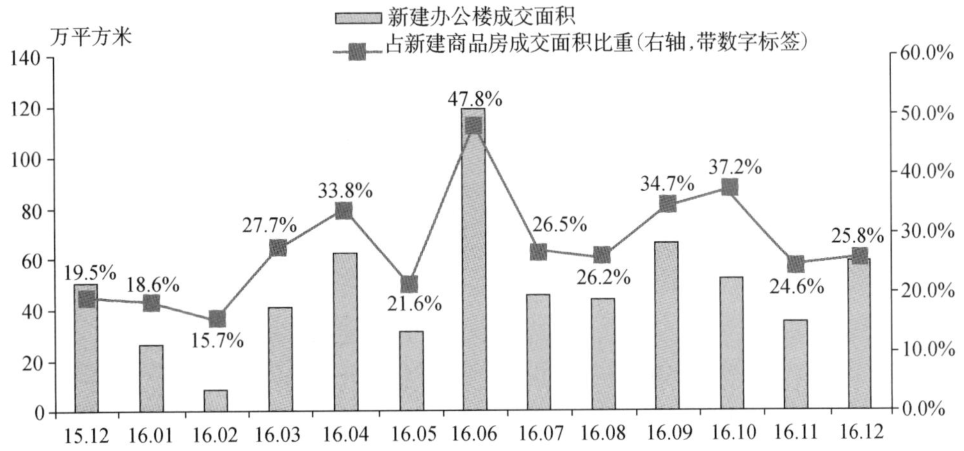

图 3　2015 年同期以来北京市办公楼成交面积及其占比

从各区成交结构来看，12 月份，顺义区、门头沟区、大兴区、朝阳区、丰台区、昌平区和通州区新建办公楼成交面积分别为 9.82、8.57、8.32、7.05、6.95、5.38 和 4.6 万平方米，占全市总量比重分别为 16.7%、14.5%、14.1%、12%、11.8%、9.1%和 7.8%；其他区成交面积均较少，占全市比重均低于 4%。

10-12 月份，大兴区、顺义区、开发区、朝阳区、门头沟区和石景山区新建办公楼累计成交面积依次为 20.56、19.62、17.55、16.61、13.61 和 12.27 万平方米，累计面积占全市比重依次为 14.1%、13.4%、12%、11.4%、9.3%和 8.4%；其他区县占全市比重均低于 7%。

1-12 月份，顺义区、大兴区、通州区、开发区、房山区、朝阳区、石景山区和门头沟区新建办公楼累计成交面积依次为 97.61、86.35、67.39、59.74、47.61、43.2、40.65 和 35.91 万平方米，累计面积占全市比重依次为 16.6%、14.7%、11.4%、10.1%、8.1%、7.3%、6.9%和 6.1%；其他区县占全市比重均低于 5%。

随着 2016 年市场回暖，2016 年新建办公楼成交量呈现大幅增长，为近五年内最高，同比 2015 年增长 1.47 倍，占商品房成交量的比重也高达 30%。主要原因是受限购政策影响，商住房项目成交火爆，导致新建办公楼成交量创下了历史新高。2016 年全年成交主要集中在近郊区县，顺义区、大兴区、通州区、开发区、房山区 5 个区成交面积占全年总量的 61%。

2. **新房成交价格：**12 月份新建办公楼成交均价环比上涨 17.4%，同比上涨 14%；1-12 月份累计成交均价同比上涨 5.2%。

12 月份，全市新建办公楼成交均价为 36213 元/平方米，环比上月的 30850 元/平方米上涨 17.4%，比 2015 年同期的 31754 元/平方米上涨 14%。10-12 月份，新建办公楼累计成交均价为 33724 元/平方米，同比上涨 11.1%。1-12 月份，新建办公楼累计成交均价为 29955 元/平方米，同比上涨 5.2%。

从各区成交结构来看，12 月份，海淀区、丰台区、石景山区、通州区、顺义区和昌平区新建办公楼成交均价依次为 53491、52141、29015、43424、31640 和 23164 元/平方米；其中，海淀区、丰台区、石景山区和昌平区成交均价环比有所下降。

从各区成交结构来看，1-12 月份，朝阳区、海淀区、石景山区、通州区、顺义区和昌平区新建办公楼成交均价依次为 44815、42514、39762、28506、26208 和 21611 元/平方米；其中，昌平区成交均价同比有所下降。

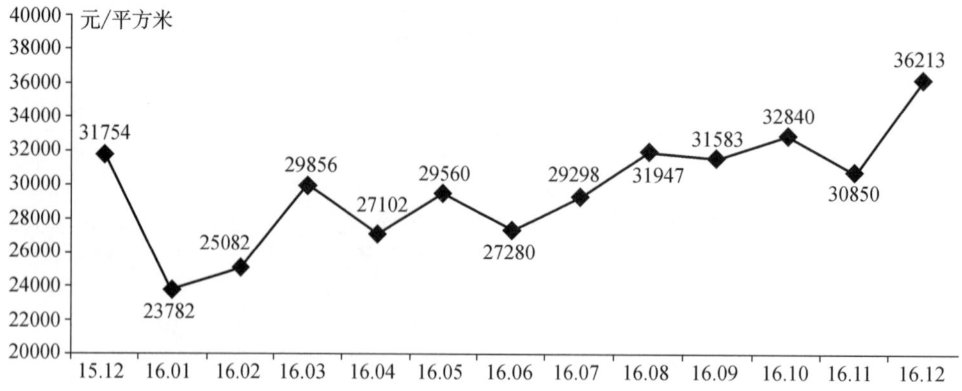

图 4　2015 年同期以来北京市新建办公成交均价

3. **楼盘成交明细**：从成交量来看，12 月份，我市排名前三名的办公楼盘（不包括商住楼项目）分别是：第一名是位于丰台区的北京诺德中心，成交量为 14427 平方米/30 套，成交均价为 34961 元/平方米；第二名是位于朝阳区的达美中心广场，成交量为 4200 平方米/16 套，成交均价为 66065 元/平方米；第三名是位于大兴区的兴创国际中心，成交量为 3788 平方米/19 套，成交均价为 34816 元/平方米。

从成交均价来看，12 月份，排名前三名的楼盘（不包括商住楼项目）分别为：朝阳区的达美中心广场、石景山区的绿地环球文化金融城和中国铁建 · 耀中心，成交均价分别为 66065、48148、36310 元/平方米。

表 4　2016 年 12 月北京市新建办公楼楼盘成交明细

排名	区	楼盘名称	成交面积（平方米）	成交套数（套）	成交金额（万元）	成交均价（元/平方米）
1	丰台	北京诺德中心	14427	30	50437.73	34961
2	朝阳	达美中心广场	4200	16	27749.6	66065
3	大兴	兴创国际中心	3788	19	13188.71	34816
4	大兴	星光视界中心	2746	17	6501.34	23679
5	大兴	富兴国际中心	1014	5	2941.38	29021
6	通州	枢密院 · 尖子班	500	4	1079.93	21577
7	顺义	东港 · 鑫座	494	5	1092.92	22146
8	大兴	绿地 · 启航国际	491	4	895.09	18225
9	石景山	中国铁建 · 耀中心	331	1	1203.35	36310
10	朝阳	中国铁建广场	285	4	1012.74	35523

4. **二手市场价格与租金水平**：四季度二手办公楼均价环比上涨 1.3%，租金环比上涨 0.7%。全年监测商务区租金整体涨幅为 0.4%。

根据对北京市城六区 83 个主要商务区 810 个典型可租售甲级办公楼的监测，2016 年四季度北京市城六区甲级办公楼均价为 39404 元/平方米，环比上涨 1.3%；监测城六区甲级办公楼平均租金为 177 元/平方米·月，环比上涨 0.7%。

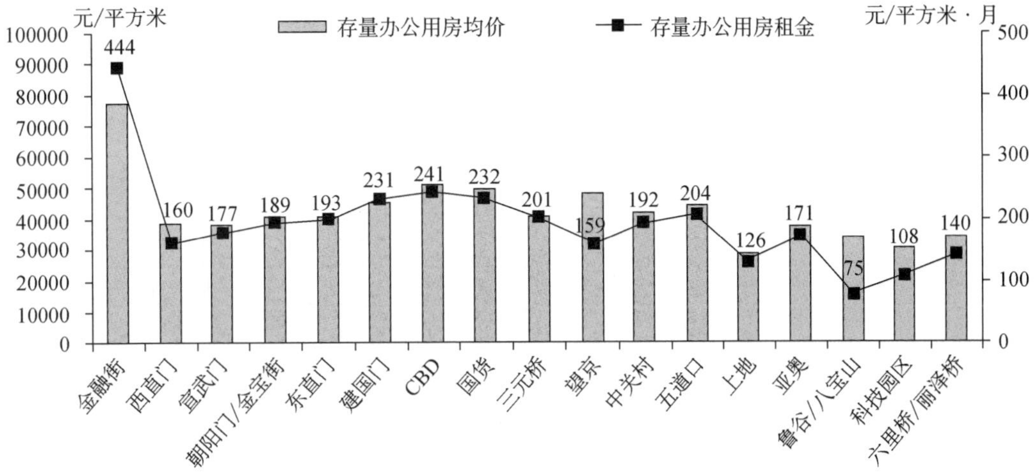

图 5　2016 年北京市城六区核心商务区甲级写字楼均价与租金水平

从核心商务区监测情况来看，中关村商务区、六里桥/丽泽商务区和三元桥商务区均价上涨幅度稍大，涨幅分别为 3.1%、2.4%和 2.2%。其他商圈价格水平基本持平。

中关村商务区和三元桥商务区租金上涨幅度稍大，涨幅分别为 1.6%和 1.5%。望京商务区和建国门商务区租金下跌幅度稍大，下跌分别为 1.9%和 1.3%。其他商务区价格水平基本持平。

2016 年北京新增 11 个写字楼项目，多集中在新兴商务区，望京及亚奥商务区占比达 60%。从 2016 全年来看，监测商务区租金整体涨幅为 0.4%；核心商务区的写字楼项目仍是大多数企业首选，除此，具有较高发展潜力的新兴区域（如丽泽商务区、科技园区）写字楼项目也受到越来越多的青睐。预计 2017 年北京有 15 个甲级写字楼集中入市，空置率将有所上升，城六区甲级办公楼平均租金预计将持续小幅增长。

表 5　2016 年 4 季度北京市城六区存量甲级办公用房价格及租金变化大于 1%商务区

商务区	全市	中关村商务区	六里桥商务区	三元桥商务区	望京商务区	建国门商务区
均价（元/平方米）						
均价	39404	41093	33580	41130	47777	44732
环比	1.3%	3.1%	2.4%	2.2%	0%	1.8%
租金（元/平方米·月）						
租金	177	192	140	201	159	231
环比	0.7%	1.6%	0.6%	1.5%	-1.9%	-1.3%

5. **典型商务区报酬率**：经过对6个行政区15个典型商务区的66个办公楼盘进行报酬率测算，北京市城区范围内办公房地产2016年长期持有（45年）税后平均报酬率为6.7%，五年转售经营模式税后平均报酬率为10.5%。核心商务区的回报较高，如金融街、CBD、三元桥、东直门区域的平均报酬率，分别为8.5%、7.6%、7.1%、6.9%，此类区域办公项目档次较高，价格和租金相对较高，租金投资收益较为稳定，回报较为理想；而六里桥、安贞、公主坟区域的平均报酬率为5.6%、5.8%、5.9%，此类区域新项目较少，平均租金较低，回报相对较低。

表6　2016年北京市典型商务区报酬率一览

区	商务区	IRR类型	45年持有期	五年转售
海淀	中关村	税后	5.7%-7.8%	9.4%-12.1%
	学院路	税后	5.5%-7.8%	9.3%-11.2%
	公主坟、万寿路	税后	5.6%-6.3%	9.3%-10.8%
西城	金融街	税后	7.2%-10.1%	11.7%-15.8%
	西直门	税后	5.5%-6.2%	8.8%-9.7%
朝阳	CBD	税后	6.8%-8.1%	12.0%-13.2%
	安贞	税后	5.5%-6.1%	8.3%-9.7%
	三元桥、燕莎	税后	6.3%-7.8%	9.9%-11.2%
	望京、酒仙桥	税后	6.2%-7.0%	9.7%-10.5%
	奥体	税后	6.1%-7.2%	9.7%-11.0%
	双井	税后	6.2%-7.1%	9.7%-10.5%
东城	建国门	税后	7.3%-8.2%	11.0%-11.6%
	东直门	税后	6.6%-7.6%	11.1%-12.6%
丰台	六里桥、丽泽	税后	5.4%-5.8%	8.2%-8.5%
石景山	鲁谷、八宝山	税后	5.5%-6.8%	8.3-9.3%

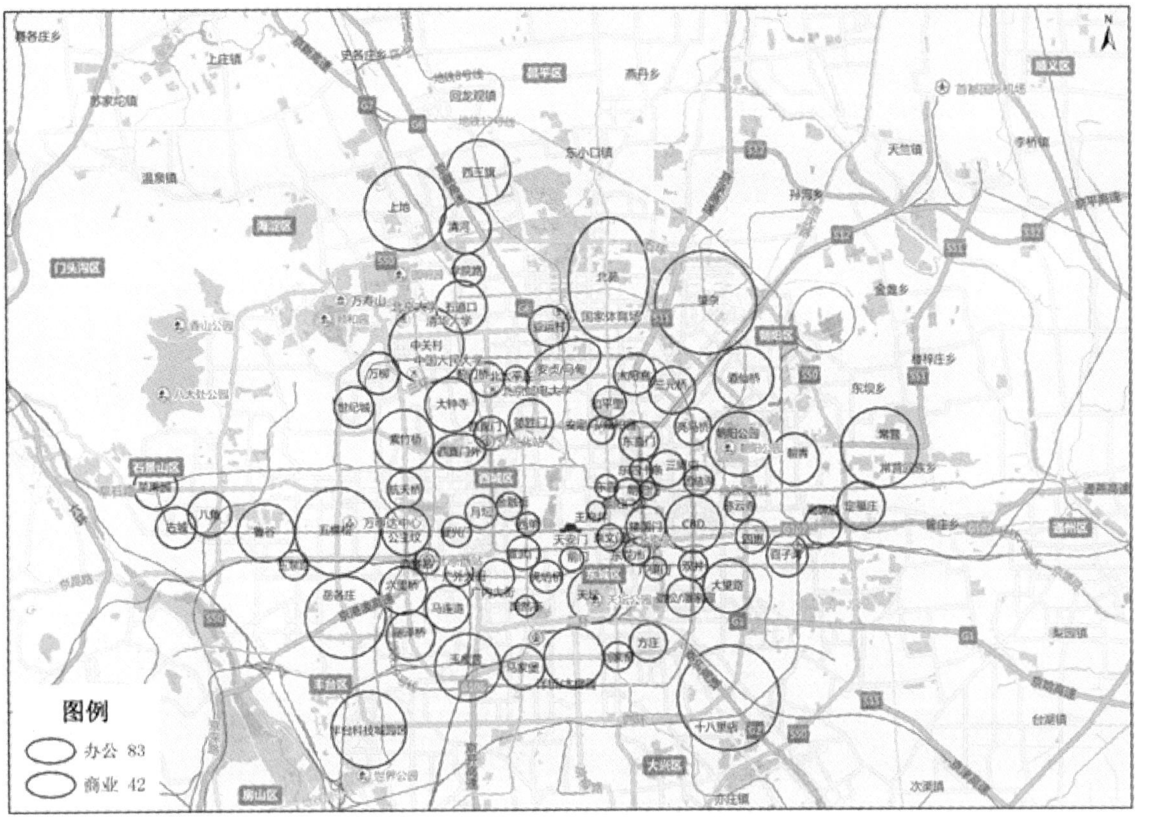

图 6　北京商业办公楼监测商圈

报告说明

本报告商业用房监测商圈包括：西城、东城、海淀、朝阳、丰台、石景山城六区的 42 个主要商圈。

二手商业平均月租金：根据监测的北京市 200 个商业项目，覆盖 42 个主要商圈，选取租售较为活跃的分散经营商铺首层租金，采用定基定权重的方式计算得出。

办公楼监测商圈包括：西城、东城、海淀、朝阳、丰台、石景山城六区的 83 个主要商圈。

二手甲级办公楼均价、平均月租金：根据监测城六区内 810 个典型可租售甲级办公楼项目，覆盖 83 个主要商圈，采用定基定权重的方式计算得出。

数据来源说明：新房数据来源于中指数据库，存量房数据来源于北京首佳顾问数据中心。

免责声明：本报告中的意见和内容仅供参考，并不构成对所述市场交易的出价或评估。我司及其雇员对使用本报告内容所引发的任何直接或间接损失概不负责。除非另有说明，所有本报告的版权属于北京首佳顾问。未经北京首佳顾问事先书面授权许可，任何机构或个人不得更改或以任何方式发送、传播或复印本报告，否则由此造成的一切不良后果及法律责任由私自发送、传播或复印本报告者承担。

附录二 附表

北京市房地产年鉴 2017

附表1 2016年北京市发放预售许可证工程

序号	项目名称	销售证号	开发商	地址
1	由谷嘉园	京房售证字(2015)236号*	北京弘轩鼎成房地产开发有限公司	夏各庄镇5-10、5-12、5-18、5-19地块
2	原香汇商业中心	京房售证字(2016)1号	中铁嘉业(北京)投资有限公司	城关街道燕房片区FS00-YF05-0005、FS00-YF05-0006、FS00-YF05-0009地块
3	润西山苑	京房售证字(2016)2号	华润置地发展(北京)有限公司	永定镇冯村(新城地区一期居住项目)
4	创客领地中心	京房售证字(2016)3号	北京智晟置业有限公司	马坊镇B06-02地块
5	首开万科中心	京房售证字(2016)4号	北京首开万科和泰置业有限公司	新城核心区I、J组团0101-009、012地块商业金融、广场用地项目
6	中海金玉苑	京房售证字(2016)5号	北京中海金石房地产开发有限公司	老古城C地块
7	冠华苑小区	京房售证字(2016)8号	北京龙冠房地产开发有限责任公司	北七家镇R2二类居住、C2商业金融、U21公共交通、R54中小学合校、R53托幼等用地
8	冠华苑小区	京房售证字(2016)7号	北京龙冠房地产开发有限责任公司	北七家镇R2二类居住、C2商业金融、U21公共交通、R54中小学合校、R53托幼等用地
9	观承顺园	京房售证字(2016)9号	北京万科东方置业有限公司	高丽营镇于庄村
10	金地世家雅苑	京房售证字(2016)6号	北京金地惠远房地产开发有限公司	后沙峪镇后沙峪村双峪路南侧
11	众美雅苑	京房售证字(2016)10号	北京众美房地产开发有限公司	庞各庄镇
12	中海金玉苑	京房售证字(2016)11号	北京中海金石房地产开发有限公司	老古城F地块
13	星颐佳园	京房售证字(2016)12号	北京建安经营开发有限公司	通州新城南部0803-015A地块F1住宅混合公建用地
14	京杭广场	京房售证字(2016)13号	北京东部绿城置业有限公司	新华大街与新华北路交叉口东北角
15	辰龙国际	京房售证字(2016)14号	北京龙庆房地产开发有限公司	庆园街与妫水街交叉路口西北角

（续附表 1）

序号	项目名称	销售证号	开发商	地址
16	金润永信大厦	京房售证字(2016)15 号	首创朝阳房地产发展有限公司	卢沟桥乡丽泽金融商务区 F-05 地块
17	万创国际中心	京房售证字(2016)16 号	北京万城永辉置业有限公司	黄村镇 DX00-0101-0801 等地块 C2 商业金融项目用地
18	圣水嘉苑	京房售证字(2016)17 号	中铁嘉业(北京)投资有限公司	城关街道圣水嘉名小区
19	天璞家园	京房售证字(2016)19 号	北京锦泰房地产开发有限公司	东坝南区 1106-692 地块二类居住用地
20	天璞家园	京房售证字(2016)18 号	北京锦泰房地产开发有限公司	东坝南区 1106-692 地块二类居住用地
21	西融中心	京房售证字(2016)20 号	北京融创兴业地产有限公司	门头沟新城 MC-0017-6010 地块
22	清澄名苑	京房售证字(2016)22 号	北京龙熙房地产开发有限责任公司	黄村镇兴华中路 13 号,商业娱乐
23	熙悦尚郡家园	京房售证字(2016)21 号	北京首开仁信置业有限公司	高井 2 号地保障性住房用地 21-640 地块
24	恒大拾翠园	京房售证字(2016)23 号	北京正浩置业有限公司	黄村镇 DX00-0101-0201 等地块 F2 公建混合住宅用地项目(配建限价商品住房)
25	观澜嘉苑	京房售证字(2016)24 号	北京融创恒裕地产有限公司	农展馆北路 8 号
26	创投商务中心	京房售证字(2016)25 号	北京龙熙房地产开发有限责任公司	庞各庄镇镇区 6 号地 PGZ01-11 地块商业金融用地项目
27	新弘中心	京房售证字(2016)27 号	御马坊置业有限公司	马坊物流园区内
28	鲁美嘉苑	京房售证字(2016)26 号	北京顺义新城建设开发有限公司	后沙峪镇古城村南
29	熙悦广场	京房售证字(2016)28 号	北京首开荣泰置业有限公司	长阳镇起步区 2 号地 03-2-16 地块
30	利锦新苑	京房售证字(2016)31 号	北京市利锦荣房地产开发有限公司	东坝中路红松园住宅混合公建项目用地
31	熙悦广场	京房售证字(2016)29 号	北京首开荣泰置业有限公司	长阳镇起步区 2 号地 03-2-15 地块、房山区长阳镇起步区 2 号地 03-2-14 地块、房山区长阳镇起步区 2 号地 03-2-05 地块、房山区长阳镇起步区 2 号地 03-2-06 地块

（续附表 1）

序号	项目名称	销售证号	开发商	地址
32	蓝城家园	京房售证字(2016)32 号	北京中冶京诚置业有限公司	城关街道饶乐府村(兴东园小区)居住项目
33	泛海国际居住区	京房售证字(2016)30 号	北京星火房地产开发有限责任公司	东风乡绿隔地区第六宗地东风家园五区
34	观山家园	京房售证字(2016)33 号	北京贵佳茂置业有限公司	赵全营镇镇中心
35	侨商中心	京房售证字(2016)34 号	北京富华乌兰房地产开发有限公司	运河核心区 III-10 地块 F3 其他类多功能用地项目
36	恭和养老中心	京房售证字(2016)35 号	乐成老年事业投资有限公司	双桥西巷 6 号
37	金茂逸家园	京房售证字（2016）开 1 号	北京方兴葛洲坝房地产开发有限公司	河西区 X87 街区
38	金茂悦家园	京房售证字（2016）开 2 号	北京方兴亦城置业有限公司	河西区 X85 街区
39	东坝名居	京房售证字(2016)37 号	北京朗泰房地产开发有限公司	东坝南区，五环路七棵树以东、坝河以南
40	景泽园	京房售证字(2016)36 号	北京财懋房地产开发有限公司	赵全营镇板桥村
41	水岸庄园	京房售证字(2016)42 号	北京润泽庄苑房地产开发有限公司	来广营乡清河营村润泽庄苑住宅小区 A03 地块
42	侨商中心	京房售证字(2016)40 号	北京富华长城房地产开发有限公司	运河核心区 III-06 地块 F3 其他类多功能用地项目
43	清苑嘉园	京房售证字(2016)39 号	北京万年基业长阳置业有限公司	长阳镇 18-02-13 地块(北京理工大学 9 号地)
44	富水良嘉园	京房售证字(2016)38 号	北京韩建房地产开发有限公司	拱辰街道良乡中路南侧
45	千章墅嘉园	京房售证字(2016)41 号	北京融科阳光房地产开发有限公司	宋庄镇居住及托幼项目用地
46	朝新嘉园西里二区三区四区	京房售证字(2016)44 号	北京金隅嘉业房地产开发有限公司	东坝单店二类居住、小学用地项目
47	公园懿府小区	京房售证字(2016)43 号	北京金天恒置业有限公司	南苑乡南苑村 1404-621 地块

（续附表1）

序号	项目名称	销售证号	开发商	地址
48	1#住宅楼等37项（大兴区西红门组团0801-0705地块住宅项目）（理想家园）	京房售证字（2016）45号	北京鸿坤伟业房地产开发有限公司	西红门镇中心规划区0801-0705地块
49	盛佳尚苑	京房售证字（2016）47号	北京万科东地房地产开发有限公司	台湖镇4-1-007地块商务金融用地
50	融汇大厦	京房售证字（2016）46号	北京钰苑房地产开发有限公司	高梁桥商业金融项目
51	文锦苑	京房售证字（2016）48号	中铁房地产集团北京金郡兴盛置业有限公司	旧宫镇DX-07-0201-0040等地块R2二类居住、R53托幼用地项目（配建限价商品住房和定向安置房）
52	绿地蓝海中心	京房售证字（2016）49号	绿地集团北京京尚置业有限公司	运河核心区IV-01地块F3其它类多功能用地项目
53	檀香嘉园	京房售证字（2016）50号	北京京投瀛德置业有限公司	潭柘寺MC01-0003-0097地块
54	蜂巢科技广场	京房售证字（2016）51号	北京天洋基业投资有限公司	房山新城良乡组团14-03-05地块
55	悦景居	京房售证字（2016）52号	华润置地禄源（北京）房地产开发有限公司	新城MC00-0017-6007地块
56	怡景嘉园	京房售证字（2016）53号	北京城建和泰房地产开发有限责任公司	窦店镇01-0050、01-0055地块
57	中骏绿洲庄园	京房售证字（2016）56号	北京中骏房地产开发有限公司	永定镇万佛堂村双塔
58	金隅花石苑	京房售证字（2016）55号	北京金隅嘉业房地产开发有限公司	梨园镇砖厂村北京市玻璃钢制品厂二期居住项目
59	金地世家雅苑	京房售证字（2016）54号	北京金地惠远房地产开发有限公司	后沙峪镇后沙峪村双裕路南侧
60	首开溪园	京房售证字（2016）59号	北京首都开发股份有限公司	宋庄镇C-06地块居住用地
61	首开缇香雅园	京房售证字（2016）58号	北京首都开发股份有限公司	于家务乡乡中心项目（C-02地块）

（续附表 1）

序号	项目名称	销售证号	开发商	地址
62	碧桂园	京房售证字(2016)57 号	北京天资置业集团有限公司	长阳镇 02-04-11 地块
63	丽来花园	京房售证字(2016)60 号	北京富华房地产开发有限公司	天竺镇薛大人庄村
64	弘谷商业中心	京房售证字(2016)62 号	北京弘轩鼎成房地产开发有限公司	夏各庄镇 01-07 地块
65	锐创中心	京房售证字(2016)63 号	北京天恒致远置业有限公司	西红门 0302-010-2 地块 F3 其它类多功能用地项目
66	西山艺境嘉园	京房售证字(2016)61 号	北京金水房地产开发有限公司	门头沟新城 MC10-036
67	天通泰科技园	京房售证字（2016）开3 号	天通泰文化数码科技园有限公司	路东区 D2 街区
68	创投商务中心	京房售证字(2016)64 号	北京龙熙房地产开发有限责任公司	庞各庄镇镇区 6 号地 PGZ01-11 地块商业金融用地项目
69	景汇家园	京房售证字(2016)65 号	北京德顺富兴投资有限公司	瀛海镇姜场村 02-1-1 地块 R2 二类居住用地
70	青秀尚园小区	京房售证字(2016)67 号	中铁房地产集团北京金达世纪房地产开发有限公司	中关村科技园昌平园东区二期 0303-04 地块住宅混合公建用地项目
71	中昂时代中心	京房售证字(2016)66 号	北京兴亚置业有限公司	门头沟新城 MC04-149
72	清河嘉园	京房售证字(2016)70 号	北京强佑房地产开发有限公司	清河镇强佑清河新城 3#地
73	西山阅家园	京房售证字(2016)69 号	北京新都致远房地产开发有限公司	门头沟新城 MC08-014/015 地块
74	远洋都会中心	京房售证字(2016)68 号	北京远创置业有限公司	门头沟新城 MC00-0017-6013 等地块
75	水岸庄园	京房售证字(2016)71 号	北京润泽庄苑房地产开发有限公司	来广营乡清河营村润泽庄苑住宅小区 A03 地块
76	通州富力中心	京房售证字(2016)73 号	北京富力通达房地产开发有限公司	运河核心区 IX-09、08、13-A 地块 F3 其它类多功能用地项目
77	圣水嘉苑	京房售证字(2016)72 号	中铁嘉业（北京）投资有限公司	城关街道圣水嘉名小区

（续附表 1）

序号	项目名称	销售证号	开发商	地址
78	紫南华苑	京房售证字(2016)75 号	北京中冶名弘置业有限公司	旧宫镇绿隔地区建设旧村改造二期 A1 地块二类居住用地、商业金融用地项目
79	北京经开·壹中心	京房售证字（2016）开 4 号	北京经开工大投资管理有限公司	路东区 D1 街区
80	拾景名苑	京房售证字(2016)77 号	北京京汉邦信置业有限公司	八角第二水泥管厂 1612-034 地块
81	科派文化基地	京房售证字(2016)78 号	北京世纪华盛时代科技文化发展有限公司	南邵镇(中关村科技园区昌平园东区二期)0303-16 地块 C3 文化娱乐用地项目
82	观澜嘉苑	京房售证字(2016)79 号	北京融创恒裕地产有限公司	农展馆北路 8 号 0304-622 地块
83	颐景沁园	京房售证字(2016)80 号	北京顺义新城建设开发有限公司	马坡镇
84	中晟馨苑	京房售证字(2016)76 号	北京首开中晟置业有限责任公司	马坡镇北上坡村南
85	首开琅樾家园	京房售证字(2016)81 号	北京首都开发股份有限公司	孙河乡西甸村 F 地块
86	澜茵山庄	京房售证字(2016)82 号	北京新博城房地产开发有限公司	溪翁庄镇东智东村南
87	中弘大厦	京房售证字(2016)86 号	北京中弘地产有限公司	慈云寺危改小区二期(6 号楼)
88	嘉泽生态小区	京房售证字(2016)85 号	北京香江盛富房地产开发有限公司	百葛路 366 号院二区
89	燕都世界名园	京房售证字(2016)84 号	北京汇金房地产开发有限公司	窦店镇窦店村燕都科学城世界名园一期 D 组团
90	新桥花园	京房售证字(2016)83 号	北京京西百灵房地产开发有限公司	龙泉镇大峪村小白楼二期 1#地
91	东旭国际中心	京房售证字(2016)87 号	北京旭丰置业有限公司	丰台科技园东区三期 1516-43 号地块 C2
92	云谷科技中心	京房售证字(2016)90 号	绿地集团北京京浩置业有限公司	海淀北部地区整体开发中关村翠湖科技园 HD-0302-194、HD-0302-223 地块 C2 商业金融用地

（续附表 1）

序号	项目名称	销售证号	开发商	地址
93	锦悦嘉苑	京房售证字(2016)91号	中铁房地产集团北京浩达置业有限公司	仁和镇陶家坟村北
94	山樾嘉园	京房售证字(2016)88号	北京金隅嘉业房地产开发有限公司	田村山(西郊砂石厂西地块)保障性住房项目用地(配建商品房及公建)
95	运河上筑中心	京房售证字(2016)92号	北京丹霞房地产开发有限公司	运河核心区05-04-039地块商业金融项目
96	动力港中心	京房售证字(2016)74号	北京建工置地有限责任公司	百子湾路14号住宅混合公建用地项目
97	首创金融中心	京房售证字(2016)89号	北京天城永元置业有限公司	卢沟桥乡丽泽金融商务区F-03地块
98	燕西华府家园	京房售证字(2016)93号	北京西海龙湖置业有限公司	王佐镇(怪村村北B地块)
99	中海金玉苑	京房售证字(2016)98号	北京中海金石房地产开发有限公司	老古城C地块
100	辋川南园	京房售证字(2016)96号	北京金隅房地置业有限公司	长辛店张郭庄地区(原丰台长辛店生态城一期)(北区)B地块)
101	满庭芳嘉园	京房售证字(2016)95号	北京正华永顺房地产开发有限公司	后沙峪镇吉祥庄村东
102	四季怡园	京房售证字(2016)100号	北京屹泰房地产开发有限公司	永定镇MC00-0015-0077
103	西悦中心	京房售证字(2016)97号	北京住总众邦地产有限公司	门头沟新城MC16-075地块
104	如缘居北里	京房售证字(2016)94号	北京万湖房地产开发有限公司	西北旺镇
105	中海金玉苑	京房售证字(2016)99号	北京中海金石房地产开发有限公司	老古城F地块
106	永丰嘉园	京房售证字(2016)106号	北京德成兴业房地产开发有限公司	永丰乡永丰产业基地V-1号地永丰嘉园1、2组团住宅
107	长安太和大厦	京房售证字(2016)103号	北京利山房地产开发有限公司	朝阳门南小街南口
108	江南印象家园	京房售证字(2016)104号	北京江南投资集团有限公司	小红门乡牌坊村小红门乡新村一期D组团

（续附表 1）

序号	项目名称	销售证号	开发商	地址
109	华嬉商业中心	京房售证字(2016)105 号	北京华嬉云游文化产业有限公司	长沟镇中心区 CG-033、CG034 地块，长沟镇中心区 CG-051 地块
110	紫麟国际大厦	京房售证字(2016)101 号	北京香园大道实业有限公司	香河园 3 号
111	侨商中心	京房售证字(2016)102 号	北京富华铂荣房地产开发有限公司	运河核心区Ⅲ-03、Ⅲ-07 地块 F3 其他类多功能用地项目
112	洳河嘉园	京房售证字(2016)107 号	北京天润福源房地产开发有限公司	平谷镇(平谷 1 号地)居住项目
113	首城东郡家园	京房售证字(2016)109 号	北京首城置业有限公司	东坝南区 1105-657 号地
114	中海金泰中心	京房售证字(2016)111 号	北京中海金石房地产开发有限公司	老古城 H 地块
115	文化都汇中心	京房售证字(2016)108 号	北京市文化置业有限公司	黄村镇新城北区 0302-040 地块
116	启迪香山中心	京房售证字(2016)110 号	北京启迪和谐投资发展有限公司	香山南路 28 号
117	古北度假家园	京房售证字(2016)115 号	北京古北水镇房地产开发有限公司	古北口镇司马台村
118	新融大厦	京房售证字(2016)114 号	北京科豪汇佳置业有限公司	阎村镇房山工业园区东区 01-0002、01-0003 商业项目用地
119	万和商业广场	京房售证字(2016)116 号	北京五和万科房地产开发有限公司	长阳镇 01-09-09、01-09-02 等地块
120	九晟商业广场	京房售证字(2016)117 号	北京祥筑房地产开发有限公司	长阳镇起步区九号地 03-09-12、03-09-13 地块
121	铭品嘉苑	京房售证字(2016)113 号	北京金阳置业有限公司	长阳镇 18-02-05、18-02-09 地块
122	檀香嘉园	京房售证字(2016)118 号	北京京投瀛德置业有限公司	潭柘寺 MC01-0003-0096 地块
123	未来汇中心	京房售证字(2016)112 号	北京金龙永辉置业有限公司	仁和镇军营村西环路东侧
124	凯盛时代中心	京房售证字(2016)119 号	北京达成光远置业有限公司	新城 26 街区

(续附表 1)

序号	项目名称	销售证号	开发商	地址
125	泰禾金悦中心	京房售证字(2016)120 号	北京泰禾嘉信房地产开发有限公司	黄村镇 0101-017、021a、021c 地块 F3 其他类多功能用地项目)
126	西山艺境嘉园	京房售证字(2016)121 号	北京金水房地产开发有限公司	龙泉镇 MC10-041 地块
127	龙山大厦	京房售证字(2016)122 号	北京博兴众业房地产开发有限公司	城南街道办事处凉水河村西
128	首开华润家园	京房售证字(2016)124 号	北京万信房地产开发有限公司	花乡白盆窑村 1516-0665 等地块
129	城誉嘉园	京房售证字(2016)123 号	北京城建兴泰房地产开发有限公司	拱辰街道良乡组团 10-02-11、10-02-15 地块
130	上悦嘉园	京房售证字(2016)125 号	北京城建兴云房地产有限公司	门头沟永定镇 MC00-0015-0059 地块
131	科派文化基地	京房售证字(2016)126 号	北京世纪华盛时代科技文化发展有限公司	南邵镇(中关村科技园区昌平园东区二期)0303-16 地块 C3 文化娱乐用地项目
132	祥瑞家园	京房售证字(2016)130 号	北京梓韵房地产开发有限公司	马坊工业区西区 185 号
133	嘉泽生态小区	京房售证字(2016)127 号	北京香江盛富房地产开发有限公司	马池口镇"嘉泽生态住宅小区"2 号地三期
134	盛绣雅林嘉园	京房售证字(2016)129 号	北京昊远隆基房地产开发总公司	长沟镇沿村(镇区改造一期 A 地块北区)二类住宅用地 A
135	东旭国际中心	京房售证字(2016)128 号	北京旭丰置业有限公司	丰台科技园东区三期 1516-43 号地块 C2
136	悦君家园	京房售证字(2016)131 号	北京北辰当代置业有限公司	仁和镇顺沙路南侧
137	花溪语家园	京房售证字(2016)133 号	北京升和房地产开发有限公司	兴寿镇半壁店村
138	未来汇中心	京房售证字(2016)132 号	北京金龙永辉置业有限公司	仁和镇军营村西环路东侧
139	泰禾金悦中心	京房售证字(2016)136 号	北京泰禾嘉信房地产开发有限公司	黄村镇 0101-017、021a、021c 地块 F3 其他类多功能用地项目)
140	畅瑞商业楼	京房售证字(2016)134 号	北京金隅长阳嘉业房地产开发有限公司	拱辰街道房山新城良乡组团 10-01-05 地块

（续附表 1）

序号	项目名称	销售证号	开发商	地址
141	创客领地中心	京房售证字(2016)139 号	北京智晟置业有限公司	马坊镇 B06-02 地块
142	麗新湾花园	京房售证字(2016)135 号	北京新世界华美房地产开发有限公司	高丽营镇于庄村
143	由谷嘉园	京房售证字(2016)138 号	北京弘轩鼎成房地产开发有限公司	夏各庄镇 5-10 地块
144	翠堤清苑	京房售证字(2016)137 号	北京恒隆兴置业有限公司	拱辰街道 16-03-04 等地块、房山区拱辰街道 16-01-05 等地块
145	蜂巢科技广场	京房售证字(2016)141 号	北京天洋基业投资有限公司	房山新城良乡组团 14-03-05 地块
146	龙山大厦	京房售证字(2016)140 号	北京正宏众创房地产开发有限公司	城南街道办事处凉水河村西
147	原香汇商业中心	京房售证字(2016)142 号	中铁嘉业(北京)投资有限公司	城关街道燕房片区 FS00-YF05-0005、FS00-YF05-0006、FS00-YF05-0009 地块
148	云谷科技中心	京房售证字(2016)148 号	绿地集团北京京浩置业有限公司	海淀北部地区整体开发中关村翠湖科技园 HD-0302-194、HD-0302-223 地块 C2 商业金融用地
149	万创国际中心	京房售证字(2016)143 号	北京万城永辉置业有限公司	黄村镇 DX00-0101-0801 等地块 C2 商业金融项目用地
150	远洋璟湖园	京房售证字(2016)145 号	北京东隆房地产开发有限公司	孙河乡东隆住宅 A 区
151	西山国际中心	京房售证字(2016)144 号	北京青龙湖腾实房地产开发有限公司	王佐镇魏各庄村 A02 地块
152	云谷科技中心	京房售证字(2016)147 号	绿地集团北京京浩置业有限公司	海淀北部地区整体开发中关村翠湖科技园 HD-0302-195、HD-0302-224 地块 C2 商业金融用地
153	凯德锦绣名苑	京房售证字(2016)146 号	北京恒世同方房地产开发有限公司	八里庄京棉集团生活区 A1 区 B 地块
154	紫南华苑	京房售证字(2016)149 号	北京中冶名弘置业有限公司	旧宫镇绿隔地区建设旧村改造二期 A1 地块二类居住用地、商业金融用地项目

（续附表1）

序号	项目名称	销售证号	开发商	地址
155	万创国际中心	京房售证字(2016)150号	北京万城永辉置业有限公司	黄村镇DX00-0101-0801等地块C2商业金融项目用地
156	住总祥苑	京房售证字(2016)152号	北京祥业房地产有限公司	西大望路24号
157	云墅中心	京房售证字(2016)151号	北京华恒兴业房地产开发有限公司	运河核心区IV-09多功能用地
158	清苑嘉园	京房售证字(2016)157号	北京万年基业长阳置业有限公司	长阳镇18-02-13地块(北京理工大学9号地)
159	金地华著雅苑	京房售证字(2016)153号	北京同创金龙置业有限公司	太平庄村2号地项目(原星竹园)F1住宅混合公建用地
160	万和家园	京房售证字(2016)154号	北京五和万科房地产开发有限公司	长阳镇01-09-09、01-09-02等地块
161	诺德财富中心	京房售证字(2016)156号	北京诺升置业有限公司	丰台科技园东区三期1516-62号
162	山樾嘉园	京房售证字(2016)159号	北京金隅嘉业房地产开发有限公司	田村山(西郊砂石厂西地块)保障性住房项目用地(配建商品房及公建)
163	泷悦长安嘉园	京房售证字(2016)155号	中电建西元(北京)房地产开发有限公司	永定镇MC00-0020-0030
164	香源四季府	京房售证字(2016)158号	北京中城辉煌房地产开发有限公司	四季青镇西冉村
165	青春天著佳苑	京房售证字(2016)162号	北京远山置业有限公司	拱辰街道及长阳镇(良乡高教园区4号地)09-05-10地块
166	绿地朗山产业园	京房售证字(2016)160号	绿地集团北京京纬置业有限公司	水源路南侧
167	腾龙家园	京房售证字(2016)163号	北京华凤腾龙房地产开发有限公司	窦店镇下坡店村
168	诺德财创中心	京房售证字(2016)164号	北京诺升置业有限公司	丰台科技园东区三期1516-63号、1516-64号
169	首城东郡家园	京房售证字(2016)165号	北京首城置业有限公司	东坝南区1105-657号地
170	理想家园	京房售证字(2016)161号	北京鸿坤伟业房地产开发有限公司	西红门镇中心规划区0801-0705地块

（续附表1）

序号	项目名称	销售证号	开发商	地址
171	辋川北园	京房售证字(2016)169号	北京金隅房地置业有限公司	长辛店张郭庄地区(原丰台长辛店生态城一期(北区)A地块)
172	西悦中心	京房售证字(2016)166号	北京住总众邦地产有限公司	门头沟新城MC16-075地块
173	悦景居	京房售证字(2016)167号	华润置地禄源(北京)房地产开发有限公司	新城MC00-0017-6007地块
174	阅园	京房售证字(2016)168号	北京嘉源京大房地产开发有限公司	卢沟桥乡居住项目(配建公共租赁住房)
175	华龙苑北里	京房售证字(2016)170号	北京天梓翔房地产开发有限公司	东小口镇霍营华龙苑小区二期A区
176	悦府家园	京房售证字(2016)171号	北京京投银泰尚德置业有限公司	东小口镇
177	中昂时代中心	京房售证字(2016)172号	北京兴亚置业有限公司	门头沟新城MC04-149
178	观澜嘉苑	京房售证字(2016)175号	北京融创恒裕地产有限公司	农展馆北路8号0304-622地块
179	翡翠长安家园	京房售证字(2016)176号	北京捷海房地产开发有限公司	永定镇MC00-0020-0012地块
180	辰茂商业中心	京房售证字(2016)179号	北京良誉房地产开发有限公司	拱辰街道办事处05-12-02、05-12-03地块项目
181	华宸雅苑	京房售证字(2016)178号	北京金水永业房地产开发有限公司	永定镇MC00-0017-6021地块
182	未来汇中心	京房售证字(2016)177号	北京金龙永辉置业有限公司	仁和镇军营村西环路东侧
183	榴景秀苑	京房售证字(2016)173号	北京顺义新城建设开发有限公司	南苑乡石榴庄村旧村改造S-24地块
184	华远汇中心	京房售证字(2016)180号	北京上和致远房地产开发有限公司	西红门镇
185	泷悦长安嘉园	京房售证字(2016)181号	中电建西元(北京)房地产开发有限公司	永定镇MC00-0020-0032
186	领秀翠骊家园	京房售证字(2016)182号	北京科技园置地有限公司	王佐镇佃起村
187	创投商务中心	京房售证字(2016)174号	北京龙熙房地产开发有限责任公司	庞各庄镇镇区6号地PGZ01-11地块商业金融用地项目

（续附表1）

序号	项目名称	销售证号	开发商	地址
188	棠颂雅苑	京房售证字(2016)184号	北京住总首开置业有限公司	亦庄新城Ⅱ-1街区B01R1-2地块二类居住用地项目(配建限价商品住房)
189	聚源中心	京房售证字(2016)183号	北京博源包装制品有限公司	阎村镇工业园东区01-0016、01-0018号等地块C区、D区
190	首开知语家园	京房售证字(2016)185号	北京城市开发集团有限责任公司	望京新城K7区C组团
191	万和家园	京房售证字(2016)187号	北京五和万科房地产开发有限公司	长阳镇01-09-09、01-09-02等地块
192	榴景上苑大厦	京房售证字(2016)188号	北京顺义新城建设开发有限公司	南苑乡石榴庄村旧村改造S-20地块
193	富禧良嘉园	京房售证字(2016)186号	北京华正房地产开发有限公司	拱辰街道梅花庄村
194	昆泰望和嘉园	京房售证字(2016)189号	北京昆泰房地产开发集团有限公司	京承高速与北四环路交界处以东
195	兴荣商务中心	京房售证字(2016)190号	北京旭天恒置业有限公司	庞各庄镇PGZ01-01、PGZ01-02地块(原庞各庄镇镇区改造项目1号地部分地块)
196	万创国际中心	京房售证字(2016)191号	北京万城永辉置业有限公司	黄村镇DX00-0101-0801等地块C2商业金融项目用地
197	翡萃家园	京房售证字(2016)194号	北京昌业房地产开发有限公司	北七家镇[中心起步区(海鶄落新村建设)项目一期]HQL-12地块
198	中信逸海园	京房售证字(2016)193号	北京中信新城逸海房地产开发有限公司	亦庄镇
199	利锦新苑	京房售证字(2016)195号	北京市利锦荣房地产开发有限公司	东坝中路红松园住宅混合公建项目用地
200	锐创中心	京房售证字(2016)192号	北京天恒致远置业有限公司	西红门0302-010-2地块F3其它类多功能用地项目
201	泽信佳苑	京房售证字(2016)197号	北京丰南嘉业房地产开发有限公司	桥南王庄子
202	未来汇中心	京房售证字(2016)196号	北京金龙永辉置业有限公司	仁和镇军营村西环路东侧
203	绿智汇园	京房售证字(2016)199号	北京伟特房地产开发有限公司	南法信镇焦各庄村东

（续附表 1）

序号	项目名称	销售证号	开发商	地址
204	丽春家园	京房售证字(2016)200 号	北京瑞坤置业有限责任公司	沙河镇北沙河北侧(丽春湖土地一级开发项目)LCH-008 地块 R2 二类居住用地
205	瑞华商厦	京房售证字(2016)202 号	北京创瑞华安置业有限公司	良乡高教园区 17-02-03、17-02-06 地块
206	满庭芳嘉园	京房售证字(2016)198 号	北京正华永顺房地产开发有限公司	后沙峪镇吉祥庄村东
207	麓泽家园	京房售证字(2016)201 号	北京天智盈置业有限公司	顺义新城第 17 街区
208	万创国际中心	京房售证字(2016)203 号	北京万城永辉置业有限公司	黄村镇 DX00-0101-0801 等地块 C2 商业金融项目用地
209	昭泰典尚家园	京房售证字(2016)204 号	北京昭泰房地产开发有限公司	孙河组团 C 地块
210	阳光花庭	京房售证字(2016)205 号	北京鑫博泰来房地产开发有限公司	台湖镇 B-07 地块 R2 二类居住用地(配建“限价商品住房”)
211	万创国际中心	京房售证字(2016)212 号	北京万城永辉置业有限公司	黄村镇 DX00-0101-0801 等地块 C2 商业金融项目用地
212	西山燕庐家园	京房售证字(2016)208 号	北京绿城中交房地产开发有限公司	永定镇 MC00-0017-6018 地块
213	古北度假家园	京房售证字(2016)206 号	北京古北水镇房地产开发有限公司	古北口镇司马台村
214	理想家园	京房售证字(2016)211 号	北京鸿坤伟业房地产开发有限公司	西红门镇中心规划区 0801-0704 号地块
215	上庄馨怡嘉园	京房售证字(2016)209 号	北京三元嘉业房地产开发有限公司	上庄镇 B10 地块 R2 二类居住用地
216	兴荣商务中心	京房售证字(2016)207 号	北京旭天恒置业有限公司	庞各庄镇 PGZ01-01、PGZ01-02 地块(原庞各庄镇镇区改造项目 1 号地部分地块)
217	中海金泰中心	京房售证字(2016)210 号	北京中海金石房地产开发有限公司	老古城 H 地块
218	潞港商业中心	京房售证字(2016)214 号	北京星华蓝光置业有限公司	西潞街道良乡组团 06 街区 06-17-10 地块
219	泰禾金悦中心	京房售证字(2016)213 号	北京泰禾嘉信房地产开发有限公司	黄村镇 0101-017、021a、021c 地块 F3 其他类多功能用地项目

（续附表1）

序号	项目名称	销售证号	开发商	地址
220	华宸雅苑	京房售证字(2016)215号	北京金水永业房地产开发有限公司	永定镇MC00-0017-6021地块
221	弘谷商业中心	京房售证字(2016)217号	北京弘轩鼎成房地产开发有限公司	夏各庄镇01-07地块
222	兴创中心	京房售证字(2016)218号	北京兴创置地房地产开发有限公司	西红门商业综合区三期商业金融项目
223	未来汇中心	京房售证字(2016)216号	北京金龙永辉置业有限公司	仁和镇军营村西环路东侧
224	青春天著佳苑	京房售证字(2016)219号	北京远山置业有限公司	拱辰街道及长阳镇(良乡高教园区4号地)09-05-10地块
225	路劲家园	京房售证字(2016)220号	北京路劲隽御房地产开发有限公司	南邵镇
226	清苑嘉园	京房售证字(2016)221号	北京万年基业长阳置业有限公司	长阳镇18-02-13地块(北京理工大学9号地)
227	华邑新苑	京房售证字(2016)222号	北京京投银泰置业有限公司	郭公庄车辆段项目五期1518-632地块
228	瀛海朗苑	京房售证字(2016)223号	北京尚泰信华房地产开发有限公司	瀛海镇区DX08-0002-0301地块(原瀛海镇西区C5组团土地一级开发项目部分地块)F1住宅混合公建用地(配建"限价商品住房")
229	中创芯中心	京房售证字(2016)228号	北京中关村集成电路设计园发展有限责任公司	海淀北部整体开发范围中关村永丰产业基地
230	畅悦家园	京房售证字(2016)229号	北京世纪鸿城置业有限公司	北七家镇
231	首创天阅嘉苑	京房售证字(2016)224号	北京旭嘉置业有限公司	北部地区整体开发中关村永丰产业基地HD-0402-0030地块F1住宅混合公建用地(配建公共租赁住房)
232	首创天阅嘉苑	京房售证字(2016)230号	北京旭嘉置业有限公司	北部地区整体开发中关村永丰产业基地HD-0402-0030地块F1住宅混合公建用地(配建公共租赁住房)
233	祥业家园	京房售证字(2016)225号	北京祥业万科房地产开发有限公司	沙河镇七里渠南北村QLQ-037住宅混合公建用地、沙河镇七里渠南北村QLQ-009住宅混合公建用地、沙河镇七里渠南北村QLQ-007公建混合住宅用地

（续附表 1）

序号	项目名称	销售证号	开发商	地址
234	稻香悦家园	京房售证字(2016)226 号	北京稻香四季房地产开发有限公司	长阳镇 02 街区 02-2-02、02-2-06 地块(房山轨道交通稻田站 C 地块)
235	瑞绣佳园	京房售证字(2016)227 号	北京首开万科置业有限公司	台湖镇 4-1-008 地块 F2 公建综合住宅用地项目
236	四季怡园	京房售证字(2016)231 号	北京屹泰房地产开发有限公司	永定镇 MC00-0018-0004
237	凯盛时代中心	京房售证字(2016)236 号	北京达成光远置业有限公司	顺义新城 26 街区
238	未来国际中心	京房售证字(2016)232 号	北京未来科技城昌信置业有限公司	北七家镇(未来科技城南区)CP07-0600-0011、0018、0016、0020 地块 F3 其它类用地项目
239	远洋都会中心	京房售证字(2016)233 号	北京远创置业有限公司	门头沟新城 MC00-0017-6005 地块
240	远洋都会中心	京房售证字(2016)234 号	北京远创置业有限公司	门头沟新城 MC00-0017-6005 地块
241	远洋都会中心	京房售证字(2016)235 号	北京远创置业有限公司	门头沟新城 MC00-0017-6005 地块
242	泰禾金悦中心	京房售证字(2016)239 号	北京泰禾嘉信房地产开发有限公司	黄村镇 0101-017、021a、021c 地块 F3 其他类多功能用地项目
243	绿港花博中心	京房售证字(2016)240 号	北京金盛顺鑫置业投资有限公司	后沙峪镇安平街北侧
244	禧瑞家园	京房售证字(2016)238 号	北京联创盛业房地产开发有限公司	赵全营镇板桥村
245	兴荣商务中心	京房售证字(2016)243 号	北京旭天恒置业有限公司	庞各庄镇 PGZ01-01、PGZ01-02 地块(原庞各庄镇镇区改造项目 1 号地部分地块)
246	景汇家园	京房售证字(2016)241 号	北京德顺富兴投资有限公司	瀛海镇姜场村 02-1-1 地块 R2 二类居住用地
247	青春天著佳苑	京房售证字(2016)242 号	北京远山置业有限公司	拱辰街道及长阳镇(良乡高教园区 4 号地)09-05-10 地块
248	华郡尚品家园	京房售证字(2016)246 号	北京鑫一德房地产开发有限公司	清河西街 71 号
249	辋川南园	京房售证字(2016)237 号	北京金隅房地置业有限公司	长辛店张郭庄地区(原丰台长辛店生态城一期)(北区)B 地块)

（续附表1）

序号	项目名称	销售证号	开发商	地址
250	丽春家园	京房售证字(2016)244号	北京瑞坤置业有限责任公司	沙河镇北沙河北侧(丽春湖土地一级开发项目)LCH-008地块R2二类居住用地
251	泰禾金悦中心	京房售证字(2016)248号	北京泰禾嘉信房地产开发有限公司	黄村镇0101-017、021a、021c地块F3其他类多功能用地项目
252	同泰长安中心	京房售证字(2016)249号	北京京洋房地产开发有限公司	黄图岗危改二期西部会馆
253	泇河嘉园	京房售证字(2016)245号	北京天润福源房地产开发有限公司	平谷镇(平谷1号地)居住项目
254	翡翠长安家园	京房售证字(2016)247号	北京捷海房地产开发有限公司	永定镇MC00-0020-0012地块
255	昭泰典尚家园	京房售证字(2016)250号	北京昭泰房地产开发有限公司	孙河组团C地块
256	通州富力中心	京房售证字(2016)251号	北京富力通达房地产开发有限公司	运河核心区IX-10地块F3其它类多功能用地项目
257	中骏天宸大厦	京房售证字(2016)252号	北京都市圣景房地产开发有限公司	德外大街18号
258	远洋春秋大厦	京房售证字(2016)253号	北京远奥置业有限公司	刘娘府1604-683地块
259	禧悦府	京房售证字(2016)254号	北京宝驰通置业有限公司	密云镇密云新城0102街区
260	新尚家园	京房售证字(2016)255号	北京慧眼置业有限公司	仁和镇梅沟营村(南侧)
261	乐学景苑	京房售证字(2016)256号	北京天恒立信置业有限公司	周口店镇中心区二街区
262	金茂逸家园	京房售证字(2016)开5号	北京方兴葛洲坝房地产开发有限公司	河西区X87街区
263	尚华家园	京房售证字(2016)258号	北京住总万科房地产开发有限公司	回龙观村旧村改造1818-009号住宅及商业金融项目
264	骏洋时代中心	京房售证字(2016)259号	北京住总骏洋时代置业有限公司	苹果园交通枢纽商务区F地块商业金融用地项目
265	熙和汇中心	京房售证字(2016)260号	北京锦昊方圆置业有限公司	樊家村危改项目3号地
266	兴荣商务中心	京房售证字(2016)257号	北京旭天恒置业有限公司	庞各庄镇PGZ01-01、PGZ01-02地块(原庞各庄镇镇区改造项目1号地部分地块)

（续附表 1）

序号	项目名称	销售证号	开发商	地址
267	绿湾星苑	京房售证字(2016)261 号	北京天恒乐活城置业有限公司	拱辰街道 16-01-07 等地块
268	三合佳苑	京房售证字（2016）经5号	北京京南住房开发有限责任公司	黄村镇
269	檀香嘉园	京房售证字（2016）经13号	北京京投瀛德置业有限公司	潭柘寺镇
270	华瀚福园	京房售证字（2016）经15号	华瀚投资集团有限公司	东坝驹东 C 地块经济适用住房
271	长龙家园	京房售证字（2016）经23号	北京长龙房地产开发有限公司	长阳镇高佃三村
272	晨风园	京房售证字（2016）经27号	北京佳源投资经营有限责任公司	豆各庄 3、4 号地(1305-668)
273	旺雅家园	京房售证字（2016）经28号	北京金隅嘉业房地产开发有限公司	南口镇
274	赢泽家园	京房售证字（2016）限1号	北京天智盈置业有限公司	新城第 17 街区
275	景泽园	京房售证字（2016）限2号	北京财懋房地产开发有限公司	赵全营镇板桥村
276	麓泽家园	京房售证字（2016）限3号	北京天智盈置业有限公司	新城第 17 街区
277	亚林上苑	京房售证字（2016）限4号	北京亚林东房地产开发有限公司	亚林西居住区一期(0501-626)二类居住用地(配建“限价商品住房”)
278	兴荣家园	京房售证字（2016）限6号	北京旭天恒置业有限公司	庞各庄镇 PGZ01-01、PGZ01-02 地块(原庞各庄镇镇区改造项目 1 号地部分地块)
279	旺和家园	京房售证字（2016）限7号	北京金隅嘉业房地产开发有限公司	南口镇(原南口采石厂)限价商品住房项目
280	首开畅颐园	京房售证字（2016）限8号	北京首开天成房地产开发有限公司	东坝南区 1105-667 地块二类居住用地(限价商品房项目)
281	赢泽家园	京房售证字（2016）限9号	北京天智盈置业有限公司	新城第 17 街区
282	翡萃家园	京房售证字（2016）限10号	北京昌业房地产开发有限公司	北七家镇[中心起步区(海鶄落新村建设)项目一期]HQL-02 地块

（续附表 1）

序号	项目名称	销售证号	开发商	地址
283	万通新新家园	京房售证字（2016）限11号	北京万通正远置业有限公司	迎宾路西侧 HR-0002-54 地块
284	瀛海朗苑	京房售证字（2016）限12号	北京尚泰信华房地产开发有限公司	瀛海镇区 DX08-0002-0301 地块（原瀛海镇西区 C5 组团土地一级开发项目部分地块）F1 住宅混合公建用地（配建“限价商品住房”）
285	阳光花庭	京房售证字（2016）限14号	北京鑫博泰来房地产开发有限公司	台湖镇 B-07 地块 R2 二类居住用地（配建“限价商品住房”）
286	翡翠长安家园	京房售证字（2016）限16号	北京捷海房地产开发有限公司	永定镇 MC00-0020-0012 地块
287	乐学景苑	京房售证字（2016）限17号	北京天恒立信置业有限公司	周口店镇中心区二街区
288	碧桂园	京房售证字（2016）限18号	北京天资置业集团有限公司	长阳镇哑叭河 02-04-11 地块
289	平悦园	京房售证字（2016）限20号	北京城建兴顺房地产开发有限公司	仁和镇
290	平悦园	京房售证字（2016）限19号	北京城建兴顺房地产开发有限公司	仁和镇
291	绿湾星苑	京房售证字（2016）限21号	北京天恒乐活城置业有限公司	拱辰街道 16-01-07 等地块
292	翡萃家园	京房售证字（2016）限22号	北京昌业房地产开发有限公司	北七家镇[中心起步区（海鶄落新村建设）项目一期]HQL-12 地块
293	和悦园	京房售证字（2016）限24号	北京知泰房地产开发有限责任公司	东坝南区 1106-657 地块住宅混合公建用地
294	中骏四季家园	京房售证字（2016）限25号	北京骏达房地产开发有限公司	百善三角地项目 CP00-0600-0041 地块
295	绿海家园	京房售证字（2016）限26号	北京汇超房地产开发有限公司	城南街道旧县村
296	国瑞熙墅家园	京房售证字（2016）限29号	北京文华盛达房地产开发有限公司	北七家镇 GZT-05-1 地块

* 本表预售证发放时间以确认时间为依据

附表2 2016年北京市新建商品住房分区域成交均价

第一季度：

区	监测区域	套数	均价(万元/平方米)
东城	安定门外	27	7.64
	东直门外	29	10.28
西城	大栅栏、广内	15	8.11
朝阳	孙河	27	5.22
	来广营、清河营	60	5.53
	机场高速五环外沿线	2	8.90
	北苑	1	4.48
	CBD	21	6.68
	朝阳公园	1	14.27
	姚家园	54	8.68
	东八里庄、青年路	15	4.78
	东坝	83	6.07
	松榆、磨房	10	7.43
	东南四至五环沿线	31	3.34
海淀	西三旗	27	4.73
	清河	112	6.71
	马连洼	11	6.81
	西北旺	119	4.12
	学院路	10	8.94
	定慧寺	29	9.57
丰台	京石高速三四环沿线	46	7.92
	丰台镇	16	7.32
	新发地	99	4.39
	世界公园、宛平	150	4.94
	长辛店、王佐	127	2.98
石景山	苹果园、八角、金顶街	109	5.69
昌平	昌平城区	27	2.68
	回龙观镇	6	3.10
	东小口镇	59	3.02
	温榆河周边地区	494	2.77
	昌平城区南侧	11	2.27
	昌平东北部	10	2.29

（续附表2）

区	监测区域	套数	均价（万元/平方米）
大兴	旧宫	289	4.29
	大兴城	83	2.92
通州	新华、中仓、永顺	194	3.88
	通州北苑、玉桥、梨园	182	3.10
	马驹桥、台湖	144	3.48
	通州东南部	342	1.62
	宋庄、潞城	128	2.93
顺义	顺义城区	11	2.12
	后沙峪、天竺	92	3.28
	马坡、牛栏山、高丽营	230	2.80
	赵全营、北石槽	15	3.59
	顺义东南部	8	3.21
	顺义东北部	89	1.45
房山	良乡	329	2.30
	长阳	284	2.69
	京周路周边	178	1.56
	房山东南部	129	1.60
	房山西部	20	1.74
门头沟	大峪、龙泉、城子	262	3.50
	门头沟城区周边	166	3.66
怀柔	怀柔城区	32	2.52
平谷区	平谷城区	98	2.58
	平谷南部	101	1.29
	平谷城北部	207	1.50
密云	密云城区	248	1.73
	密云城区周边	91	1.86
	密云北部	168	1.54
开发区	亦庄	690	3.17

第二季度：

区	监测区域	套数	均价（万元/平方米）
东城	安定门外	55	7.87
	东直门外	33	11.03

（续附表 2）

区	监测区域	套数	均价（万元/平方米）
西城	大栅栏、广内	9	8.10
朝阳	孙河	84	4.98
	来广营、清河营	33	5.94
	机场高速五环外沿线	20	8.23
	北苑	17	4.42
	CBD	18	6.67
	朝阳公园	11	16.00
	姚家园	67	9.90
	东八里庄、青年路	116	6.44
	东坝	158	6.77
	松榆、磨房	33	7.83
	东南四至五环沿线	34	3.77
海淀	西三旗	46	4.97
	清河	82	7.40
	马连洼	54	7.28
	西北旺	14	4.27
	杏石口路	160	5.59
	定慧寺	16	10.44
丰台	京石高速三四环沿线	106	7.79
	丰台镇	18	7.40
	新发地	165	4.86
	世界公园、宛平	208	4.97
	长辛店、王佐	78	3.47
石景山	苹果园、八角、金顶街	131	6.09
昌平	昌平城区	19	2.52
	东小口镇	1	3.03
	温榆河周边地区	315	2.95
	昌平城区南侧	20	2.29
	昌平东北部	27	2.26
大兴	西红门	15	5.54
	旧宫	420	4.63
	大兴城区	54	3.23

（续附表2）

区	监测区域	套数	均价（万元/平方米）
通州	通州北苑、玉桥、梨园	30	3.16
	马驹桥、台湖	46	3.43
	通州东南部	113	1.78
	宋庄、潞城	397	3.29
顺义	顺义城区	6	1.78
	后沙峪、天竺	159	3.77
	马坡、牛栏山、高丽营	165	3.27
	赵全营、北石槽	36	3.81
	顺义东南部	7	3.14
	顺义东北部	9	1.47
房山	良乡	639	2.65
	长阳	621	3.04
	京周路周边	527	1.80
	房山东南部	172	1.68
	房山西部	95	1.90
门头沟	大峪、龙泉、城子	316	3.71
	门头沟城区周边	293	3.86
怀柔	怀柔城区	114	2.53
平谷	平谷城区	70	2.75
	平谷南部	375	1.54
	平谷城北部	278	1.30
密云	密云城区	329	1.78
	密云城区周边	141	1.86
	密云北部	339	1.67
开发区	亦庄	521	3.63

第三季度：

区	监测区域	套数	均价（万元/平方米）
东城	安定门外	21	8.49
	东直门外	32	11.98
西城	大栅栏、广内	6	8.00
	广外	101	8.32

（续附表2）

区	监测区域	套数	均价（万元/平方米）
朝阳	孙河	24	5.61
	来广营、清河营	135	7.12
	机场高速五环外沿线	16	7.60
	北苑	13	8.15
	奥运场馆周边	29	8.19
	亚运村	3	6.97
	太阳宫	10	9.73
	CBD	27	9.26
	朝阳公园	25	15.74
	姚家园	78	9.93
	东八里庄、青年路	33	7.56
	东坝	46	7.53
	松榆、磨房	33	7.56
	东南四至五环沿线	73	4.49
海淀	西三旗	22	5.11
	清河	116	6.41
	马连洼	64	8.05
	西北旺	92	4.90
	杏石口路	76	7.19
	万柳	25	15.38
	北太平庄	19	14.02
	定慧寺	11	11.36
丰台	方庄	12	9.05
	京石高速三四环沿线	47	8.95
	丰台镇	1	7.63
	新发地	494	6.26
	世界公园、宛平	11	5.04
	长辛店、王佐	313	4.35
石景山	苹果园、八角、金顶街	14	8.15
昌平	昌平城区	50	3.50
	回龙观镇	334	4.77
	东小口镇	181	3.99
	温榆河周边地区	151	3.27
	昌平城区南侧	84	1.79
	昌平东北部	12	2.61

（续附表 2）

区	监测区域	套数	均价（万元/平方米）
大兴	西红门	24	6.04
	旧宫	395	5.14
	大兴城区	62	4.01
	大兴东部	22	2.77
	大兴南部	2	2.42
通州	新华、中仓、永顺	195	5.31
	通州北苑、玉桥、梨园	431	5.23
	马驹桥、台湖	165	3.27
	通州东南部	148	1.83
	宋庄、潞城	170	4.27
顺义	顺义城区	17	2.58
	后沙峪、天竺	204	4.52
	马坡、牛栏山、高丽营	437	3.00
	赵全营、北石槽	164	3.40
	顺义东南部	64	2.62
房山	良乡	484	3.01
	长阳	630	3.52
	京周路周边	347	2.11
	房山东南部	588	1.87
	房山西部	282	1.80
门头沟	大峪、龙泉、城子	146	4.19
	门头沟城区周边	716	4.36
怀柔	怀柔城区	107	2.53
	怀柔城区周边	116	2.78
平谷	平谷城区	428	2.41
	平谷南部	317	1.48
	平谷城北部	543	1.57
密云	密云城区	410	1.86
	密云城区周边	163	1.94
	密云北部	426	1.98
开发区	亦庄	252	4.63

第四季度：

区	监测区域	套数	均价(万元/平方米)
东城	安定门外	4	9.91
	东直门外	23	12.81
	东北二环内	1	14.19
西城	金融街	1	12.52
	展览路、月坛	1	9.02
	广外	57	9.81
朝阳	孙河	42	8.12
	来广营、清河营	64	8.06
	机场高速五环外沿线	10	7.55
	北苑	8	6.53
	奥运场馆周边	11	9.93
	太阳宫	19	8.25
	CBD	1	12.54
	朝阳公园	26	13.20
	姚家园	30	9.93
	东八里庄、青年路	28	7.93
	东坝	28	7.82
	松榆、磨房	49	9.09
	东南四至五环沿线	238	4.98
海淀	西三旗	45	6.15
	清河	56	6.72
	马连洼	35	8.71
	西北旺	93	7.09
	杏石口路	29	6.51
	万柳	25	15.58
	中关村	1	9.42
	北太平庄	3	14.48
	定慧寺	15	9.44
丰台	方庄	16	9.75
	京石高速三四环沿线	55	10.01
	丰台镇	22	9.46
	马家堡、西马场	2	6.60
	新发地	41	6.18
	世界公园、宛平	121	6.90
	长辛店、王佐	181	4.81

（续附表 2）

区	监测区域	套数	均价（万元/平方米）
石景山	苹果园、八角、金顶街	6	7.94
昌平	昌平城区	16	4.08
	回龙观镇	3	4.75
	东小口镇	23	4.09
	温榆河周边地区	420	4.92
	昌平城区南侧	23	2.14
	昌平东北部	44	2.60
大兴	西红门	20	6.09
	旧宫	375	5.53
	大兴城区	8	4.39
	大兴东部	11	5.35
	大兴南部	14	2.76
通州	新华、中仓、永顺	21	6.05
	通州北苑、玉桥、梨园	134	5.71
	马驹桥、台湖	39	5.61
	通州东南部	229	1.80
	宋庄、潞城	134	4.91
顺义	顺义城区	7	3.97
	后沙峪、天竺	152	5.10
	马坡、牛栏山、高丽营	262	3.36
	赵全营、北石槽	34	3.70
	顺义东南部	38	2.12
	顺义东北部	33	2.45
房山	良乡	214	3.35
	长阳	577	3.42
	京周路周边	176	2.34
	房山东南部	236	2.20
	房山西部	80	2.00
门头沟	大峪、龙泉、城子	95	4.65
	门头沟城区周边	474	5.31
怀柔	怀柔城区	91	2.75
	怀柔城区周边	77	2.88

(续附表2)

区	监测区域	套数	均价(万元/平方米)
平谷	平谷城区	105	2.36
	平谷南部	192	1.63
	平谷城北部	97	2.07
密云	密云城区	70	1.91
	密云城区周边	141	1.80
	密云北部	326	1.98
延庆	延庆城区	5	1.64
	京包铁路沿线	7	3.16
开发区	亦庄	86	5.03

附表3 2016年北京市二手住房分区域成交均价(买卖)

单位:元/平方米

区	区域	2016年1季度	2016年2季度	2016年3季度	2016年4季度
东城	安定门外	63400	68400	77700	83100
	东直门外	61500	71800	73500	81500
	东北二环内	63600	76300	83800	96000
	花市、前门	59700	66800	76100	81900
	天坛、龙潭、体育馆路	55700	65100	71200	79300
	永定门外	43700	49000	57000	67900
西城	新街口、什刹海	72900	83100	92400	99500
	金融街	98100	116800	125100	132700
	德胜门外	79300	87500	99000	113600
	展览路、月坛	71800	83200	90200	99800
	大栅栏、广内	66700	80000	89400	97000
	陶然亭、白纸坊	58200	67900	74900	88100
	广外	54300	62500	71400	81100
朝阳	来广营、清河营	49100	61200	65700	72500
	机场高速五环外沿线	25300	25900	29400	39600
	北苑	39300	47100	50800	59400
	奥运场馆周边	49600	56200	62700	70000
	亚运村	50500	56000	61700	69400
	望京、酒仙桥	45200	51100	56500	66000
	太阳宫	54600	63000	70200	75400
	柳芳、左家庄	47700	52900	58000	68200
	CBD	49500	54400	59500	67400
	朝阳公园	47100	52300	56800	66800
	姚家园	61100	73000	72600	83500
	东八里庄、青年路	41100	45700	51500	61900
	四惠、甘露园	39100	44500	49700	59400
	东坝	37100	42600	45700	53300
	定福庄、管庄	32200	36500	41000	49600
	双桥农场	26100	30200	33800	42700
	双井	50900	58000	64200	74300
	劲松	38200	41800	47200	57600
	东南三至四环	38000	42100	47700	53400
	松榆、磨房	43500	48200	53400	65600
	东南四至五环沿线	34300	37900	41700	51600
	豆各庄、黑庄户	31000	35300	40100	48400

（续附表 3）

区	区域	2016 年 1 季度	2016 年 2 季度	2016 年 3 季度	2016 年 4 季度
海淀	温泉	32100	36500	40900	42600
	西三旗	43900	49900	54900	64600
	清河	45000	51400	57000	64500
	上地	61600	69500	82300	86300
	马连洼	53600	61600	65800	76200
	西北旺	40500	44700	50600	58500
	圆明园、颐和园	56200	56500	60400	71500
	香山	60600	63400	53200	72200
	杏石口路	53700	58700	62500	72100
	学清路	48300	55000	62900	70400
	学院路	57200	64500	72300	80500
	万柳	69900	73900	86700	96300
	中关村	60700	68500	80200	87800
	北太平庄	57800	65900	73300	81800
	紫竹院、甘家口	60200	73200	78700	84200
	羊坊店、五棵松	58400	64300	71700	79600
	定慧寺	55300	63000	68100	75700
	永定路	50000	57700	63300	73400
丰台	方庄	39600	43800	49400	59300
	菜户营、西罗园	38300	42000	48400	58100
	六里桥	43500	49200	53800	62400
	京石高速三四环沿线	38000	42500	45800	54300
	梅市口路	39300	42400	48300	57800
	丰台镇	36500	39500	44900	54100
	马家堡、西马场	36800	40800	46200	57100
	刘家窑、大红门	34000	37300	42500	51200
	南苑	27500	30700	36300	44800
	新发地	29000	32800	41900	46500
	世界公园、宛平	31300	33500	40900	49800
	长辛店、王佐	23000	25300	28300	31700
石景山	鲁谷、八宝山、老山	39500	40400	47400	56500
	苹果园、八角、金顶街	31500	35900	39700	47200
	五里坨	23600	24300	27900	33200

（续附表 3）

区	区域	2016 年 1 季度	2016 年 2 季度	2016 年 3 季度	2016 年 4 季度
昌平	昌平城区	23100	24900	28500	35300
	回龙观镇	29300	34300	38500	45700
	东小口镇	24400	27800	31900	38500
	温榆河周边地区	22800	25300	29400	36800
	昌平城区南侧	21200	26600	27400	35600
	昌平西北部				22400
大兴	西红门	27300	29800	35000	44300
	旧宫	27400	30900	36200	44100
	大兴城区	27500	32100	35400	43200
	大兴东部	20300	25200	32700	33800
	大兴南部	23000	25000	30000	38300
通州	新华、中仓、永顺	29000	34600	39900	47700
	通州北苑、玉桥、梨园	30800	35300	40100	49800
	马驹桥、台湖	19400	22400	27500	29600
	宋庄、潞城	26100	33300	39200	51800
顺义	顺义城区	24900	27600	31200	37300
	后沙峪、天竺	25300	31200	34600	44100
	马坡、牛栏山、高丽营	22700	26400	28400	35500
	顺义东南部	17500	20300	24100	27800
	顺义东北部	15300	17200	19400	23900
房山	良乡	17600	19100	20900	25200
	长阳	22100	25200	28800	35500
	京周路周边	15400	15900	17400	19800
	房山东南部	11700	11600	14000	16900
	房山西部				12000
门头沟	大峪、龙泉、城子	22500	24200	26000	31800
	门头沟城区周边	24900	27700	31500	38000
怀柔	怀柔城区	19000	19600	20100	22400
	怀柔城区周边	16500	18600	18600	19700
密云	密云城区	15800	17400	19800	22700
	密云城区周边	10600	11200	11800	18300
开发区	亦庄	28900	32700	37200	44400

附表4　2016年北京市住房租赁分区域成交均价

单位:元/(平方米·月)

区	区域	2016年1季度	2016年2季度	2016年3季度	2016年4季度
东城	安定门外	88	93	98	94
	东直门外	96	111	118	120
	东北二环内	96	103	108	109
	花市、前门	89	92	97	97
	天坛、龙潭、体育馆路	79	83	85	87
	永定门外	61	72	74	74
西城	新街口、什刹海	93	107	112	110
	金融街	122	132	135	141
	德胜门外	91	97	102	100
	展览路、月坛	93	100	105	106
	大栅栏、广内	86	94	100	100
	陶然亭、白纸坊	79	86	86	88
	广外	73	77	79	79
朝阳	来广营、清河营	75	77	82	85
	机场高速五环外沿线	51	47	50	51
	北苑	69	73	76	76
	奥运场馆周边	81	87	90	89
	亚运村	84	89	93	91
	望京、酒仙桥	83	88	92	93
	太阳宫	99	107	110	115
	柳芳、左家庄	85	90	93	92
	CBD	93	101	106	108
	朝阳公园	86	90	96	97
	姚家园	100	98	105	111
	东八里庄、青年路	75	80	84	84
	四惠、甘露园	75	79	82	83
	东坝	52	57	60	59
	定福庄、管庄	53	57	60	60
	双桥农场	43	46	44	43
	双井	96	103	104	105
	劲松	68	73	76	76
	东南三至四环	67	71	74	72
	松榆、磨房	78	80	85	86
	东南四至五环沿线	54	58	59	61
	豆各庄、黑庄户	41	46	48	50

（续附表 4）

区	区域	2016 年 1 季度	2016 年 2 季度	2016 年 3 季度	2016 年 4 季度
海淀	上庄、苏家坨	37	43	47	51
	温泉	42	38	46	48
	西三旗	62	68	70	70
	清河	68	73	76	73
	上地	77	81	85	85
	马连洼	67	73	77	77
	西北旺	52	55	56	56
	圆明园、颐和园	91	98	102	98
	香山		60	61	57
	杏石口路	65	71	74	76
	学清路	82	87	90	84
	学院路	92	98	101	100
	万柳	95	101	104	104
	中关村	101	107	111	108
	北太平庄	90	95	98	98
	紫竹院、甘家口	95	99	102	103
	羊坊店、五棵松	81	86	90	89
	定慧寺	80	83	87	88
	永定路	67	71	73	74
丰台	方庄	70	74	78	79
	菜户营、西罗园	59	63	67	67
	六里桥	63	67	71	71
	京石高速三四环沿线	54	56	60	61
	梅市口路	52	55	57	57
	丰台镇	55	57	59	62
	马家堡、西马场	61	65	68	68
	刘家窑、大红门	58	63	66	68
	南苑	45	46	47	48
	新发地	46	49	51	52
	世界公园、宛平	50	54	55	57
	长辛店、王佐	49	48	43	44
石景山	鲁谷、八宝山、老山	58	62	64	63
	苹果园、八角、金顶街	50	53	55	55
	五里坨	32	36	40	41

(续附表4)

区	区域	2016年1季度	2016年2季度	2016年3季度	2016年4季度
昌平	昌平城区	34	35	41	43
	回龙观镇	53	59	61	61
	东小口镇	49	53	55	54
	温榆河周边地区	32	37	39	40
大兴	西红门	43	46	48	49
	旧宫	40	43	45	46
	大兴城区	39	43	43	44
	大兴东部	28	29	42	40
	大兴南部	36	37	39	40
通州	新华、中仓、永顺	34	37	41	42
	通州北苑、玉桥、梨园	38	41	43	44
	马驹桥、台湖	29	33	36	36
	通州东南部	24	26	23	30
	宋庄、潞城	34	35	38	38
顺义	顺义城区	33	35	38	38
	后沙峪、天竺	41	51	52	57
	马坡、牛栏山、高丽营	28	31	33	35
	顺义东南部	33	31	37	37
	顺义东北部	25	23	23	25
房山	良乡	27	29	34	31
	长阳	30	33	37	37
	京周路周边	19	24	23	25
	房山东南部	17	21	17	20
	房山西部		30		
门头沟	大峪、龙泉、城子	29	32	36	38
	门头沟城区周边	26	30	36	38
怀柔	怀柔城区	23	23	22	24
	怀柔城区周边	21	22	21	23
密云	密云城区	18	21	18	18
开发区	亦庄	46	58	57	58

附表5 2016年北京市房地产开发企业资质名录

公司名称	资质等级
北京润泽庄苑房地产开发有限公司	一级
华通置业有限公司	一级
隆泰实业(北京)有限公司	一级
北京佰嘉置业集团有限公司	一级
北京润丰房地产开发有限公司	一级
京能置业股份有限公司	一级
北京市华远置业有限公司	一级
泛海控股股份有限公司	一级
永泰房地产(集团)有限公司	一级
中国房地产开发集团公司	一级
北京金源鸿大房地产有限公司	一级
北京首钢房地产开发有限公司	一级
北京金隅嘉业房地产开发有限公司	一级
北京广安置业投资公司	一级
华润置地(北京)股份有限公司	一级
北京住总房地产开发有限责任公司	一级
北京通州房地产开发有限责任公司	一级
北京天恒房地产股份有限公司	一级
北京科技园建设(集团)股份有限公司	一级
中国新型房屋集团有限公司	一级
北京新华联置地有限公司	一级
北京顺义新城建设开发有限公司	一级
金融街控股股份有限公司	一级
北京国锐房地产开发有限公司	一级
北京腾航房地产开发有限公司	一级
北京联东金桥置业有限责任公司	一级
北京金远房地产开发集团有限公司	一级
北京鸿坤伟业房地产开发有限公司	一级
北京城乡房屋建设开发有限责任公司	一级
北京万通地产股份有限公司	一级
北京天润置地房地产开发(集团)有限公司	一级
京汉置业集团股份有限公司	一级
北京中筑置业有限公司	一级

(续附表5)

公司名称	资质等级
北京金第房地产开发有限责任公司	一级
北京实兴腾飞置业发展公司	一级
北京融创恒基地产有限公司	一级
北京天鸿置业有限公司	一级
华纺房地产开发公司	一级
亚太房地产开发集团股份有限公司	一级
北京城建兴华地产有限公司	一级
北京正阳恒瑞置业公司	一级
北京万科企业有限公司	一级
北京丽富房地产开发有限公司	一级
北京合生北方房地产开发有限公司	一级
当代节能置业股份有限公司	一级
北京京铁房地产开发公司	一级
北辰正方建设集团有限公司	一级
北京三元嘉业房地产开发有限公司	一级
和泓置地集团有限公司	一级
北京翔峰房地产开发有限公司	一级
北京邦达房地产开发有限公司	一级
北京鸿基世业房地产开发有限公司	一级
保利(北京)房地产开发有限公司	一级
北京国信嘉业房地产开发有限公司	一级
远洋地产有限公司	一级
北京首都开发股份有限公司	一级
北京城市开发集团有限责任公司	一级
北京北辰实业股份有限公司	一级
北京泰益德置业集团有限公司	一级
北京首城置业有限公司	一级
北京嘉源置业投资有限公司	一级
北京城建投资发展股份有限公司	一级
国奥投资发展有限公司	一级
北京经济技术投资开发总公司	一级
中国电建地产集团有限公司	一级
中冶置业集团有限公司	一级

（续附表5）

公司名称	资质等级
北京金泰房地产开发有限责任公司	一级
北京首都开发控股(集团)有限公司	一级
北京瑞雪春堂房地产有限公司	一级
北京君合百年房地产开发有限公司	一级
北京龙湖中佰置业有限公司	一级
中国葛洲坝集团房地产开发有限公司	一级
北京富力城房地产开发有限公司	一级
北京和裕房地产开发有限公司	一级
北京国瑞兴业地产股份有限公司	一级
中铁置业集团有限公司	一级
中国铁建房地产集团有限公司	一级
中信房地产集团有限公司	一级
北京市大龙房地产开发有限公司	一级
北京市大兴城镇建设综合开发集团有限公司	一级
北京城建房地产开发有限公司	一级
北京金隅大成开发有限公司	一级
北京建工集团有限责任公司	一级
北京威凯建设发展有限责任公司	一级
茂华控股集团有限公司	一级
北京华融金晖置业有限公司	一级
北京泰福恒投资发展有限公司	一级
北京恒政通房地产开发管理有限责任公司	二级
北京安宝房地产开发有限公司	二级
北京兴创房地产开发有限公司	二级
北京隆泰祥房地产开发有限公司	二级
北京中恒房地产开发有限公司	二级
北京市天竺房地产开发公司	二级
北京牛栏山房地产开发有限责任公司	二级
北京新华联伟业房地产有限公司	二级
北京东方瑞平房地产开发有限公司	二级
中粮地产(北京)有限公司	二级
山水文园凯亚房地产开发有限公司	二级
北京国际商务中心区开发建设有限公司	二级

(续附表5)

公司名称	资质等级
北京市昌平房地产开发有限责任公司	二级
首都机场地产集团有限公司	二级
北京市文化置业有限公司	二级
北京颐德房地产开发有限公司	二级
北京珠江房地产开发有限公司	二级
北京韩建房地产开发有限公司	二级
北京中凯置业有限公司	二级
北京万年花城房地产开发有限责任公司	二级
北京城建和泰房地产开发有限责任公司	二级
北京房地置业发展有限公司	二级
北京北控城市开发有限公司	二级
北京东亚新华投资有限公司	二级
北京嘉轩房地产开发有限公司	二级
首创置业股份有限公司	二级
北京新恒基房地产集团有限公司	二级
锋创科技发展(北京)有限公司	二级
北京汇金房地产开发有限公司	二级
北京首开天成房地产开发有限公司	二级
北京首开亿信置业股份有限公司	二级
北京宏远航城房地产开发有限公司	二级
北京中弘投资有限公司	二级
北京华油房地产开发有限公司	二级
北京西都地产发展有限公司	二级
北京绿宸控股集团有限公司	二级
北京龙湖兴润置业有限公司	二级
华瀚投资集团有限公司	二级
北京电子城有限责任公司	二级
招商局嘉铭(北京)房地产开发有限公司	二级
北京顺华房地产开发有限公司	二级
北京西海龙湖置业有限公司	二级
北京市朝阳城市建设综合开发公司	二级
中昂地产(集团)有限公司	二级
中信和业投资有限公司	二级

（续附表 5）

公司名称	资质等级
北京联港置业有限公司	二级
北京新奥集团有限公司	二级
中交地产有限公司	二级
北京城建兴云房地产有限公司	二级
北京光辉伟业房地产开发有限公司	二级
通用地产有限公司	二级
北京昆泰房地产开发集团有限公司	二级
北京京西北房地产开发集团有限公司	二级
北京龙庆房地产开发有限公司	二级
北京市保障性住房建设投资中心	二级
北京市基础设施投资有限公司(原北京地铁集团有限责任公司)	二级
北京正宏置业集团有限公司	二级
北京建升房地产开发有限公司	二级
北京实地房地产开发有限责任公司	二级
北京天正华特房地产开发有限公司	二级
北京市广厦房地产开发公司	二级
北京百环房地产实业有限公司	二级
北京昌信回龙园别墅有限公司	二级
北京鹏睿房地产开发有限公司	二级
中建一局集团房地产开发有限公司	二级
北京绿都基础设施投资有限公司	二级
北京玉泉新城房地产开发有限公司	二级
北京博大新元房地产开发有限公司	二级
北京世纪开元房地产开发有限公司	二级
北京北控国际会都房地产开发有限责任公司	二级
北京亦庄博润置业有限公司	二级
北京南宫恒业房地产开发有限公司	二级
北京崇文·新世界房地产发展有限公司	二级
北京林河兴业房地产开发有限公司	二级
中粮地产投资(北京)有限公司	二级
北京英才房地产开发有限公司	二级
北京中粮万科房地产开发有限公司	二级
北京市密云区房地产开发总公司	二级

（续附表5）

公司名称	资质等级
北京世纪鸿城置业有限公司	二级
中国通用新兴地产有限公司	二级
北京世纪鸿房地产开发有限责任公司	二级
北京裕昌置业股份有限公司	二级
北京永同昌房地产开发有限公司	二级
中铁建设集团房地产有限公司	二级
北京中加伟业房地产开发有限公司	二级
国开东方城镇发展投资有限公司	二级
北京金兰甫房地产开发有限公司	二级
北京海开房地产集团有限责任公司	二级
北京东方依水源房地产开发有限公司	二级
北京华融基础设施投资有限责任公司	二级
北京中关村软件园发展有限责任公司	二级
北京中联置地房地产开发有限公司	二级
北京中铁诺德房地产开发有限公司	二级
北京兆泰集团股份有限公司	二级
北京中实恒业房地产开发有限责任公司	二级
中合置业有限公司	二级
北京朝林置业有限公司	二级
北京经开投资开发股份有限公司	二级
北京中建地产有限责任公司	二级
北京春光置地房地产开发有限公司	二级
北京慧诚房地产开发有限公司	二级
北京八大处房地产开发集团有限公司	二级
北京铭嘉房地产开发有限公司	二级
北京首都机场房地产有限公司	二级
北京建机房地产有限责任公司	二级
北京昊泰房地产开发有限公司	二级
北京京奥港房地产开发有限责任公司	二级
北京联合置业有限公司	二级
北京正华永恒置业有限公司	二级
北京方兴亦城置业有限公司	二级
中铁房地产集团北方有限公司	二级

（续附表5）

公司名称	资质等级
北京科技园置地有限公司	二级
纳帕地产开发集团有限公司	二级
北京极富房地产开发有限公司	二级
北京仁和日升房地产有限公司	二级
北京天瑞金置业投资有限公司	二级
北京京投置地房地产有限公司	二级
北京市丰台区城市建设综合开发公司	二级
凤凰城房地产开发集团有限公司	二级
北京亚胜置业有限公司	二级
中铁房地产集团海外地产发展有限公司	二级
中铁十六局集团置业投资有限公司	二级
北京中鑫源房地产开发集团有限公司	二级
北京腾龙嘉华房地产开发有限公司	二级
北京盛邦基业房地产开发有限公司	二级
北京昊远隆基房地产开发总公司	二级
北京国安东坝投资有限公司	二级
北京顺鑫佳宇房地产开发有限公司	二级
中和正茂置业发展有限公司	二级
北京弘轩鼎成房地产开发有限公司	二级
北京市丰台区鸿华房地产开发经营有限公司	二级
北京润通房地产开发有限责任公司	二级
北京长安置地房地产开发有限公司	二级
北京亚通房地产开发有限责任公司	二级
泛华城市投资有限公司	二级
中奥(北京)房地产开发有限公司	二级
江河创新地产股份有限公司	二级
中铁二十二局集团房地产开发有限公司	二级
新能(北京)国际房地产开发有限公司	三级
北京银座合智房地产开发有限公司	三级
北京市碧桂园房地产开发有限公司	三级
首创朝阳房地产发展有限公司	三级
北京天旭运河房地产开发有限责任公司	三级
北京天创世缘房地产开发有限公司	三级

(续附表5)

公司名称	资质等级
北京丰泰新房地产开发有限责任公司	三级
北京国隆置业有限公司	三级
北京中关村国际商城发展有限公司	三级
北京达义兴业房地产开发有限公司	三级
北京银海房地产开发有限公司	三级
北京远坤房地产开发有限公司	三级
北京强佑房地产开发有限公司	三级
北京荟宏房地产开发有限责任公司	三级
北京象地房地产开发有限公司	三级
北京德成兴业房地产开发有限公司	三级
北京天伦房地产有限公司	三级
北京建工置地有限责任公司	三级
和记黄埔地产(北京朝阳)有限公司	三级
北京冠城新泰房地产开发有限公司	三级
北京旺晟房地产开发有限公司	三级
北京丰台科技园建设发展有限公司	三级
北京龙源顺景房地产开发有限公司	三级
北京冠城正业房地产开发有限公司	三级
中矿宏业(北京)房地产开发有限公司	三级
北京津西博远置业有限公司	三级
北京市裕鑫房地产开发有限公司	三级
北京方兴融创房地产开发有限公司	三级
北京融科卓越房地产开发有限公司	三级
北京星光拓诚投资有限公司	三级
北京世纪中基房地产开发有限公司	三级
北京万方置业有限公司	三级
北京路劲隽御房地产开发有限公司	三级
北京经开工大投资管理有限公司	三级
北京市新时特房地产开发有限公司	三级
北京海赋兴业房地产开发有限公司	三级
北京京投银泰尚德置业有限公司	三级
中铁房地产集团创新产业投资有限公司	三级
北京市东湖房地产有限公司	三级

（续附表 5）

公司名称	资质等级
葛洲坝(北京)房地产开发有限公司	三级
北京福环房地产开发有限公司	三级
北京寅丰房地产开发有限责任公司	三级
北京绿地京华置业有限公司	三级
北京江南投资集团有限公司	三级
北京赫华恒瑞房地产开发有限公司	三级
北京倚基土地开发有限公司	三级
北京宏城房地产开发有限公司	三级
北京市泰华房地产开发集团有限公司	三级
北京古城房地产开发有限公司	三级
北京东隆房地产开发有限公司	三级
北京正光房地产开发有限公司	三级
北京方恒置业股份有限公司	三级
北京建工四建房地产开发有限公司	三级
北京海意联房地产开发有限公司	三级
北京城建远东地产投资有限公司	三级
北京三元置业有限公司	三级
北京京投兴业置业有限公司	三级
北京青远房地产开发有限公司	三级
北京远豪置业有限公司	三级
北京京北鑫民房地产开发有限公司	三级
北京津华通达房地产开发有限公司	三级
北京中关村电子城建设有限公司	三级
北京新领域房地产开发有限公司	三级
北京兴展房地产开发有限公司	三级
富力(北京)地产开发有限公司	三级
北京中关村科学城建设股份有限公司	三级
北京城建兴泰房地产开发有限公司	三级
中化方兴置业(北京)有限公司	三级
北京合景房地产开发有限公司	三级
北京首开仁信置业有限公司	三级
北京市利锦荣房地产开发有限公司	三级
北京上善恒盛置业有限公司	三级

（续附表5）

公司名称	资质等级
北京众美房地产开发有限公司	三级
北京市凯龙房地产开发有限公司	三级
北京懋源房屋开发有限公司	三级
华电工程集团创业投资有限公司	三级
中铁房地产集团北京金达世纪房地产开发有限公司	三级
北京京南住房开发有限责任公司	三级
北京将台房地产开发有限公司	三级
北京金宝房地产开发有限公司	三级
北京亿来置业有限公司	三级
北京亦庄移动硅谷有限公司	三级
北京未来科技城发展集团有限公司	三级
北京实创房地产开发有限责任公司	三级
北京东方阳光房地产开发有限公司	三级
北京硕和房地产开发有限公司	三级
北京罗顿沙河建设发展有限公司	三级
北京田家园房地产开发有限公司	三级
北京世纪景房地产开发有限公司	三级
招商局地产(北京)有限公司	三级
北京泛海东风置业有限公司	三级
中铁房地产集团北京丰昊置业有限公司	三级
北京京创投资有限公司	三级
北京房开控股集团有限公司	三级
北京京石科园置业发展有限公司	三级
北京盛达兴业房地产开发有限公司	三级
金融街(北京)置地有限公司	三级
北京华贸奥苑房地产开发有限公司	三级
北京万年基业房地产开发有限公司	三级
北京兴集房地产开发有限公司	三级
北京枫树置业有限公司	三级
北京市永联房地产开发有限责任公司	三级